CHINESE YEARBOOK
OF
LEGAL EDUCATION

中国法学教育年刊

Chinese Yearbook of Legal Education

主　办／中国法学会法学教育研究会
主　编／张文显
副主编／韩大元

2022-2023

（第十卷）

法律出版社
LAW PRESS·CHINA
北京

图书在版编目（CIP）数据

中国法学教育年刊. 2022－2023 ：第十卷 / 张文显主编. -- 北京 ：法律出版社，2024. -- ISBN 978－7－5197－9522－1

Ⅰ. D92－4

中国国家版本馆 CIP 数据核字第 20247GG201 号

中国法学教育年刊（2022—2023 · 第十卷）
ZHONGGUO FAXUE JIAOYU NIANKAN
（2022—2023 · DI-SHI JUAN）

张文显　主编

策划编辑 沈小英
责任编辑 毛镜澄　李晶晶　庞玥坤
装帧设计 汪奇峰

出版发行 法律出版社
编辑统筹 法治与经济出版分社
责任校对 王晓萍
责任印制 吕亚莉
经　　销 新华书店

开本 710 毫米×1000 毫米　1/16
印张 19　　**字数** 450 千
版本 2024 年 10 月第 1 版
印次 2024 年 10 月第 1 次印刷
印刷 北京虎彩文化传播有限公司

地址：北京市丰台区莲花池西里 7 号（100073）
网址：www. lawpress. com. cn
投稿邮箱：info@ lawpress. com. cn
举报盗版邮箱：jbwq@ lawpress. com. cn

销售电话：010－83938349
客服电话：010－83938350
咨询电话：010－63939796

书号：ISBN 978－7－5197－9522－1　　**定价**：128. 00 元

凡购买本社图书，如有印装错误，我社负责退换。电话：010－83938349

《中国法学教育年刊》
编　委　会

编　辑　部

编辑说明

《中国法学教育年刊》由中国法学会法学教育研究会主办，中国法学会党组成员、学术委员会主任、中国法学会法学教育研究会会长张文显教授任主编，研究会常务副会长韩大元教授任副主编，是以法学教育研究为主题的学术文集，也是中国法学教育研究会的学会文集。

在中国法学会的指导下，中国法学会法学教育研究会和编辑部全体工作人员的共同努力下，《中国法学教育年刊》(2012—2013)、《中国法学教育年刊》(2014·第二卷)、《中国法学教育年刊》(2015·第三卷)、《中国法学教育年刊》(2016·第四卷)、《中国法学教育年刊》(2017·第五卷)、《中国法学教育年刊》(2018·第六卷)、《中国法学教育年刊》(2019·第七卷)、《中国法学教育年刊》(2020·第八卷)以及《中国法学教育年刊》(2021·第九卷)分别于2014年、2015年、2016年、2017年、2018年、2019年、2020年、2021年、2023年顺利编辑出版，在中国法学教育界产生了深远且良好的影响。2024年，编辑部在广泛征求稿件和对2022年、2023年年会论文集中遴选的基础上，同步征集稿件，《中国法学教育年刊》(2022—2023·第十卷)顺利编辑并交付出版。现就本书中的各部分内容作如下说明：

“习近平法治思想‘三进’”部分收录4篇论文。郭晔从案例教学法切入探讨习近平法治思想概论课程教学路径。郝磊、包志会以商法教学为例探讨习近平法治思想融入课程的路径与方法。刘亚丁针对既有思政课程实践，提出要将法学专业课程思政内容层次化。王蓓、聂琪对在“劳动与社会保障法”课程中的思政建设进行探讨。

“新时代法学教育”部分收录4篇论文。罗时贵系统性论述完善法学教育体系的方案。欧阳本祺、刘晗明确了新时代法学教育的基本遵循并提出优化改革方案。龙卫球、初殿清、吉冠浩从数字时代背景出发讨论了数字技术对法学教育模式的影响和重塑作用。黄锡生从完善法学教育体系出发，提出了法学教育应对法律职业共同体构建的措施。

“法治人才培养”部分收录8篇论文。贺奇兵、潘琴着眼于非政法专业高校法学本科实践教学课程，结合数据和既有理论提出课程体系优化建议。刘彬分析了资讯要报模式在法学硕士教育中的优劣势，进一步指出要报模式的完善方式。陈柏峰就健全法学教学体系提出因应措施。娄永涛基于数字经济发展趋势提出“数字+法律”复合型人才培养路径。宋桂兰分析了农科院校法学专业农业知识产权人才培养机制。吴东镐、张慧燕结合实践经验对“韩语(朝鲜语)+法律”人才培养问题开展讨论。王祥修、薛清嘉提出在多层保障机制下分层培养涉外法治人才。薛前强、张佳宁以我国10所代表民族类高校的法学培养方案为样本展开分析,提出受体和主体两个层面的改革建议。

“域外实践”部分收录2篇论文。刘光华、Giuseppe Poderati、李卓伦深入研究中国法课程在意大利的开设情况,为开展法律教育比较研究提供素材。佴澎指出要以法治教育提升面向南亚、东南亚的辐射能力。

“信息动态”部分收录了教育部高等学校法学类专业教学指导委员会、中国法学会法学教育研究会2022年年会暨“中国式现代化与中国法学教育”论坛,教育部高等学校法学类专业教学指导委员会、中国法学会法学教育研究会2023年年会,中国诊所法律教育2023年年会暨“加强新时代法学教育和法学理论研究下的诊所法律教育”论坛,“数字时代诊所法律教育新发展”研讨会,“建构中国自主法学知识体系院校联盟”暨“中国式现代化与建构中国自主法学知识体系”高峰论坛以及包括四川省等10余个省市法学教育研究会年会的会议综述。

“研究资料”部分主要包括法学教育研究著作目录和法学教育研究论文目录,提供有关法学教育研究的相关著作和学术论文,供有兴趣的同仁进一步检索参考。

《中国法学教育年刊》(2022—2023 · 第十卷)的顺利出版,得到中国法学会和北京市曾宪义法学教育与法律文化基金会的支持。本书的出版也离不开法律出版社的支持,责任编辑负责、高效、专业的工作,使本书增色不少。当然,在本书编辑过程中不免存在一些不足,在论文收集、论文选择等方面也可能不够周全,恳请各位读者、各位理事的理解和支持,并提出批评和建议,努力使《中国法学教育年刊》日臻完善。

联系邮件:zgfxjy821@163.com

《中国法学教育年刊》编辑部

2024年7月

目　　录

习近平法治思想“三进”

新时代法学教育

法治人才培养

域外实践

信息动态

研究资料

习近平法治思想“三进”

习近平法治思想概论课程的案例教学法

郭　晔*

习近平法治思想概论课(以下简称概论课)是统领法学专业课程体系的“法学第一课”,已于2021年秋季学期面向法学专业学生开设。这是我国在法学课程思政上的原创性探索,是中国法学课程体系的一场深刻变革。如何上好概论课,让习近平法治思想真正入脑入心、有理有趣,也成为法学课堂教学的重要课题。从中国法学教学改革发展的规律来看,概论课可借鉴的教学方法有很多,关键在于抓住这门课的本质特征,找到最契合习近平法治思想教学目标的方法。本文从教学实践出发,以“案例教学法”为切入点,探讨“概论”教学高质量发展的方法路径,探索中国法学教育现代化课程建设的可能思路。

一、案例教学引入概论课的理论基础

在概论课上应用案例教学并不是突发奇想、随意为之,而是反映了这门课的本质、特征和意义,具有科学的理论基础。不是什么课程都适合用案例教学法,我们必须从课程的本质属性中寻找是否适用的答案。不是什么课程都能用好案例教学法,我们需要把握课程内容所具有的特征,才能回答“案例”从何而来,如何来用的关键问题。不是什么课程都需要回到案例中获得真知,我们需要根据课程本身的理论和实践意义作出判断。这正是我们在具体展开案例教学法之前,必须对其理论基础进行分析的重要原因。

(一)概论课兼具法学专业教育和思政教育的双重定位

习近平法治思想是习近平新时代中国特色社会主义思想在法治领域的具体体现,是全面依法治国的指导思想和根本遵循,是当代马克思主义法治理论、21世纪马克思主义法治理论。以习近平法治思想为主题的概论课因而也就具有了双重身份。一方面,概论课必然是高校马克思主义教育的重要组成部分,是一门塑造世界观、人生观、价值观的意识形态课程,具有鲜明的政治属性,堪称“法学思政课”。概论课必然要以“十一个坚持”为核心要义,以马克思主义辩证法为基本方法,以中国式法治现代化为依托;讲清楚为什

* 北京师范大学法学院副教授,北京市习近平新时代中国特色社会主义思想研究中心特约研究员,法学博士。

么要实行全面依法治国,怎样实行全面依法治国的基本道理;增强学生尊崇法治、践行法治、捍卫法治的信念。另一方面,概论课必然是中国法学专业课程体系的统领和核心,这也是教育部设计"1+10+X"法学核心课程体系的初衷所在。法学专业课的本质是培养法学思维,目的在于培养中国特色社会主义法治的建设者和接班人。所以,概论课是"思政课"和"法学专业课"的统一,这是其课程本质属性。

而从目前高校教学实践来看,无论是思政类课程还是法学专业类课程,案例教学都是不可或缺的重要教学方法,只是二者所选择的案例类型和应用案例的方式有所不同。思政类案例教学注重"以案说理",目的在于通过讲故事的方式讲道理,"让抽象的知识变得具体,晦涩的理论变得通俗,空洞的道理变得形象,使思政课更接地气、更有说服力"。[①] 习近平总书记指出,思政课的本质是讲道理。"教师在教学中要把统编教材作为依据,确保教学的规范性、科学性、权威性……教材给出的是教学的基本结论和简要论述……需要做很多创造性工作。"[②]设计并应用直观的案例把抽象的道理讲明白、讲清楚、讲透彻,就属于这种创造性的工作。与之不同,法学专业类(尤其是部门法学)案例教学注重"以案释法",目的在于培养法律职业共同体所共享的法律思维,"其主要功能是辅助掌握法律知识点,并帮助进行法律推理的实际操作训练,为法科学生以后的职业生涯奠定基础"。[③] 部门法学和法学方法论中的案例分析,紧紧围绕实在法展开,"目光在规范和事实间来回流转"是法律人作出法律判断的思维模型。有学者曾指出法学的科学转型,即一是让法学的知识兴趣从政策定向转向司法定向,二是使法学视角返归实在法,三是法学向方法的回归。[④] 法学的科学旨趣也决定了法学内的案例选择必然是"司法偏好"的,"法官"作为"法律帝国的国王"同样统治了法学专业教育的疆域,不反思实在法前提的教义学思维成为案例分析的旨归。以上可见,运用"案例教学法"是思政类课程和法学专业类课程共同的经验,只是在案例适用方式和教学目标上有差异。

由于案例教学法既适用于思政教育,也适用于法学专业教育,因而,必然适用于具有思政教育和法学专业教育双重身份的概论课程之上。但是,案例教学法的"可适用性"并不意味着照搬照抄思政课或法学专业课的案例教学模式。因为,"以案说理"和"以案释法"不可能机械地叠加于概论课堂中,必须发挥两种教育案例教学的集成优势,找到科学而有针对性的案例教学法。

---

① 张苗苗:《论思想政治理论课案例教学的原则与限度》,载《思想理论教育导刊》2021 年第 3 期。

② 习近平:《思政课是落实立德树人根本任务的关键课程》,载《求是》2020 年第 17 期。

③ 朱振:《法理型案例与新型案例教学法》,载《中国大学教学》2022 年第 9 期。

④ 参见舒国滢:《并非有一种值得期待的宣言——我们时代的法学为什么需要重视方法》,载《现代法学》2006 年第 5 期。

（二）概论课具有"历史和现实相贯通、国际和国内相关联、理论和实践相结合"的课程特征

历史和现实相贯通、国际和国内相关联、理论和实际相结合，既是习近平法治思想形成发展的科学方法，也是习近平法治思想的内在逻辑。习近平法治思想坚持历史唯物主义，深入考察人类法治发展演进的基本规律、中华民族法治兴衰的历史规律、中国法治建设的时代规律，与新时代全面依法治国的现实规律相映射，是历史和现实相贯通的典范。习近平法治思想坚持文明互鉴、兼容并蓄，提出统筹推进国内法治和涉外法治、加快建设国际法治、构建人类命运共同体的战略思想，是国际和国内相关联的典型。习近平法治思想是根源于实践、运用于实践、在实践中经受检验、在实践中创新发展的法治理论，前所未有地系统总结了我们党一百年来领导人民进行新民主主义法制和社会主义法治建设的实践进程，是理论和实践相结合的范例。张文显教授敏锐地指出，历史和现实相贯通、国际和国内相关联、理论和实际相结合的内在逻辑也是概论教材和课程的重要特征，并理应转化为把习近平法治思想讲深、讲实、讲活的教学方法。[①] 而案例教学法之所以能成为概论教学的"良方"，正是因为"案例"恰好契合了"历史和现实相贯通、国际和国内相关联、理论和实践相结合"这三个特征：首先，流传于人类法治文明史、中华法治文明史、中国特色社会主义法治建设史中的法治故事，既是过去法治的叙事，也是现实法治的反映，体现出时间维度上的规律延展性，具有历史和现实相贯通的可能性。其次，发生于全球化进程中的国内外法治案件、涉外法治事件、国际法治动态，既关系世界法治发展，又关乎我国法治建设，展现出空间维度上的法理相关性，具有国内和国际相关联的必然性。最后，案例均来源于实践，是实践的表达，且蕴含着规律、道理、本质，是具体实践经理性加工而成的微观具象，其本身就是理论和实践相结合的产物。正如一位学者所言，这十年，是中国法治建设战略实现历史性转变的十年，是中国特色社会主义法治体系建设取得历史性进展的十年，是中国法治工作质量效率取得历史性突破的十年，是中国法治保障经济社会发展能力实现历史性提升的十年，因而是社会主义法治国家建设实现大跨越大发展大进步的黄金十年。[②] 新时代法治中国建设实践为我们提供了幅员辽阔的法治景观，案例正从此而来。由此观之，案例是阐释习近平法治思想最好的知识和方法载体，案例教学法是讲授习近平法治思想的最佳方式，可以达到事半功倍的效果。只是，如何将这些散落在历史、现实、实践中的案例进一步类型化、体系化，是值得进一步探索的重要课题。

（三）概论课肩负着构建自主性法学知识体系的课程使命

把概论课纳入法学核心课程体系并确认其统领地位，不只是一堂课的创新，也是法学教育体系的创新。党的二十大报告明确提出"教育、科技、人才是全面建设社会主义现

---

① 参见张文显：《如何讲好〈习近平法治思想概论〉》，载《中国大学教学》2021年第9期。

② 参见黄文艺：《中国法治这十年》，载《中国司法》2022年第8期。

代化国家的基础性、战略性支撑”,以及“坚持为党育人、为国育才,全面提高人才自主培养质量”,为新征程上法学教育指明了发展方向。如何形成中国自主的知识体系,特别是如何在中国已有的法律体系和法治实践基础上,建构自主性的法学知识是需要解决的问题。

我们必须回到法学的谱系中寻找答案。从法学成长的规律来看,法学是实践理性的学问,抽象的法学理论无时无刻不在经验的积累中取得进步,案例是从感性经验到理性知识的重要环节,是对本土法治制度资源的理性集成,必将是自主性知识体系积累的必要步骤。从世界范围来看,以“遵循先例”为特征的英美法系国家和以法教义学为特征的大陆法系国家都重视鉴定式案例研究。在我国,经典案例研究和教学应用一直是法学课堂的重点。可见,从案例研究中汲取营养是法学前进的根本动力所在,也是世界范围内的法学教育共识。基于本土的案例研究和教学,有利于总结中国特色社会主义法治实践规律,传承中华法律文化精华,并真正地推进中国法学自主知识体系的建构。2017 年 5 月,习近平总书记在中国政法大学调研时指出,“法学学科是实践性很强的学科。……要打破高校和社会之间的体制壁垒,将实际工作部门的优质实践教学资源引进高校”。① 2021 年 12 月,习近平总书记在中共十九届中央政治局第三十五次集体学习时指出,“要总结我国法治体系建设和法治实践的经验,阐发我国优秀传统法治文化,讲好中国法治故事”,②这也是对我国法学教育界提出的具体要求。中国法治人才队伍必须扎根中国本土,而落实到法学教育上来,第一步就是让本土法治实践成果成为学生研读的对象,让同学们在课堂上沿着“从实践到理论”“从具体到抽象”的科学认识路径,重燃知识的火种。概论课不但不应消解实践理性,而且要用马克思主义辩证法将法学的实践理性思维提升到新的境界,让同学们感受到知识从实践中生成的乐趣。中国法学教育现代化,既要注重新时代直接的法治理论创新,也要善于从实践中提炼案例,形成中国自主性知识生成的理性土壤。

二、建构习近平法治思想概论课程的案例体系

在明确了案例教学的重要意义之后,核心问题就是选择什么样的案例,以及如何将这些案例类型化,并使之体系化。概论课不只是将案例作为辅助性手段,案例研发及其体系化建构也成为概论课案例教学的目的之一。

(一)案例从何而来

从表象上看,我们可以直接或间接选择的案例种类有很多,案例来源是多种多样的。例如,习近平总书记在关于坚持全面依法治国的系列讲话中讲到许多生动的法治故事,其本身就为案例挖掘提供了素材,这也是“用故事讲道理”的思政课常用的案例类型。再

① 习近平:《论坚持全面依法治国》,中央文献出版社 2020 年版,第 177 页。

② 习近平:《全面推进中国特色社会主义法治体系建设》(2021 年 12 月 6 日),载《习近平谈治国理政》(第 4 卷),外文出版社 2022 年版,第 304 页。

如,全国人大常委会法工委定期或不定期公布备案审查或合法性审查案例,最高人民法院、最高人民检察院也都会出台典型性司法案例和指导性案例,这部分案例已经进入大学法学教育中。但是,概论课的案例教学不同于一般的思政课,也不同于普通的法学专业课,如果我们只是照抄照搬思政课或专业课的案例类型,那么可能会陷入这样或那样的误区。目前来看,可能的误区有3种。

误区之一是选择描述性的故事作为案例来源。这是一般思政课所采用的“讲故事”式的案例,其目的在于通过案例把道理揭示出来,使学生能够身临其境地领悟到马克思主义的理论境界,从而发自内心地坚定信念和信仰。但是,由于这类案例是对事实的整体或片段描述,难以展现习近平法治思想的法学思辨性,更难以在知识层面与法学所特有的利益衡量和价值判断结合起来,可能会忽略习近平法治思想作为法学专业课的重要性。比如,在讲到“坚持依宪执政、依宪治国”这一命题时,我们对案例的设计,不能仅停留于回顾党百年历史中依宪执政、依宪治国的故事,而是要重点挖掘宪法是如何在中国大地上落地生根的,尤其是宪法究竟在革命和建设过程中起到了怎样的作用,新中国成立初期的共产党人究竟是在怎样的境遇下决定制宪行宪,做到以“思维”启发学生而非以“故事”感染学生。

误区之二是选择司法案例(如最高人民法院、最高人民检察院发布的指导性案例)作为唯一案例来源。由于司法领域的案例在实践中并未覆盖所有法治环节,只是法治体系中非常有限的一部分,因而难以展开全面依法治国的实践图景。同时,这些案例的目的在于指导司法机关开展工作,因而具有很强的实务指导性,其展现的是围绕实在法而展开的法律教义学思维,尤其是以法律适用为特色的“法官思维”。但习近平法治思想不只涉及司法层面的法律适用,更包含丰富的立法、执法、司法、监督、守法等各方面关切。因而,学生在概论课上所需要培养的不只是法官式的法律思维,更要培养法治思维、法理思维。这意味着,部门法学中惯常运用的法源性案例、鉴定式案例,难以完全适应概论课的培养目标。即便是可以直接援用的案例素材也要经过“转化”,例如,“聂树斌案”在法学课上是事实认定的证据问题,但在概论课上则更多是人权司法保障、诉讼制度改革问题,同一个案例由于切入的角度不同,在叙述方式和问题导入上存在较大差异。

误区之三是创造思想实验式的虚假案例作为案例来源。由于习近平法治思想是从实践中来,而非头脑演绎的产物,因此人工设计的思想实验并不具有实践性,在某种程度上并不适用于习近平法治思想的教学。例如,在法理学上喜闻乐见的“电车难题”“洞穴奇案”并不适合拿到概论课上讨论,它们所展示的是抽象的思维悖论却非现实的生活矛盾。不过,习近平法治思想同样可以为尚未真实发生的未来法治问题提供方向,如人工智能、大数据、基因编辑、自动驾驶等新兴科技的法律规制路径和科技向善的核心法理。所以,概论课案例同样具有面向未来的时空延展性,却不是以想象的天空承载现实的厚重,而是用已知现实中升华的法理去驾驭在襁褓中尚未展开的现实。例如,在讲到科技与法治的关系时,我们可以从分析“贺建奎案”入手来探究为什么要把科技伦理纳入全面依法治国系统工程中,并探究基因编辑的基本法理究竟是什么。

(二)以“中国特色社会主义法治体系”为总框架

走出案例选择误区的关键在于找到适合习近平法治思想理论体系和概论课程的案例范式,而这又取决于我们如何理解作为实践形态的全面依法治国和作为理论形态的习近平法治思想。换言之,我们要建构的习近平法治思想案例体系,既可以较系统地呼应全面依法治国实践,又可以较科学地回应中国特色法学基本理论。

从实践层面讲,全面依法治国涉及国家各方面工作的法治化,要解决政治、经济、文化、社会、生态各领域的法治问题,要贯通立法、执法、司法、守法、监督各环节的法治实践,必须要有一个总揽全局、协调各方的总抓手,这对全面推进依法治国具有纲举目张的重要意义,而这个总抓手就是在党的十八届四中全会上提出的“建设中国特色社会主义法治体系”。习近平总书记在这次会议上对“建设中国特色社会主义法治体系”的科学内涵作了深刻阐释,即“在中国共产党领导下,坚持中国特色社会主义制度,贯彻中国特色社会主义法治理论,形成完备的法律规范体系、高效的法治实施体系、严密的法治监督体系、有力的法治保障体系,形成完善的党内法规体系”。①

从理论层面看,习近平法治思想是围绕“为什么要实行全面依法治国,怎样实行全面依法治国”这一主题展开的博大精深的科学理论体系,提出了一系列具有时代性、原创性、标识性的新概念、新命题、新话语。其中,最具代表性、统领性的原创性概念是“中国特色社会主义法治体系”,它也成为我们站在新时代新的历史起点上构建中国特色法学体系的基本范式。在每一次与法治相关的中央会议中,构建中国特色社会主义法治体系都是重要论题,这也表明中国特色社会主义法治体系在当代马克思主义法学文献中的重要地位。正如张文显教授所指出的,“‘中国特色社会主义法治体系’不仅是一个统领法治建设全局的实践概念,而且是一个思想品位极高的理论概念,是实践创新与理论创新的统一”。②

我们在概论课上开展案例教学,必然要找到实践和理论的契合点,而以上论证表明,“中国特色社会主义法治体系”恰好为法治实践和法学理论所共享。一方面,在案例向法治实践延伸的线索上,包含立法、执法、司法、守法、法治监督、法治保障、法学教育等各环节,国家法治、区域法治、地方法治、国际法治各层次,法治国家、法治政府、法治社会、法治政党、依法治理等各领域,经济、政治、文化、社会、生态、军事、安全等子法治体系,涉及依法治国与依规治党、依法治国与以德治国、安全与发展、改革与法治等各方面关系。另一方面,在案例向法学原理升华的线索上,包括全面依法治国的政治方向、重要地位、工作布局、重点任务、重大关系、重要保障等方面的重要论述,内含法律思维、法治思维、法理思维,囊括法律学、法治学、法理学的知识体系。从这两方面来看,习近平法治思想的

① 《中共中央关于全面推进依法治国若干重大问题的决定》,人民出版社2014年版,第4页。

② 张文显:《在新的历史起点上推进中国特色法学体系构建》,载《中国社会科学》2019年第10期。

案例必然可以“归入”中国特色社会主义法治体系中,案例研究将呈现为系统化的理论成果,既实现了全面依法治国实践的理论转化,又深化了当代马克思主义法学的实践基础。基于此,中国特色社会主义法治体系应当可以成为支撑起全部案例素材的总框架,沿着法治体系实践展开的图景,诸多法治故事和法治经验都可以“案例化”,成为可以讲授传播的重要素材。例如,当我们讲到“公正司法”时,就可以选择最高人民法院和最高人民检察院的能动司法典型案例、司法救助典型案例,把司法机关在新时代国家和社会治理中扮演的角色讲清楚,把中国司法体制和样态与西方司法鲜明而具体地区分开来。

(三)主要案例类型及其体系构建

案例类型与体系的确立,只是在习近平法治思想基本原理和全面依法治国伟大实践之间为我们搭建了一座桥梁,但并没有有序地展开全部案例体系。我们需要解决的下一个问题就是,以什么样的标准将这些案例类型化和体系化。

全面依法治国首先意味着国家各项工作法治化,因而,根据案例涉及的法领域,可以横向分为政治、经济、文化、社会、生态、军事等领域的法治,也可以纵向分为依宪治国、科学立法、严格执法、从严监督、公正司法、依规治党、涉外法治等。但由于全面依法治国所涉及到的主题非常广泛,即便集中于“中国特色社会主义法治体系”所包含的五个方面,也可以细化为更多的主题,这样的分类在内在逻辑上较为松散,不利于进一步体系化,因而只能算作“初步的”。全面依法治国还意味着各类主体都要按照法治思维和法治方式行事,因而根据依法治国主体,可将所涉案例划分为四大类:第一,党依宪执政、依法执政的案例,比如1954年毛泽东同志在杭州起草宪法文本的故事;第二,各级党组织和党员、立法者、执法者、司法者、监督者、企业、民众等角色依法治理、依法行事、依法交往的案例,比如全国人大常委会处置辽宁人大选举贿选的案例;第三,国际组织、国家、地区的法治案例,比如“南海仲裁案”;第四,就习近平法治思想而言,还涉及历史上各类主体的法治案例,以及习近平总书记本人依法治县、依法治市、依法治省、依法治国实践中的案例。以法治主体为分类标准的优势在于:其一,案例可以在全面性和开放性中张弛有度,不同法治主体的角色可以周延地全覆盖,而不同角色的实践案例可以与时俱进地不断扩充进来。例如,以立法者角色为例,这一角色下有中央立法和地方立法的二阶分类,中央立法又有不同法律部门的三阶分类,地方立法又有省市特区二阶三重分类,而每一阶主体都可以容纳从过去到未来的所有案例集合。其二,案例可以有机契合中国特色社会主义法治体系,立法者、执法者、司法者、监督者、党组织和党员等不同主体既可以恰好匹配到法治体系中,不同主体角色又可以贯穿于整个法治体系中。以国有企业为例,它是依法治企的主体,是法律规范体系的遵守者,是法律实施的对象,是法律监督的组成部分,在企业合规管理中也要制定企业章程并遵守党内法规,这一主体的法治实践可以在中国特色社会主义法治体系视域下形成完整的案例图景。其三,法治主体恰好也对应法治人才培养的目标,与课堂教学的对象相统一。建设一支德才兼备的高素质法治队伍是我国法学教育的总目标,而这支队伍恰好也是全面依法治国的主体,无论是立法者、执法者、司法者的法治专门队伍,还是律师、公证员、司法鉴定人等法律服务队伍,抑或是法学专家队伍,都必然要在从事法治职业之前接受法学教育。我们在法学教育中以法治主体为角色进行思维训练,既具有法治职业思维和能力培养的针对性,也与当前部门法学从"法官"角色出发的教学思路一脉相承。

如果我们把国家各方面工作法治化形成的实践案例作为初步的"素材来源",把参与全面依法治国的法治主体作为案例展开的"角色叙事",那么,要建构起习近平法治思想的案例体系,还需要理性的"作业方式",其决定案例将以什么样的方式排列组合。在这个意义上,我们可以将案例进一步分为四种类型:一是个案式案例,这是最简单且最常见的案例呈现方式。例如,在"于欢故意伤害案"中,被告人于欢和社会公众都认为一审裁判结果量刑不当不公,二审改判既获得于欢认罪服判又获得公众一致点赞。该案表明,习近平总书记提出的"努力让人民群众在每一个司法案件中感受到公平正义"①事实上包含两个方面,即让案件当事人切身感受到公平正义,让社会公众感受到公平正义就在身边。② 二是对比式案例,又分为中外对比、纵向对比、横向对比三种。案例对比的目的是"区别",通过对相似案例的相同点和不同点的挖掘分析,找到阐明这些区别的法治原理所在。例如,我们在讲授"依法治国和以德治国"的辩证关系时,可以考察某些地方的"外嫁女"无权参与农村土地分配的村规、伴娘在婚礼上被骚扰的婚俗、婚丧嫁娶大操大办的习俗等,将以公序良俗为核心的社会自治规范作为社会主义核心价值观融入基层法治建设的典型案例中,与中国古代德法共治的案例相对比,从而挖掘新时代德法关系的现代精神和中国特色。三是链条式案例,即多个案例由逻辑链条连接起来、依次推进,共同构成对某个基本原理的阐释和论证。例如,我们在讲授习近平法治思想中的生态法治理论时,便可以从立法、执法、司法、监督的法治运行逻辑出发,展开生态保护的法治案例。其中,既可以聚焦个案(如鄱阳湖污染治理),也可以设计不同案件到一个链条中(如立法、执法、司法、监督等不同环节各选择一个典型案例串联起来)。再如,我们在探讨"共同富裕的法治保障"问题时,便可以以立法、执法、司法、监督等环节为链条,展开浙江省共同富裕示范区法治建设的现实案例。四是集合式案例,即将习近平法治思想中的论题目录化,形成阐释论证同一论题的案例子集,在此基础上也可以进一步形成案例数据库。我们可以在《习近平法治思想概论》教材目录中的论题的基础上,进一步细化出子目录,然后将案例素材列于子目录下,以方便课堂教学使用。

三、以案例教学打造中国法学教育现代化课程典范

案例教学是讲透、讲活、讲好习近平法治思想的重要抓手。作为教学方法的案例教

① 习近平:《高举中国特色社会主义伟大旗帜　为全面建设社会主义现代化国家而团结奋斗——在中国共产党第二十次全国代表大会上的报告》,人民出版社 2022 年版,第 42 页。

② 参见胡云腾:《习近平法治思想的刑事法治理论及其指导下的新实践》,载《法制与社会发展》2022 年第 5 期。

学联结“理论”和“实践”、贯通“历史”和“现实”、比较“国内”和“国外”，恰如其分地展示出习近平法治思想内在的方法论。同时，它既紧密地结合着传统法学思维训练的案例模式，又创新地体现着法律思维、法治思维、法理思维训练的全面性，对打造中国法学教育现代化课程具有重要的参考意义。

（一）坚持“问题导向”教学线索

人类法治发展的过程，就是一个不断发现问题、回答问题、解决问题的过程。坚持问题导向，是马克思主义方法论的鲜明特征，是习近平法治思想所蕴含的重要世界观和方法论。当我们在课堂上讲述鲜活的案例时，实际上也是在回顾历史和时代为中国法治提出的问题，并通过解决问题而生成理性的认识。我们学习习近平法治思想，不是学习形而上学的教义，而是学习解决法治问题的智慧和方法。因而，“问题导向”是案例教学的内在线索，既以“问题链”规整松散而碎片化的案例，又真实再现了习近平法治思想的理论生成逻辑。

那么，如何坚持问题导向？第一种情况是，案件本身就是待解决的问题，而解决问题的思路最终形成了习近平法治思想的基本原理。这更多适用于涉及法治改革方面的案例。例如，党的十八大以来，我们纠正了诸多冤假错案，但纠正错案并不是解决问题的根本之策，更重要的是防止错案。如何防止错案？我们可以对典型性的几桩案件进行分析，找到原有司法体制上的一些不足，从而推出“司法责任制改革”必要性及其内涵。

第二种情况是，问题提出后，选择实践中不同的解决方案作为案例，然后通过“论辩”和“对话”找到最佳方案，并深化对习近平法治思想的正确认识。例如，关于“安全和发展的关系”问题，我们可以提出正反两方面的观点，正方观点是部分地区政府代表的“稳定压倒一切”，反方观点是部分地区政府代表的“发展是硬道理”，然后各自从社会治安、经济发展等自身利益出发展开辩论，最终找到基于共识的正确答案，即“发展是安全的前提，安全是发展的保障”，而这正是习近平法治思想所要阐明的原理所在。

第三种情况是，案例中包含着层层推进的问题和回答，因而案例讲解的过程也就是问题不断提出、原理不断生成的过程。习近平总书记指出，“在认识世界和改造世界的过程中，旧的问题解决了，新的问题又会产生，制度总是需要不断完善”①，案例教学也是如此。例如，关于“党法关系”问题，我们可以从某些官员以权压法、以言代法的反面案例讲起，通过对反面案例的分析，提出“党大于法”的假设命题。进一步分析表明，这个命题实际上是不合逻辑的“伪命题”。紧接着，我们可以继续追问前述案例的本质是什么？然后可以引用几例相似的“贿选案”，指明其本质不是“党大于法”，而是“权大于法”，从而将这两种判断区分开来。随后，再继续追问如何改变这种现象，并引出对党法关系的正确认识，即“社会主义法治离不开党的领导，党的领导要依靠社会主义法治”。

① 习近平：《关于〈中共中央关于全面深化改革若干重大问题的决定〉的说明》，载《人民日报》2013年11月16日，第1版。

问题导向的教学线索反映了马克思主义鲜明的实践性,其每一个原理都不是空想出来的,而是在解决具体问题过程中不断总结规律而产生的。案例不是干巴巴的事例,而是这些规律的文本载体,只有在一环又一环的问题链条中,我们才能把这些规律揭示出来,让同学们更真实地感受到习近平法治思想的真理性和实践性。

(二)坚持"双向互动"教学模式

习近平总书记强调:"新时代以来,党的理论创新和实践创新是十分生动的,我们的学习也应该是生动的,不能仅停留在记住一些概念和提法。"①案例和原理是波澜壮阔的法治实践在课堂上的转化形式,案例呈现的是生动的法治现实,原理阐明的是深刻的法治道理,二者相互印证、彼此维系,共同构成了概论教学"机之两翼"。需要建立案例和原理"双向互动"的教学模式,将原理安置于案例之中潜移默化,将案例串联在原理之上娓娓道来,才能起到应有的教学效果。

根据案例和原理的关系,可以将教学模式细分为"阐释型模式""具体化模式""论证性模式"。"阐释型模式",就是用案例对法治基本原理进行分析和阐释,使其更容易理解。例如,"依法治国与以德治国的关系"需要讲清楚三个层次的内容,一是法律和道德这两种规范的关系,二是法治和德治这两种治理方式的关系,三是依法治国和以德治国相结合的实践模式。我们在设计案例时,需要蕴含这三个理论层次,从而阐明法治原理的实践逻辑。又如,"抓住领导干部这个'关键少数'"需要讲清楚两个方面,一是领导干部的关键推动作用,二是领导干部的致命破坏作用,所以,最好选择正反两方面的典型案例,以阐明为什么要抓住"关键少数"。说到底,阐释型模式建立在对基本原理的科学解释基础之上,重点是把案例按照分析原理的思路重构。

"具体化模式"是用案例将习近平法治思想中的某些一般性论断进一步具体化。与阐释型模式不同,具体化模式不以分析原理为必要前置步骤,而只是将一般性的论述转化为更有说明力的具体事例。例如,"我们党历来重视法治",为什么这么说?在教学中,我们需要具体对中国共产党领导人民进行法治建设的历程进行描绘,而这种历史性描述就是对这个论断的具体化。再如,"民主立法"必然要求"开门立法",我们就可以列举民法典等法律制定过程中征求人民群众意见的数据作为案例素材。民法典编纂过程中,先后10次通过中国人大网公开征求意见,累计收到42.5万人提出的102万条意见和建议;《个人所得税法(修订草案)》通过网络公开征集意见,收到超过13万条意见建议。这些数据是我国新时代民主立法的真实写照,在人类历史上是空前的。可见,具体化模式所针对的法治论断并非理论上不易理解的原理,而只是需要更多的案例辅助说明,这是它与阐释型模式最大的不同。

所谓"论证性模式",就是在论辩中展开案例,从而为习近平法治思想的基本原理提

① 习近平:《全面学习把握落实党的二十大精神 奋力夺取全面建设社会主义现代化国家新胜利》(2022年10月26日),载《人民日报》2022年10月27日,第1版。

供深度证成。习近平法治思想的理论魅力就体现在解决了许多法治实践中的难题，课堂上回溯这些难题正是为了验证理论的科学性和正当性。通过论证性模式案例教学，既能够增强学生对习近平法治思想基本原理的认同，也能够促进法学思维的培育，尤其是指导学生善于运用法理解决具体的法律问题。最典型的案例就是“高空抛物的责任认定”难题，如何让受害者得到及时有效的补偿，又不至于让无辜者承担并非自己所为的责任和污名？这需要我们按照论辩程序展开案例，让同学们参与到激烈的讨论中，以证明“坚持以人民为中心”在解决疑难案件中的关键作用。

（三）坚持“三维一体”教学目标

多年来，在部门法学领域运用案例教学的场景都是“法律适用”，也就是培养以法官为核心角色的法律职业共同体思维方式。但是，习近平法治思想的目标是培养“德法兼修”的法治人才，不仅培养法律人的法律思维，而且要增强法治工作者依法办事的意识、思维和能力，同时更要提升每个人“良法善治”的法理思维和法理情怀。这实际上是将教学目标从法律思维拓展为法律思维、法治思维、法理思维，这三种思维不是孤立的、相分离的，而是互联的、相统一的，实现了“三维一体”。

案例教学也应当紧紧围绕“三维一体”进行。有的案例直接蕴含着“三维一体”的要求。例如，“小贩杀城管案”是城管“暴力执法”的典型反面案例，其表明，“严格执法”并不是要机械地执行法律法规规定，而是要把执法对象的权益放在第一位，执法决定要公正，执法程序要合法，执法过程要文明，执法态度要温暖，这正是“三维一体”在执法中的体现。有的案例则间接地寓“三维一体”于其中，需要进一步挖掘。例如，基层社会治理实践中以“三治融合”为特色的典型案例是“依法治国和以德治国相统一”在基层的微观镜像，但自治对应着乡规民约的规则，法治对应着依法管理，德治对应着良法善治，因而也深藏着“三维一体”的本质特征。

习近平总书记在谈到法治专门队伍时指出：“立法是为国家定规矩、为社会定方圆的神圣工作，立法人员必须具有很高的思想政治素质，具备遵循规律、发扬民主、加强协调、凝聚共识的能力。执法是把纸面上的法律变为现实生活中活的法律的关键环节，执法人员必须忠于法律、捍卫法律，严格执法、敢于担当。司法是社会公平正义的‘最后一道防线’，司法人员必须信仰法律、坚守法治，端稳天平、握牢法槌，铁面无私、秉公司法。”①这也同样是对法学人才培养提出的要求，“三维一体”恰恰是这一要求在法学思维上的具体体现。因而，在某种程度上，“三维一体”也构成了案例的“准入标准”，我们在挑选相关案例时要检验一下其是否能够有助于培养学生的法律思维、法治思维和法理思维。

（四）坚持“多元共治”教学设计

案例教学并不只是在传统课程中加入一些具体案例，而是要激活课堂生命力，打造

① 习近平：《加快建设社会主义法治国家》（2014 年 10 月 23 日），载习近平：《论坚持全面依法治国》，中央文献出版社 2020 年版，第 115～116 页。

现代化教学形态。现代教育理念将"治理"思维引入教学,提出教学本身也是一场治理活动。而治理的本质就在于多元参与。也就是说,案例教学法就是要激活多元主体的参与积极性,搭建"沟通理性"的认知桥梁,让同学们通过案例研讨启发思考、增进认同、推进创新。

我们可以根据学生参与的程度将案例研讨模式区分为"三阶层"方法梯度:一是"说明讲授式",由老师主导案例研讨程序,通过散发式提问,由学生开展头脑风暴式的思维训练。这是较为常见的由上至下"单向模式",学生只是问题的回答者,缺少主动提出问题的参与性。受课堂教学场域局限,案例教学更多只是在这一层面展开,以文字作为案例的主要媒介。二是"论辩研讨式",老师只承担案例设计和论题分配,将学生分为2~3组开展辩论,通过正方、反方、折中方的角色分配,层层拨开问题的本质。这属于平行的"对话模式",学生同时是问题的提出者、回答者、辩护者。这一模式可适用于理论争议比较强的案例,比如,如何运用"以人民为中心"理念来解决诸多城市化进程中的"烂尾楼"法律难题,意见分歧本身就可以成为辩论的"辩题"。三是"模拟沉浸式",老师只是案例的提供方,案例中的多角色由学生自由分配,通过对法治实践的模拟,寻找不同主体解决问题的最佳方式,从而深刻理解习近平法治思想中诸多原理的实践渊源。这属于多元的"公共模式",学生既是问题的提出者、回答者、辩护者,也是新案例和新原理的创造者。这一模式已经接近于"诊所式教育",让学生在角色扮演中去伪存真,设身处地地解决案例中的难题,并感悟习近平法治思想中诸多原理的真谛所在。

在"三阶层"之上,我们要更加注重发挥学生在课堂上的主体性作用,让学生主动提出问题、主动寻找案例、主动参与研讨,因而案例研讨更应当打破传统教学思路,实现"翻转课堂"。学生不再是嗷嗷待哺的雏鸟,而是要在对话、反思、沟通中,借助自己的理性来攀登知识的高峰。教师也不再是一场音乐会的指挥者,而应当与学生一样是真学问的探索者,在全程参与案例研讨的过程中解答疑惑、获得真知,让案例库成为学生从实践中学习的试验田,真正打造法学教育现代化的典范。

(五)坚持概论课与其他法学专业课深度融合

概论课在法学专业核心课程体系中具有统领性,是其他课程的思想引领、理论根基、知识前提,因而概论教学也必须要起到"以道御术"的辐射功能。案例教学恰恰是沟通概论课和其他专业课的使者,有利于解决"知识联结"的难题,避免课程之间的碰撞和断裂。

概论课与其他课程的关系类似"总论"与"分论"的关系,它们既是互为一体的,又是各有分工的,概论课要注重讲授习近平法治思想"总论",让学生吃透基本精神、把握核心要义、掌握科学方法,把习近平法治思想指导具体法治领域和法律部门而形成的具体观点和方法留给其他课程讲授。① 概论课的案例渊源较其他专业课更加广泛,涵盖了全面依法治国各领域全过程,涉及国内和国外、历史和现实、公共空间和私人领域,包括但不

① 参见张文显:《如何讲好〈习近平法治思想概论〉》,载《中国大学教学》2021年第9期。

限于法理学、法史学、比较法学、部门法学等各门课程的案例范围。一方面，这表明概论课上必然会涉及更多其他专业课很少涉及的新鲜案例。习近平法治思想把马克思主义哲学的系统观念作为基础性思想和工作方法娴熟地运用于法治领域，坚持在中国特色社会主义新的历史方位和“五位一体”总体布局中定位法治建设，在“四个全面”战略布局中推进全面依法治国，在“两个大局”时空背景中统筹推进国内法治和涉外法治，这表明中国法治实践属于中国特色社会主义实践的子系统，其案例不仅是关乎法治的，而且也是关乎政治全局的。① 同时，新时代的治国理政在法治领域创造了一系列新实践，包括依规治党、纪检监察、国家安全法治、社会治理法治、国际人权、涉外法治等多个方面，这些“政法新实践”正是习近平法治思想的最好诠释，是概论课重要的案例渊源。②

另一方面，这意味着概论课和其他专业课可能会共享某些相同的案例素材，但是它们不是简单的“重合”，而是有着不同的“解题思路”。例如，我们在概论课上引用清朝“郑板桥妙判‘僧尼私恋案’”，是为了说明当代良法善治要善于创造性转化中华优秀传统法文化，而在中国法制史课上引用这个案例则重在分析古代婚姻制度。又如，我们在概论课上分析“弘扬社会主义核心价值观典型案例”，更侧重于分析依法治国和以德治国相结合在实践中的重要体现，而在法学方法论课上，则要更细致地分析特定案件究竟采用了什么样的解释方法或论证模型。再如，我们在概论课上分析“聂树斌案”，是为了阐明错案追究制度的合理性、司法责任制的必要性，而在刑事诉讼法课上谈论这一案例，是为了从证据角度分析事实认定环节的错误。总体上看，概论课对案例的分析更具有整体性、系统性和宏观性，而其他专业课的分析则侧重不同的专业细节。但二者并非彼此分割而是相互承接，概论课回答了案例中的本质问题，而其他专业课则是这一本质问题下的具体深化，从理论上是习近平法治思想在不同视角下的投射。

正是基于这种承接关系，概论课可以经由案例教学激发理论和方法创新，并有助于建构自主的法学知识体系。建构中国自主的知识体系的关键在于从中国实际出发，用马克思主义世界观和方法论回答法治的人民之问、时代之问、中国之问、世界之问，以法治方式解决实践遇到的新问题、改革发展的深层次问题、人民群众急难愁盼的问题、国际变局中的重大问题、党的建设面临的突出问题。概论课上的案例教学，应当展示全面依法治国的中国实际，并形成全面依法治国的论题目录，为其他法学专业课提供论题“接口”、输送自主创新的能量，建立起法律学、法治学、法理学的完整法学学科体系和课程体系。概论课讲的是习近平法治思想的世界观和方法论，而法律学、法治学、法理学则是运用这种世界观和方法论解决具体领域的法治问题。因而，我们必须要把习近平法治思想和法学其他专业领域贯通起来，既注重它们在基本立场和方法上的一致性，又注重它们在具体观点上的差异。

---

① 参见张文显：《习近平法治思想的系统观念》，载《中国法律评论》2021 年第 3 期。

② 参见陈柏峰：《我国政法教育的变迁与展望》，载《现代法学》2022 年第 2 期。

四、结语

概论课是习近平法治思想系列课程的第一课,是法学核心课程体系的统领,是构建中国自主知识体系的示范课程。讲好这门课,不仅需要讲好习近平法治思想博大精深的理论体系,而且要把理论精髓串联在法治实践的故事里,在课堂上实现理论和实践的高度统一和融合。演绎在中国特色社会主义法治体系中的案例,既凝结着新时代法治实践的经验精神,又传递着习近平法治思想的理论精髓,必将成为讲好习近平法治思想不可多得的重要资源。因此,案例教学法正契合概论课的课程目标和课程性质,也合乎中国式法学教育现代化的总体趋势,是值得我们在教学中不断探索、锤炼、完善的教学方法。

习近平法治思想融入商法教学的路径与方法

郝 磊[*] 包志会[**]

商法是调整市场经济关系中商主体及其商事活动的法律规范的总称。作为规范现代市场主体(商主体)和现代市场行为(商行为)的法律规范体系,商法已经发展成为一个受到法学界认可的独立法律部门,有独特的调整对象和规则体系。就我国商事立法而言,迄今商事领域已经制定了诸如公司法、合伙企业法、农民专业合作社法、个人独资企业法、证券法、破产法、票据法、保险法、海商法等大量的商法规范。根据教育部发布的《法学类教学质量国家标准》(2021 年版)的要求,法学专业核心课程采取“1 + 10 + X”分类设置模式,商法课程几乎都列入了必修课的行列。

习近平法治思想内涵丰富、论述深刻、逻辑严密、系统完备,是新时代全面依法治国战略深入实施的根本遵循和行动指南。“十一个坚持”立意高远,概括精准,意涵深刻,论述精当,构成习近平法治思想的核心内容。“百年大计,教育为本”,全面依法治国作为当代中国的主旋律,事关我们党执政兴国,事关人民幸福安康,事关党和国家长治久安,是全党以及全国各族人民必须坚定不移持续推进的伟大事业。法学教育则在其中发挥着基础性、关键性作用,为中国共产党领导的中国特色社会主义法治道路提供理论支持和人才支撑,是实现法治中国的有效保障。商法教学是法学教育中的重要组成部分。商法教学应当站位于服务中国特色社会主义法治建设的政治高度,致力培养具有坚定理想信念、强烈家国情怀、扎实法学根底的法治人才。在开展商法教学过程中,必须以习近平法治思想为指导,坚持中国共产党的全面领导,坚持以马克思主义法治理论为指导,坚持中国特色社会主义法治道路,强化商法学科的教学,走中国特色社会主义法学教育之路。

一、习近平法治思想融入商法教学目标

习近平总书记强调要“加强法治人才培养”,“法治人才培养上不去,法治领域不能

* 天津师范大学法学院院长,教授、博士生导师。

** 南开大学法学院 2021 级博士研究生。

人才辈出,全面依法治国就不可能做好”。[①] 习近平总书记在中国政法大学考察时强调,“要坚持中国特色社会主义法治道路,坚持以马克思主义法学思想和中国特色社会主义法治理论为指导,立德树人,德法兼修,培养大批高素质法治人才。”[②]法学教育的重要使命是培养法治人才,商法教学在法学教育中是不可或缺的一个重要环节。商法教学也必须以培养适应市场经济发展要求的法治人才作为其目标。具体而言,商法教学的目标包括两个方面:其一,引导学生系统、完整地掌握中国特色社会主义市场经济法律制度。其二,注重培养德法兼修的高素质市场经济法治人才。围绕上述两个目标,应当在教学中自觉将习近平法治思想融入进去。一方面,商法教学要以马克思主义法学思想和中国特色社会主义法治理论为指导,坚决贯彻习近平法治思想,引导学生系统全面地掌握反映中国特色社会主义市场经济要求的商法制度,深刻理解我国的市场经济法律制度必须充分反映中国具体情况,同中国具体实践相结合,同中华优秀传统文化相结合。另一方面,要以习近平法治思想为指引,培养学生的综合能力,既要引导学生全面掌握体现社会主义市场经济规律的商法知识原理,提升运用商法的应用能力、实践能力,又要塑造学生的健全法律人格,培育学生的良好道德情操,提升学生的综合职业素养。市场经济的纵深发展,亟须大量精通商事法律制度的复合型、应用型、创新型法治人才,对法治人才的培养提出了更高的要求。只有做到德法兼修、理论与实践并重,才能更好适应我国市场经济发展对法治人才的需求。

二、习近平法治思想引领商法教学理念

(一)坚持政治教育与法治教育有机融合

习近平总书记强调:“法治当中有政治,没有脱离政治的法治……每一种法治形态背后都有一套政治理论,每一种法治模式当中都有一种政治逻辑,每一种法治道路底下都有一种政治立场。”[③]2023 年中共中央办公厅、国务院办公厅印发《关于加强新时代法学教育和法学理论研究的意见》,其中提道:“把思想政治工作贯穿法学教育教学全过程,加强理想信念教育和社会主义核心价值观教育,强化爱国主义、集体主义、社会主义教育,深入推进法学专业课程思政建设,将思想政治教育有机融入课程设置、课堂教学、教材建设、师资队伍建设、理论研究等人才培养各环节,教育引导广大师生做社会主义法治的忠实崇尚者、自觉遵守者、坚定捍卫者。”商法教学作为法学教育的重要内容,自然也应将思想政治工作贯彻其中,将专业育人与思政育人熔于一炉、融为一体,切实开展好商法专业

---

① 习近平:《全面做好法治人才培养工作》(2017 年 5 月 3 日),载习近平:《论坚持全面依法治国》,中央文献出版社 2020 年版,第 174 页。

② 中央全面依法治国委员会办公室:《中国共产党百年法治大事记》(1921 年 7 月—2021 年 7 月),人民出版社、法律出版社 2022 年版,第 282 页。

③ 习近平:《在省部级主要领导干部学习贯彻党的十八届四中全会精神全面推进依法治国专题研讨班上的讲话》(2015 年 2 月 2 日),载中共中央文献研究室编:《习近平关于全面依法治国论述摘编》,中央文献出版社 2015 年版,第 34 页。

课程思政建设。为切实发挥商法课程的思政育人功能，应当充分挖掘相关的思政元素，并努力找寻其与商法课程中涉及的法学理念、法学原理、法律制度之间的契合点，从而在引导学生掌握法学知识理论的同时，提升其自身的政治素养。比如，党的二十大报告提出：“从现在起，中国共产党的中心任务就是团结带领全国各族人民全面建成社会主义现代化强国、实现第二个百年奋斗目标，以中国式现代化全面推进中华民族伟大复兴。”我们在商法课程中就可以引导学生去思考和讨论，在实现中国式现代化的过程中商法将发挥什么样的作用，如何发挥作用。

（二）坚持立德树人、德法兼修的教学理念

习近平总书记提出要“坚持立德树人、德法兼修、明法笃行”。并在《论坚持全面依法治国》中明确提出了德法兼修的法治人才培养方针，“希望法学专业广大学生德法兼修、明法笃行，打牢法学知识功底，加强道德养成，培养法治精神，而且一辈子都坚守，努力用一生来追求自己的理想”，“希望我们的法学教育要坚持立德树人，不仅要提高学生的法学知识水平，而且要培养学生的思想道德素养。首先要把人做好，然后才可能成为合格的法治人才”。[①] 因此，在开展商法教学的过程中，应当秉承德法兼修的教学理念，融合现代商法学价值塑造和道德修养的双重优势，让学生掌握既具有传承性又兼顾时代性的商法学专业知识，并培养学生的思想道德素养，使商法教学与道德教学形成协同效应。古语云：“徒善不足以为政，徒法不足以自行。”其意思是，只有善德不能确保政务得到很好的处理，而只有法令则不能使法令自己发生效力。要真正使法律发挥作用，离不开主体的素质、法律体制、人们的法律意识等。因此，要保障法律的实施，必须要德法并重。这就要求未来的法律人，既要有扎实的知识基础和专业素养，又要有健全的人格和良好的操守。这样才能在持守法度时，既能准确把握法律的要义，又能自觉坚守法治理念，维护社会的公平正义。

（三）坚持理论与实践相结合的教学理念

习近平总书记在《论坚持全面依法治国》中强调：“法学学科是实践性很强的学科。法学教育要处理好法学知识教学和实践教学的关系。学生要养成良好法学素养，首先要打牢法学基础知识，同时要强化法学实践教学。”2023 年中共中央办公厅、国务院办公厅印发《关于加强新时代法学教育和法学理论研究的意见》中也提到“强化法学实践教学”。商法是社会主义市场经济的基本法，其既为市场主体的设立、运营、变更、退出提供相关的规则，同时又为各种不同商行为的运行机制提供法律规范，其直接调整的是我国市场经济运行中所产生的各种法律关系，相比其他法律具有更强的实践性和应用性。理论教学和实践教学是商法教学中重要的两大环节，承担着提升学生的理论素质和业务能力的重要功能。商法教学要坚持理论与实践相结合的教学理念，在理论教学的基础之

---

① 习近平：《全面做好法治人才培养工作》（2017 年 5 月 3 日），载习近平：《论坚持全面依法治国》，中央文献出版社 2020 年版，第 179～180 页。

上,切实提高学生法律实务操作能力,把社会主义法治国家建设实践的最新经验和生动案例带进课堂教学中,将商法学理论知识和司法实践更好结合起来。

三、习近平法治思想融入商法教学内容

(一)彰显商事法律制度的科学性、体系性

习近平总书记指出,要"坚持建设中国特色社会主义法治体系","形成完备的法律规范体系","全面推进科学立法"。① 商事法律规范是我国法律规范体系构建中的重要一环,我国商事法律规范现已形成市场运作中较为完备的制度规范体系,同时,各项法律制度的构建也具有一定的科学性、技术性。

我国的经济改革目标是建立和不断完善社会主义市场经济体制,首先需要构建市场运作机制,市场经济的发展要依靠健全的商法体系。市场机制既要解决市场主体进入的问题,又要解决市场主体退出的问题,还要解决市场运转的效率问题、市场运作的安全问题等。市场机制的运转,要有规范的主体,这就需要公司法;公司要有可靠的资金来源,这就需要证券法;公司要开展交易活动,这就需要合同法;公司履行合同进行结算,这就需要票据法;结算不了不能支付,这就需要破产法;破产法带来社会的不稳定,这就需要保险法。这些商事法律构成了商法的基本框架。这一套由商法提供给企业的规范进出市场的通道,给市场的运转提供了必要的保障,进而促进市场运转的安全与效率的提高。商法中的任何一部法律都是市场运行任一环节的规则,缺少任何一部法律,市场运行便会受到阻碍。

商法规范是关于市场机制运作的一整套制度规范,从市场主体的设立到终止,从证券筹资到票据行为、破产行为、保险行为,从陆上交易到海商活动,这套规范相互衔接,缜密系统,是对经济活动最精巧的制度设计。商法规范又是相当实用且可操作性很强的规范。无论对整体还是个体进行考察,商法规范均贯穿促进交易安全、效率等重要原则,对商事组织的构成、商主体的各种交易行为的方式、方法及程序等均作出具体安排,如《公司法》中关于股东会的召集程序与决议方法,董事、监事的选举方法,商业账簿中的强制要求;《证券法》中的证券交易程序和清算规则;《票据法》中关于票据签发、背书、承兑及追索的规则,《海商法》中关于船舶碰撞、理算的规则;《保险法》中的精算、理赔等,无不体现出很强的科学性、技术性等特点。

(二)将社会主义核心价值观融入其中

习近平总书记强调"要把社会主义核心价值观的要求转化为具有刚性约束力的法律规定,用法律来推动核心价值观建设"。② 社会主义核心价值观作为一种国家意识和伦

---

① 《全面依法治国的"十个坚持"》,载求是网,http://www.qstheory.cn/zhuanqu/2020-05/28/c_1126046237.htm。

② 习近平:《在十八届中央政治局第十三次集体学习时的讲话》(2014年2月24日),载中央文献研究室编:《习近平关于社会主义文化建设论述摘编》,中央文献出版社2017年版,第111页。

理精神，在全社会起到基础性价值引领作用，其从个体、社会和国家三个层面反映了社会各阶层最普遍的价值共识。商法本身作为社会主义法律体系的重要部门法、作为市场经济基本法、作为私法的性质决定了其与社会主义核心价值观有着很强的契合性。在商法教学的课程内容设计中，不仅要通过商主体制度、商行为制度的讲解融入社会主义核心价值观，也要在教学中剖析商主体制度、商行为制度背后的商事理念以及社会主义核心价值观的体现。

商事主体制度是当代市场经济运行中一项极其重要的、商事法律必须予以规范的基本制度，社会主义核心价值观与商法存在内在的逻辑关系。商事主体制度强调外观主义的价值追求，外观主义充分体现了诚信价值观，外观主义对于“善意”“信赖利益”的维护是诚实信用原则的具体体现。商法本质上属于市场规则，在商法规范下的市场主体应当具备平等性的特点，商法具有平等原则，体现社会主义平等价值观。在企业的设立制度中，商法为了实现企业进入市场的准入规则的平等性，而将批准生效的登记原则改为了以准则主义为主导的登记原则。商法在企业的治理制度中，注意平等保护同类的投资者和其他商事主体。并且商法亦在企业的终止制度中，尊重各方主体，保障其平等参与到具体的清算事务中。上述规定都体现了商法注重商事主体的平等地位，是平等核心价值观的具体体现。在商法领域中，有“内部人控制”理论。以公司为例，股东并不一定实际直接管理公司的运营运作，而作为董事或经理职位的“代理人”实际代表公司开展治理工作。但由于管理者与公司股东的信息不对称，其在行使职权的过程中可能会造成公司的损失，所以公司法也就要求董事、经理在法律或公司章程允许的范围内行使其权力来维护公司的利益，即规定董事、高级管理人员的忠诚勤勉义务，且规定其违反忠诚勤勉义务后须承担的法律责任及公司内部监督程序，这也体现了敬业核心价值观在商事主体制度中的体现。

商事行为制度承载着国富民强的使命，促进交易迅捷原则直接承接富强价值观的引导功能，在提高交易效率、繁荣活跃市场的同时，为国家富强奠定基础。在促进交易自由、迅捷原则的指导下所设置的商事行为制度能够确保更自由、更高效地盈利，尽可能多地创造财富。通过建立合理、高效、安全的市场机制来确保交易各方利益公平均衡地实现，如破产法中的债权人会议机制就体现了民主的思想。商事交易行为的规范化，交易的制度化、秩序化都彰显着社会主义文明价值观。在商事交易领域，诚信有着更广泛的体现，如我国保险法中的最大诚信原则，要求保险人与被保险人（投保人）双方都应尽到最大诚信义务，公司法中董事、高级管理人员的忠实义务，公司职工所负的竞业禁止的义务或是证券法上从业人员的行为禁止要求都是诚信原则的应有内涵。

（三）坚持传承与创新相统一

商法具有时代发展性，在商法学教学内容上，一方面需要将传统的商法学知识和基本理念传授于学生；另一方面也应当结合商事理论知识和实践现状，承担起商事制度改革、创新的使命，其中包括课程内容设计，课程教材的编写等方式。

其一,以传承理念教授商法理论知识,夯实学生的商法理论基础。商法的教学应始终贯彻、贯穿商主体从事商行为时应秉承的契约自由、平等理念。尽管商法有公法性特征,但其本质上仍属"私法自治"范畴,"契约自由"原则在商法规范中仍占有主导地位。因此,在商法教学中必须始终贯彻这一精神。同时,在评价商行为时除了坚持"契约自由"原则外,还必须坚持商主体法定、鼓励交易和维护交易安全、促进交易迅捷等原则。无论是讲授商主体法,还是讲授商行为法,在阐述理论问题和讲解实际案例时,都应遵循上述原则。否则,就极有可能造成概念的误用,使学生无法树立起正确的商法观念。商法在理念上强调效率优先、兼顾公平,确立了交易安全、迅捷原则,既顺应了商主体谋取利益的要求,激发人们创造财富的热情,又强调商主体的社会责任,注意保护弱势群体的利益,维护了社会的和谐稳定。在商法教学中,应结合我国建立社会主义市场经济体制的需要去讲解商法规范。

其二,以创新理念讲授商事立法之重构,培养学生的问题意识和研究能力。例如,在关于我国商主体概念的选择中,引入经营者概念。将经营者确立为商主体的法定概念,与我国将经营行为确立为商行为法定概念的立法构想相协调,使商主体(经营主体)与商行为(经营行为)的逻辑关系得以清晰。根据我国《反不正当竞争法》《消费者权益保护法》《价格法》《产品质量法》《反垄断法》《食品安全法》等法律中业已明确采用并界定的经营者概念,可利用现有法律资源,使我国商事法律体系的内涵与外延得以确定。又如,商行为作为大陆法系国家和地区立法和理论中广泛使用的概念,也被我国商法学界所普遍使用。但商行为的概念选择和法律性质尚未作出明确界定,有必要对此作出创新。可引入经营行为的概念,对其以营利为目的的内涵进行阐释,并对其作类型化区分等。

四、习近平法治思想融入商法教学方法

(一)坚持系统观念,注重体系化方法应用

习近平总书记强调"全面依法治国是一个系统工程",[①]"系统观念是具有基础性的思想和工作方法"。[②] 党的二十大报告强调,"继续推进实践基础上的理论创新,首先要把握好新时代中国特色社会主义思想的世界观和方法论,坚持好、运用好贯穿其中的立场观点方法"。而其中十分重要的一点即是要"坚持系统观念"。万事万物是相互联系、相互依存的。只有用普遍联系的、全面系统的、发展变化的观点观察事物,才能把握事物发展规律。系统观念为商法教学指明了方向,要注重商法教学的系统性、整体性、协同性。一方面,教学过程中要坚持基础理论与商事法律制度相结合。要对商法本身的规律性有一个深刻的把握,厘清商法总论与分论的关系。商事基础理论是商事部门法的根基,要处理好商事基础理论与商事部门法之间的联系。同时,在商法教学过程中,亦要注

① 习近平:《坚定不移走中国特色社会主义法治道路为全面建设社会主义现代化国家提供有力保障》,载《求是》2020年第5期。

② 《习近平谈治国理政》(第4卷),外文出版社2022年版,第117页。

意结合民法基础理论，帮助学生对于商法有更加整体、清晰的理解和认识。例如，合同法中的契约自由精神是公司契约理论的基础，公司各种法律关系的形成都是契约选择的结果，公司私法自治的基础是合同自治。另一方面，要对我国商法部门法的体系有一个全面的理解，厘清各具体子法之间的内在逻辑联系。此外，还应注意把握好商法与宪法、经济法等其他法律部门的关系，找准商法在我国社会主义法律体系中的定位。

（二）注重实证分析与案例分析方法的应用

习近平总书记指出要“坚持中国特色社会主义法治道路”，这是“关于全面依法治国的唯一正确道路”，“全面依法治国必须从我国实际出发”①。坚持从实际出发，就是要突出中国特色、实践特色、时代特色。商法教学的方法必须坚持以习近平法治思想为根本遵循，从实际出发，注重商法的实践性。商法学科是实践性很强的学科，商法教学要处理好法学知识教学和实践教学的关系。成文法的局限性、滞后性在商法中显得尤为突出，因此要时刻关注商事实践的实时动态。不仅要从实践操作层面讲解商法的整体制度，也要结合实际灵活运用商法规则，在教学中注重实证分析方法和案例分析方法的应用。一方面，要引导学生关注市场经济法治发展变化的动态，努力发现在市场经济运行过程中商事法律实施的效果以及存在的问题，以达至对于商法制度和原理深刻理解和准确把握的效果，逐步提升运用商法的理念、方法、制度分析与解决商事实践中法律问题的能力；另一方面，要引导学生运用案例分析深化对于商法原理和制度的理解和认识。在案例教学中强调学生的主导作用和团队协作精神，增强课程学习的积极性和交互性，弥补传统教学内容刻板僵化的弊端，将抽象的商法理论内容转化为生动形象的课堂互动模式。案例化教学的关键在于案例的选择，应尽可能地选择新颖的案例，使案例教学贴近时代背景，还需要重视案例的典型性，能够将其举一反三，使学生融会贯通商法的基础理论。同时，要积极组织学生通过多种不同的方式参与商法实践，包括旁听庭审、律所实习、审核合同等，使学生将课堂知识转化为实践应用能力。

（三）比较法方法的应用

习近平总书记强调，“我们有符合国情的一套理论、一套制度，同时我们也抱着开放的态度，无论是传统的还是外来的，都要取其精华、去其糟粕，但基本的东西必须是我们自己的，我们只能走自己的道路”。② 商法教学应当运用比较法方法，不能仅停留于自身的叙述与评价，还要带领学生深入研究和学习不同国家和地区的商事法律制度。国际性和通用性是商法的一个明显特征。这就要求在商法教学过程中要更加关注域外商事规

---

① 习近平：《关于〈中共中央关于全面推进依法治国若干重大问题的决定〉的说明》（2014 年 10 月 20 日），载习近平：《论全面依法治国》，中央文献出版社 2020 年版，第 91～92 页。

② 习近平：《在省部级主要领导干部学习贯彻党的十八届四中全会精神全面推进依法治国专题研讨班上的讲话》（2015 年 2 月 2 日），载中共中央文献研究室编：《习近平关于全面依法治国论述摘编》，中央文献出版社 2015 年版，第 35 页。

则以及对国际条约、国际商事规则和惯例等,并自觉学习和比较,在保持国际性的同时坚持自身的本土化。比较法作为一种方法能够提供比面向一国国内的法学方法范围更广阔的解决模式。比较法作为一所“真理的学校”扩充并充实了“解决办法的仓库”,并且向那些有批判能力的观察家提供机会,使他们能够认识到在其时“更好的解决办法”。①

五、设计多元化、创新型考核机制

(一)融入思政考核

课程考核是评价学生学习效果的重要手段,在商法教学中,必修课通常用闭卷考试的方式进行考核,选修课的考核方式较灵活。但无论采用何种方式,在内容上主要还是考查学生对商事法律知识的掌握程度。课程思政建设要求课程考核在考查学生法律知识掌握程度的同时,还要考查学生的思想政治素养。因此,考核机制上应体现对法商法教学中育人效果的考查。内容上可以设计一些体现理想信念、家国情怀、价值观念等思政元素的开放性试题。

(二)采取更加灵活、科学的考核方法

课程考核的形式不局限于考试,而应强化对学生平时学习情况的考查,注重通过课堂讨论、平时作业、案例分析报告、小论文、模拟法庭等多种不同的形式考查学生运用商法学理念、方法、原理、制度分析与解决问题的能力。依托线上线下混合式教学方法,注重自主学习与形成性考核,调动学生参与积极性,提升知识学习、能力提高和价值认同的综合效果。考试本身也应注意题型的灵活设计,增加法理分析、法条分析、案例分析等能够更多考查学生创新意识和思辨能力的题目。法理分析,可以给学生提供一些讨论的材料,让学生运用法学基础理论和商法原理对材料中所反映的问题进行思考和分析;法条分析,则在于塑造学生读法条的能力,可以给出多个相关联的法条,让学生对照分析,解读法条本身的内涵、其在法律体系中的地位、其与相近法条的关系、法条所解决的问题、制度设立的意义、现存问题及解决方案等,以全面考察学生综合分析和处理问题的能力,使其养成未来执业所需的适用法律的能力;案例分析,则是给学生提供反映课程重要知识点的案例,以测试其对于相关法律制度掌握的程度以及其分析解决实践中法律问题的能力。此外,增设学生互评、学生自评环节,从多维角度对学生的学习成果和创新能力进行评价。

① [德]K. 茨威格特、[德]H. 克茨:《比较法总论》,潘汉典、米健、高鸿钧等译,法律出版社 2003 年版,第 22 页。

法学专业课程思政内容的层次化构建与实施

刘亚丁*

为了进一步落实新时代立德树人的根本任务，近年来，高校教学改革中通过将价值塑造、知识传授和能力培养融为一体的方式推行课程思政教育，取得了可喜的成绩，但实践中依然存在一系列有待改进的问题。一个较为普遍的现象是，同一专业不同课程思政教育的内容同质化现象明显，即使一些教师在课程教学中融入多元化的课程思政内容，但缺乏对这些课程思政内容的层次化构建，由此造成了课程思政教育明显的“散点化现象”。[①] 2020 年《高等学校课程思政建设指导纲要》（以下简称《思政建设指导纲要》）指出，要“构建全面覆盖、类型丰富、层次递进、相互支撑的课程思政体系”，指明了课程思政内容层次化构建的必要性。法学是治国安邦之学，将意识形态和价值观念融入专业教育是法学教育的本质要求，法学课程与思想政治教育有着天然的共通性。[②] 法学专业课程中思政的主要内容有哪些？如何对类型丰富的法学课程思政内容进行层次化构建并系统实施，真正做到所有法学教师和所有法学课程“守好一段渠、种好责任田”，实现“立德树人、德法兼修”的法治人才培养目标，是所有法学教育工作者需要认真对待的问题。

一、法学课程思政教育的主要内容

要对法学专业的课程思政进行层次化构建，首先要厘清法学专业课程思政教育的主要内容有哪些。而要厘清法学专业课程思政的主要内容，既要理解法学专业“立德树人、德法兼修”人才培养目标中“德”的含义，更要结合《思政建设指导纲要》的内容进行深入解读。

作为新时代高等教育的根本任务，“立德树人”是针对所有专业提出的共性要求，“德法兼修”是在立德树人根本任务的指引下，针对法治人才培养的实际需要提出的专业教育任务，因而“德法兼修”中的“德”，是“立德树人”中的“德”在法治人才培养中的延伸，两者有着一致的内涵。习近平总书记在考察中国政法大学时指出，“法学教育要坚持

* 山东工商学院法学院副院长，副教授、硕士研究生导师。

① 参见李蕉、方霁：《高校课程思政体系化建设的路径探析》，载《中国大学教学》2022 年第 11 期。

② 参见时显群：《法学专业“课程思政”教学改革探索》，载《学校党建与思想教育》2020 年第 4 期。

立德树人,不仅要提高学生的法学知识水平,而且要培养学生的思想道德素养”①。有学者指出,立德树人中的“德”,是“大德、公德、私德”的总称,包括思想水平、政治觉悟、道德品质、法治素养、文化素养等诸多含义。② 这种解释与教育部、中央政法委《关于坚持德法兼修实施卓越法治人才教育培养计划2.0的意见》中的法治人才培养的“德育”内容保持了高度一致性。该意见指出,法治人才培养中的“德育”包括思想道德素养教育、中国特色社会主义法治理论教育、社会主义核心价值观教育、理想信念教育、社会公益教育、中华优秀传统法律文化教育、坚强意志锻炼等内容。付子堂教授进一步认为,法学教育中的思想道德教育还应当包含法律人职业道德教育、社会道德养成、道德人格塑造等多方面内容。③ 由此可见,法学专业“立德树人、德法兼修”中的“德”,不仅包括职业伦理和职业道德,还包括政治、社会、文化、法治的诸多观念与素养,是一个类型丰富的价值观体系。

为了加强专业教育中的“德育”,《思政建设指导纲要》明确阐述了课程思政建设的目标和重点内容。《思政建设指导纲要》以坚定学生理想信念,以爱国、爱党、爱社会主义、爱人民、爱集体为主线,指出了课程思政的育人目标包括对学生进行中国特色社会主义和中国梦教育、社会主义核心价值观教育、法治教育、劳动教育、心理健康教育和中华优秀传统文化教育六个面向,对应着政治认同、家国情怀、文化素养、宪法法治意识和道德修养五大类教育重点。

在这五大类教育重点中,政治认同以习近平新时代中国特色社会主义思想教育为核心,具体包括“世情、国情、党情”教育、对党的创新理论的“政治认同、思想认同、情感认同”教育和对中国特色社会主义的“道路自信、理论自信、制度自信、文化自信”教育。家国情怀以社会主义核心价值观教育为核心,培育学生“爱国、敬业、诚信、友善、富强、民主、文明、和谐、自由、平等、公正、法治”的价值理念。文化素养以中华优秀传统文化教育为核心,培育学生“讲仁爱、重民本、守诚信、崇正义、尚和合、求大同”的思想精华与时代价值。宪法法治意识以宪法法治教育为核心,主要培育学生学思践悟习近平法治思想、法治观念、法治道路、法治思维、维权意识、参与意识。道德修养以职业理想和职业道德为核心,培养学生“遵纪守法、爱岗敬业、无私奉献、诚实守信、公道办事、开拓创新”的职业品格和行为习惯(见表1)。

---

① 《习近平在中国政法大学考察时强调立德树人德法兼修抓好法治人才培养励志勤学刻苦磨炼促进青年成长进步》,载新华网,http://www.xinhuanet.com/politics/2017-05/03/c_1120913310.htm。

② 参见王树荫:《厘清立德树人根本任务中“德”的含义》,载《光明日报》2019年12月4日,第16版。

③ 参见付子堂:《立德树人、德法兼修,为全面依法治国培养高素质法治人才》,载《中国法学教育研究》2017年第3期。

表1　《思政建设指导纲要》中的课程思政建设的教育目标和内容重点

教育目标	教育重点	核心内容	主要思政元素
中国特色社会主义和中国梦教育	政治认同	习近平新时代中国特色社会主义思想	"四情""三认同""四个自信"
社会主义核心价值观教育	家国情怀	社会主义核心价值观	爱国、敬业、诚信、友善、富强、民主、文明、和谐、自由、平等、公正、法治
中国优秀传统文化教育	文化素养	中华优秀传统文化	讲仁爱、重民本、守诚信、崇正义、尚和合、求大同
法治教育	宪法法治意识	宪法法治教育	习近平法治思想、法治观念、法治道路、法治思维、维权意识、参与意识
劳动与心理健康教育	道德修养	职业理想与职业道德	遵纪守法、爱岗敬业、无私奉献、诚实守信、公道办事、开拓创新
主线	坚定理想信念+"五爱"		

如表1所述,《思政建设指导纲要》对课程思政教育的目标要求和重点内容进行了明确的指引,但这并不是课程思政内容供给的全部。课程思政内容的梳理还可以围绕国家和区域发展需求及学校发展定位等要素展开。国家和区域社会、经济、文化、环境发展的目标或特色定位如"扬帆青岛""鲜美烟台"等城市宣传语,以及高校的校训如"实事求是""厚德、明法、格物、致公",或者结合高校办学定位的价值观如师范院校的"学高为师、身正为范",工科院校的"工匠精神"等,均可以成为课程思政内容的供给来源,不仅同样可以实现《思政建设指导纲要》中的上述思政教育目标,还可以培育学生爱城如家、爱校如家的良好品格。

总之,以《思政建设指导纲要》为核心的课程思政内容繁多,类型丰富,为包括法治人才培养在内的高等教育的"德育"提供了丰富的思政资源。

二、法学课程思政内容的层次体系

《思政建设指导纲要》指出,课程思政体系建设需要做到全面覆盖,尽可能将所有类型的思政内容融入专业教学是"全面覆盖"的题中之义。面对类型如此丰富的思政内容,如果不能将各种类型的思政内容进行层次化构建并有机融入专业教学,课程思政实施的"散点化现象"将会愈加明显,从而无法全面落实立德树人的根本任务。笔者认为,课程思政内容的层次化,首先要考虑专业人才培养的目标和课程性质与各类课程思政内容的内在关联性,并适当结合国家和区域的发展需求及学校办学定位加以考虑。除了高等教育的一些共性目标和要求外,每一个专业都有自己独特的人才培养目标定位,每一门课程有自身独特的价值观体系,而与每一个专业对应的相关职业有独特的职业伦理要求。

鉴于此,可以将上述课程思政内容分为底线思政、特色思政和最高思政三个层次。

所谓底线思政,主要指各专业人才培养对应的职业所应遵循的职业伦理,这是各行业从业人员的价值底线,适应于所有的专业课程。所谓特色思政,是指一门课程相较专业其他课程或一门课程的某个知识点相较其他知识点所需要培育的独特思政内容。从课程的角度来看,这是一门课程区别于其他课程的思政教育的价值所在;从专业知识点的角度来看,这是一个专业知识点区别于其他专业知识点的思政教育价值所在。所谓最高思政,是指立足于专业人才培养目标或课程育人目标所集中体现的价值目标取向。这三个层次的课程思政内容构建了一幅课程思政内容的层次体系。按照底线思政—特色思政—最高思政的层次体系,能够更好地厘清各类法学课程思政内容的关系,并为课程思政教学的体系化设计奠定基础。

当然,需要指出,《思政建设指导纲要》中的各类课程思政内容,哪些属于特色思政,哪些属于最高思政,并不能直接作出区分,而需要根据专业、课程乃至一门课程的某个知识点育人的需要斟酌确定。甚至,同一门课程尤其是同一个知识点,教师也可以从不同视角提炼出不同的特色思政和最高思政内容。

法学专业的底线思政内容,主要是各类法律职业从业者所应遵循的职业伦理,诸如法官职业伦理中的“公正、廉洁、为民”,律师职业伦理中的“执业为民、诚实守信、勤勉尽责”等。每一门法学课程的知识传授,都可以引导学生从不同法律职业的视角对相关专业知识进行理解,相应地,作为底线思政的各类法律职业伦理经由教师结合具体知识点的实际情况而选择适用于所有的法学专业课程,从而夯实法律人的基本底色。

一个专业由不同的专业课程构成,一门专业课程由不同的知识点构成。相较于专业思政教育目标,每一门专业课程均可以凝练特色的思政教育内容;相较于一门专业课程,该课程的每一个知识点也都可以凝练特色的思政内容。在课程特色层面,每一门法学课程因调整的社会关系的不同,所呈现的价值理念也会有所不同,因而不同的法学课程有其与众不同的价值观传递差异,如“国际法”课程中的“人类命运共同体”、“民法”课程中的“诚信”“平等”、“继承法”课程中的“孝老爱亲”、“婚姻法”课程中的“优良家风”和“家庭美德”、“知识产权法”课程中的“创新精神”、“刑法”课程中的“珍惜生命”等思政内容,均凸显了课程的德育本质,这些与众不同的价值观构建了法学专业课程的特色思政。在知识点的特色方面,我们可以结合一门课程的不同知识点凝练不同的特色思政内容,如《国际法》中的“中国与国际法的发展”知识点可以融入中国传统文化中的“和合”“大同”思想,“引渡”知识点可以融入“合作”理念,“海洋划界”知识点可以融入“睦邻友好”理念,等等,从而依托这些不同知识点构建一张特色思政网络,最大限度地发挥课程的思政育人效果。

与特色思政相对应,法学专业的最高思政也可以从专业到课程和课程到知识点两个维度来把握。在“专业—课程”方面,我们可以把法学专业“德法兼修”的育人目标视为最高思政,将每一门课程如“民法”课程的“诚信”“平等”、“国际法”课程的“人类命运共同体"育人目标视为特色思政。这种划分方式可以梳理不同课程在法治人才"德育"培养中所主要承载的思政功能,从而通过不同课程实现不同类型思政内容在法学教育中的全面覆盖和相互支撑效果,从而构建从专业到课程的思政层次,这对于法学院系统筹推进课程思政教育具有指导性意义,但并不适合教师课堂教学的组织与实施。由于教师的课堂教学以课程为中心展开,因此对于一门课程而言,最高思政目标应该透过课程性质进行提炼,并结合课程不同知识点所凝练的特色思政内容,构建一张适应于课程育人的"最高思政—特色思政"网络,例如,如果我们将"国际法"课程的最高思政内容设定为"人类命运共同体"理念,则作为不同知识点特色思政的"和合""大同""合作""睦邻友好"等内容恰好属于人类命运共同体的内涵,从而使最高思政与特色思政之间保持紧密的相互支撑关系。

三、法学课程思政实施的层次化

底线思政、特色思政和最高思政的划分构建了一个课程中思政内容的层次体系,为课程思政在"专业—课程"和"课程—知识点"两个维度的系统实践提供了有益的指导,但其具体实施还需要充分发挥法学院系和任课教师的能动性。

在"专业—课程"维度上,需要充分发挥法学院系的统筹推进功能。一方面,法学院系需要将专业课程思政教育的集中学习和讨论机制常态化,凝聚任课教师的课程思政教育共识,提升教师课程思政的责任心和积极性;另一方面,需要依托学院专业教学指导委员会,立足于专业人才培养目标及区域和学校办学特色,确定本学院法治人才培养的主要最高思政教育目标内容,同时结合专业不同课程的性质,以不同类型课程思政内容全面覆盖为原则,确定不同课程所主要承载的特色课程思政教育功能,构建从专业到课程的课程思政层次,为课程思政的全面覆盖实施奠定基础。

在"课程—知识点"维度上,任课教师一方面需要结合课程思政教育与专业教育的目标,重构课程内容体系;另一方面需要结合课程性质厘定本课程的主要最高思政教育目标,并结合课程不同知识点的内容选择确定其特色思政教育目标,连同反映职业特征的底线思政目标,构建一张以课程为中心的层次化的课程思政网络,并在此基础上采用合适的教学方法将三个层次的课程思政内容融入课堂教学中。

将不同层次的课程思政内容融入同一个知识点的教学,可以采纳不同的教学方法。笔者近年来通过对不同教学方法的运用和比较发现,BOPPPS 教学模式是一种较为理想的课程思政教学方法。该模式以教学目标为导向、以学生为中心,由导言(Bridge-in)、学习目标(Objective/Outcome)、前测(Pre-assessment)、参与式学习(Participatory Learning)、后测(Post-assessment)和总结(Summary)6 个教学环节构成。

BOPPPS 教学模式的"导言"环节,相当于我们日常教学中的开场白。在这一环节,第一,我们可以用一组数据,或者一个相对简单的案例,或者一种普遍的社会现象作为案例导入。第二,在案例导入的基础上,提出与本案例相关的专业问题并设定相关知识点的学习目标。第三,在"前测"环节,课堂现场调查学生对前述相关问题的初步认知。第四,在“参与式学习”环节,引导学生共同学习和探讨由案例导出的重点专业知识。第五,在“后测”环节,结合前面案例导出的相关问题,调查学生学习专业知识后对相关问题的掌握程度并进行教学效果的比较。第六,在“总结”阶段,对本堂课的教学内容及课堂教学中发现的问题进行总结归纳并提出希望。

BOPPPS 教学模式为我们在同一个知识点融入不同层次的思政内容提供了方便。通常,我们可以在“参与式学习”环节融入特色思政教育,在“后测”环节融入底线思政教育,在“总结”环节融入最高思政教育,从而使不同层次的课程思政内容透过一个专业知识点的学习系统融入,最大化地提升育人效果(见表2)。

表2　BOPPPS 模式及课程思政内容的融入

教学环节	教学内容	思政内容融入
导言(Bridge-in)	案例导入	—
学习目标(Objective/Outcome)	结合案例提出问题并凝练教学目标	—
前测(Pre-assessment)	课堂调查学生对相关问题的初步认知	—
参与式学习(Participatory Learning)	学习由案例导出的重点专业知识	特色思政内容
后测(Post-assessment)	结合前述案例调查学生对专业知识的掌握程度	底线思政内容
总结(Summary)	课堂内容总结与展望	最高思政内容

在 BOPPPS 模式下,底线思政、特色思政和最高思政内容通过同一个知识点的教和学进行了有机的融合,相比于“散点化”的课程思政教学,能起到更好的育人效果。

法学教育中的课程思政建设

——以劳动和社会保障法为例

王　蓓*　聂　琪**

一、问题的提出

自党的十八大以来，课程思政建设在高等教育领域全面铺开，其不仅是全面贯彻党的教育方针的生动体现，也是将思想政治教育融入人才培养体系的鲜活实践。2019 年 8 月，中共中央办公厅、国务院办公厅印发的《关于深化新时代学校思想政治理论课改革创新的若干意见》明确提出思政课建设只能加强、不能削弱，该意见进一步强化了思政建设在教育工作中的根本性地位，为构建层次化、协同化、规范化的思政教育体系提供了方向指引。2020 年 5 月，教育部印发了《高等学校课程思政建设指导纲要》（教高〔2020〕3 号），该文件成为新时代中国特色社会主义课程思政建设的科学手册，并从不同的学科门类视角给出了推进课程思政建设的纲领性意见，高校课程思政建设由此驶入高速发展轨道。其中，法学类专业课程在诸多学科中，以其强烈的政治属性、鲜明的意识形态、浓郁的思辨色彩、内化的价值判断而与课程思政建设的结合更为紧密，其所蕴含的思政育人功能也更为强大。

2017 年，习近平总书记在中国政法大学考察时就法学教育作出重要讲话，明确提出培养法治人才必须“坚持以马克思主义法学思想和中国特色社会主义法治理论为指导”。教育部、中央政法委于 2018 年印发文件明确提出，法学教育的首要改革任务即“厚德育”，①要求注重培养学生的思想道德素养。2021 年，新修订的《法学类教学质量国家标准》从教学体系上明确将专业课程“10 + X”模式调整为“1 + 10 + X”，②进一步凸显习近平法治思想的指导地位，为在法学教育领域推进思政教育提供了制度保障。2023 年，中共

---

* 四川大学法学院教授、经济学博士。

** 四川大学法学院博士研究生、劳动和社会保障法课程助教。

① 参见《关于坚持德法兼修实施卓越法治人才教育培养计划 2.0 的意见》（教高〔2018〕6 号）。

② 参见袁钢：《2021 年法学教育与法治人才培养“成绩单”》，载民主与法制网 2022 年 2 月 28 日，http://e.mzyfz.com/mag/paper_47871_24705.html。

中央办公厅、国务院办公厅印发《关于加强新时代法学教育和法学理论研究的意见》,明确提出“把思想政治工作贯穿法学教育教学全过程”,由法学学科特点和时代背景所决定的法学教育课程思政建设得以加速发展。

但是,目前法学教育的课程思政建设存在诸多问题。其一,思政课程与课程思政存在割裂。一方面,由马克思主义学院主要负责的思政课程和由法学院承担的课程思政建设在教学理念融合、教学内容衔接、教学阶段贯通上仍有不畅;另一方面,尽管目前习近平法治思想在法学教育领域的领导地位得到确立,但在法学教育的政治意识巩固效能尚待进一步发挥。① 其二,课程思政与法律知识未充分有机结合。法教义学作为法学专业的基本研究范式和主要教学方式,侧重从中立角度出发对法律条文予以解释和运用,而未能充分关注法律的设立背景、实施效果和社会价值;同时,尽管众多高校在课程思政改革浪潮下为专业课程打上了课程思政的标记,但仍不同程度地存在“两张皮”、硬融入、表面化的现象,对专业课程思政元素的挖掘不到位使专业课程思政教学的内容缺乏体系性和针对性。其三,法学专业课程思政教育理念有待更新。课程思政建设发展从作为思政课程的补充,到与思政课程并行发展、建设完备的课程思政体系,再到如今的“三全育人”工作机制的构建,课程思政建设理念已渐趋成熟,但是不少高校课程的思政建设仍停留在初级阶段,认为在法学专业课程的基础上简单点缀零散的思政要点即为思政教学,此种做法显然不利于课程思政建设的完善发展。② 其四,教学方式和教学手段僵化单一。高校课程的80%是专业课程,学生学习时间的80%用于专业学习,专业课程教学是课程思政最主要的依托,③丰富教学方式是达到思政育人效果的最佳途径,但目前的课程思政建设在理论教学方面,课程的吸引力、互动性不强,学生的参与感、沉浸感和代入感不足;并且重理论轻实践的缺陷仍旧显著,导致实践教学环节的思政建设推进缓慢,实践教学思政建设工作面临研究经费、教学场所、合作渠道、教学时间等各项限制,使法学教育思政建设的效果大打折扣。

在此背景下,加强法学专业的课程思政建设迫在眉睫。其中,社会法作为七大法律部门之一,在国家治理体系和治理能力现代化过程中日益发挥重要作用,劳动和社会保障法作为笔者所在院校法学专业必修课程,经过多年探索,在课程思政建设上初步显现一定的创新性和典型性,本文将以劳动和社会保障法课程为例,对如何展开法学教育的课程思政建设工作进行具体阐述。

---

① 参见任梅、李炳烁:《习近平法治思想融入大学生法治教育的价值与路径》,载《江苏大学学报(社会科学版)》2022年第6期。

② 参见王玉辉:《新时代高校法学专业课程思政改革的困境与进路》,载《当代教育理论与实践》2023年第1期。

③ 参见《教育部就〈高等学校课程思政建设指导纲要〉答问》,载国务院新闻办公室官网,http://www.scio.gov.cn/xwfb/bwxwfb/gbwfbh/jyb/202207/t20220715_224728.html。

二、明确劳动和社会保障法课程思政建设的内容

《高等学校课程思政建设指导纲要》(教高〔2020〕3号)明确要求围绕政治认同、家国情怀、文化素养、宪法法治意识、道德修养等重点优化课程思政内容供给。在法学教育课程思政建设中紧扣上述内容对把控教学节奏、挖掘思政素材、确定教学内容、预设教学效果等具有重要意义。

(一)深入贯彻习近平法治思想

习近平法治思想是推进法学教育课程思政建设的根本遵循。其基本内容集中体现为“十一个坚持”,从理论逻辑上主要分为以下六个方面:一是坚持全面依法治国的政治方向。如劳动和社会保障法的立法目的,系保障劳动者的正当权益,这是坚持以人民为中心的重要体现。二是明确全面依法治国的重要地位。全面依法治国是国家治理的一场深刻革命,在容纳近9亿劳动力的国家[①]建立起来的中国特色社会主义劳动法律制度必然克服了超过普遍意义上的艰巨性和复杂性,有其存在的经济基础和历史根基。三是明晰全面依法治国的工作布局。我国目前以《劳动法》《劳动合同法》《就业促进法》等法律为骨架,辅之以大量司法解释、部门规章、地方行政法规和地方政府规章等,已初步形成了中国特色的劳动法律体系。[②] 四是厘清全面依法治国的重点任务。当前,劳动和社会保障法理论研究仍较为薄弱,劳动和社会保障法治理体系仍需健全,劳动和社会保障法在国家、社会、个人之间的权责利分配仍需完善。[③] 五是明确全面依法治国的重大关系。深刻认识到劳动和社会保障法制度改革与政治的内在联系,坚持在改革中完善社会主义劳动法治理论与实践。六是建设全面依法治国的重要保障。着力打造一支忠于党、忠于国家、忠于人民、忠于法律的劳动和社会保障法领域的法治工作队伍,培养高素质的劳动和社会保障法专业人才及后备力量。

(二)培育和践行社会主义核心价值观

一方面,法学教育课程思政建设是社会主义核心价值观的重要载体和集中展现;另一方面,将社会主义核心价值观融入法学教育课程思政实践是坚持依法治国和以德治国相结合的必然要求。其中,劳动和社会保障法的原则与规定与社会主义核心价值观中的诸多内容形成呼应。比如,个人层面,我国《劳动法》第3条第2款明确规定了劳动者应履行的义务[④],劳动关系最根本的从属性特征亦表明劳动者应当具备敬业精神,按照用人单位的指挥安排完成特定工作;而《劳动争议调解仲裁法》则将调解设置为劳动关系双方发生争议后的第一道解纷程序,并指出调解员应当充分听取双方当事人对事实和理由的

---

① 参见《我国人口发展呈现新特点与新趋势》,载国家统计局官网,http://www.stats.gov.cn/xxgk/jd/sjjd2020/202105/t20210513_1817408.html。

② 参见郑尚元:《〈劳动法典〉法典编纂的能与不能》,载《法治研究》2023年第3期。

③ 参见林嘉:《中国社会法建设40年回顾与展望》,载《社会治理》2018年第11期。

④ 《劳动法》第3条第2款规定:“劳动者应当完成劳动任务,提高职业技能,执行劳动安全卫生规程,遵守劳动纪律和职业道德。”

陈述,耐心疏导,以柔和融洽的方式帮助双方达成调解协议,①从而彰显社会主义核心价值观的友善价值。在社会层面,以《劳动法》《劳动合同法》等法律规范为首的中国特色社会主义劳动法律制度均是以法制化的方式对劳动者和用人单位双方的权利义务作出制度化安排,并且更加强调用人单位在劳动者就业应聘、工作福利、劳动安全、集体协商等方面的社会责任,矫正劳动关系双方的力量不平衡,此种更为关注劳动者正当权益的做法是在社会本位原则导向下真正实现实质正义,②从而凸显法治、公平的社会价值。在国家层面,劳动法律制度的快速发展肇始于适应社会主义市场经济的需要;而用人单位内部规章制度的制定则与民主直接相关,不仅《劳动合同法》第4条概括性地规定了用人单位负有民主协商的义务,③而且还通过《工会法》、《企业民主管理规定》和《中华全国总工会关于推行企业集团职工代表大会制度的意见》(总工办发〔2020〕27号)等一系列法律法规、规范性文件等具体阐述了实施民主管理的程序与要点。

(三)加强中华优秀传统文化教育

一方面,要加强以爱国主义为核心的民族精神培育。团结统一、爱好和平、勤劳勇敢、自强不息等均为中华民族精神具体内涵的表达,民族精神是千百年来国人代代相传的精神火种,是维系中华各族人民共同生活的精神纽带,是在全面建成小康社会、奋力全面建成社会主义现代化强国的当下持续推动中华民族走向繁荣、强大的不竭精神源泉。上述精神内涵无一不从法学教育中得以彰显。其中,勤劳勇敢与劳动和社会保障法课程思政建设的内在联系最为紧密,一是可以指出劳动和社会保障法所蕴含的尊重劳动、热爱劳动的思想契合“昼出耘田夜绩麻”“晓夕采桑多苦辛”的传统文化观念,鼓励学生为创造新时代幸福生活而努力奋斗,在日常生活中保持积极向上、锲而不舍的精神风貌;二是以“春夏耕耘,秋冬收藏”为切入点,强调“顺天时,量地利,则用力少而成功多”,在以劳动创造美好生活的过程中应当遵循规律、找准方向。另一方面,要加强以改革创新为核心的时代精神培育。倡导学生树立打破权威、尊重科学的意识和观念,不拘陈规、大胆创新。从劳动和社会保障法课程思政建设的角度来看,一是要立足本土实践,扎根中国文化、结合中国国情、解决中国问题,坚决反对和抵制西方“宪政”“三权鼎立”“司法独立”等错误观点;二是要面向未来,比如现代社会的发展斗转星移,新的用工形式不断涌现,这需要我们以更加开放、包容的心态接纳借助平台经济发展而不断壮大的灵活用工,以更加规范、科学的视角剖析因疫情出现的“共享用工”现象的实质内核与典型模式。

---

① 《劳动争议调解仲裁法》第13条规定:“调解劳动争议,应当充分听取双方当事人对事实和理由的陈述,耐心疏导,帮助其达成协议。”

② 参见熊晖、葛家欣:《劳动法视野下企业社会责任研究》,载《中国劳动》2018年第8期。

③ 《劳动合同法》第4条第2款规定:“用人单位在制定、修改或者决定有关劳动报酬、工作时间、休息休假、劳动安全卫生、保险福利、职工培训、劳动纪律以及劳动定额管理等直接涉及劳动者切身利益的规章制度或者重大事项时,应当经职工代表大会或者全体职工讨论,提出方案和意见,与工会或者职工代表平等协商确定。”

(四)深度融合宪法法治教育

《宪法》是我国的根本大法,确保公众坚定树立宪法意识,尊重和维护宪法权威,使宪法成为社会公众的信仰和行为准则是实现推进全面依法治国总目标的内在要求。其中,高校是开展以宪法为核心的法治教育的前沿阵地。[①] 但是目前的高校宪法法治教育存在诸多不足,实践中,学生对宪法学习的重视程度仍然不够,对宪法的内涵、架构、历史演进、时代特征等存在理解偏差,尽管《法学类教学质量国家标准》将宪法学设置为学生必须完成的10门专业必修课程之一,但是其课时量、学分、课程内容等仍有待调整,宪法法治教育与法学专业其他专业课程的融合有待加强。以劳动和社会保障法为例,其宪法法治教育思政建设可从如下方面着手:一是宪法与劳动和社会保障法均有以劳动保障公民获得生计来源的基本目标。[②]《宪法》通过第42、43条的制度安排赋予公民劳动的权利和义务;而劳动和社会保障法则系统性地对上述安排予以精细化规定,确保劳动者实现体面劳动。二是宪法与劳动和社会保障法都充分倡导劳动的意义和价值,强调劳动对公民精神层面的哺育和滋养。《宪法》明确规定,“劳动是一切有劳动能力的公民的光荣职责”,并提出以劳动竞赛的方式鼓励劳动模范和先进工作者,反映在劳动和社会保障法上,比如失业保险设置最长期限2年的目的亦为激励劳动者重新寻找工作,失业保险待遇标准低于当地最低工资标准的做法亦为强调劳动的价值。三是宪法与劳动和社会保障法贯彻一致的民主理念。在经济生活中,则是《宪法》所规定的“实行各尽所能、按劳分配的原则”在劳动和社会保障法中得到充分体现,比如《劳动法》第46条第1款规定“工资分配应当遵循按劳分配原则”,《劳动合同法》第11条、第18条、第63条则多次强调同工同酬的重要性。四是宪法与劳动和社会保障法均强调平等价值。《宪法》所规定的平等内涵更在于维护公民的合法权益,这就要求以宪法的公法逻辑去重构劳动者与用人单位之间的权利义务关系,从承认劳动关系双方力量不平等的角度对劳动者施加制度保障,实现实质上的平等。

(五)深化职业理想和职业道德教育

强化法学生的职业理想和职业道德教育对推进法治中国建设意义重大。法学学生作为从事政治、法律工作的主体人群,[③]集中体现现代文明的“集体良心”,如果一个社会连法律职业群体都不能坚守职业道德,那么这个社会如何才能走向法治?[④] 如何通过课程思政对法学学生进行约束和引导,促使学生形成道德自律,是从源头上预防腐败和不正之风,弘扬社会清风正气的关键问题。目前,法学教育领域通过设置课程法律职业伦理的方式来加强对法学生的思政教育,但是这一课程难以达成预设目的,一是该课程起

① 参见张阳:《开展以宪法教育为核心的高校法治教育论析》,载《思想理论教育》2021年第11期。

② 参见阎天:《重思中国劳动宪法的兴起》,载《中国法律评论》2019年第1期。

③ 参见时显群:《法学专业“课程思政”教学改革探索》,载《学校党建与思想教育》2020年第4期。

④ 参见王申:《我国法律职业伦理建构的德性要义》,载《政治与法律》2023年第4期。

步较晚,自2018年才正式纳入《普通高等学校本科专业类教学质量国家标准》中,前期教学资源的积淀较为薄弱,导致该课程目前尚处于照本宣科的生硬教学阶段,学生往往出于应付考试的目的被动吸收相关知识,难以将法律职业伦理所涉及的思想政治教育内化为自觉意识和切实行动;二是课程思政建设要求将价值塑造、知识传授和能力培养三者融为一体,但当前法律职业伦理课程在专业知识传授和价值观念培育方面难以做到有机结合,缺乏具体知识的承载容易导致学生难以接收思想观念的传输,并为相关课程贴上空洞说教、毫无营养的标签。因此,将法律职业伦理的相关内容适当融入专业课程之中,将有助于打破法律职业伦理在思政建设中单打独斗的困境。[①] 如在"劳动和社会保障法"课程中,将勤勉尽责的法律职业态度和抑恶扬善的法律职业责任贯穿于农民工讨薪案件、弱势劳动者维权案件;通过工资报酬及加班费、经济补偿、竞业限制补偿金等案件展现谨慎严明的法律职业纪律和清廉正直的法律职业信誉等。

三、搭建劳动和社会保障法课程思政教学体系

课程思政建设的核心是如何在专业课程层面将专业知识与思想政治教育有机融合,一方面,这需要任课教师深刻掌握本专业知识,从而在结合课程内容的专业性、科学性、实践性的基础上为融入思政教育提供抓手和支撑点;另一方面,需要任课老师对思政内容谙熟于心,能够在资源富饶的思政教育资源中精准抓取与专业知识紧密相关的思政元素,在课程知识与思政内容之间建立点对点的链接,使专业课程具备理论深度的同时紧扣时代脉搏,彰显思政价值。

(一)课程思政教学体系设计目标

思政教学设计目标以人才培养目标为核心。党的二十大报告明确提出,"育人的根本在于立德",教育过程必须全面贯彻党的教育方针,落实立德树人根本任务。而《法学类教学质量国家标准》也明确提出:"法学类专业人才培养应坚持立德树人、德法兼修。"可见,德法兼修是立德树人在法学教育领域的具体体现,是法学专业教学育人的总纲领。[②] "德法兼修"中"德"居首位,以德为先作为法学教育评价和社会评价理念,具有锚定方向、造就品格、塑造灵魂的重要功能。因此,要落实德法兼修的培养目标,首先就要强化对法学专业学生的思想政治教育。[③] 2023年,《关于加强新时代法学教育和法学理论研究的意见》将其进一步细化为"做社会主义法治的忠实崇尚者、自觉遵守者、坚定捍卫者",形成更为具体的法学教育领域的思政教育人才培养目标。需要指出的是,实践中不少高等院校的人才培养方案仅提出空洞而宽泛的培养目标,套用在任何一门具体法学学科上均可成立,显然,此种目标无法实现课程思政立足于法学教育特色之上的个性化

---

① 参见彭光明、季聪聪:《纵向贯通:思政教育与法律职业伦理教育融合建设》,载《河北科技大学学报(社会科学版)》2022年第2期。

② 参见梁平:《德法兼修:新时代卓越法治人才培养的实践进路探索》,载《河北法学》2021年第3期。

③ 参见陈楚庭:《法学专业"课程思政"教学改革探析》,载《学校党建与思想教育》2020年第16期。

建设。因此,在法学教育课程思政建设推进过程中,应当根据人才培养目标、学习者的需求、课程性质和特点制定可落地、可操作、可执行的具体培养方案,拆解最终目标,使之与专业课程的教学内容和教学进度环环相扣,从而使每一门专业课程思政教学目标明确清晰,便于实现。①

而课程思政教学体系设计目标是人才培养目标在课程思政建设上更为具体的体现。下面以劳动和社会保障法为例展现思政教学体系设计目标的确定过程。

第一,在经过本门课程学习之后具备必需的政治素养。劳动和社会保障法是建立在我国人民民主专政政治体制下的法律制度,通过学习可以了解和掌握我国基本的政治体制和马克思主义及其中国化、时代化的最新理论成果,坚定建设中国特色社会主义事业的理想信念。第二,在经过本门课程学习之后具备基本的法治素养。一是培育法治信仰,使法学专业的学生带头成为社会主义法治的忠实崇尚者、自觉遵守者、坚定捍卫者;二是深植法治观念,自觉抵制诱惑,以实际行动带动全社会尊法、学法、守法、用法;三是训练法治思维,习惯性地运用法律规范对社会问题予以剖析、辨别并推理,从而使最终决策及行为符合现代法治理念和社会价值判断。第三,在经过本门课程学习之后具备合格的专业素养。劳动和社会保障法的课程思政建设仍然要以本专业的知识讲授为载体,学生应当掌握劳动、社会保障、社会福利等领域的基本理论和相关知识,具备从事劳动和社会保障法相关工作的基本技能和实践能力,为成为能够从事学术研究和法律工作的复合型创新人才奠定专业基础。第四,接受法制化的劳动德育教育。劳动教育是课程思政建设的重要着力点,尤其是在劳动教育的德育方面,劳动和社会保障法对此具有无可取代的教化作用,通过讲解劳动精神和劳动价值、传授劳动法律知识、接触真实劳动纠纷案件,可以进一步提高学生的劳动素养和综合素质。

(二)课程思政建设框架构建原则

1. 以专业课程知识逻辑结构为主线

在法学教育的课程思政建设中,思政元素的挖掘不应当脱离专业课程的知识点,同时也不应破坏专业课程知识结构本身所具备的教学体系和内在逻辑。“课程思政”不同于“思政课程”,其并非专门针对思政政治教育的系统化学习,无须形成“惊涛拍岸”之势,而是要基于原有的专业课程教学达到“润物无声”的效果。但是这并不意味着法学教育课程思政建设的推进是零散化、碎片化和低效化的;相反,在专业课程知识逻辑的架构中融入思政教育对思政元素的体系安排、准确选取和效能凸显提出了更高要求。教育部于2022年明确指出,马工程重点教材是党的思想理论建设的基础工程,是高校哲学社会

① 参见李西娟、郝家宝:《基于法学人才培养的课程思政教学改革与创新——以〈知识产权法〉为例》,载《石家庄学院学报》2023年第2期。

科学教材建设的示范工程,[①]该教材已在各个高校广泛使用,因此,本文以贯穿马克思主义立场观点方法的劳动和社会保障法马工程教材所展现的知识逻辑为例予以解析。

2. 以专业课程所涉法律法规为依托

法律制度本身即蕴含价值判断,此即天然构成了课程思政建设与专业课程之间的连接桥梁,也就必然决定了在设计课程思政框架时需要以法律法规为索引。实际上,不论是法律原则还是具体规定,无一不由社会价值判断和行为导向凝练而成。因此,法学教育在运用传统的法教义学方法之外,还应以法律条文为原点延伸讲解法律诞生的社会背景、立法者的构想、实际的运行功效等,从而上升到对条文背后的社会价值判断的探讨,比如我国2022年修订的《妇女权益保障法》所增设的用人单位招聘环节的禁止性义务、用人单位订立女职工特殊保护条款的义务、用人单位生育保障义务、检察机关提起公益诉讼的扩大情形等均体现了法律制度在平等、公正、秩序、法治等方面的价值追求。同时,通过梳理法律条文中的思政价值更有利于形成体系化的思政教学结构,比如劳动和社会保障法课程所涉及的法律条文十分庞杂,分散在诸多法律、法规和规范性文件中,对相关法律逐条剖析,便于挖掘更多思政元素,并形成结构化体系。

3. 以专业课程具体知识要点为载体

思政教学的内容必须附着在专业课程的知识点上,才不会悬浮和空泛。首先,思政元素的挖掘应当具有针对性,即在思政教育主要内容的基础上,以课程目标为出发点设计法学领域具体专业课程的思政框架结构,所选取的知识点需要符合课程思政建设的具体要求,从而增强思想政治教育的导向性和目的性。其次,思政元素的挖掘应当具有连接性。目前,思政教学难以落地的原因主要在于思政内容生拼硬凑、授课方式生硬说教,专业知识与课程思政的融入不够自然、流畅。[②] 对此,应当以劳动和社会保障法知识逻辑的最小单元为载体,在尽可能最小化地进行知识切割的前提下,实现思政理念与专业知识的精准对应。最后,思政元素的挖掘应当具有可操作性。脱离知识承载的课程思政建设就如无源之水、无本之木,如果思政元素与专业知识难以适配,不仅会使思政教育走向僵化,也会导致课程思政建设缺乏专业知识根基,难以持续。

综上所述,围绕"德法兼修"展开的课程思政建设教学体系设计目标和框架构建原则如图1所示。

---

① 教育部印发的《新时代马克思主义理论研究和建设工程教育部重点教材建设推进方案》(教材〔2022〕1号)。

② 参见徐英军、孔小霞:《论法学类专业开展课程思政的总体设计与实施要点》,载《中国大学教学》2022年第7期。

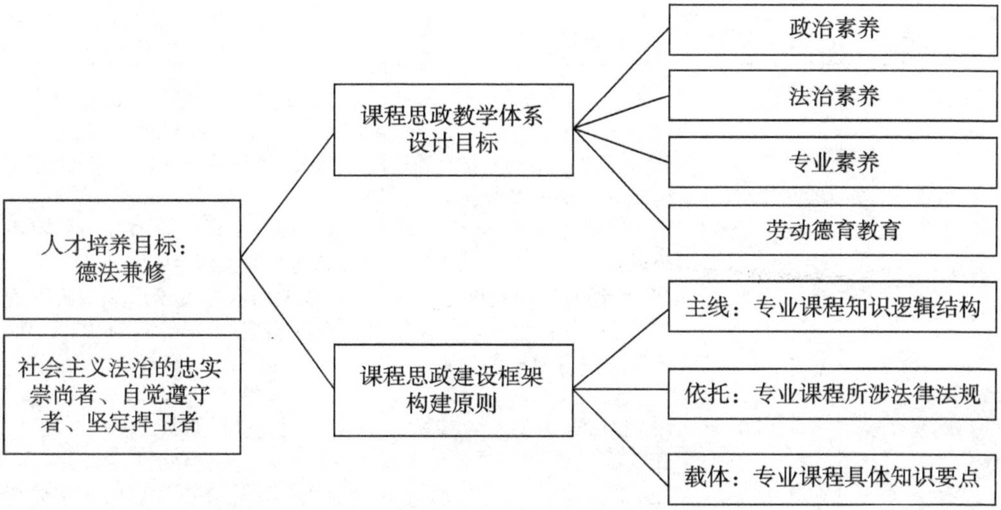

图1 思政建设教学体系设计目标和框架构建原则

（三）课程思政建设具体教学架构

根据上述法学教育中课程思政建设框架搭建原则，按照劳动和社会保障法马工程教材的逻辑结构，以劳动和社会保障法的法律为根据，在各章中选取能充分体现思政价值的知识点予以梳理和讲解，可得表1：

表1 劳动和社会保障法马工程教材中体现思政价值的知识点

章节	主要法律	思政融入点	思政教学设计
第一章 劳动法基础理论	《劳动法》《劳动合同法》	(1)劳动法的概念和特征； (2)劳动法的调整对象； (3)劳动者与用人单位的权利与义务	(1)深入推进劳动教育，解读宪法法治教育的劳动价值； (2)体现平等原则； (3)社会主义核心价值观所倡导的敬业理念
第二章 就业促进法律制度	《就业促进法》	(1)劳动就业的概念和形式； (2)促进就业的国家职责； (3)就业歧视的认定和类型； (4)公共就业服务	(1)宪法法治教育中的鼓励劳动； (2)平等的价值理念； (3)国家负有促进劳动就业、提供就业服务的义务； (4)劳动者不断提升劳动技能所体现的促进国家繁荣富强的理念

续表

章节	主要法律	思政融入点	思政教学设计
第三章　劳动合同法律制度	《劳动法》《劳动合同法》	(1)劳动合同的订立; (2)劳动规章制度; (3)竞业限制和服务期等劳动合同约定条款; (4)劳动合同的效力(学历欺诈); (5)劳动合同的变更; (6)劳动者和用人单位单方解除劳动合同的情形	(1)劳动关系双方在合同订立到终止的各个阶段均应秉持诚实信用原则; (2)用人单位内部管理遵循民主原则; (3)双方协商一致变更劳动合同过程中所贯彻的友善理念; (4)劳动关系双方关于形成或解除劳动关系的合意所体现的自由、平等、公正理念
第四章　集体劳动关系法律制度	《劳动法》《劳动合同法》《工会法》	(1)集体劳动关系的概念和特点; (2)工会体制; (3)集体协商的原则和程序; (4)集体合同的履行、变更、解除和终止; (5)职工民主参与机制	(1)自由、平等、公正和法治在集体劳动关系中的体现; (2)民主在工会和职工代表大会中的体现
第五章　劳动基准法律制度	《劳动法》《安全生产法》	(1)标准工时制和非标准工时制; (2)法定休假日、带薪年休假以及产假等; (3)工资的构成与形式; (4)工资支付保障; (5)职业安全制度和职业健康制度; (6)女职工和未成年工特殊劳动保护	(1)劳动基准所具备的底线性、法定性和强制性特征体现了公正、法治价值; (2)保障劳动者的休息休假权益和为妇女恢复身体机能而设置的产假等体现了文明、和谐、平等、公正的价值; (3)劳动给付对价、实行同工同酬体现了平等、民主的价值; (4)保障劳动安全体现了人民至上、生命至上的基本立场; (5)对特殊群体的劳动保护是文明、平等价值的昭彰
第六章　劳动监察和劳动争议处理法律制度	《劳动法》《劳动争议调解仲裁法》	(1)劳动监察的概念和特征; (2)劳动争议调解、仲裁和诉讼	(1)劳动行政部门依法监督贯彻了法治理念; (2)劳动争议处理的各种方式均以友善、和谐作为纠纷化解的指导理念

续表

章节	主要法律	思政融入点	思政教学设计
第七章　社会保障法基础理论	《社会保险法》	(1)社会保障的概念和特点; (2)社会保障制度的功能; (3)社会保障权与国家责任; (4)各项保险的概念和特征	(1)公民享有在年老、疾病或丧失劳动能力时从国家和社会获得物质帮助的宪法权利; (2)保障公民基本生存权益; (3)对不同特殊群体社会保障权、社会救助权的保障,体现了法治、平等、文明、和谐的价值理念
第八章　养老保险			
第九章　医疗保险和生育保险			
第十章　工伤保险			
第十一章失业保险			
第十二章社会保险基金			
第十三章社会救助		(1)社会救助的概念和特征; (2)社会救助权	
第十四章社会福利和社会优抚		(1)专项公共福利、特殊群体福利和职业福利; (2)社会优待和社会抚恤	

表1中的“思政融入点”仅展示了各章下的一级和二级标题,事实上在微观层面展开思政教学应当更加深入具体。比如讲解平等价值,可以从“劳动法的调整对象”入手,其中既包括劳动关系双方主体的平等,也包括劳动力市场不同种族、民族、性别等劳动者群体内部的平等和国有企业、集体企业、私营企业、外资企业、混合所有制企业和个体工商户等用人单位主体内部的平等。也可以从“工伤保险的概念和特征”入手,并进一步深入到工伤保险的差额费率机制的设立,根据不同行业的用人单位发生工伤事故的概率大小确定用人单位的缴费额度,从而实现实质意义上的平等。以“劳动合同的订立、履行、变更、解除和终止”讲解诚信原则,则可以从劳动关系双方在招聘与应聘时,用人单位负有

诚实告知义务和劳动者负有如实说明义务;如未签订劳动合同,用人单位将承担2倍工资;满1年未订立劳动合同视为订立无固定期限劳动合同;用人单位应当按约向劳动者及时足额支付劳动报酬;关系双方实际履行口头变更的劳动合同超过1个月,视为双方协商一致;劳动者伪造入职材料构成欺诈,则劳动合同无效;劳动者严重违反忠实义务给用人单位造成损害应当赔偿;劳动者辞职应当提前30日提前通知;用人单位单方解除劳动合同应当符合法定情形等方面展开。甚至在更细微的知识点上亦可挖掘思政元素,如劳动者应当遵守服务期约定,未达到服务年限提前离职将承担违约金;用人单位若因自身原因导致3个月未支付经济补偿,劳动者可解除竞业限制等。在讲解敬业理念时,可以从"劳动者的权利与义务"之劳动者享有接受职业技能培训的权利出发,也可以从劳动者不能胜任工作将承担解雇风险,以及劳动者在完成本单位工作的同时与其他单位建立劳动关系并造成严重影响的将可能被用人单位辞退等方面入手讲解。而社会保障法的大部分内容以及劳动法对女职工、未成年工等特殊群体的保护可充分反映了以人民为中心的发展思想,真正体现党的二十大报告所提出的"发展为了人民、发展依靠人民、发展成果由人民共享,让现代化建设成果更多更公平惠及全体人民"。

总之,法学教育与思政教育具有很多共通之处,法学专业本身就是思政教学资源的宝库,无须向外寻求教材资源,其本身就能满足思政教学的要求。只要在现有的专业课程体系教学中,有意识地利用好、组织好既有素材,并与思政内容实现一对一的精准联系,就能充分发挥法学教育铸魂育人的思政功能。

四、延展劳动和社会保障法课程思政建设教学方式

(一)持续完善课程思政建设理论教学体系

理论教学仍然是法学教育课程思政建设的主战场。传统的理论教学较为单调,对学生的吸引性不强,即便教师在课程讲授过程中充分融入了思政元素,但缺乏行之有效的教学途径,仍然会造成学生接收不畅。对此,积极融入信息化教学媒介,采用案例教学和问题导学的方式将有助于提升教学质效,发挥思政教学内化于心、外化于行的启智润心作用。①

1.线上媒介的创新应用

线上教学的发展得益于疫情期间对信息化教学方式的大规模应用,在此期间,雨课堂、超星学习通、腾讯会议、钉钉等线上平台的教学优势被充分激发出来,上述成功路径同样可以在课程思政建设中被借鉴和复制:其一,线上教学打破了时空限制,学生可以随时随地根据需要进行学习,法学教师应当重视教学视频、音频录制等工作,使优质的法学教育课程思政资源触手可及;其二,线上平台的弹幕、打卡、匿名提问、奖励徽章等具体功能模块符合年轻人的潮流趋势,在思政教学过程中应当充分应用,增强学习的趣味性和

---

① 参见李滨芬、乔大丽:《习近平法治思想融入高校思政课教学的价值意蕴及实践路径》,载《黑龙江高教研究》2022年第8期。

生动性，吸引学生在线上教学平台“打怪升级”；①其三，教师可利用线上平台解决线下教学考核环节中许多难以细化、量化的工作难题，比如通过线上检测、观看视频资料、学习课后资料等方式强化思政教学过程考核，②并以课堂检测的可视化统计查漏补缺，定位学生的知识盲区；其四，可鼓励学生发掘网络资源，展开价值观塑造的自我反思。③ 这是目前课程思政建设大有可为的教学领域，一方面，学生在自主查找相关知识的过程中将逐渐形成批判式思维，在互联网领地中自觉辨识消极、错误思想；另一方面，通过有价值、有意义的法律命题引导学生养成自主学习的习惯，形成独立思考的能力，主动贯通学习法学知识与思政价值。

2. 案例教学法

法学规范分析的思维范式使法学理论教学不可避免地具有抽象性，而案例教学是将悬浮空中的抽象理论与生活实际相贴近的首选方式。相比于一般课程要求通过案例掌握法律条文的适用方法而言，课程思政建设采用案例教学方式更多希望使学生在精神层面上得到熏陶，因此，案例材料的选取工作十分重要。实践中一般遵循真实性、实时性、权威性的原则。④ 真实性并非指相关案例需要与实际发生的案件完全对应，而是要求案例接地气、察民情。如在劳动和社会保障法思政教学中引入的“网络平台主播猝死案”，其改编自真实的“杭漂”女生江边溺亡事件，虽然前者经过改编加工，但其目的在于保留与本专业相关的核心部分并引发学生对公正、法治价值的思考；实时性是指所选取的案例需要与当下生活紧密相关，在不同时期所需要突出的思政价值理念会有些许不同，比如在政府部门遭受灾情考验、舆情危机时，通过案例所传达的价值理念能够起到稳定民心、提振信心，凝聚人心的作用，如有关妥善处理劳动争议的系列案例等。权威性通常以最高人民法院和最高人民检察院公布的指导性案例、典型案例来展现，相关案例经过层层筛选，不仅在法治教育上具有重大价值，而且一般都具有思想政治教育意义。比如最高人民检察院公布的第185号指导性案例“闫某某诉浙江喜来登度假村有限公司平等就业权纠纷案”，有助于学生对“平等”有更深入的思考与理解。

3. 问题链教学法

以问题为起点和纽带的问题链教学法是新时代高校思政课上应用日渐广泛的教学

① 参见祝大勇：《高校理论类课程线上教学效果反思和优化》，载《河北农业大学学报（社会科学版）》2023年第3期。

② 参见何正玲、王锶钒：《高校思政课线上线下混合式教学模式探究》，载《辽宁工业大学学报（社会科学版）》2023年第2期。

③ 参见姜永伟、于宝林、冯雷：《“互联网+”时代高校教育中的价值观塑造——以法学教育为例》，载《中国电化教育》2022年第2期。

④ 参见房海军：《劳动与社会保障法翻转课堂的实践应用：案例式教学法的例示与启示》，载《湖北经济学院学报（人文社会科学版）》2023年第6期。

方式。[①] 其主要是指教师将思政教学目标化解为层层递进的问题,引导学生主动发现问题、思考问题、解决问题,并在此过程中达到思政教育的目的。一方面,有助于学生从"被动接受"向"主动探索"转变,[②]激发学生主动思考,提升学生的逻辑思维能力和发散思维能力;另一方面,通过设置问题链的方式可以有效降低问题难度,循序渐进、不急不躁,切实增强思政教育的针对性和实效性,使思政价值理念深入人心。在问题链设置过程中,需要注意应立足学生的视角,契合学生的思维方式;问题之间逻辑严密、由浅入深;问题链所指向的最终目的清晰明确,能够实现教学目标。以劳动和社会保障法为例,就社会实践广泛存在和学生较为关注的用人单位"调岗"现象可以设置如下问题:(1)用人单位是否有权根据需要调整劳动者岗位?设置这一问题目的在于引出用人单位用工管理权和劳动者合法权益之间的冲突,引导学生思考如何在两者之间实现利益均衡;(2)如果用人单位意图调整劳动者岗位,应当采取哪些程序?设置这一问题目的在于进一步引导学生看到"友善"在处理劳动争议中的重要价值;(3)如果劳动者同意调岗应当如何处理?劳动者不同意调岗,又如何处理?最后这一问题涉及调岗后待遇的确定,如果同意调岗应当遵循薪酬待遇不得降低的原则;不同意调岗则应当支付相应经济补偿,从而达到"和谐"的最终目的。

(二)稳步构建课程思政建设实践教学体系

思想政治教育的生命力在于践行,只有在法学教育的专业实践之中,才能将专业理论转化为把握社情民意、化解矛盾纠纷、驾驭复杂局面的本领,[③]才能真正养成公益精神与法律职业伦理。[④] 既往的法学教育课程思政建设过于注重理论教学,而忽视了实践教学,导致思政教育缺乏连续性、综合性和全面性,对此应予修正与改良。

1.模拟法庭

模拟法庭是指法学教育教学过程中,在教师指导下,由不同学生扮演法官、检察官、仲裁员、当事人、律师及其他诉讼参与人,在模拟法官或模拟仲裁员的主持下,按照法定程序在虚拟法庭或仲裁庭中对案件进行模拟裁判的一种教学活动。[⑤] 模拟法庭通过案情分析、角色划分、文书写作、预演、正式开庭等环节充分调动学生的积极性和创造性,在实践过程中,学生得以从不同角色视角下体会和培育执政为民的情怀、法律至上的理念、公平正义的理想、勤勉尽责的态度。具体来看,在劳动和社会保障法中,通常将情景设置为劳动仲裁,在案例选取阶段可以与法院、仲裁机构等合作,获取最真实的一手案卷资料,并通过投票方式由学生选择当下最感兴趣的案件类型,提升学生参与热情;在案情熟悉

---

① 参见王静:《高校思政课问题链教学法的运用与思考》,载《思想理论教育导刊》2021年第11期。

② 参见郭文芬:《高校思想政治理论课"问题链"教学法生成逻辑与建构策略》,载《湖北开放职业学院学报》2023年第12期。

③ 参见杜梓潇:《把立德树人融入法学实践教学的思考》,载《中国高等教育》2021年第9期。

④ 参见卢春龙:《法治人才思政教育的改革创新》,载《前线》2019年第8期。

⑤ 参见金英杰:《劳动法实践教学教育研究》,华中科技大学出版社2018年版,第22页。

阶段，由教师将学生分为仲裁员组、劳动者及其代理人组、用人单位及其代理人组和其他组，各组学生分别进行循环演练，培养学生的创新思维和批判精神，教师分别提供指导；在模拟仲裁阶段，根据既定环节开展实训，启发学生进行开放式的思考与探索，沉浸式地感受仲裁氛围和实践场景。最后，在教师点评环节，需要在证据出示、焦点归纳、双方辩论、法律适用、裁决结果之上对案件的思政价值予以提炼升华，使学生在通过角色演练获得职业成就感之外，树立以法为据、公正执法的理念，理解法律匡扶正义、定分止争的作用，更加坚定地投入到推进全面依法治国的建设中。

2. 法律诊所

法律诊所是为学生搭建的代理真实案件的平台，是促使学生在实战中培养实践技能，获得工作经验的一种法学教学方式。法律诊所不仅有助于以实践锻炼提升学生的职业认知、团结协作的能力，也有助于在潜移默化中培养学生的国情意识与责任意识。[①] 在劳动和社会保障法案件中，通过指导学生帮助弱势劳动者维权，有助于激发学生学以致用、为人民服务的自觉性，感受法律人所背负的社会责任。[②] 笔者所在院校的法律诊所课程已相对成熟，具体而言，主要有如下经验：一是具有规范性，本院校的法律诊所制度相对完善，已逐渐形成课程成绩考评制度、法律诊所工作制度、法律诊所日常值班制度等。目前法律诊所已与四川省法律援助中心四川大学工作站、青年志愿者服务队、四川大学普法服务社等优质公益法律服务资源共同并入四川大学法学院法律援助中心，下设4个部门，由法律援助志愿者和行政管理人员负责日常工作，管理方式更为高效。二是具有社会性，法律诊所面对社会公众开放，不仅接待校内学生咨询，也会为校外人士提供代理服务，自法律援助中心于2021年4月整合至今，已办结案件60余件，颇有成效。三是具有丰富性，学生在法律诊所课程中会体验到法律咨询、文书撰写、调查取证、普法宣传、代理案件等多项法律服务，对实践能力的提升大有裨益。但是就劳动和社会保障法课程而言，在实践中，学生接触到的劳动争议案件相对较少，未来可以考虑通过建立专门的劳动法法律诊所并扩大其影响力的方式解决实践案源相对稀缺的问题。

3. 参观学习与双向交流机制

一方面，学生置身于真实的法庭、仲裁庭、劳动争议调解中心等劳动纠纷处理场所，观摩劳动争议的处理过程，有助于其理解有关部门及机构在维护社会和谐上所作出的不懈努力，并通过环境渲染更为真切地感受法律至上的深刻含义。目前，四川大学法学院与四川各级人民法院、各级检察院、仲裁委员会、公证处等建立了深度合作，拥有丰富的校外实践教学资源，为推进实践教学课程思政建设提供了基础条件。以劳动和社会保障法课程为例，组织学生参观国家级劳动关系创新实践基地——成都市新都区劳动纠纷

① 参见马怀德：《法学类专业课程思政建设探索与实践》，载《中国高等教育》2022年第6期。

② 参见安军：《法学专业教育中融入思想政治教育的途径研究》，载《学校党建与思想教育》2018年第14期。

"一站式"联动处置中心,能够帮助学生切实感受和谐友善的价值引领,以实地走访、亲身见闻激发学生的学习动力。另一方面,加固法学教师、研究人员和高等学校法务部门工作人员的双向挂职制度,探索建立法治工作部门优秀实务专家到高等学校任教的制度,通过实务专家的授课,讲解不同法律职业所面临的诱惑和必须坚守的底线,可以帮助学生更深刻地领悟法律效果、社会效果、政治效果相统一的司法愿景,促使学生树立"把人民放在心中最高位置"的意识和信念,助力以多元化解纠纷、做好基层治理为导向的法治实践。①

五、结语

中共中央办公厅、国务院办公厅印发的《关于加强新时代法学教育和法学理论研究的意见》明确提出"把讲政治作为根本要求,教育引导广大法学教师和理论工作者提高政治敏锐性和政治鉴别力","把政治标准和政治要求贯穿法学教育和法学理论研究工作始终"。本文聚焦法学教育的课程思政建设,先行阐述了课程思政建设内容的五个部分,再从课程思政教学内容和教学方式两个方面展开具体论述。实践中,在本文重点关注的课堂教学之外,课程设置、教材建设、师资队伍建设、理论研究等方面对于思想政治教育的功用亦值得深入研究。其一,在现有的"1+10+X"的课程设置上应当探索法学本科专业各项课程学分、学时分布更为合理、科学的配比;其二,为构建中国特色法学学科体系,应当继续强化马工程教材编纂工作,使其充分体现中国特色社会主义道路自信、理论自信、制度自信、文化自信;其三,"三全育人"的思政工作指导思想亦要求强化师资队伍建设,法学专业教师在提升专业能力的同时应时刻严守政治纪律和政治规矩;其四,坚持做本土化、原创化、标识化的中国特色社会主义法治理论研究,构建中国自主的法学教育和理论研究体系。总之,通过强化法学教育的课程思政建设,培养法学生为民掌权、为民执法的情怀,激励法学生在执法工作中勇于坚持正确的政治立场,②将有助于为党和国家事业发展提供坚实的法治人才保障。

---

① 参见龙卫球、李游、赵精武:《法管交叉新文科人才培养研究——基于北京航空航天大学模式的形成和发展》,载《北京航空航天大学学报(社会科学版)》2022年第5期。

② 参见刘伟琦:《法学课程思政教学改革的新理路:法治中国情怀培育》,载《黑龙江高教研究》2021年第10期。

新时代法学教育

新时代法学教育体系完善论纲

罗时贵*

一、引言

法学兴则法治兴,法治兴则国家兴。法学教育是国家法治建设事业的重要组成部分,具有基础性、战略性和先导性的地位。改革开放40多年来,中国法学教育逐渐走向自信,基本形成了中国特色社会主义法学教育体系,并在国际法治舞台上发出中国声音。习近平总书记指出,"面对新一轮对外开放,涉外法治工作必须加强战略布局,占领制高点,掌握主动权",①给新时代中国法学教育提出了更高要求和法治人才培养新目标、新任务。

新时代中国特色社会主义法学教育,必须以习近平法治思想为遵循,对我国法学学科体系、学术体系、教材体系等法学教育体系进行进一步完善,以契合新时代我国法学职业教育培养高素质、复合型法治人才的目标和根本任务。据此,本文目的和主要任务是通过对我国法学教育转型过程中衍生的问题及原因进行剖析,提出完善我国法学教育体系的整体框架和纲要,为未来我国法学教育体系完善方案提出方向和路径。

二、我国法学教育发展阶段及其转型转向

新中国法学教育与新中国同步发展,70年来实现了从数量到质量,从做大到做强的跨越式发展,形成了专科、本科、硕士、博士多层次,普通高等法学教育、高等法律职业教育、法律继续教育多类型的法治人才培养体系。从时间维度来看,新中国法学教育大致历经四个阶段。

(一)1949~1978年,新中国成立到改革开放之前

在废除国民政府《六法全书》的前提下,法学教育全面引进和借鉴苏联模式,以学习苏联的法学知识、法学体系为主,教学内容以苏联法学教材和著作作为参照标准。法学教育被称为"政法教育",法学理论被界定为"政法理论",以培养"又红又专"的政法干部

* 江西科技师范大学教授。

① 习近平:《为做好党和国家各项工作营造良好法治环境》,载习近平:《论坚持全面依法治国》,中央文献出版社2020年版,第257页。

作为当时法学教育的人才培养任务。其间又经历了 1949~1956 年新中国法制奠基、初创时期,1957~1965 年新中国法制受到挫折、徘徊时期,1966~1976 年新中国法制全面遭受破坏时期。

(二)1978~1997 年,新中国法学教育恢复、发展时期

1978 年,中共中央批转的《第八次全国人民司法工作会议纪要》明确提出"恢复法律系、培养司法人才",一些政法院系开始恢复招生,培养司法人才。当时法学教育内容主要按照"邓小平理论"来恢复重构中国的法制,确立了"有法可依、有法必依、执法必严、违法必究"的法制原则。在改革开放的大背景下,我国法学教育内容中引进了西方法学知识,学习和借鉴德国、日本等大陆法系国家的法学知识体系,但在法律人才培养模式上,存在"学术教育"与"职业教育"、"通才教育"与"专才教育"之争,至今争执不下、未有定论。①

(三)1997~2012 年,新中国法学教育超速发展时期

1997 年,党的十五大首次提出"依法治国,建设社会主义法治国家",开启了依法治国的新阶段。1999 年 3 月 15 日,九届全国人大二次会议通过《宪法(修正案)》,将"依法治国,建设社会主义国家"写入宪法,使依法治国成为国家治理的基本方略。2002 年党的十六大进一步把"依法治国,建设社会主义法治国家"上升到政治文明的范畴。2007 年党的十七大号召"全面落实依法治国基本方略,加快建设社会主义法治国家"。2012 年党的十八大强调"全面推进依法治国"。在依法治国及"法制转向法治"的背景下,我国法学教育为适应中国法治建设和发展需求,在人才培养目标、类型和数量等方面作出了一定调整,人才培养由过去的培养法律人才转向培养法治人才,2014 年党的十八届四中全会通过《中共中央关于全面推进依法治国若干重大问题的决定》提出"创新法治人才培养机制",培养造就熟悉和坚持中国特色社会主义法治体系的法治人才以及建设通晓国际法律规则、善于处理涉外法律事务的涉外法治人才队伍。法学教育类型由学术教育转向职业教育,2011 年 12 月,教育部、中央政法委员会发布的《关于实施卓越法律人才教育培养计划的若干意见》中将"培养应用型、复合型法律职业人才"作为培养目标,法学教育要适应多样化法律职业要求,提高学生运用法学与其他学科知识方法解决实际法律问题的能力,促进法学教育与法律职业的深度衔接。此外,《普通高等学校法学类本科专业教学质量国家标准》(2021 年版)亦界定法学类专业教育是素质教育和专业教育基础上的职业教育。1998 年 12 月教育部出台《面向 21 世纪教育振兴行动计划》,提出到 2000 年高等教育本专科在校生总数将达到 660 万人,高等教育入学率由 1997 年的 9.1% 提升到 2000 年的 11% 左右。在教育部"扩招"政策推进下,截至 2011 年(本科生扩招计划叫停),我国法学专业本科在校生达到 296,551 人,法学院校从几十所增加到 200 所;持续 13 年的本科生扩招计划实施期间,无论是招生数量抑或是法学院校建立均得到前

① 参见孙首灿:《我国法学教育人才培养模式探讨》,载《人才资源开发》2022 年第 23 期。

所未有的快速增加。截至2021年,我国普通本科法学学生数达到675,628人,法学院校激增到现在627所,法学院校规模和学生规模均居世界首位。① 但扩招计划的实施及法学院校招生数量急剧上升造成的直接负面结果是,法学教育质量下降、学生就业率低迷、人才培养目标与社会需求脱节等。②

(四)2012年至今,中国法学教育进入了由数量规模为考量的外延发展到以质量为特征的内涵发展新阶段,也可称为新时代法学教育时期

党的十八大提出"推动高等教育内涵式发展",党的十九大报告提出"实现高等教育内涵式发展",党的十九届五中全会通过的《中共中央关于制定国民经济和社会发展第十四个五年规划和二〇三五年远景目标的建议》提出"建设高质量教育体系",以及党的二十大报告提出"加快建设高质量教育体系,发展素质教育"。新时代法学教育在中国特色社会主义进入新时代背景下应运而生,面对复杂的国际、国内环境态势以及新科技革新浪潮,法学教育的根本任务是培养具有家国情怀、国际视野,基础扎实、能力突出、德才兼备的高素质法治人才,以适应国家和社会的需求。法学教育方向以习近平法治思想为遵循,全面推进习近平法治思想进教材、进课堂、进头脑,构建中国特色的法学教育体系,法学教育目标是为全面建设社会主义现代化国家提供法治人才保障。从上述我国法学教育发展阶段尤其是改革开放时起至今的40多年间,已经完成了五个方面的转变。

第一,法学教育从培养法律人才向培养法治人才转变。新中国成立到改革开放之前法学教育又称政法教育,主要培养"又红又专的政法干部";改革开放到1997年,法学教育主要培养"司法人才",标志性事件是我国推行统一的司法考试制度,最早是江西省1986年开始省级的律师资格考试,1988年开始全国的律师资格考试,2002年改为统一的国家司法考试,安排法官、检察官、律师等任职资格考试统一进行,不再单列。2018年开始执行国家统一法律职业资格考试制度,国家司法考试改变为国家法律职业资格考试;1997~2012年,法学教育主要培养应用型法律职业人才;2012年至现在,法学教育主要培养德法兼修、高素质复合型的法治人才。从培养法律人才向培养法治人才的转变,体现了以社会需求为导向,适应和满足社会发展和国家战略对不同类型人才的需求。同时,由法律人才培养模式转向法治人才培养模式将引起法学教育体系的变化。

第二,法学教育从数量发展、规模发展向质量发展、特色发展转变。教育部在2008年10月9日召开的新闻发布会上首次表示,"1999年决定的全国高校大规模扩招太急促",表明教育部已经意识到扩招对我国经济可持续发展带来一些不利影响,其中对法学教育影响最为突出的是法律人才培养质量下降,毕业生就业率下跌。2012年我国法学招

① 数据来源:参见李其瑞、冯飞飞:《中国法学教育70年:发展历程、问题反思和未来展望》,载《法学教育研究》2020年第29卷;我国教育部《2021年全国教育事业发展统计公报》和2021年有关统计报表。

② 参见梁文永:《中国法学教育的现状、问题及其症结》,载曹义孙主编:《多面向的法治教育》,中国政法大学出版社2012年版,第309~316页。

生规模得到抑制,结束了长达13年之久的扩招计划,招生数量趋于缓和平稳状态。人才培养发生了由数量规模发展转向高素质人才质量发展的重大变化,2017年5月3日,习近平总书记在中国政法大学考察时强调,“全面推进依法治国是一项长期而重大的历史任务,要坚持……立德树人,德法兼修,培养大批高素质法治人才”。[①] 2018年9月17日,教育部、中央政法委发布《关于坚持德法兼修实施卓越法治人才教育培养计划2.0的意见》提出,培育一流法治人才,建立起凸显时代特征、体现中国特色的法治人才培养体系,提升高等法学教育教学质量。2023年2月26日,中共中央办公厅、国务院办公厅印发《关于加强新时代法学教育和法学理论研究的意见》(以下简称《两办意见》)提出,提高法治人才培养质量,持续培养大批德才兼备的高素质法治人才。

第三,法治人才培养路径由传统专业教育、学科教育为内核的普通高等法学教育向以素质教育为内核的高等法律职业教育转型。[②] 目前,我国法学教育人才培养路径主要包括普通法学教育、法律职业教育(包括高等和高职高专两类职业教育)和法律继续教育。[③] 我国普通法学教育一般由高等法学院校承担,高等法律职业教育一般由法律职业专门机构承担,比如我国最高人民法院内设的法官学院、最高人民检察院内设的检察官学院、中国人民大学法学院内设的律师学院等,主要针对职业技能的训练而非学历教育。目前,改革要求我国高等法学院校不仅要承担传统的普通法学学科、专业教育,还要承担法律职业教育。高等法律职业教育重点是对法律职业技能的训练,强调“法治人才”的培养,普通高等法学教育主要是对法学学科知识进行专业传授,强调“法律人”的培养。学科是对知识的分类,指一定科学领域或一门科学的分支。学科发展的核心任务是对知识的发现和创新,其行为结果是增进知识。专业则以学科为基础和纲要,为社会培养各类专业人才传授学科知识,以适应社会对不同层次人才在质量、数量上的具体要求。[④] 普通高等教育特点主要是传授知识,使学生对某学科知识理解和把握。高等职业教育(professional education,以区别于高职高专类职业技术教育)按照社会职业岗位(或岗位群)和技术领域设置专业,根据社会实际需求,以职业能力培养为中心实施教学内容和培养计划。高等职业教育特点是注重职业能力培养,通过对职业岗位进行分析,确定职业

---

① 《立德树人德法兼修抓好法治人才培养　励志勤学刻苦磨炼促进青年成长进步　习近平在中国政法大学考察》,载《人民日报》2017年5月4日,第1版。

② 具体内容,参见徐显明等:《改革开放四十年的中国法学教育》,载《中国法律评论》2018年第3期;李其瑞、冯飞飞:《中国法学教育70年:发展历程、问题反思和未来展望》,载《法学教育研究》2020年第29卷。

③ 参见杜石平:《发展法律职业教育　完善法学教育体系》,载《北京市政法管理干部学院学报》2002年第2期。

④ 参见阎琨等:《推进学科—专业二元治理体系改革:理性辨析和实现路径》,载《高等教育评论》2022年第2期。

岗位所需的相应能力或能力要素,根据职业岗位能力体系确定匹配的课程体系。[①] 普通高等法学教育与高等法律职业教育的关键区别在于,普通高等法学教育围绕法学学科理论体系展开,高等法律职业教育围绕职业岗位条件展开,两者的重心与切入点不尽相同。尽管如此,但两者在我国法治人才培养目标和根本任务上保持一致,均是培养高素质法治人才。基于此,高等法律职业教育不仅要承担法学学科知识教育,而且要增添法律职业技能训练,才能通达高素质法治人才培养目标。换言之,在我国,高等法律职业教育是普通高等法学教育的扩容升级版,以素质教育为内核的高等法律职业教育既不同于美国法学院的律师职业教育,又异于我国高职高专法律职业的技艺训练,这是由素质教育独特的内容所决定的。素质教育偏重于学生基本综合素质的培养,是旨在提升学生综合素质能力的教育方式。[②] 素质教育的核心要义是全面贯彻党的教育方针、面向全体学生以及促进学生的全面发展。[③] 学生综合素质教育内容主要包括知识、能力和水平,即培养学生使之具有丰富的知识、运用知识的能力以及处理相关问题的水平,而水平提高的关键在于人文知识的积累和素质的培养。从这种意义上说,素质教育就是"健全人格教育",即从品德、学识、能力、智慧、身心五个方面对学生进行综合培养。[④] 所以,高等法律职业教育需要依托普通高等法学教育的基础前提促成素质教育的目标实现,普通高等法学教育需要借助高等法律职业教育发展和提升素质教育,两者以素质教育为中介桥梁获得了统一,我国《普通高等学校法学类本科专业教学质量国家标准》(2021 年版)再次明确了法学类专业教育是素质教育和专业教育基础上的职业教育,这也就能够厘清专业教育、职业教育、素质教育、通识教育、精英教育等的界分以及消解我国法学界对其解读上的分歧。

第四,从效仿西方法学教育转向构建中国自主的法学知识体系以及建设新时代中国特色社会主义法学教育体系。新中国成立后到改革开放之前,法学教育"以苏为师",全部照搬和模仿苏联。改革开放以后,弃苏联转向西学,法学教材基本以介绍外国法律为主,法学教育追随日本,继而模仿英美国家,一度造成我国法学教育缺乏自主性的法学教育理论、法学话语体系及国际视野,中国法学界在原创性概念、思想、理论或者对原创性法律制度提炼方面做出的贡献十分有限,[⑤]党的十八大以来,习近平总书记领导全党开展一系列工作实践、理论创新形成了习近平法治思想,习近平法治思想是顺应中华民族伟大复兴的时代要求应运而生的重大理论创新成果,是马克思主义法治理论中国化的最新成果,是最具原创性的当代中国马克思主义法治理论、21 世纪马克思主义法治理论。

① 参见杜石平:《发展法律职业教育 完善法学教育体系》,载《北京市政法管理干部学院学报》2002 年第 2 期。

② 参见丁玉玲、徐妍:《中国法学教育理念之厘清》,载《大学教育》2022 年第 11 期。

③ 参见谢维和:《发展素质教育的要义与战略取向》,载《人民教育》2023 年第 1 期。

④ 参见徐显明等:《改革开放四十年的中国法学教育》,载《中国法律评论》2018 年第 3 期。

⑤ 参见冯果:《从法学教育大国迈向法学教育强国的历史自觉》,载《法学教育研究》2022 年第 36 卷。

习近平法治思想成为我国全面依法治国的根本指导思想,新时代法学教育和法学理论研究必须坚持以习近平新时代中国特色社会主义思想为指导,深入学习贯彻习近平法治思想,构建具有鲜明中国特色的法学教育体系和中国自主的法学知识体系。

第五,法学教育从传统文科教育转向"新文科"教育。新文科概念在我国首次提出是2018年6月教育部在四川成都召开新时代全国高等学校本科教育工作会议及教育部《关于加快建设高水平本科教育全面提高人才培养能力的意见》("新时代高教40条")中决定实施"六卓越一拔尖"计划2.0。紧随其后,2018年9月,教育部、中央政法委发布《关于坚持德法兼修实施卓越法治人才教育培养计划2.0的意见》,标志法学教育目标向新文科教育目标转向。2019年4月,教育部等13个部门联合正式启动"六卓越一拔尖"计划2.0,新文科专家组成立。2020年11月,《新文科建设宣言》发布并提出分类推进培养理念,实现"经管法助力治国理政"的目的,其发布标志着新文科建设工作的深入推进和发展。新文科下的法学教育与传统文科法学教育的关键区别在于从注重学生知识增量培养到注重学生创新创业能力的培养,强调和遵循人才培养过程中的"价值引领""需求导向""学科融合""实践能力"等。① 一言以蔽之,从"人(法律人)"的培养转向"人才(法治人才)"的培养。

三、我国法学教育转型转向所衍生的问题域

改革开放40多年来,我国法学教育取得了一定成就,法学教育从规模教育转向高质量建设和发展,从学科专业教育转向职业教育,从学术型法律人才培养转向高端复合型法治人才培养,并逐步构建起了新时代中国特色的法学学科体系、学术体系和话语体系。但在转型转向过渡期间,也衍生了不少问题。

(一)对法学教育性质认识不清,造成法学学术教育与职业教育培养模式的分离

我国法学学术教育与职业教育的划分主要源自我国对法学教育多渠道、多层次的教育培训体系进行的一种划分,而非是对法学教育内容上的划分,把法学职业教育视为法学职业化教育是混淆法学教育性质的根本原因。目前,普通高等法学教育、高等法律职业教育、法律继续教育组成了我国法学教育培训体系,从教育内容上讲,完整的法学教育应当包括学术教育和职业教育,或者说是两种教育的结合。② 大学教育以专业教育、学术教育为特征,并不意味着大学教育就没有素质教育、通识教育、职业教育等其他教育形式,也不能把职业教育仅仅理解为纯粹的技术性教育,法学教育应当是以人文和人文素质教育为基础的职业化教育。③ 由于我国法学教育界对法学教育定性存在模糊认识,对法学教育进行分化培养,要么继续按照传统的法学学术教育进行培养,注重理论知识的传授和学生知识的增量,职业能力的训练不足;要么采用法学职业教育模式(尤其是诊所

① 参见杨雅妮:《新文科建设背景下法学教育的变革》,载《新文科教育研究》2021年第2期。

② 参见孙首灿:《我国法学教育人才培养模式探讨》,载《人才资源开发》2022年第23期。

③ 参见徐显明、黄进等:《改革开放四十年的中国法学教育》,载《中国法律评论》2018年第3期。

式、案例研讨式),对学生的人文素质教育、德性教育关切甚少。分化的法学教育模式同时造成法科学生实践能力不足或职业伦理缺失或两者兼而有之的社会负面评价后果,与我国要求培养高素质法治人才的法学教育目标相差甚远。

(二)我国法学职业教育模仿域外分段培养模式,并未实现职业化培养效果

有学者建议我国法学职业教育借鉴韩国模式,将基本法学教育和专门法学教育(实际上诸如律师、法官、检察官等专门的职业教育)进行分离,设立法学专门研究生院实施法学职业教育。① 在实践中,我国法学职业教育培养试行参考美国的法律职业教育,1996年开始设置法律硕士专业学位并进行试点,以美国的J. D教育为参考设置,培养应用型、高层次法律职业人才,标志着我国法学职业教育开始启动职业化教育。当时招收法律硕士专业学位的考生仅限于获得非法学本科学位人员,到2009年才开始放开招收获得法学本科学位的考生,并有了法律硕士(法学)与法律硕士(非法学)之分,2017年我国开始统一招收非全日制法律硕士(包括法学和非法学),自此,我国法律职业化教育培养形成了全日制法律硕士(法学、非法学方向)与非全日制法律硕士(法学、非法学方向)的结构和体系。在我国,法学基础教育(学术教育)和法律职业化教育均由高等法学院校承担,并未设立专门的法律职业学院承担法律职业化教育与培训。担任法学基础教育和法律职业化教育职能的院校和师资均是同一主体,我国法律硕士(非法学方向)教育基本同于法学本科教育,均以传授法学专业知识为主;法律硕士(法学)教育基本同于法学硕士教育,均以法学学术研究教育为主。我国施行的法律职业化教育(法律硕士阶段教育)并没有充分实现法学职业教育的宗旨和目标,我国法律硕士教育不能弥补我国法学职业教育的不足问题。

(三)我国法学职业教育与育人教育、思政教育、职业伦理教育、职业资格教育培训等未能有效衔接及有机统一

我国法学职业教育目标是培养德法兼修的高素质、复合型法治人才,契合我国为党育人、为国育才的教育方针。根据法学教育规律和人才培养的特点,法律人的培养路径是渐次通过追问"法律是什么(真),法律应当是什么(善),法律希望是什么(美、真、善获得统一)"而由法律人向道德人、伦理人过渡及递升。在我国,法学教育不仅要培养治国理政的社会主义建设者和接班人,而且要通过法学教育使学生明白法律也是一种生活方式,是一种值得过、良善的生活方式。因此法学教育离不开德性教育,育人的根本在于立德,"希望我们的法学教育要坚持立德树人,不仅要提高学生的法学知识水平,而且要培养学生的思想道德素养。首先要把人做好,然后才可能成为合格的法治人才"。② 从法律人向法治人才的转变,不仅需要具备赫拉克勒斯的高超技艺,更要具备社会主义法治

① 参见孙首灿:《我国法学教育人才培养模式探讨》,载《人才资源开发》2022年第23期。

② 习近平:《全面做好法治人才培养工作》,载习近平:《论全面坚持依法治国》,中央文献出版社2020年版,第179页。

事业建设者和接班人的政治素养,因为“法治工作是政治性很强的业务工作,也是业务性很强的政治工作”,[①]表明了我国法学教育为什么要特别强调思想政治教育,必须把思想政治教育贯穿于人才培养全过程、法学教育全过程的原因。我国有学者把思想政治教育提升到新文科建设水平标志的高度,思政课程是一所大学的代表性课程,是国家竞争力的体现。目前我国法学教育无论是育人教育还是思想政治教育,仅具有辅助性、边缘性的教育地位,没有融入贯穿于法学基础教育活动的全过程,法学基础教育或法学学术教育缺乏应有的思政主题或思政元素,配套的课程设置目前只有“习近平法治思想概论”。

法律职业伦理是统摄法律职业群体的中枢纽带,也是划分不同法律职业人群的根据,在法律职业群体中,基于法律职业伦理的不同,可以区分法官、检察官、律师等不同职业群体,他们分别掌握共同的知识体系、话语体系、思维方式和职业伦理,由此形成法律职业共同体。我国目前高等法学院校承担的法学职业教育,并没有根据职业伦理的不同要求,进行法官职业、检察官职业、律师职业等分类培养,而是将不同职业对象集中起来,统一对其进行法律职业伦理教育,这不仅有悖职业化教育“因人施教”“师徒相授”的特点和要求,而且难以达成我国法学职业教育的目的。在我国法学职业教育人才培养过程中,法律职业伦理课程设置、法律职业伦理教材以及法律职业伦理的教育实施都存在匮乏和不足。如果说法学教育是培养有德性的法律人,那么法律职业伦理教育是培养有德性的法治人,目前我国这两种分工作业的法学教育培养方式并没有打通和有机统一。

2002 年我国实行统一的国家司法考试,2018 年开始变更为国家统一法律职业资格考试制度。我国推行的司考或法考制度,对法学教育各领域(如法学教材编写、法学课程设计、课堂教学方法以及法学师资的选任)都产生了影响。[②] 法考培训机构与法学教育院校呈现并驾齐驱态势,甚至法考培训机构一度成为法学教育的主阵地,法科学生宁愿放弃法学课堂而追随法考培训,严重冲击法学院校正常的教学秩序和教学课程体系。如何有机统一法学基础教育和法律职业资格培训关系到法学职业教育如何以及怎样展开的技术难题。在完善法律职业教育体系时,如何处置好育人教育、思政教育、职业伦理教育以及法律职业资格教育的关系成为法学教育的突出难题。

(四)法学教育师资队伍面临着教育培养理念、培养能力革新困难

新时代法学教育对人才培养提出了更高要求,面对复杂的国际国内形势以及新科技革命的冲击,新时代法学教育目标应当培养具有家国情怀、国际视野、基础扎实、能力突出的复合型法治人才。[③] 换言之,新时代法学教育要求从注重“育人”教育转向“育才”教育,从培养具有丰富理论知识的“法律人”上升到培养具有高素质、能力突出的复合型

① 习近平:《在中央全面依法治国委员会第一次会议上的讲话》,载习近平:《论全面坚持依法治国》,中央文献出版社 2020 年版,第 235 页。

② 参见徐显明、黄进等:《改革开放四十年的中国法学教育》,载《中国法律评论》2018 年第 3 期。

③ 参见黄锡生、王中政:《新文科与法学教育的现代化转型》,载《法学教育研究》2022 年第 1 期。

"法治人才"。随着法学教育人才培养目标的变化,培养法治人才的师资队伍应当契合人才培养目标的变化以及具备相应的培养能力。习近平总书记在中国人民大学考察时强调,"对教师来说,想把学生培养成什么样的人,自己首先就应该成为什么样的人。培养社会主义建设者和接班人,迫切需要我们的教师既精通专业知识、做好'经师',又涵养德行、成为'人师',努力做精于'传道授业解惑'的'经师'和'人师'的统一者",[①]进而,法学教育师资人员应当具备坚定的政治立场、深厚的法学根底、高尚的道德品行,熟悉中国国情以及通晓国际规则。[②] 事实上,从我国法学教师队伍来源和数量来看,新中国成立到1979年之前,法学专任教师不多,改革开放法学教育恢复阶段,科班出身的法学教师微乎其微。[③] 我国教育部1999年推出本科生扩招计划后,法学师资队伍部分人员从公共课和政教专业的教师中转而来,[④]没有经过法学专业知识的学习与训练,落下"边学边教"的缺陷。近年来,法学师资队伍基本上从高等法学院校毕业的法学博士中选聘,从学校到学校的年轻法学博士,较少有从事法律实务部门工作的经验,大多数缺乏多学科知识背景,尤其是"四新学科"知识(新工科、新医科、新农科、新文科),教育理念和人生观、育人观处于易变、不稳定状态,尤其是绝大多数年轻法学博士没有经过高等教育职业师资教育和上岗培训,缺乏教学经验和教育能力。上述法学师资队伍欲求胜任,并依此实现高素质法治人才培养目标堪忧,部分教师在短期内转变其教学理念以及提升其教学能力存在困难,并面临可能被人工智能、ChatGPT取代的转岗风险。

(五)涉外法学教育水平不够高,涉外法治人才培养专门院校缺乏

党的十八届四中全会提出,建设通晓国际法律规则、善于处理涉外法律事务的涉外法治人才队伍。之后,习近平总书记强调,"要加大涉外法学教育力度,重点做好涉外执法司法和法律服务人才培养、国际组织法律人才培养推送工作,更好服务对外工作大局"。[⑤] 最后,2023年2月26日,《两办意见》明确重申,加快培养具有国际视野,精通国际法、国别法的涉外法治紧缺人才。这是因为涉外法学教育和涉外法治人才培养是增强国家竞争力的应有之义,也是我国对外掌握国际话语权、主动权的必要条件和重要保障。2013年1月,菲律宾向联合国海洋法庭提起针对中国南海的仲裁案,能够派上用场的涉

---

① 《坚持党的领导传承红色基因扎根中国大地 走出一条建设中国特色世界一流大学新路》,载《人民日报》2022年4月26日,第1版。

② 参见黄文艺:《论习近平法治思想中的法学教育理论》,载《法制与社会发展》2023年第3期。

③ 参见刘坤轮:《中国法学教育:进步与不均衡》,载曹义孙主编:《多面向的法治教育》,中国政法大学出版社2012年版,第273页。

④ 参见李其瑞、冯飞飞:《中国法学教育70年:发展历程、问题反思和未来展望》,载《法学教育研究》2020年第29卷。

⑤ 习近平:《坚定不移走中国特色社会主义法治道路 为全面建设社会主义现代化国家提供有力法治保障》,载《求是》2021年第5期。

外法治人才屈指可数。[①] "南海仲裁案"表明,我国的涉外法学教育水平与理想状态相差甚远,涉外法治人才严重缺乏。此外,就我国承担涉外法治人才培养的专门法学院校数量来看,截至目前,仅有中国政法大学、北京大学、华东政法大学、西南政法大学、西北政法大学、上海政法学院等几所学校设立国际法学院作为承担涉外法治人才培养的专门机构,相较我国多达627所的国内法治人才培养法学院校,可谓凤毛麟角。

四、完善我国法学教育体系之设想

自改革开放至今,我国法学教育已过不惑之年,取得了一定成就,积累了较多教育经验,也衍生了不少问题。当今世界正经历百年未有之大变局,我国法学教育应当抓住时代机遇,根据法学教育自身规律和特点,不断革新和完善我国法学教育体系,建设高质量法学教育体系。笔者认为,应当从以下四个方面创新和完善我国当前的法学教育体系。

(一)完善高等法学职业教育实施主体体系

我国法学教育在属性上定位为职业教育,是在素质教育和专业教育基础上的职业教育,更精准说是高等法学职业教育,一是区别于高职高专法律职业技能培训;二是相对普通高等法学教育和法学继续教育类型而论。[②] 普通高等法学教育主要承担法学基础教育(或法学专业教育、通识教育),主要对"事",高等法学职业教育主要承担法治人才职业化教育,主要对"人",两者侧重点有所不同,但在教学内容和法治人才培养目标上保持一致。在我国,高等法学教育没有严格区分法学基础教育和法学职业教育,而是将法学基础教育和法学职业教育统一归由法学院校承担,分本科和法律硕士两个阶段实施和完成,本科阶段主要完成法学基础教育,法律硕士阶段主要完成法律职业化教育。但分阶段培养模式并未达到我国法律职业教育预期效果。

我国在理论上建构了普通高等法学教育、高等法律职业教育和法律继续教育的结构类型和体系,[③]但实质上3种法学教育类型均由高等法学院校承担和实施,并无教学内容的差异。我国分阶段进行的法学专业教育(本科阶段)和法律职业化教育(法律硕士阶段)并非泾渭分明,专业教育、素质教育已经融入职业教育内容中。在我国,学生完成法学本科阶段学业,并通过国家的司法考试(现改为法律职业资格考试)就可以申请律师职业,通过国家公务员录用考试就可以从事法官、检察官职业,法律硕士生也是如此。因此分段开展本科专业教育和法律硕士职业化教育并没有区隔法律职业教育内容和实现区分效果,仅仅是获得学历提升待遇。严格来讲,我国缺失了体系化的、长期的法律职业培

① 参见李其瑞、冯飞飞:《中国法学教育70年:发展历程、问题反思和未来展望》,载《法学教育研究》2020年第29卷。

② 参见杜石平:《发展法律职业教育　完善法学教育体系》,载《北京市政法管理干部学院学报》2002年第2期。

③ 参见杜石平:《发展法律职业教育　完善法学教育体系》,载《北京市政法管理干部学院学报》2002年第2期。

训、实习训练环节,这也是造成我国有的法学毕业生实操能力不强、求职可能遭受冷遇的关键因素。故此,可以由高等法学院校承担法学专业教育、素质教育等内容部分,由对应的实务部门承担法律实践训练和实习教育,比如从事法官职业的,由法院设立的法官学院承担,从事律师职业的,由律师事务所承担。按照上述要求和设计,我国高等法学职业教育应当构建高等法学基础教育、法律实训教育和法律继续教育的教育类型和体系,并规定由不同的单位承担法律职业化教育培养任务。力图打造高等法学基础教育、法律实训教育以及法律继续教育的“立交桥”和上下左右的“直通车”,完善我国法学职业教育体系。具体设计为法学教育本科阶段延长学时至5年,法学基础教育为3年,由高等法学院校承担实施。法律实训教育根据学生不同法律职业选择(如法官、检察官、律师等)分别由不同的法律实务部门承担培养任务(1年或1年半),法科生通过法学院校组织的考试以及法律实务部门组织的实训教育考试才准予毕业,同时通过国家法律资格考试获得法律职业资格。法律硕士阶段可以继续培养应用型法律职业人才,由法学院和实务部门联合培养,重点培养学生的法律应用实践能力。

(二)完善高等法学职业教育课程体系

按照我国《普通高等学校法学类本科专业教学质量国家标准》(2021年版),法学本科专业课程设置总体上包括理论教学课程和实践教学课程。理论教学课程体系包括思想政治理论课、通识课、专业课;实践教学课程体系包括实验和实训课、专业实习、社会实践与毕业论文,以达成法科学生知识、能力和素质的基本要求。但目前该课程设置体系一是很难达到我国培养高素质、复合型法治人才的目标,法学职业教育的重心是育人和育才教育,育人教育指向立德,是人之为人的教育,核心课程主要由法律职业伦理和“习近平法治思想概论”为主干的思想政治课程构成。育才教育指向能力,作为人之为人的教育,核心课程主要由法学专业10门必修课、通识课和实践课构成。其最大问题是试图通过一两门思想品德课程实现“育人”效果未必奏效。有学者提出,应当将思政教育融入各个课程,潜移默化地影响学生各个方面,将法学教育和思政教育融合发展,让学生养成正确的道德规范和品格。[①] 换言之,思想政治教育应贯穿法学教育教学全过程。同理,法学教师通过教科书进行被动“因材施教”的教学方式可能让学生获得某些方面知识,但未必能必然提升学生能力和提高学生素质,知识多寡与能力大小并非成正比。在完成法学基础教育的前提下,法学职业教育最重要、最核心、最不可替代的功能正是训练“研究能力”,即通过自主学习和研究,解决法律问题的能力。法学课程应当围绕“研究能力”“解决问题的能力”进行设计和培养。二是与法律职业资格考试课程存在冲突与矛盾。我国自1988年推行全国统一律师资格考试以来,尤其是2002年将法官、检察官、律师执业资格的获取统一纳入司法资格考试(国家司法考试)范畴之内,进入法学院校的新生绝大多数瞄定国家司法考试,大学本科阶段的学习目标锁定在通过国家司法考试,导致法

① 参见张翼杰:《法学教育与思政教育的关系及融合发展研究》,载《法制博览》2022年第9期。

学专业教育、素质教育与司法考试培训存在较大冲突,法学院校法学学科专业教育主导地位逐渐式微,校外营利性的司法考试培训机构反客为主,冲击法律课堂正常教学秩序。三是法律实践课程流于形式,没有起到法律实践教学效果。目前,法律实践教学课程仍由法学院校专任教师承担,实践教学形式主要是由法学教师带领学生观摩现场司法审判活动,或者指导学生进行模拟法庭审判活动,以及学生完成2~3个月的法律实践毕业实习。由于指导实践课程的专任教师缺乏法律实务经验和实践操作能力等自身原因,法律实践教学课程基本流于形式,没有发挥实质功效。

既要达到德法兼修的法治人才培养价值目标,又要实现通过法律职业资格考试的效用价值,思想政治课程、法律职业伦理课程、法律专业课程、通识课程、法律实践课程如何在法学教育课程体系中融贯或有机统一起来,面临着"卡脖子"技术难题。笔者主张,对法学基础教育的课程体系设置,应当以思想政治课程为纬、法律职业伦理课程为经构成横、纵坐标轴式的课程体系,在横、纵坐标轴体系射程内安置对应的法律专业课程和通识课程,法律专业课程应当全部覆盖法律职业资格考试内容。法律实践课程由法律实务部门根据不同职业方向(法官、检察官、律师等),分门别类地设计实践课程内容。

(三)完善高等法学职业教育合作培养体系及运行管理机制

法律职业化教育特点要求法律实务部门加入法治人才培养队列中,这是法学专业教育和法律实践教育进行分化培养的必然要求。习近平总书记强调:"要打破高校和社会之间的体制壁垒,将实际工作部门的优质实践教学资源引进高校。"[①]2023年2月26日,《两办意见》亦提出要求"深化协同育人,推动法学院校与法治工作部门在人才培养方案制定、课程建设、教材建设、学生实习实训等环节深度衔接"。在涉外法治人才培养上尤其需要同国外的一些法治实务部门(如国际性仲裁机构)进行联合培养。2019年2月25日,习近平总书记在中央全面依法治国委员会第二次会议上指出,"要加快推进我国法域外适用的法律体系建设,加强涉外法治专业人才培养"。为此,应当积极探索"国内+海外"中外合作培养机制,进一步拓宽与世界上高水平大学合作交流渠道,加强教师互派、学生互换、课程互通、学分互认、学位互授联授,构建涉外法治人才培养新格局。[②] 因此,我国法学教育应当从由法学院校一元培养体系向法学院校+法治实务部门(包括国际性、涉外法治实务部门)联合培养的二元培养体系转变,赋予法治实务部门实质意义上的法律实践教育培养职能,使之成为法学职业教育承担主体的组成部分,享有法学职业教育的教育权限并承担相应义务。

打破高校法学院校单独培养法治人才的模式,意味着法治人才培养的运行管理机制随之发生变化。聚焦于法学院校和法治实务部门的联合培养模式,应当设计契合联合培

① 《立德树人德法兼修抓好法治人才培养　励志勤学刻苦磨炼促进青年成长进步　习近平在中国政法大学考察》,载《人民日报》2017年5月4日,第1版。

② 参见黄进:《完善法学学科体系　创新涉外法治人才培养机制》,载《国际法研究》2020年第3期。

养的运行管理机制。可以借鉴社会力量办学的运行管理机制,实行市场化运行管理模式,实现党的领导、科学决策、法治治理和高效运行的体系化运行管理机制。

(四)完善高等法学职业教育质量监督体系及行业评价机制

习近平总书记强调,“要推进法学院校改革发展,提高人才培养质量”。① 表明高校法学教育质量直接影响法治队伍的素质和能力,从而影响我国法治建设的质量和水平,法治人才培养质量亦是直接影响和决定法学职业教育是否成功的关键。目前,高等法学职业教育质量监督主要是学校内部监督,通过校、院两级教学督导对教学实施(重点是课堂教学)的各个环节(如教材选用、教学检查、学生调查、质量年报等)进行监督,校、院两级督导内部监督作业方式对法学教学质量的改善及提升并无明显效果,在一些法学院校,督导监督方式逐渐式微。法学职业教育的法治人才培养质量标准取决于人才培养目标,即培养高素质、复合型的法治人才。要培养出高素质、复合型法治人才,施教法学专任教师应当是具备高素质的复合型教师,这就必然要求高等法学院校对人才培养质量监督从程序性就“事”监督转向实质性就“人”监督。换言之,由对教师施教流程环节监督转向对教师自身质量文化建设的监督,从教学质量监督转向教师质量文化建设,创建良好的质量文化氛围,②以教师质量文化建设为主轴构建、完善高等法学教育质量监督及保障体系。

相应地,法学教育质量评价指标内容亦应转向教师质量文化建设和教学质量效果方面,建构行政主管部门(教育行政管理部门)评价—业务主管部门(司法行政管理部门)评价、教师自我评价—学生评价—用人单位评价、学校内部评价—社会外部评价等多方评价主体、不同评价视角、质量文化建设成效全方位法学职业教育的行业评价机制。③

五、结语

新中国法学教育至今走过70多年,经历了教育初创、停滞、恢复、发展和平稳阶段,已经完成了从数量到质量、从西化到本土、从模仿到自主、从传统到创新等多方面的根本性转型转向,基本形成了中国特色社会主义法学教育体系。

在新时代中国特色社会主义法学教育迈向现代化的进程中,涉内、涉外法治人才培养被赋予了更重、更难的任务,在克服法学教育现代化转型中遭遇的问题同时(如法学教育性质认识不清、培养理念滞后、培养能力不足、课程体系条块化等),应当进一步创新和完善我国法学教育体系。

创新和完善新时代我国特色的法学教育体系必须遵循习近平法治思想,尊重法学教

① 习近平:《坚定不移走中国特色社会主义法治道路 为全面建设社会主义现代化国家提供有力法治保障》,载《求是》2021年第5期。

② 参见李国强:《高校内部质量保障体系建设的成效、问题与展望》,载《中国高教研究》2016年第2期。

③ 关于我国教育评价体系改革的问题,参见石中英:《回归教育本体——当前我国教育评价体系改革刍议》,载《教育研究》2020年第9期。

育特点规律,逐步推进和完善我国高等法学职业教育实施主体体系、教学课程体系、合作培养及管理体系以及教育质量监督与评价体系,契合新时代我国法学教育大国走向法学教育强国对法治人才培养提出的更高目标与要求。

新时代法学教育的基本遵循与优化路径

欧阳本祺* 刘 晗**

2023年2月，中共中央办公厅、国务院办公厅印发了《关于加强新时代法学教育和法学理论研究的意见》（以下简称《法学教育意见》）。《法学教育意见》一经发布便在法学教育界与法学研究界引起了极大反响。《法学教育意见》是新中国历史上第一个以法学教育和研究为主题的中央文件，是为新时代中国法学教育立规矩、定方向、明体制、建体系、划重点、强保障的战略性、纲领性文件，在中国法学教育史上具有里程碑意义。[①]《法学教育意见》是新时代法学教育的冲锋号，是党的十八大以来以习近平同志为核心的党中央重视法学教育的又一重要体现。法科生是中国法治建设最重要的后备力量，是未来建设法治中国的中坚力量。法学教育是培养法科生成为优秀法治人才最重要的手段，作为法学教育和法学理论研究的一线工作者，我们必须在《法学教育意见》等一系列重要文本的精神指导下，肩负起探索提供优质法学教育的任务，承担起时代赋予的使命，为推进教育强国和法治中国建设，在法治轨道上全面建设社会主义现代化国家作出贡献。

《法学教育意见》的印发将是新时代法学教育的一个崭新的起点，也是一个重要契机。本文将基于对《法学教育意见》、习近平总书记关于法学教育和法治人才培养以及以习近平同志为核心的党中央出台的一系列重要决定、规划、文件的充分研究，首先梳理明确新时代法学教育的基本遵循，然后结合当下法学教育存在的问题，尝试提出切实可行的优化改革方案。

一、新时代法学教育的基本遵循

欲解决问题，需发现问题，欲发现问题，则首先需明确方向和目的。任何努力若无正确的方向和目的指引，必然陷入“南其辕而北其辙”的困境。新时代法学教育的改革也不例外，只有遵循正确的方向，朝向正确的目的前行，才能充分实现新时代法学教育承担的

* 东南大学法学院教授。

** 东南大学法学院博士研究生。

① 参见黄文艺：《论习近平法治思想中的法学教育理论》，载《法制与社会发展》2023年第3期。

培养高素质法治人才、构建法律职业共同体的、推进法治现代化进程的重任。①

(一)新时代法学教育遵循的基本方向

法学教育的方向是法学教育事业的兴衰成败的关键,习近平法治思想已经科学地指出了这一问题。习近平总书记反复强调:"办好法学教育,必须坚持中国特色社会主义法治道路,坚持以马克思主义法学思想和中国特色社会主义法治理论为指导。"②"高校是法治人才培养第一阵地,思想政治教育特别是法治教育要坚持党的教育方针,坚持立德树人,解决好为谁教、教什么、教给谁、怎样教的问题"。③ 结合《法学教育意见》的相关表述,法学教育的方向可以具体概括如下。

1. 坚持党的全面领导

中国共产党的领导是中国特色社会主义最大的优势,中国共产党对法学教育工作的全面领导,也是新时代法学教育事业发展的最大优势。《法学教育意见》提出:"坚持和加强党的全面领导,确保法学教育和法学理论研究始终沿着正确政治方向前进。"④习近平总书记强调:"加强党对教育工作的全面领导,是办好教育的根本保证。"⑤

2. 坚持马克思主义法治理论为指导

马克思主义理论是我国的立国之本,是建设中国特色社会主义的哲学基础。马克思主义法治理论是马克思主义理论的重要组成部分,是由马克思、恩格斯创立的,并在国际共产主义运动中不断发展的理论。中国共产党在领导中国人民进行革命、建设和改革的伟大实践中,坚持把马克思主义法治理论同中国具体实际相结合,同中华优秀传统法律文化相结合,不断推进马克思主义法治理论中国化时代,产生了众多法治理论成果。其中,习近平法治思想是马克思主义法治理论中国化时代化的最新成果,是当代中国马克思主义法治理论,是21世纪马克思主义法治理论。因此,当代中国法学教育要坚持以马克思主义法治理论为指导,就是要坚持以习近平法治思想为根本遵循。《法学教育意见》也提出"深入学习贯彻习近平法治思想,坚持用习近平法治思想全方位占领法学教育和法学理论研究阵地,教育引导广大法学院校师生和法学理论工作者做习近平法治思想的坚定信仰者、积极传播者、模范实践者"。⑥

---

① 参见黄文艺:《论习近平法治思想中的法学教育理论》,载《法制与社会发展》2023年第3期。

② 习近平:《全面做好法治人才培养工作》,载习近平:《论坚持全面依法治国》,中央文献出版社2020年版,第175页。

③ 习近平:《在中央全面依法治国委员会第一次会议上的讲话》,载习近平:《论坚持全面依法治国》,中央文献出版社2020年版,第235页。

④ 《中办国办印发〈关于加强新时代法学教育和法学理论研究的意见〉》,载《人民日报》2023年2月27日,第1版。

⑤ 《习近平:坚持中国特色社会主义教育发展道路培养德智体美劳全面发展的社会主义建设者和接班人》,载《人民日报》2018年9月11日,第1版。

⑥ 《中办国办印发〈关于加强新时代法学教育和法学理论研究的意见〉》,载《人民日报》2023年2月27日,第1版。

3. 坚持中国特色社会主义法治道路

中国特色社会主义法治道路是建设社会主义法治国家的唯一正确道路，也是办好社会主义法学教育的唯一正确道路。习近平总书记反复强调："要从中国国情和实际出发，走适合自己的法治道路，决不能照搬别国模式和做法，决不能走西方'宪政'、'三权鼎立'、'司法独立'的路子。"[①]《法学教育意见》也再次强调："坚定不移走中国特色社会主义法治道路，坚持党的领导、人民当家作主、依法治国有机统一，引导广大法学院校师生和法学理论工作者在原则问题和大是大非面前旗帜鲜明、立场坚定，坚决反对和抵制西方'宪政'、'三权鼎立'、'司法独立'等错误观点。"[②]

只有坚持前述3个基本方向，新时代的法学教育才能避免偏航脱轨，才能真正培养出有知识、有能力、有抱负的法治工作者，才能真正助力中国特色法治国家的进一步发展，才能助力中国特色社会主义强国的建设，才能助力中华民族的伟大复兴。

（二）新时代法学教育的培育目标

"天下之事，不难于立法，而难于法之必行。"新时代法学教育的根本目的便是培养法治人才，来实行"法之必行"。习近平总书记在中国政法大学座谈会上深刻指明了法治人才培养在全面依法治国中的重要地位，提出："全面依法治国是一个系统工程，法治人才培养是其重要组成部分。法律的生命力在于实施，法律的实施在于人。建设法治国家、法治政府、法治社会，实现科学立法、严格执法、公正司法、全民守法，都离不开一支高素质的法治工作队伍。法治人才培养上不去，法治领域不能人才辈出，全面依法治国就不可能做好。"[③]法学教育在法治人才建设中具有不可替代的地位：首先，法学教育在法律职业共同体建设上居于基础性地位；其次，法学教育在法治人才培养体系中居于先导性地位；最后，法学教育在法治队伍能力建设上居于源头性地位。

新时代法学教育的核心目标是培育法治人才，明确应当培养怎样的法治人才，也是开展法学教育的重要前提。结合《法学教育意见》，教育部、中央政法委《关于坚持德法兼修实施卓越法治人才教育培养计划2.0的意见》（以下简称《培养计划》）等文本的表述，新时代教育培养的法治人才应当德法兼修的法治人才，是宪法法律的信仰者、公平正义的捍卫者、法治建设的实践者、法治进程的推动者、法治文明的传承者。[④]具体而言。

① 习近平：《在中央全面依法治国委员会第一次会议上的讲话》（2018年8月24日），载习近平：《论坚持全面依法治国》，中央文献出版社2020年版，第229页。

② 《中办国办印发〈关于加强新时代法学教育和法学理论研究的意见〉》，载《人民日报》2023年2月27日，第1版。

③ 习近平：《全面做好法治人才培养工作》（2017年5月3日），载习近平：《论坚持全面依法治国》，中央文献出版社2020年版，第174页。

④ 参见教育部、中央政法委《关于坚持德法兼修实施卓越法治人才教育培养计划2.0的意见》（教高〔2018〕6号），2018年9月17日发布。

1.德法兼修,德是灵魂

法治人才的第一要求是有德,德包括政治层面与道德层面的德。

(1)政治层面:要有坚定的理想信念

习近平总书记指出:"法治工作是政治性很强的业务工作,也是业务性很强的政治工作。"①马克思主义法学理论认为,法律是统治阶级制定的反映统治阶级意志的维护统治秩序的规范,因此法学教育也具有鲜明的政治性,必须要把思想政治教育贯穿于人才培养全过程。《法学教育意见》强调,把思想政治工作贯穿法学教育教学全过程,加强理想信念教育和社会主义核心价值观教育,强化爱国主义、集体主义、社会主义教育,深入推进法学专业课程思政建设,将思想政治教育有机融入课程设置、课堂教学、教材建设、师资队伍建设、理论研究等人才培养各环节,教育引导广大师生做社会主义法治的忠实崇尚者、自觉遵守者、坚定捍卫者。② 新时代法学教育必须融于正确的思想政治教育,才能引导法科生培育坚定的政治信念,树立为人民服务的信念。习近平总书记也曾指出,"高校是法治人才培养第一阵地,思想政治教育特别是法治教育要坚持党的教育方针,坚持立德树人,解决好为谁教、教什么、教给谁、怎样教的问题"。③

(2)道德层面:要有崇高的道德修养

"导之以政,齐之以刑,民免而无耻。道之以德,齐之以礼,有耻且格。"诚然,法律是最低限度的道德,但是守法不应成为优秀法治人才的底线,法治人才既要做到社会意义上的道德高尚,也要具有正确的职业伦理观。习近平总书记明确提出了德法兼修的法治人才培养方针:"希望法学专业广大学生德法兼修、明法笃行,打牢法学知识功底,加强道德养成,培养法治精神,而且一辈子都坚守,努力用一生来追求自己的理想。"④"希望我们的法学教育要坚持立德树人,不仅要提高学生的法学知识水平,而且要培养学生的思想道德素养。首先要把人做好,然后才可能成为合格的法治人才。"⑤德法兼修是德才兼备的育人理念在法治人才培养上的具体体现。从近年来的反腐败实践来看,许多身居领导岗位的法律人出问题,大多不是出在才干上,而是出在德行上。习近平总书记在讲到法治队伍建设时反复强调,"要把强化公正廉洁的职业道德作为必修课","具有良好的

---

① 习近平:《在中央全面依法治国委员会第一次会议上的讲话》(2018年8月24日),载习近平:《论坚持全面依法治国》,中央文献出版社2020年版,第235页。

② 参见《中办国办印发〈关于加强新时代法学教育和法学理论研究的意见〉》,载《人民日报》2023年2月27日,第1版。

③ 习近平:《在中央全面依法治国委员会第一次会议上的讲话》(2018年8月24日),载习近平:《论坚持全面依法治国》,中央文献出版社2020年版,第235页。

④ 习近平:《全面做好法治人才培养工作》(2017年5月3日),载习近平:《论坚持全面依法治国》,中央文献出版社2020年版,第180页。

⑤ 习近平:《全面做好法治人才培养工作》(2017年5月3日),载习近平:《论坚持全面依法治国》,中央文献出版社2020年版,第179页。

法律专业素养和司法职业操守"，"提高法治工作队伍思想政治素质、业务工作能力、职业道德水准"，"提高职业素养和专业水平"。① 法学教育作为法治人才培养的源头环节，应坚持专业能力培养和职业品德塑造相结合，在法学专业教育中贯穿职业伦理教育，使学生成为有大爱大德大情怀的法律人。②《法学教育意见》强调："注重思想道德素养培育，结合社会实践，积极开展理想信念教育、中华优秀传统法律文化教育，大力弘扬社会主义法治精神，健全法律职业伦理和职业操守教育机制，培育学生崇尚法治、捍卫公正、恪守良知的职业品格。"③

2. 德法兼备，法是根本

专业能力是教学的根本，新时代的法学人才应当具有扎实的理论素质与业务能力。不仅要对本学科的知识烂熟于心，更要尽可能涉猎跨专业的知识，提升跨领域知识融通能力和实践能力。实践是法学教育之要，在法学教育中，理论知识的传授固然重要，但是法科生终究要走出象牙塔，走向司法实践的一线，走到法治中国建设的最前排。因此，新时代的法学教育既要注重高等教育以提升理论素质，也应当重视职业教育以提升业务能力。习近平总书记强调："法学学科是实践性很强的学科。法学教育要处理好知识教学和实践教学的关系。学生要养成良好法学素养，首先要打牢法学基础知识，同时要强化法学实践教学。"④长期以来，法学教育一直存在重知识教学轻实践教学的倾向。新时代法学教育改革的一项重点任务，就是扩大法学实践教学比重，让法科学生有更多到实务部门实习、实践、实战的机会，切实提高学生法律实务操作能力。《培养计划》提出，要着力强化法学专业知识教育，将中国法治实践的最新经验和生动案例、中国特色社会主义法治理论研究的最新成果引入课堂、写进教材，及时转化为教学资源。要着力强化实践教学，进一步提高法学专业实践教学学分比例，支持学生参与法律援助、自主创业等活动，积极探索实践教学的方式方法，切实提高实践教学的质量和效果。要着力推动建立法治实务部门接收法学专业学生实习、法学专业学生担任实习法官检察官助理等制度，将接收、指导学生实习作为法治实务部门的职责。⑤

二、新时代法学教育的优化路径

对新时代法学教育的推进无疑是至关重要的，但是如何落实上述要求实现培养优秀

① 习近平：《论坚持全面依法治国》，中央文献出版社 2020 年版，第 47、61、231、274 页。

② 参见《习近平法治思想概论》编写组编：《习近平法治思想概论》，高等教育出版社 2021 年版，第 233 页。

③ 《中办国办印发〈关于加强新时代法学教育和法学理论研究的意见〉》，载《人民日报》2023 年 2 月 27 日，第 1 版。

④ 习近平：《全面做好法治人才培养工作》（2017 年 5 月 3 日），载习近平：《论坚持全面依法治国》，中央文献出版社 2020 年版，第 177 页。

⑤ 参见教育部、中央政法委《关于坚持德法兼修实施卓越法治人才教育培养计划 2.0 的意见》（教高〔2018〕6 号），2018 年 9 月 17 日发布。

法治人才同样至关重要。不可否认,然而,现阶段我国法学教育现状却与"培养一流法治人才"的目标存在较大差距,不能充分适应新时代国家与社会对法治人才的需求。当前法学教育存在教育理念导致人才培养同质化研究、偏重技术传授缺乏价值引领、重理论轻实践、学科单一难以有效回应实际问题、中国特色尚未形成话语体系尚未建立等问题。[①] 这一系列问题的解决既要从宏观层面对教学体系改革实现法学教育与法治中国的实践衔接,也要从微观层面提升法学教育的质量,确保培养的法治人才有能力投身中国特色社会主义法治事业的建设。

(一)宏观层面:构建目的性的教学体系

所有目的性的教学体系,是指法学教育的课程设置、培养方式应当为其根本目的即培养优秀的法治人才而服务,具体而言,新时代法学教育的教学体系应当遵守以下标准。

1. 构建价值引领的教学体系

诚然,功能性与实践性是法学的重要特征,但不同于纯粹的理工学科,法学的政治性和理论性更明显。因此,新时代法学教育要充分发挥价值引领作用。所谓的价值引领包括政治价值的引领与人文价值的引领。

(1)强化课程思政促进政治价值引领

2020年5月28日教育部印发《高等学校课程思政建设指导纲要》,正式提出"全面推进高校课程思政建设"的整体要求。在这一背景下,以"用好课堂教学这个主渠道……其他各门课都要守好一段渠、种好责任田,使各类课程与思想政治理论课同向同行,形成协同效应"为指导思想。[②] 法学生的教育应当响应号召,充分思考在保持自身的学科属性顺应高校政治工作。"法治的发展根本无法做到与政治无涉,二者也不应当被割裂看待……然而,政治与法治毕竟分属于不同的范畴,它们有着各自独有的规则架构和话语体系。"[③]因而践行"课程思政"既要避免专业教学的思政教育功能失调,又要避免专业课与思政课的功能混同。[④]《法学教育意见》中也提出,"把思想政治工作贯穿法学教育教学全过程,加强理想信念教育和社会主义核心价值观教育,强化爱国主义、集体主义、社会主义教育,深入推进法学专业课程思政建设,将思想政治教育有机融入课程设置、课堂教学、教材建设、师资队伍建设、理论研究等人才培养各环节,教育引导广大师生做社会主义法治的忠实崇尚者、自觉遵守者、坚定捍卫者"。[⑤]

---

① 参见王周户、杨思怡:《以习近平法治思想引领新时代法学教育》,载《法学教育研究》2022年第39卷。

② 参见张烁:《把思想政治工作贯穿教育教学全过程　开创我国高等教育事业发展新局面》,载《人民日报》2016年12月9日,第1版。

③ 周佑勇:《高等法学教育如何实现内涵式发展》,载《北京航空航天大学学报(社会科学版)》2018年第2期。

④ 参见冀洋、刘艳红:《全面推进"课程思政"时代刑法学的教学逻辑》,载《法学教育研究》2021年第34卷。

⑤ 《中办国办印发〈关于加强新时代法学教育和法学理论研究的意见〉》,载《人民日报》2023年2月27日,第1版。

当然法学教育所涉及的学科较广泛，不同学科的发展状况不尽相同，因此法学教育中的课程思政既要有普遍性规则，又要有具体学科的特殊性规则。所谓普遍性规则，便是“理想信念”和“社会主义核心价值观”，2017 年《关于加强和改进新形势下高校思想政治工作的意见》明确提出，高校思想政治工作的指导思想是“全面贯彻党的教育方针，坚持社会主义办学方向，扎根中国大地办大学，以立德树人为根本，以理想信念教育为核心，以社会主义核心价值观为引领”。“课程思政”与“思政课程”的相同之处都在于以“立德树人”为教育教学的根本目标。① 所谓的特殊性规则，是将普遍性规则的精神与具体学科的特点相结合构建出的具体适用于该学科的规则。以刑法学为例，传统苏俄式刑法学的基本特点是“政治话语取代学术话语、政治判断取代规范判断、政治逻辑取代法律逻辑”，②从而导致的是“政策至上”“权力至上”，而非“法律至上”。当前刑法学的知识转型的方向便是回归学术话语，规范判断、法律判断。③ 如何处理转型方向与课程思政要求的思想政治功能，便成为刑法学科教育者应当思考的特殊性问题，对此有学者提供了解决思路：刑法知识的转型不是拒绝意识形态进入刑法学，不是“去思想政治教育化”，“课程思政”也不是专业知识的“再政策化”，而是在保持刑法知识的专业科学性的同时发挥刑法学的育人功能，否则就走了“回头路”。④

(2)重视基础课程提升人文价值引领

法学教育并非单纯的职业教育，因此不仅要注重法科学生专业基础知识的培养，也要注重学生人文素养以及科学素养的培育。⑤ 基础课程包括通识课与法学基础课，当前的法学教育大多重视法律技术的培养，而轻视人文社会科学素养的培育，由此导致了绝大多数法科生本身也忽视基础课程的学习。只有基础课程得到重视，才能保证培养的法治人才有着足够的人文素养。

为实现这一目标首先应当连结贯通通识课与专业课。所谓通识课，是指以选修形式开设的哲学、政治学、社会学、经济学等法学以外学科课程，这些课程的内容，特别是其中承载有关中国革命道路和中国特色社会主义制度的政治、经济、社会、文化等实践与理论学科课程内容，对于法学人才拓宽视野、提高站位和在思路与方法上深化认知能力，构建和培养如何正确认识世界与认知国情、把握事物规律性与分析解决问题等深厚功底作用非常重要，进而对学生日后从整体上理解和运用法律的意义重大。⑥

其次，要提升对法学基础课的重视程度。法学基础课，是指法理学、法律史、法律职

---

① 参见习近平：《思政课是落实立德树人根本任务的关键课程》，载《求是》2020 年第 17 期。

② 陈兴良：《刑法学——向死而生》，载《法律科学(西北政法大学学报)》2010 年第 1 期。

③ 参见欧阳本祺：《中国刑法学的去政治化》，载《法学研究》2013 年第 1 期。

④ 参见冀洋、刘艳红：《全面推进“课程思政”时代刑法学的教学逻辑》，载《法学教育研究》2021 年第 34 卷。

⑤ 参见王周户、杨思怡：《以习近平法治思想引领新时代法学教育》，载《法学教育研究》2022 年第 39 卷。

⑥ 参见王周户、杨思怡：《以习近平法治思想引领新时代法学教育》，载《法学教育研究》2022 年第 39 卷。

业伦理等与司法实务关联度较低但属于构成法学研究基础的学科。由于此类学科形式上不能直接作用于司法实务,在法律职业资格考试中的占比较低。对于绝大多数法科生来说,此类学科似乎属于可有可无的存在。但是缺乏对于法学基础理论的研究,法科生难以具有更深层次基本素养的法治思维与法治能力,导致法科生走向实践后只能"按图索骥",缺乏必要的创造力,导致僵硬司法。法学各学科之间无论是理论学术研究还是课程教学都应当具有紧密交流的体制机制。《法学教育意见》强调:"完善法学学科专业体系,构建自主设置与引导设置相结合的学科专业建设新机制。立足中国实际,推进法理学、法律史等基础学科以及宪法学与行政法学、刑法学、民商法学、诉讼法学、经济法学、环境与资源保护法学、国际法学、军事法学等更新学科内涵,更好融入全面依法治国实践。"①同时《法学教育意见》还呼吁,"建设一批国家重点法学基础理论研究基地,加大对法学基础理论研究扶持力度,研究探索社会力量支持法学基础理论研究机制"。②

在我国现行教育体制下,本科生教育是法科生法学教育的起点。初入大学的法科生人生观、世界观、价值观还处于逐步稳定阶段。如果法科生的教育仅仅局限在法学之中,甚至仅仅在某些部门法中,那么不利于法科生的中国特色社会主义法治信仰的形成。缺乏对社会现实、社会整体状况的了解,导致法科生难以具有社会责任感和社会责任担当意识,处理问题完全依托简单的法律规则。当面对现实中承载和体现着政治、经济、社会文化等要素而呈现错综复杂的法律问题时会举手无措。实际上,当前的司法问题是因为司法工作人员缺乏必要的人文素养储备,导致思考过于浅层,从而导致案件判决结果存在偏差,难以实现让人民群众在每一个司法案件中感受到公平正义的目标。

2. 构建对接实践的教学体系

当前,我国的法科生培养存在的一个问题便是理论和实践的脱节。此类现象出现的原因多元,有些原因是法学教育无力改变的,如有学者指出"法学院脱离法治部门的管理,是造成法学教育与法律职业脱节的体制原因,是制约法治人才培养事业发展的体制机制障碍";③而法学教育本身的问题则可以通过对法学教育体制的优化进行解决,具体以下两个层面。

(1)构建对接职业准入的教学体系

从2018年开始,国家司法考试将改为国家统一法律职业资格考试。不只是律师、法官、检察官、公证员需要通过该考试,从事行政处罚决定审核、行政复议、行政裁决的工作人员,以及法律顾问、法律类仲裁员也需要参加并通过考试。由此,法律职业资格考试几

---

① 《中办国办印发〈关于加强新时代法学教育和法学理论研究的意见〉》,载《人民日报》2023年2月27日,第1版。

② 《中办国办印发〈关于加强新时代法学教育和法学理论研究的意见〉》,载《人民日报》2023年2月27日,第1版。

③ 王健:《新时代法学教育和法学研究向何处去》,载微信公众号"法学学术前沿"2023年3月7日,https://mp.weixin.qq.com/s/ayCDTjM143nbtoVQqJaWag。

乎成为一切法律行业的准入考试,也成为毕业继续从事法律行业的法科生必须通过的考试。该考试的重要性无须赘言,但当前的法学教育并不能为法科生通过该考试提供足够助力,绝大多数法科生都要求助于校外的法考辅导机构,而且要用接近一年的时间准备。这一方面导致法科生的培养费用大幅增加,另一方面完整的一年时光的占用使法科生丧失更早地接触了解实践的可能性,特别是欲进入公检法行业的法科生在通过法律职业资格考试后,又要立即投入公务员资格考试之中。因此,探索将职业准入考试的要求融入法学教育过程中,无疑是减轻法科生考试压力的最佳途径。

根据法律职业资格考试的要求,具有法学本科学历便可参加该考试,所以对接职业准入的教学体系主要是针对本科教育。但是随着 2013 年 10 月教育部、中共中央宣传部发布《关于高校哲学社会科学相关专业统一使用马克思主义理论研究和建设工程重点教材的通知》,"马工程"教材推广进入新阶段,而法律职业资格考试的参考用书却并非"马工程"教材。因此,如何处理"马工程"教材内容与法律职业资格考试内容的衔接成为各个学科应当思考的问题。实际上,这一问题在刑法学科体现得最为明显,由于历史原因,在尚未推行"马工程"教材的时代,刑法学科的本科教育就存在与职业准入考试脱节的问题。针对这些问题,有学者指出,"'马工程'教材之外还有很多专著类或主编类的优秀教材,刑法教师在使用"马工程"教材时需要向受众大学生介绍比较各种知识体系之特点,充分认识到"马工程"对于刑法教学的真正意义,而非机械地局限于某一种理论或某一本教材、封闭法科学生的视野。更何况,每一本教材几乎都不可能一年一修,不能无视教材的滞后性,相对于我国频繁的刑法修正、猛增的知识产出情况,刑法课堂在坚持"马工程"教材的同时也应因时制宜地灵活运用多种知识载体讲授最新理论知识"。① 笔者赞同这一观点,也认为该思路也值得其他法学学科学习借鉴。

(2)构建对接职业需求的教学体系

新时代法学教育的最重要目的是培养具有实务能力的法治人才,但现行体制培养的法科生往往理论有余而实践不足,无法满足多样化的法律职业的需求。目前的实践教学课程体系包括实践实训课、专业实习、社会实践以及毕业论文,体系设计本身相对合理,但具体运行过程中却问题重重。

以专业实习为例,作为法学教育中最接近实践的教学环节,实习可谓培养法科生实践能力最重要的环节。通过实习,法科生可以检验自己对知识的应用和掌握情况,也可以将其作为从校园到社会之前的"缓冲区"。但是法科生的专业实习环节往往被虚化,并没有达到预期的效果,现有的专业实习亟待改革。《法学教育意见》提出,强化法学实践教学,建设一批校外法学实践教学基地,建立法治工作部门、法律服务机构等接收法学专业学生实习实训工作制度,探索法学专业学生担任实习法官检察官助理,积极拓宽法学

① 冀洋、刘艳红:《全面推进"课程思政"时代刑法学的教学逻辑》,载《法学教育研究》2021 年第 34 卷。

专业学生到国际组织实习渠道。①

首先,应当明确目标,调整专业实践时间。目前,本科专业实习大多安排在本科三年级,研究生阶段一般不安排。而本科三年级阶段,在司法考试以及就业的双重压力下,许多学生自主选择实习单位,但事实上并不会完全参与专业实习之中,而是利用实习时间准备各种考试。针对此种情况,仅加强对专业实习的监管治标不治本。只有通过调整实习安排才能真正解决该问题,本科阶段的实习可以调整到专业二年级,采用边学边实践的形式,硕士研究生阶段则增加更多的实习时间。

其次,促进实习内容与学业内容衔接。当前即便是学校统一组织的实习,部分实习单位的用人也存在较大问题。例如,学生在实习单位往往从事的是内勤杂务事项,导致学生把时间投入到了与专业无关的内容。因此,学校应当与是单位充分沟通,保证学生能够从实习工作中学习到实用的经验,能够通过实习了解实践提升业务能力。对此,《法学教育意见》也作出了明确要求:“强化法学实践教学,深化协同育人,推动法学院校与法治工作部门在人才培养方案制定、课程建设、教材建设、学生实习实训等环节深度衔接。建立法治工作部门、法律服务机构等接收法学专业学生实习实训工作制度,探索法学专业学生担任实习法官检察官助理,积极拓宽法学专业学生到国际组织实习渠道。建设一批校外法学实践教学基地。”②

最后,应当加强专业实习的监督考核,增加对实习质量的把控。由于专业实习的组织形式多样,学校与各个实习单位的联系与互动有限,实习的考核往往流于形式,仅通过实习单位的意见与学生的实习日志作为评判标准。学校需要将实习真正作为一门实践课堂对待,对课程内容、教学过程、教学方法以及教学效果提出明确要求,并且配备专门教师承担学生实习课程的教学任务,增强实习课程的过程性指导和监督,以保证学生在实习中得到有效的锻炼。

除专业实习外,新时代法学教育的其他环节也应当充分考量如何融入更多的实践内容,以期增强法科生的业务能力实践能力,以帮助法科生更快地完成从学生到实务人员的身份转变,更快地投入实务工作之中。

(二)微观层面:切实提升法科教学质量

良好的制度设计固然重要,但如何落实制度的要求更重要。无论是政治价值与人文价值的引领,还是将实践融入教学的尝试,都实际决定于法学教育的教学质量。提升教学质量,要从平衡教学与科研、优化教学方法论以及改革教学考核机制等方面展开。

---

① 参见《中办国办印发〈关于加强新时代法学教育和法学理论研究的意见〉》,载《人民日报》2023 年 2 月 27 日,第 1 版。

② 《中办国办印发〈关于加强新时代法学教育和法学理论研究的意见〉》,载《人民日报》2023 年 2 月 27 日,第 1 版。

1. 平衡教学与科研

高校教师作为法科生法学教育的主要供给者，是法科教育质量的决定者。随着高校准入标准的日益严苛，近年来进入高校教学的青年教师越发优秀，博士研究生学历甚至只是一个底线，但是教师质量的提升却并未带来教学质量的提升。核心原因是一个老生常谈的问题——如何平衡教学与科研。随着社会竞技愈加激烈，这一矛盾愈加尖锐。尽管科研与教学相互统一是现代高校普遍接受的原则，但是如何统一仍然并未得到彻底的解决。大多数高校对教师的评价体系一般包括学术成果、工作质量和教学成果，但实际上学术成果占有主要部分，甚至在科研成果是唯一标准。维持现有的评价体系，难以奢求高校教师将更多的精力投入教学中。法学归根结底是一个实践型社会科学，纯粹的理论研究难以实现法学学科设置的初衷。张明楷教授指出，法学教师的主要工作仍然应当是教学，是培养司法工人员、实际上，有相当一部分高校教师不但不排斥教学，甚至热衷教学。但是该类教师也往往难以取得足够的回报。

对此，《法学教育意见》要求"建立完善以教学科研工作业绩为主要导向的法学教师考核制度，提高法学教师教学业绩和教学研究在各类评审评价中的分值权重，建立符合法学学科特点的教师评价与职称晋升制度，着力破除唯分数、唯升学、唯文凭、唯论文、唯帽子倾向，弘扬'冷板凳精神'，激励引导法学教师专心治学、教书育人"。① 因此，法学教育首先便要求建立多元的评价体系，激励教师的多方位发展，要做到有科研能力、有科研热情的教师有更多的科研时间，有教学能力、有教学热情的教学有更多精力投入教学之中。两类教师不应有优劣之分，只是分工不同，其目的最终都是为培养法治人才服务。

2. 优化教学方法论

教学的方法亟待改革。不同学科应当采取教学法学必然不同，受限于研究方向，笔者在此仅发表对于部门法教学方法改革的一点意见。

仅就部门法教学方法论，笔者主张批判学习德国的鉴定式案例研习。所谓鉴定式(Gutachtenstil)案例研习，系指德国法学院在教学中所采用的一种案例分析方法或者说模式。"鉴定式"系"判决式"的对称，用于强调此种方法先假设所有可能的情况、再逐一进行论证、最后得出结论的特点。② 鉴定式案例研习广泛适用于民法、刑法和公法的各个部门法，其分析框架在形式上相异但实质上相通。鉴定式案例研习对于法科生的教学效果明显，首先，有助于熟悉并体系化理解实证法规定；其次，有助于加深对理论知识的理解，并使其体系化；再次，鉴定式案例研习是法律思维的体操，有助于培养提高法律思维能力；复次，有助于提高输入能力和输出能力；最后，有助于形成真正的法律职业共同体。当然，鉴定式案例研习也并非十全十美的教学方法，但是其基本方法基本逻辑则是值得

---

① 《中办国办印发〈关于加强新时代法学教育和法学理论研究的意见〉》，载《人民日报》2023年2月27日，第1版。

② 参见夏昊晗：《鉴定式案例研习：德国法学教育皇冠上的明珠》，载《人民法治》2018年第18期。

我们研讨的,受限于篇幅,如何构建中国特色的鉴定式案例研习需另文讨论。

总之,我们应当清楚地认识到,法科生本科教育当前的教学方法弊端明显,无助于培养优秀的法治人才。各个学科应当充分发挥主观能动性,既要向其他国家学习,又要开创适合中国法学教育的方法论,以期提升法学教育的教学质量。

3. 改革考核机制

法学教育质量的提升仅重视教师端的提升是不足的,作为法学教育接受者的法科生也需要作出改变。当前的法科生特别是本科生对于课程学习的重视程度显然是不足的,这固然有课程设计本身不足及自身态度原因之外,缺乏足够的动力也是不容忽视的。除部分意欲获取保研资格的同学,一些学生对本科成绩比较不重视,主要的课程学习集中在考前突击,由此导致学习效果较低下。

如果无法充分调动法科生的积极性,即便课堂设计再完美也难以达到预期效果。很难保证在授课内容"更有用"之后,学生会投入更多的精力去学习。现有的管理体制如签到点名等形式,均存在形式化的特点。只有将课堂学习与成绩考核直接挂钩才能提升学生动力,当然严格的考核绝非仅是考勤,通过建立严格的考核机制督促学生投入更大精力,不失为一种行之有效的方案。欲实现这一目标,这就要求考核内容要具有一定难度,绝非仅通过突击记忆可以应付,同时考核内容与课堂内容的关系应更密切,尽量确保其他代替性学习方式无法应对考核。此外,随堂考核也值得引入,要督促学生加大对课堂的投入程度。

共享与细分:数字化法学教育的理念及其展开*

龙卫球** 初殿清*** 吉冠浩****

一、问题的提出

习近平总书记在党的二十大报告中指出,“教育是国之大计、党之大计。培养什么人、怎样培养人、为谁培养人是教育的根本问题”,如果想要“办好人民满意的教育”,积极探索如何“推进教育数字化”是重要举措之一。① 作为教育领域数字化实践的重要指引,国务院在其印发的《“十四五”数字经济发展规划》中,提及未来需要深入推进智慧教育,进一步完善国家数字教育资源公共服务体系,提升在线教育支撑服务能力等要求。② 随着近年来信息技术和网络技术的迅猛发展和全面渗透,数字时代已经成为教育领域必须面对的重要课题,具体到法学教育层面,则涉及两方面的问题:一是如何将数字技术纳入法治轨道,有效地回应新时代背景下传统法学理论无法解决的新难题,主要涉及适应新型人才需求调整教学、科研内容的问题;二是如何以数字技术为动力重塑法学教育模式,利用数字化优化教育资源配置,主要涉及法学教育模式调整的问题,而这也将成为本文集中探讨的中心问题。

在展开探索如何构建数字化法学教育之前,首先应当解决其正当性问题,即传统法学教育能否因数字化赋能而获得飞跃式发展,因而值得对其进行数字化重塑。传统法学教育确有优势,其一般存在大班讲授课和小班研讨课两种模式。在大班讲授课模式之下,教师通过线下课堂集中讲授知识,传授法学理论体系之中的重点、难点,搭建基础理论知识框架,为学生深入学习、研究准备扎实的理论基础,能够极大程度上提高教育效

---

* 本文在写作过程中,北京航空航天大学法学院刘依冉、李姿同学协助收集了相关材料、担任了科研助理,特予以感谢。

** 北京航空航天大学法学院院长,教授、博士生导师。

*** 北京航空航天大学法学院副院长,副教授、硕士生导师。

**** 北京航空航天大学法学院院务委员,副教授、硕士生导师。

① 参见习近平:《高举中国特色社会主义伟大旗帜 为全面建设社会主义现代化国家而团结奋斗》,载中国政府网 2022 年 10 月 25 日,http://www.gov.cn/zhuanti/zggcddescqgdbdh/sybgqw.htm。

② 参见国务院《关于印发“十四五”数字经济发展规划的通知》(国发〔2021〕29 号)。

率;在小班研讨课模式之下,课堂教学的灌输性显著降低而交流互动性跃升,教师可以引导学生探索法学领域的前沿问题、疑难问题,培养学生问题导向的思考能力,通过师生间良性互动提升教学效果、促进学生自我发展。因而,传统法学已然形成普遍教育与因材施教相结合的教育模式,其教学活动主体已然逐步发生以教师为中心向以学生为中心的转变,有益于实现培养卓越法治人才的目标。

然而,由于教学活动严格受到时间和空间的限制,传统法学教育模式也存在教育资源共享性不足的缺憾。随着高等教育普及化发展,年招生人数不断提升,以法学教育为例,全国共计有600多所院校开设法学专业,然而优质教育资源数量非常有限,难以覆盖全国范围内对法学教学的需求,此方面供需不平衡的矛盾凸显,进而影响教育公平的实现,难以满足人民群众对于教育质量的期待。法学教育资源共享性不足与目前高等教育资源难以共享的成因是一致的,具体体现为以下3点:其一,我国存在教育资源地域分布不均的客观情况,在宏观层面,区域间高等教育水平差异较大,东、中、西部高等教育规模和教育经费支出差异显著,并且呈现继续增大的趋势;在微观层面,同一区域不同高校之间存在着教师队伍、生源状况、办学经费、学科水平等诸多方面差异。① 其二,各大高校均有其自身利益,拥有优质教育资源的高校缺乏在较大范围内共享的动力,而教育资源匮乏的高校则有强烈的共享意愿,高校间基于自身利益的博弈导致理想的、自发的教育资源共享构想难以落地。② 可见,教育资源不平衡导致缺乏共享动力。其三,备受期待的新兴技术在教育共享领域应用效果欠佳,从基础设施建设角度而言,各大高校、各级政府需要付出较高的建设成本配备数字化教育所必需的技术设施设备。从既有线上教育资源质量角度而言,现有网络教学资源内容庞杂、质量参差不齐,师生均难以从中挑选合适的教材与学习资料,③并且多数高校倾向共享通识课程而非专业课程,说明在教育资源共享的实践中,数字技术尚未发挥最大优势。

综上所述,目前法学教育存在客观上教育资源分布不均、高校自发全面共享动力不足、信息技术和网络技术潜力未得到最优化开发三方面的问题,共同导致法学教育资源共享性不足。应对和解决前述问题的最佳方法,即是顺应数字时代发展大势,以数字技术重塑传统法学教育模式和理念,改善优质教育资源配置办法,促进知识在更大范围内共建共享。

二、以共享与细分为核心的数字化法学教育理念

数字化法学教育旨在借助信息技术和网络技术实现法学教育资源广泛共享。随着

① 参见赵冉:《我国区域高等教育协调发展研究——基于东、中、西部的分析》,载《当代教育科学》2017年第9期。

② 参见陈翠荣、占玲玉、胡玉辉:《博弈论视角下西部地区高校教育资源共享的困境分析与化解策略》,载《西藏大学学报(社会科学版)》2022年第2期。

③ 参见李杲、宋佳:《国际视野下教育数字化转型的实践与启示》,载《人民教育》2022年第19期。

新兴技术的持续创新发展,其已然逐步渗透到社会生活的各个领域,为包括法学教育在内的高等教育数字化转型带来重要的发展机遇。新兴技术不仅作为实用性工具应用于教学之过程,还以其深刻的影响力深度融入整体高等教育体系之中,重塑高校的教育理念、价值主张与发展战略,①推进高等教育模式、教学方法、学习环境转向数字时代的新范式。数字化法学教育意图以数字化为杠杆,推动法学教育资源的共建共享、互联互通,赋能教师和学习者,助力提升高校人才培养能力,促进法学教育向更加包容公平更高质量发展。

法学教育数字化转型依托数字化法学教育平台,该平台将逐步建设成为由教育部与具有法学学科优势的高校合作建设的、全国性法学教育资源在线共享平台,定位为法学专业的辅学资料库,主要起到优化传统法学教育模式的作用。数字化法学教育平台的建构旨在优化教育资源配置、促进区域间高等教育协同发展,其以共享理念为核心要义和底层逻辑,以细分理念为运行机制和实现方式,通过二者的融会贯通构造法治人才培育的载体和媒介,正是此种特点使该平台享有其他在线教育方式所不具有的独特优势。

数字化的本意是指人们通过信息技术和网络技术将信息还原为二进制数字编码,对其进行储存、传输、加工、处理和应用,②数字化法学教育则意味着将传统线下法学教育资源以视频、文字等形式上传至在线平台上,作为辅助教师教学、学生学习的外部资源。当今教育实践中并不缺乏此类尝试,几乎所有在线教育平台均以知识共享为宗旨,借助数字时代新兴技术抹消时空局限的优势条件,为学习者提供泛在学习和互动交流的在线媒介,并且部分在线教育资源“反客为主”,通过翻转课堂直接介入到课堂之中,其运行机制体现为课前学生观看教师发布的视频,课堂中教师指引学生展开小组讨论,使教学模式发生重大转变。数字化法学教育平台之目的不在于取代传统课堂,因而相较翻转课堂,该平台以在线课程为辅学资源发挥作用的功能是更值得深入探讨的问题。在该功能之下,根据在教学活动中地位的不同,平台参与者可以被分为学习者和教育者,这两个主体又分别与数字化法学教育平台的共享理念和细分理念密切关联。

在学习者层面,不同平台之间仍存在较大的差异,中国大学慕课以及其他兼具学习功能的网站具有最强的共享性,不设置资格门槛,任何潜在学习者均可以免费或者付费学习其中的线上课程;SPOC 的共享性相对前者较弱,设置了相应的限制性准入条件,学习者必须符合条件才能获取其中的学习资源;国家虚拟教研室的共享性相较最弱,学习者准入门槛最高,通常服务于合作高校之间的内部合作和交流创新。相较前述在线教育

---

① 参见宁连举、刘经涛、苏福根:《高等教育数字化转型:内涵、困境及路径》,载《中国教育信息化》2022年第10期。

② 参见徐宗本:《数字化网络化智能化　把握新一代信息技术的聚焦点》,载人民网,http://media.people.com.cn/BIG5/n1/2019/0301/c40606-30951460.html。

方式,数字化法学教育平台兼具专业性和共享性,其作为法学在线资源共享媒介,服务于全体法学本科生以及法学本科教学活动,既能够为法科学子提供学习巩固专业理论知识的学习渠道,提高其专业素质和能力,又能够推动实现全国法学领域内的教育公平,促进全国法学教育水平的提升。因而,该平台既非无外部边界的全面开放,也非局部范围内的同盟互惠,而意图实现专业领域内普惠式共享。

除对于学习者范围的限制外,数字化法学教育平台亦不会赋予所有在线法学课程以准入资格,而是采取标准化、规范化的细分机制。既有在线教育平台因为缺乏前述细分机制,其中的在线法学课程通常只是线下教育资源的翻版,主要存在如下3点不足之处:其一,课程内容滞后于立法、司法实践,我国近年法律体系更新较快、变动较大,许多法律数年间已经修正过多次,国家也颁布了诸多新法与司法解释,然而有些在线课程因录制时间较早且采取循环利用方式,部分法条、制度的内容未得到及时更新,可能对学生产生误导。其二,课程所涵盖的法律体系不全面,现有在线课程多是由高校教师、学生自发录制上传,缺乏宏观统筹和管理,继而导致部分部门法缺乏在线学习资源。其三,课程质量参差不齐,既包括内容质量参差不齐,使想要利用在线资源的学生不得不付出较多时间查找、对比不同的课程资源,又包括部分课程录制质量较差,收音效果、清晰度存在问题,严重影响了学习效果。因而,现有在线学习平台实际上并未最大化发挥数字化整合资源的优势,数字化法学教育平台则要在此基础上进行调整、改进,通过设立标准化、规范化的细分机制,使得优质资源能够更好地发挥其作用。

数字化法学在线教育平台遵循"初期遴选、即时播放、终期反馈、动态调整"的运行规则,力求将最优质的法学教育资源纳入平台范畴。其一,"初期遴选"要求教育部统一制定平台准入课程标准,综合考量高校特色课程发展情况、教学团队成果、内容与时俱进性、技术配套设施情况、课程体系完整性等多方面因素选择平台推荐课程,①例如,北京航空航天大学法学院立足优势工科大学的现实,积极推进法工融合的发展模式,②其"航空法""网络安全法""个人信息保护法"具有发展特色和独特优势,可以作为待选的平台推荐课程。另外,在遴选课程之时,为避免资源浪费,需要注意巩固已有建设基础、取得明显教学成效的课程,因而可以将现有法学一流本科课程纳入优先考虑范围。其二,"即时播放"要求入选课程的授课教师每学期随堂录制上课内容,即时将之上传到平台上,供学生学习和观看,而不能采取循环利用已录制课程的方式,力图避免课程内容无法随立法、司法实践的变化而更新。其三,"终期反馈"允许学生在学期结束之时,对所选课程进行客观、中肯的评价,该评价将纳入最终课程质量考核的考量因素之中,影响该课程是否继续享有平台推荐资格。其四,"动态调整"要求平台管理者结合平台准入标准和学生评价

① 参见教育部《关于一流本科课程建设的实施意见》(教高〔2019〕8号)。

② 参见王轶等:《"新时代复合型法治人才的培养"大家谈(笔谈)》,载《西北工业大学学报(社会科学版)》2022年第2期。

结果,按期考查既有课程是否符合条件,是否需要将新的课程纳入平台范围内,促进课程授课团队持续创新,激励教师积极将前沿问题、研究成果引入教学过程。

法学教育数字化转型是复杂的系统性工程,尤其在该平台预计将在未来面向全国法学本科生的情况下,因而必须通过系统谋划、多元参与、协同配合、探索创新,才能全面成功地落地。首先,平台建设需要政府在宏观层面加强顶层设计,在推行数字化法学教育理念的过程中,教育部高校法学类专业教学指导委员会的宏观指引与管理起到尤其重要的作用,教指委不仅需要制定统一的标准与规范,在初期遴选阶段把好关,还需要结合学科建设情况制定整体规划,系统谋划公共资源与社会条件,领导数字化平台与配套技术设施的建设,从全局角度出发为数字化法学平台建设提供引导、支持和保障。其次,平台建设需要各高校通力配合,高校作为数字化法学教育平台的协同建设者、实际使用者和主要受益者,应当在微观层面制定推动法学资源数字化的实施细则,完善配套技术设备设施,积极建设本科生法学课程,推进本校优质教育资源参与平台遴选,助力平台建设和优质法学教育资源共享。[①] 最后,上文所提及的均属于如何打通阻隔高校与高校之间法学教育资源壁垒的问题,但是在培育复合型、应用型卓越法治人才的过程中,不可或缺的是使学生能够符合专业化实践的需求,进而需要探索推动实务部门与高校深度合作的渠道,重视“将中国法治实践的最新经验和生动案例、中国特色社会主义法治理论研究的最新成果引入课堂、写进教材,及时转化为教学资源”。[②] 通过引入法院、检察院一线工作人员所打造的精品线上课程,破除实务部门与高校之间知识流动的壁垒,是数字化法学教育平台探索发展的另一重要方向,这也与“产学合作、协同育人”的基本理念相符合。

数字化法学教育平台在共享的前提下进行细分,其对法学在线教育资源严格筛选,目的在于确保优质法学课程的共享,是为更好地共享而进行细分;在细分的基础上实现共享,其广泛共享通过规范化标准遴选出的、经由权威机构背书的高品质法学课程,是为在细分的基础上实现实质意义的共享。在此语境之下,共享是细分的最终目标,细分是共享的实现途径,数字化法学教育通过共享与细分的相互融合,整合、开发高校法学教育资源,促进优质资源普惠法科学生。数字化法学教育平台还可以成为包括学科交叉融合在内一切发展创新的载体,为深化法学教育改革提供试验田。以数字化重塑传统法学教育模式,契合习近平新时代中国特色社会主义思想对于高等教育开放性的要求,[③]通过推动高校之间、高校与实务机关的联系合作,促进优质法学教育资源在全国领域内的流动,

---

① 参见徐晓飞、张策:《我国高等教育数字化改革的要素与途径》,载《中国高教研究》2022 年第 7 期。

② 教育部、中央政法委《关于坚持德法兼修实施卓越法治人才教育培养计划 2.0 的意见》(教高〔2018〕6 号)。

③ 参见杨智军、覃吉春:《习近平新时代中国特色社会主义高等教育思想的现实动因、基本特征及实践启示》,载《西南交通大学学报(社会科学版)》2018 年第 5 期。

释放高校的人才培养活力。与此同时,数字化法学教育并非意在形式上的开放、形式上的联通,而旨在实现法学教育内涵式发展,其以培养卓越法治人才为前提,意图通过共享经过细分的优质在线课程实现法学教育质量提升,在课程遴选过程中倡导不同高校法学院的特色发展,通过专业领域内普惠式共享优质教育资源、优化区域教育结构,实现高等教育强国的发展目标。①

三、数字化法学教育的具体展开

数字化法学教育平台理念以共享与细分为核心,在共享的前提下进行细分,在细分的基础上实现共享。在法学教育实践过程中,需要从以下五个方面予以具体展开:平台的功能与组织形态、课程选用标准与激励机制、与现有慕课平台的关系、与现有国家虚拟教研室的关系以及与各高校培养方案的协调。

(一)平台的功能与组织形态

正如上文所述,在以共享和细分为核心的理念指导之下,数字化法学教育平台的功能,是在高校之间进行有序的资源共享。围绕“共享”功能,所谓“有序性”,正是“数字化”平台区别于“网络化”平台所具备的重要特征。而如何能够实现资源共享之“有序性”,关键即在于该法学教育平台中“细分”的运用,也就是遴选出各个高校优质有特色的课程进入平台,以及结合课程进展情况和学生反馈来进一步分类和调整平台上的课程资源。

实现数字化法学教育平台的功能,需要“共享”与“细分”二者兼备,相辅相成地开展,根据“初期遴选、即时播放、终期反馈、动态调整”的运行规则,经历“细分—共享—再细分”3 个阶段。详言之,第一阶段“细分”,是指细分出各高校中优势的法学教育资源:根据一定的准入标准,遴选优质的高校课程引入数字化法学教育平台。同时,这些课程均是学期高校线下同步开展的最新课程,具有较强的即时性。第二阶段“共享”,则是优质的课程资源在汇聚到数字化法学教育平台之后,以线上课程的形式作为开放教育资源共享给所有参与该平台的学生,能够极大地扩充学生的学习资源。第三阶段“再细分”,是针对共享之后的动态调整过程:对于已经在平台上共享的课程资源,结合课程开展过程中听课学生的评价与反馈,对最新内容的课程作出进一步的评估与分类,实现该数字化平台中优质教育资源的再细分。

组织形态上,在教育部高等学校法学学科教学指导委员会的领导下,数字化法学教育平台作为共建共享的开放教育资源平台,与全国各院校的法学院相联结,对接入高校提供的课程资源进行细分处理,共享给所有加入平台参与学习的高校学生。同时,该平台也将囊括全国各法学专业虚拟教研室,为使用平台的广大教师提供教研资源。其中,教指委将发挥多方面的指导作用,其需要在继续指引一流法学本科专业建设的背景之下,构建数字化法学平台得以良好运行的制度基础,制定相应的标准、规章、程序,协助推

① 参见樊丽娜、柳海民:《高等教育内涵式发展的生成逻辑、价值与行动路向》,载《高教发展与评估》2021年第5期。

进平台建设,为法学教育数字化落地提供重要的支持与保障。

(二)课程选用标准与激励机制

由于数字化法学教育平台中的课程资源需要经历“细分—共享—再细分”3 个阶段,其中,第一阶段的“细分”即遴选课程引入平台,第三阶段的“再细分”即课程开展过程中对课程的进一步评估与分类,因此,对于此两个阶段的课程都需要设置相应标准。

首先是设置遴选课程进入平台的准入标准。法学院的水平与其课程资源的质量具有较大关联,因此如何遴选优质的课程进入数字化法学教育平台,课程的准入标准可以参考包括全国法学学科评估结果在内的法学院评价体系。此外,对于优质的线上课程资源,教育部已经进行过一定的评估与分类,例如,2017 年推出的首批国家精品在线开放课程和 2019 年国家一流课程“双万计划”所包括的线上一流课程,都已然从海量的课程资源中筛选出一批具有高阶性、创新性、挑战度的线上课程。这些既有的精品、一流线上课程分类情况,为遴选高质量的线上法学课程提供了宝贵的借鉴,应当被纳入数字化法学教育平台课程准入的标准之中。

其次是设置对开展过程中的课程作进一步评估与分类的标准。线上课程自首次开播之后即开始接收学生的反馈,结合课程本身的开展情况和学生反馈的内容,对课程作出评估和分类等动态调整,需要依据相应的标准。结合线上课程以互联网为载体的特征和法学教育课程的专业性,该标准可以从好评度、课程播放量、讲解高能精彩知识点等方面着眼,通过课程反馈的大数据,分类评选出好评排行榜、播放量排行榜和精彩讲解集锦等板块,实现数字化法学教育平台中课程资源的再细分。

围绕数字化法学教育平台所设置的激励机制,应当包含两个层面的内容:一是激励高校教师加入该平台,提供高质量的课程。加入平台的各个高校,可以将教师在平台上的课程开展情况作为职称评审的积极条件。二是激励广大学生使用该平台进行学习。高校或线下授课教师可以为学生布置一定的学习任务,要求学生在数字化法学教育平台上完成,并通过学生在该平台的学习时长和课程测试情况等来考查学生的完成度。同时,平台使用学习时长记录程序、线上课程设置一定数量的试题,以量化评估学生在平台上的学习情况。

(三)与现有慕课平台的关系

数字化法学教育平台,是平行于现有慕课平台的线上法学课程资源平台。从“共享”的维度看,一方面,慕课平台作为一种开放教育资源平台,与数字化法学教育平台在本质上都是对教育资源的开放,继承和发扬了开放教育理念,二者同样地利用了教育资源共享的数字化渠道,其教育资源均以数字方式存在且用于支持教与学的信息资源,包括教育信息资源、教学软件、网络平台、虚拟教育系统、交互式学习系统等,能够通过合作、自主、创造的方式来实现数字化学习。① 另一方面,相较慕课平台与参与学校的关系,数字

① 参见李栗燕:《以共享理念推进数字化时代的法学教育共享机制》,载《法学教育研究》2017 年第 16 卷。

化法学教育平台与接入学校的关系更加紧密,能够更好地实现学生学习成果的有效认证。基于网络教学的慕课通常可以授予学习者课程证书,但这些学习成果尚未得到权威机构和传统大学的官方认证,因此也难以授予学习者相应的学分。[①] 而数字化法学教育平台接入的是高校正在进行的专业课,同时与加入该平台的各高校学院培养方案相对接,使学生参与平台课程即可以适当充抵本校学分,认证学生在平台的学习成果。

从"细分"的维度看,数字化法学教育平台相比慕课平台具有两点主要优势:一是数字化法学教育平台对课程设置的准入标准更高。正如前文所述,平台从法学学科评估、"国家精品在线开放课程"和"双万计划"线上一流课程等层面严格把关课程质量,围绕法学学科,遴选更加优质的课程资源。相比之下,我国现有的主要慕课平台包括中国大学慕课、学堂在线、好大学在线、果壳网慕课学院等,早在2016年,我国教师建设的已上线慕课课程就已高达700余门。[②] 各主要慕课平台准入了大量的课程,其慕课质量则有待考察。二是数字化法学教育平台具备动态化的优势。慕课在课程上传后即被固定,缺少更新最新一轮课程的硬性要求,易出现课程内容落后于现实的问题。此外,在教学过程中,慕课具有教学内容自主化的特点,即课程的教学内容脱离教师和学生的掌控而具有一定的不确定性,可能出现最终远离课程原本设计的教学目标的情况。[③] 数字化法学教育平台的动态化优势则表现在,平台不仅接入开课高校的线下同步课程,能够结合法学学科特点紧跟最新法律条文,而且在课程开展过程中实现了对课程资源的进一步评估和分类,可以根据教学内容和学生反馈对课程资源进行及时的调整与优化。

(四)与现有国家虚拟教研室的关系

数字化法学教育平台与现有国家虚拟教研室是包含与被包含的关系,平台将现有的各个高校法学学科虚拟教研室一并归入一个专门的教学研究板块,纳入平台的教育资源中,既能够避免重复建设以互联网为基础的高校基层教学研究组织,也使平台实质上成为各高校虚拟教研室的运行载体,为开展跨区域、跨校、跨学科的线上协同教学研究提供统一的信息平台支持。

数字化法学教育平台可以对现有的各个法学专业的虚拟教研室进行分类与整合,形成兼具体系化与统一性的虚拟教研室系统。2021年教育部公布的《关于开展虚拟教研室试点建设工作的通知》提出建设的虚拟教研室试点超过400个。此后,陆续建立了以中国人民大学为牵头单位的法学专业虚拟教研室、以北京大学为牵头单位的刑法课程虚拟教研室、以西南政法大学为牵头单位的刑事诉讼法课程虚拟教研室等多个法学专业的

① 参见袁松鹤、刘选:《中国大学MOOC实践现状及共有问题——来自中国大学MOOC实践报告》,载《现代远程教育研究》2014年第4期。

② 参见李秀丽:《我国高校慕课建设及课程利用情况调查分析——以中国大学MOOC等四大平台为例》,载《图书馆学研究》2017年第10期。

③ 参见李斐、黄明东:《"慕课"带给高校的机遇与挑战》,载《中国高等教育》2014年第7期。

虚拟教研室。数字化法学教育平台可以从建设目标、研究内容等方面将虚拟教研室划分为面向课程、面向专业和面向教改新专题而协同研究的不同虚拟教研室类型，[①]同时平台本身作为各高校虚拟教研室的统一的运行载体，实现对现有法学教研资源的有效整理。此外，教研资源的共享范围得以扩大，各虚拟教研室成员高校之外的其他接入数字化法学教育平台的高校，也能够通过平台汲取最新的教研成果并提升自己的教学能力。

（五）与各高校培养方案的协调

采取线上线下混合式、融合式的教学方式，是协调数字化法学教育平台与各高校培养方案的核心思路。从本质上看，数字化法学教育平台所囊括的线上课程资源和教研服务，与线下教育资源是相互平行、相互补充的关系，平台通过对“共享”与“细分”理念的贯彻落实，为学生提供了一种个性化的自主学习途径，支撑学生进行自适应的高质量学习，同时为教师教学水平的提高提供信息平台支持。推动数字化法学教育平台的课程资源和各高校教学混合融合，需要解决的问题是高校如何认证学生在平台的学习成果，具体包括学分认定和考核方式两个方面。

关于学分认定，即学校的培养方案如何处理数字化法学教育平台为参加外校课程学生提供的相应学分，主要有两种路径：一是换算充抵，将学生参与平台的外校课程所获得的学分换算为本校学分或直接用于充抵本校相应课程学分。基于对课程质量本身的评估认证，这一路径在国内外已有类似实践，例如，中南财经政法大学将若干门外校慕课列入本校通识选修课的名单之中，使学生在这些外校优质课程结业所获得的学分能够直接充抵本校的通识选修学分。美国的慕课教育机构 Coursera 提供的慕课学分获得了美国教育委员会的官方认可，以此实现了慕课学分与部分参课学生所在大学相应学分之间的转换。二是新添专项，在高校的培养方案中增添设置数字化法学教育平台课程学分的专项部分，要求学生在平台上修满一定数量的学分。第一种路径实质上赋予了学生是否参与平台课程的选择权，只有当学生在平台获得课程学分时，才需要将该学分与本校课程学分进行换算或充抵。第二种路径则对学生参与平台课程并获得学分提出了强制要求，实现了平台课程资源对学生在本校线下学习的补充功能，因此高校可以结合自身法学教育资源的特点，规划学生在平台上的课程学习并制定相应的学分要求。

上述两种路径均是基于数字化法学教育平台中优质教育资源的共享，在高校之间实行学分互认机制，将学生在平台课程上的学习成果与本校培养方案中的学分直接挂钩，有利于补充和拓展各高校的教育资源，增加学生参与平台优质课程的动力。而在本校的培养方案以外，外校自身也可通过授予证书等方式，对学生在平台外校课程上的学习成果作出认证，如上海交通大学开发的“好大学在线”慕课平台，在加入该平台的高校之间建立了学分互认机制，使学生可以通过修读外校相应课程获得跨校辅修专业学位。关于考核方式，即如何考查学生在数字化法学教育平台的课程中的学习情况并判断其是否通

① 参见战德臣等：《虚拟教研室：协同教研新形态》，载《现代教育技术》2022 年第 3 期。

过课程,主要有线上考试、线下考试和撰写论文等方式,可以根据开课教师的要求以及平台与高校之间的协作情况制定相应的考核方案。其中,线上考试可以使用远程摄像头等电子设备,实时监测学生的考试情况;线下考试则可以借鉴上海交通大学“好大学在线”慕课平台的做法,要求学生前往开设课程的外校集中参加线下考试。

四、余论

面对传统法学教育模式存在的教育资源共享性不足的缺憾,应当在以共享和细分为核心的数字化法学教育理念的指导下,借助信息技术和网络技术,构建实现法学教育资源广泛共享功能的数字化法学教育平台——以共享理念为核心要义和底层逻辑、以细分理念为运行机制和实现方式。相较现有的慕课平台和虚拟教研室,数字化法学教育平台在细分与共享层面均具备一定的优越性,但在平台的具体应用方面,依然存在如何开展国际化法学教育、如何确保学生诚信参与平台学习等问题,值得进一步研究。

论新时代法律职业共同体构建对我国法学教育的挑战*

黄锡生**

2020年11月,习近平总书记在中央全面依法治国工作会议上指出:“坚持建设德才兼备的高素质法治工作队伍。”①这不仅是重要工作任务部署,而且是重大战略思想,我们需要深入学习领会,贯彻落实习近平法治思想。“法治工作队伍建设”作为全面建设法治中国的重要环节之一,习近平法治思想明确了其在实现全面依法治国过程中的重要作用,还为其进一步发展指明了方向。“法律职业共同体”作为“法治工作队伍”的学术话语和学理表达,理应结合时代发展现实需要加以完善。伴随依法治国工作的全面开展,现实工作的需要呼唤构建新时代法律职业共同体。改革开放40余年,我们见证祖国愈加繁荣昌盛,亦见证了法律职业变迁与法学教育变革。伴随社会不断发展,我国法学教育培养模式和培养目标都经历了不断的自我革新,即从通识教育转变成职业教育,为法律职业共同体构建提供了大批法治人才。与此同时,法律职业的发展是推动法学教育改革的重要力量,两者相辅相成、共同促进。现如今,构建法律职业共同体的提出因应了法治社会的发展,对推进实现全面依法治国具有积极性意义,促使我国的法学教育面临全新挑战,法学教育如何作出回应是亟须解决的时代问题。

一、新时代法律职业共同体构建的基本内涵

“法律职业共同体”概念的首次提出,源于美国社会科学思想家托马斯·S.库恩关于“科学共同体”定义。其后,德国学者马克斯·韦伯将法律职业认为是一个“法律职业共同体”,并指出法律职业共同体是建构法治秩序的核心力量之一,法治的完善促进了法

* 本文为国家社科基金重大项目“生态文明视野下自然资源资产产权法律制度研究”(项目编号:21ZDA091)成果。

** 重庆大学法学院院长、博士生导师,中国法学会理事,重庆大学西部环境资源法制建设研究中心主任,法学博士。

① 《习近平在中央全面依法治国工作会议上强调坚定不移走中国特色社会主义法治道路为全面建设社会主义现代化国家提供有力法治保障》,载新华网2020年11月17日,http://jhsjk.people.cn/article/31934454。

律职业共同体的构成。2001 年,强世功教授率先将“法律职业共同体”概念引入中国,旋即引发了法学界及实务界的关注与热议。

(一)法律职业共同体的基本定义

法律职业共同体并非现实真正存在的共同体,而是一种“想象性存在”。有学者认为,共同的知识、语言、思维、认同、理想、目标、风格、气质,使受过法学教育的法律人构成了一个独立的共同体。① 另有观点指出,“法律职业共同体是由法官、检察官、法学学者和律师组成的法律职业群体,这群人拥有共同的法律教育背景、事业追求,相同的职业思维,共同的职业语境和统一的知识体系”。② 还有研究认为,法律职业共同体包括职业的立法者、执法者、司法者、律师、法学教育与研究工作者。③ 还有学者指出,拥有一个形式一致、精神相通、机制相交、命运与共的法律职业共同体是法治国家的基本条件。④ 法律职业共同体在这一时期引起越来越多的关注,学者大都将关注点放在“共同”之处,在此基础上对法律职业共同体的定义和范围进行讨论。然而,既有研究过多关注法律职业的“共同”之处,忽视了我国法律职业共同体的范围界定,未结合我国基本国情对新时代法律职业共同体的定义加以全面的诠释。

因此,对法律职业共同体的把握不能脱离中国的基本国情,也不能游走在新时代背景之外,而应是符合国情、与时俱进。换言之,我国关于法律职业共同体的定义应具有鲜明中国特色、体现中国学术话语。故法律职业共同体的基本定义应当为:由立法工作者、行政执法工作者、法官、检察官、监察官、律师、法学学者、公证员、仲裁员、司法鉴定人、人民调解员、社区矫正机构工作人员以及其他从事法律职业人员所组成的法律职业群体,这一群体具有共同的法律知识背景、法律职业语境、职业思维模式以及职业训练方法。

(二)法律职业共同体的基本能力要求

第一,形成法律思维模式。法律思维具有三重属性,分别是规则性、合法性与正当性。其一,规则性。在具体层面体现为法律对行为主体具有一定的约束力,法律规则规定权利、义务以及法律责任,来指引人们的社会行为。其二,合法性。指涉实际存在的法律秩序以及行为人对这一法律秩序的服从与遵守,但并不涉及法律和法律秩序正当与否的价值问题。⑤ 其三,正当性。表现为法律职业共同体在认知、运用、评价法律等实践过程中对正当性的追求,承载人民对正义、自由、平等、人权等基本价值的需要。法律思维以规则性为根本、合法性为本质、正当性为追求,不仅指引法律职业共同体在社会生活中运用法律知识解决现实纠纷,而且保障了整个社会的安全稳定与法治秩序。

---

① 参见强世功:《法律共同体宣言》,载《中外法学》2001 年第 3 期。

② 张文显、卢学英:《法律职业共同体引论》,载《法制与社会发展》2002 年第 6 期。

③ 参见徐显明:《对构建具有中国特色的法律职业共同体的思考》,载《中国法律评论》2014 年第 3 期。

④ 参见蒋惠岭:《司法改革能否改出强有力的法律职业共同体?》,载《中国法律评论》2014 年第 3 期。

⑤ 参见郭晔:《法理思维论——新时代法学思维体系的变革》,载《现代法学》2020 年第 6 期。

第二,具有基础实践能力。实践能力是收集处理信息、获取新知识、合作、交流以及社会活动能力的总称。“法学是世俗的学问,甚至很多是实践性、技术性的”①,法学作为一门与实践结合很强的学科,与时俱进是其应有之义。新时代是信息化时代,大数据分析、智能机器人、互联网法庭等新生事物层出不穷,获取信息渠道多元化、信息更新速度极速化。在新时代背景下,法律专业的学生虽历经数年的法学教育,熟知法律知识体系理论,掌握各类法律方法,但是未实践过的理论无异于“纸上谈兵”,仅仅依靠在课堂上学习的理论知识无法有效解决伴随社会发展而产生的法律问题。因而,将理论知识灵活运用到司法实践中,在具体实践之中提高执法办案水平、解决纠纷能力才是正确之举措。

第三,具备法律职业伦理。法律职业伦理,是指法律人具备职业信仰、职业追求,具备是非善恶的判断能力,在其职业工作全过程须严格恪守的行为规范准则,其弥补了自律性道德机制与强制性法律机制间的真空,使不违法但不合理的行为受到规制。法律职业伦理强调利他主义,最大限度地维护群众利益、社会利益、国家利益,将个人利益置于末端考量;将法律职业伦理弃于不顾的法律职业者,势必会被法律职业共同体排除在外。法律职业伦理是一种以“良知”为基础的职业伦理,着重点是法律职业主体内心的道德修养、是非曲直善恶判断以及主体的自我约束机制,惩罚机制尚未明确设立,更加注重法律职业主体的自我内化,是每一个法律职业主体应当积极追求的职业信仰。

二、新时代法律职业共同体构建与法学教育的逻辑关系

法学教育培养出法治人才,法治人才利用所学知识、技能加之积累的实践经验开展法律职业生涯,各行各业从事法律工作者组成法律职业共同体。法律职业共同体构建与法学教育关系密切、不可分离,二者对于法治中国的建设相辅相成、共同促进。两者的逻辑关系具体呈现为:法学教育是法律职业共同体构建的逻辑起点、法律职业共同体构建促使法学教育改革创新。

(一)法学教育是法律职业共同体构建的逻辑起点

法学教育是法律职业共同体构建的逻辑起点。没有法学教育何谈构建法律职业共同体?法学教育是从事法律职业的必由之路,法学教育的结构、体系、方式等一系列制度设计都影响法律职业共同体的构建,法学教育提供的法学知识、职业技能以及职业伦理为法律职业共同体构建奠定了基础。倘若没有法学教育,法律职业就会沦为无本之木、无源之水。法学教育是“法律职业之母”,不仅指导法律职业发展,还涵括了法律职业训练。“法学教育之所以还包括法律职业训练,是因为法律是一门职业。任何想从事法律职业的人除了掌握一般化、抽象化的法学原理和知识外,还必须掌握与其职业实践相关的知识、经验和技巧。后一类知识往往是具体化、情景化的,甚至是个人化的知识,因而是难以言之于书、授之于课堂的。学习者必须亲身实践,在实践中学习、领悟、体会。因

① 苏力:《当代中国法学教育的挑战与机遇》,载《法学》2006年第2期。

此,法律职业训练不宜限于在学校的课堂上,而必须在法律实践这活生生的课堂上进行。"①我国法学教育以培养具有法律思维模式、法律实践能力及法律职业伦理的法治人才为历史使命和基本目标,优秀卓越的法治人才正是构建法律职业共同体的核心基础。也就是说,法学教育是法律职业共同体构建的逻辑起点。

(二)法律职业共同体构建促使法学教育改革创新

法律职业共同体构建促使法学教育改革创新。法学教育与法律职业共同体构建不只是"手段—目的"的关系,法律职业共同体构建的具体情况也影响法学教育的发展轨迹。法学教育的培养目标主要是由法律职业共同体的基本要求决定的,这些基本要求包括:形成法律思维模式、具有基础实践能力、具备法律职业伦理。正所谓"有的放矢","的"指法律职业共同体构建的具体需要,而这个"矢"正是法学教育,法学教育应当适应现有时局之下的法律职业共同体构建的具体需要,作出应有之变革与创新,使法学教育和法律职业共同体构建互相呼应、各得其所,形成一致向前发展的强大合力。倘若二者各自为营、协调不一,反而会适得其反,致使我国法治建设停滞不前,阻碍法治中国的建成。以法律职业共同体构建的现实需要为角度,对法学教育进行导向与指导,促使法学教育保证"精准度",切实保障高素质法治人才供应,得以建设德才兼备的高素质法治工作队伍。法学教育本身处于不断探索完善的过程之中,而新时代法律职业共同体构建可以很好地指导法学教育改革创新。新时代背景下,法律职业共同体构建促使法学教育方式方法、培养理念与时俱进,使之培养出能够运用现代化信息技术办理案件的"现代型法治人才"。

三、新时代法律职业共同体构建对法学教育提出的挑战

"社会主义法治社会的发展与法学教育事业息息相关。"②在全面推进社会主义现代化国家建设的过程中,法治不仅是衡量社会主义现代化国家的重要内容与指标,同时也是全面推进社会主义现代化国家建设的重要保障。全面建设社会主义现代化国家需要完善的法治作为支撑,需要构建新的法律职业共同体作为坚实的人力保障与智力支持,这就必然地对法学教育中的人才培养与输送提出更高的要求。新时代法律职业共同体构建给法学教育带来改革契机的同时亦提出了诸多挑战,我国法学教育面临无法满足社会现实需求、理论与实践教学失衡、忽视职业伦理道德塑造、倚重西方法学理论四大挑战。

(一)法学教育无法满足社会现实需求

进入新时代以来,社会主要矛盾的变化引发了供给侧结构性改革,法律职业也不例外。尽管其为法学教育中的人才培养指明了方向,但目前存在的供需结构失衡的问题仍然突出。法学教育作为供给侧阵营,不能为新时代的法律职业这一需求侧提供有效的人

① 黄文艺、卢学英:《法律职业的特征解析》,载《法制与社会发展》2003年第3期。

② 柴荣:《论新中国法治思想与法学教育的发展》,载《当代中国史研究》2010年第3期。

才输送,造成了法学教育与法律职业共同体之间的脱节现象,这种供需结构的失衡具体表现为法学毕业生数量上盲目膨胀,但复合型、涉外型高端法治人才存在较大缺口,高端法律人才整体上处于匮乏状态。当前社会实践活动呈现学科交叉的特点,仅依靠单一法学学科的知识不能满足时代需求,法学学科与自然科学或其他社会科学学科之间尝试实现融合成为时代话题。从新学科主要是以交叉学科的形式出现,而完全的独立学科难以创生的现实背景来看,法学专业学生仅依靠法律素养难以适应激烈的社会竞争、复杂多变的职业环境,培育出具有专业的法律知识、法律思维能力、法律实务技能等方面的复合型法治人才方能契合新时代对于更高素质法律职业工作者、更高精尖职业团体、更高品质法律服务的要求。此外,随着跨国贸易的进一步深化,在国与国之间贸易往来密集化的大数法则之下所产生的涉外争端也随之增多,对于涉外型法治人才的需求也极为迫切。

法学教育与法律职业之间的供需脱节,与办学过程中的认识局限有关。现各高校在法治人才培养方面具有较大的雷同性,未结合各高校实际情况来制订培养方案,人才培养模式缺乏创新,导致复合型、涉外型法治人才难以产生、供不应求。

(二)法学教育中理论与实践教学失衡

法的生命在于实施,但“徒法不能以自行”,①实现由法的效力到法律实效的转变离不开以自然人为代表的主体参与。法律职业共同体是专门从事法律工作、以法律的实务操作为主要工作内容的职业群体,实践与经验的积累是法律职业共同体成员的必修课。随着信息化时代的到来,当前课堂教学形式固化,知识教学和实践教学未能实现互补之功用。法学教育近年来过于重视学科建设,偏向理论知识培养,导致学生缺乏实践经验积累、忽视实践能力提升。即便是已经注意到了高校教育中实践与理论的割裂,但法学教育内部对实践经验的重视程度仍然不够,抑或是已经意识到了法律实务操作的重要性,但由于教学指标的影响,实践教育存在流于表面的情况,重考核不重过程,而实务实践中的物质保障缺乏也导致法学生对于实务操作的积极性低下等问题。

从大多数高等院校的法学课程设计来看,法学专业学生本科阶段一般分为两部分:第一部分为理论学习阶段,本科阶段前 3 年针对法律基本知识体系进行宏观了解;第二部分为实践教学阶段,最后一年针对实务知识加以学习或者直接进入实习岗位。然而,这两个阶段容易出现“两层皮”的状态,理论教学与实践教育互相分离,未能有效利用两者之间的“反哺”效果;理论教学与实践教育失衡,未能合理分配两者所占比重。因此,新时代下法学教育应当重新审视理论教学与实践教学的关系,坚持理论与实践教育的两翼齐飞。

(三)法学教育忽视职业伦理道德塑造

新时代法学教育不仅要求学生具备专业性知识,同时应具有家国情怀、职业伦理道

① 习近平:《论坚持全面依法治国》,中央文献出版社 2020 年版,第 21 页。

德。习近平总书记强调,中国特色社会主义法治道路的一个鲜明特点,就是"坚持依法治国和以德治国相结合,强调法治和德治两手抓、两手都要硬"。① 然而,在我国法学教育实践中,一方面,有部分法学教育工作者在潜意识里轻视职业伦理道德教育,主张法治优于德治,认为德治与人治不存在较大差异,对德治持以摒弃的态度,忽视了德治与法治应协调统一的融合关系;另一方面,部分法学教育工作者还存在"德法分修"现象,将法治与德治相互割裂,"德""法"步调不一,这导致我国法学教育培养的一些法治人才缺乏应有的人文精神、家国情怀,其虽然具备专业知识、法学素养,但其在适用法律时缺乏价值判断与道德情感,忽视法律规定设立的伦理价值与道德动机。

"是以法学修养虽为切要,而品格修养尤为重要。"②如果职业伦理道德水平不足会导致法律职业的整体社会评价下降,使中国的法治建设遭遇更大的阻力。

(四)法学教育倚重西方法学理论

新中国成立后,我国法学建设大致经历了社会主义革命和建设时期的法学、改革开放新时期法学、新时代"新法学"3 个阶段。③ 第一阶段的法学教育是在我国"全盘苏化"的社会主义建设背景下展开的,彼时的法学教育也是以学习苏联的法学知识、法学体系为主。第二阶段的法学教育是在改革开放的背景下进行的,此时的法学知识生产,大量翻译引进西方法学知识和思想。④ 第三阶段新时代的法学教育是在我国社会主义进入新时代的背景下提出的,面对复杂的国际国内形势以及新科技革命的冲击,法学教育开始以培养具有家国情怀、国际视野、基础扎实、能力突出的复合型法治人才为目标,以适应国家和社会的需求。建设法治中国,必须毫不动摇地坚持走中国特色社会主义道路,社会主义核心价值观推崇个人对集体、国家以及民族的责任与奉献,强调以人民为中心。由此可见,我国社会主义核心价值观与西方法学理论基本价值观有所差别。但在我国法学教育中存在个别高校教师倚重西方法学理论的情况。习近平总书记多次强调:"办好法学教育,必须坚持中国特色社会主义法治道路,坚持以马克思主义法学思想和中国特色社会主义法治理论为指导。"⑤我国法治人才的培养和法学教育的发展唯有立足以人民为中心的基础之上,方能契合中国特色社会主义法治道路的根本要求。

四、新时代法学教育的应对措施

新时代法律职业共同体在全面推进依法治国、建设良法善治的法治中国中起不可或缺的作用。本节针对新时代法律职业共同体构建对法学教育提出的诸多挑战作出回应,提出创新法学教育培养人才模式、增设法学教育实践教学环节、加强法律职业伦理道德

① 习近平:《论坚持全面依法治国》,中央文献出版社 2020 年版,第 179 页。

② 史尚宽:《宪法丛论》,台北,荣泰印书馆 1973 年版,第 336 页。

③ 参见杨宗科:《论"新法学"的建设理路》,载《法学》2020 年第 7 期。

④ 参见舒国滢:《中国法学之问题——中国法律知识谱系的梳理》,载《清华法学》2018 年第 3 期。

⑤ 习近平:《论坚持全面依法治国》,中央文献出版社 2020 年版,第 175 页。

教育、加强法律职业伦理道德教育等具体应对措施。

（一）创新法学教育培养人才模式

“一国法律教育的得失，有关于国家法治的前途。”①完善的法学教育体系应为我国法治事业提供坚固的人才储备，而非仅“以法为器”的“法匠”。创新法学教育培养人才模式可以法学学科教育改革为逻辑起点，以此回应新时代法治人才更高要求的需要。为回应法治社会人才之需，法学学科教育应具备通识教育和精英教育的双重属性。通识教育使学生习得基础的人文社科知识；精英教育则是国内各高校依据本校实际情况，结合复合型法治人才、涉外型法治人才特点进行差异化培养。复合型法治人才指既拥有扎实的法学知识功底，又掌握了理学、工学、管理学等某一学科或多个学科的知识。涉外型法治人才则不仅要有基本的国际对话能力，更需要在熟悉我国法律制度的基础上掌握国际公法、国际私法或是某特定国家的具体法律制度。

新时代是信息多元、知识丰富的时代，亦是学科体系分化与融合的时代。然而，我国法学学科的设置过于偏重传统法学学科，导致我国法治实践中迫切需要的跨学科式复合型法治人才供不应求。传统式法治人才虽熟练掌握法学学科知识结构体系，却难以应对日益增多的跨学科法律问题，这成为我国法学教育亟待解决的一个现实问题。② 因此，法学学科教育应当尝试在学科体系改革上作出积极回应：其一，引入多学科视角，弥补自身学科的局限性；其二，完善法学一级学科与二级学科的设置，使其精准化契合社会发展需求。在此基础上，以习近平法治思想为指导，完善和创新法治人才的培养模式，关注和重视法学跨学科教育，将法学跨学科教育作为今后法学教育的重点方向，加大复合型、涉外型法治人才的培养力度。这是新时代中国法学教育适应社会快速发展的现实需要，亦是深入推进全面依法治国的必然选择。

（二）增设法学教育实践教学环节

法律是实践的艺术，法学作为一门应用型学科，需要将理论与实践进行有机结合。然而，在当前中国法治人才培养体系中，缺失了法律职业实践教学。法律实践教学，是指以就业为导向，围绕专业知识教学和基本素养培育的教学活动。法学院的学生既应掌握法律解释、法律推理、价值衡量等方法，也应具备调查事实、语言沟通、交流谈判、法律咨询、撰写法律文书等基本的职业实用技能。③ 就现有法学教育实践教学而言，实践教学通过、案例研讨、模拟法庭、法律援助等限定形式来提升学生实务操作能力，呈现“中断性”和“孤岛化”特征，每种实践教学都是一个独立的单元，缺乏了体系性，导致实践教学“有名无实”。由于教学指标、社会资源、教师人脉等条件束缚，实践教学流于表面，只重考核不重过程，而实务实践中的物质保障缺乏也致使学生对于实务操作的积极性不高等问

① 孙晓楼：《法律教育》，中国政法大学出版社 1997 年版，第 6 页。

② 参见刘长秋：《论习近平法治思想中的法学教育》，载《广西社会科学》2022 年第 2 期。

③ 参见胡平仁：《我国法学教育的目标定位与人才培养模式改革》，载《法学教育研究》2010 年第 3 卷。

题,未能在理念上、制度上建设一种长效且规范化的操作机制。

基于此,以我国法学教育中先进实践教学为参考,设立行政法律诊所、环境法律诊所、劳动法律诊所、知识产权法律诊所、刑事法律诊所等各类诊所式教学,让学生能够接触到真实案例,针对案件展开讨论、文书写作、与当事人交流等活动。在这个过程之中,学生能够熟悉办理案件具体流程,逐步养成批判性思维和创造性思维,有效提升实际操作能力,尽早熟悉与法律职业相关的实务,并衍生出适合自己的一套理论与实践相结合的思维体系。增设法学教育实践教学环节的重点应当放在课程体系的建立上,即建立“实验—实训—实践”三位一体的实践教学课程体系,通过诊所教学、证据实验、基础实训、综合实训以及法务实践等递进式的实践教学培养学生的法律技能和实践能力。①

(三)加强法律职业伦理道德教育

恩格斯认为,“实际上,每一个阶级,甚至每一个行业,都各有各的道德”。② 道德是一种内心的强制,是通过自我否定来实现对特定违反道德行为的惩戒。相对其他职业而言,法律职业具有更高的道德要求,成熟的法治治理框架中不可或缺的组成部分就是高素质的法律人。③ 2017 年,最高人民法院“法治人才基本素养”专题研讨会提出,将法律伦理底线尤其是廉洁底线作为法治人才基本素养的重要组成部分。2018 年,教育部与中央政法委联合发布的《关于坚持德法兼修实施卓越法治人才教育培养计划 2.0 的意见》将法律职业伦理教育作为培养法治人才过程中价值引领的重要环节。2020 年,习近平总书记在中央全面依法治国工作会议上明确提出“十一个坚持”,坚持建设德才兼备的高素质法治工作队伍,意味着优良品德与杰出才能同等重要,皆是高素质法治工作队伍建设的必备要素。

法学教育作为教育事业的分支,其追求的不仅是职业主义教育,也是一种道德层面的教育。“德法兼修”是法学专业学生的基本素养,亦是法学教育的应然目标。新时代法学教育应当加强法律职业伦理道德教育。一方面,强化“立德树人”教育理念,更新观念、优化结构、创新流程,积极开展“健全人格教育”,注重对个人优秀品格的栽培,培育健全的基本伦理道德观,培养出大批高素质法治人才;另一方面,深入贯彻“德法兼修”理念,将传统文化中的“德行”与社会主义核心价值观有机融合,重点培养学生法治精神,法治精神作为超越法律文本的存在,与道德同在一个层面,是实现法律与道德两者衔接的关键因素,培育出“德法一体”的法治人才,并加强职业伦理道德教育,有力推动法治人才培养“双轨并进”。

(四)推进中国特色法学教育建设

习近平总书记提出:“全面推进依法治国,法治理论是重要引领。没有正确的法治理

---

① 参见黄锡生、王中政:《新文科与法学教育的现代化转型》,载《法学教育研究》2022 年第 36 卷。

② 《马克思恩格斯选集》(第 4 卷),人民出版社 1972 年版,第 236 页。

③ 参见齐延平:《论现代法学教育中的法律伦理教育》,载《法律科学(西北政法大学学报)》2002 年第 5 期。

论引领,就不可能有正确的法治实践。”①我国法学教育应当与中国特色社会主义法治建设接轨,致力构建具有家国情怀、道德伦理、熟知理论以及擅长实践的法律职业共同体,培养出为人民服务、以人民为中心的高素质法律职业共同体。在此过程中,以习近平法治思想为核心思想,深化中国特色社会主义法治理论教育,坚持走中国特色社会主义法学教育之路;全面依法治国是根本原则、基本遵循,是国家治理领域一场需要不断探索、付出长期努力的伟大革命。为此,我国法学教育必须坚持以中国特色社会主义法治理论为指导,客观审视西方法治理论,探寻适合中国国情的法治理论,深入探索中国特色法学教育建设道路。

推进中国特色法学教育建设的重要因素是加强党内法规学学科建设。中国共产党作为执政党,是全面依法治国的核心力量,是中国特色社会主义法治道路建设的关键因素。“坚持依规治党、加强党内法规制度建设,是‘中国之治’的一个独特治理密码,是呈现中国特色社会主义制度优势的一张金色名片,也为世界政党治理贡献了中国智慧和中国方案。”②虽已有部分高校设立了党内法规研究中心,在法学、政治学或马克思主义理论等相关二级学科中设置了党内法规研究方向,逐步开始探索党内法规学教育之路,但从总体来看,“党内法规学未被纳入教育部学科目录中,多数高校将党内法规学科作为一个研究方向挂靠在其他二级学科下面”。③ 因而,在今后中国法学教育完善之中应当更加重视党内法规教育,赋予其体系性地位,强化党内法规方面教育,以此推进中国特色法学教育建设。

五、结语

新时代法律职业共同体的构建对国家法治人才培养提出更高要求的同时,也对我国法学教育提出了挑战。法学教育是法律职业共同体构建的逻辑起点,法律职业共同体构建促使法学教育改革创新,两者相辅相成、共同促进。在厘清两者关系的基础上,以习近平法治思想为根本指导思想,让我国法学教育始终走在中国特色社会主义轨道之上。新时代背景下,法学教育的改革创新应当满足法律职业共同体构建的现实具体需要,为应对法律职业共同体构建对我国法学教育提出的挑战,法学教育体系完善应从创新法学教育培养人才模式、增设法学教育实践教学环节、加强法律职业伦理道德教育、推进中国特色法学教育建设四个方面作出应对之策。

---

① 习近平:《论坚持全面依法治国》,中央文献出版社2020年版,第175页。

② 中共中央办公厅法规局:《中国共产党党内法规体系》,载《人民日报》2021年8月4日,第1版。

③ 王立峰、李洪川:《党内法规学科建设的现状、瓶颈和出路》,载《上海政法学院学报(法治论丛)》2020年第4期。

法治人才培养

非政法专业高校法学本科实践教学的课程体系优化

贺奇兵*　潘　琴**

党的二十大报告在新的历史起点上就坚持全面依法治国战略作出了新的部署，提出了新的要求。新时期落实全面推进依法治国战略离不开高素质法治人才，高素质法治人才培养的基础在于高质量的法学本科教育，高质量法学本科教育必须是符合法学学科规律的科学教育。习近平总书记2017年5月在考察中国政法大学时就强调："法学学科是实践性很强的学科，法学教育要处理好知识教学和实践教学的关系。"①习近平总书记关于法学学科特性的强调，坚定了新时期我国法学本科教育质量的改革升级方向——强化实践教学。据此，教育部、中央政法委在《关于坚持德法兼修　实施卓越法治人才教育培养计划2.0的意见》要求："深化高等法学教育教学改革，强化法学实践教育，完善协同育人机制。"②强化法学本科实践教育，关键在于设置合理的实践教学课程。为此，中共中央办公厅、国务院办公厅于2023年2月印发的《关于加强新时代法学教育和法学理论研究的意见》（以下简称《法学教育意见》）中要求："更新完善法学专业课程体系，一体推进法学专业理论教学课程和实践教学课程建设。"

在法学本科实践课程设置方面，教育部在2018年的《普通高校法学类本科专业教学质量国家标准》（以下简称《质量标准》）中就有明确要求，③关于实践课程设置的要求在2021年修订后的《质量标准》中进一步提高。自2018年以来，国内多数高校根据《质量标准》对法学本科培养方案作了修改和调整。那么，各高校调整后的专业实践课程设置

---

* 西南大学法学院、教育立法研究基地副教授。

** 重庆人文科技学院马克思主义学院讲师。

① 《习近平在中国政法大学考察》，载新华网，http://www.xinhuanet.com/politics/2017-05/03/c_1120913310.htm。

② 《教育部　中央政法委关于坚持德法兼修实施卓越法治人才教育培养计划2.0的意见》，载教育部官网2018年10月8日，http://www.moe.gov.cn/srcsite/A08/moe_739/s6550/201810/t20181017_351892.html。

③ 参见《普通高等学校法学类本科专业教学质量国家标准》，载中国政法大学法学教育研究与评估中心官网2018年4月9日，http://fxjyzx.cupl.edu.cn/info/1044/1439.htm。

是否符合《质量标准》？是否符合法学专业实践能力训练的需求？对此，国内学界还缺少相应的跟踪研究。为把握当前我国高校法学专业实践课程开设的现状和问题，本文以国内部分非政法专业高校的法学本科培养方案作为样本进行数据分析，结合国内学界关于法学本科实践教学改革的既有理论探索，尝试提出我国非政法专业高校法学本科实践教学课程体系的优化建议。

当前，我国承担本科法学专业人才培养的高校已是蔚为大观，除原有的五大政法专业高校外，一些非政法专业高校的法学院也成为法学专业人才培养的重要主体。① 如今，尽管所谓的“政法专业高校”大都不再是单科性的政法专业高校，但法学专业大都是其传统的优势专业。在政法专业高校的校内教学机构设置方面，除普遍设置有“法学院”外，还在一些有师资优势的部门法方向设置了相应的部门法学院，如“民商法学院”“经济法学院”“行政法学院”“国际法学院”“刑事法学院”等，这些部门法学院有专门的法学专业师资，在本科层次招收的法学专业学生以及法学专业培养方案与法学院并没有多少差别。而与此不同的是，非政法专业高校的本科法学专业普遍集中设置于法学院，法学专业的师资配备和学生也都十分集中。根据统计分析，从整体上看，政法专业高校在法学专业教师数量和本科招生规模方面与非政法专业高校存在较大差异，政法专业高校在师资配备和本科招生方面都具有较大规模，因而在法学实践教学课程设置及教学运行方面不容易出现因师资配备和本科规模不足而带来的相关问题，而这些问题在非政法专业高校因师资数量和招生规模较少却较普遍，故本文不将政法专业高校的法学实践教学课程设置及其教学运行中的问题纳入考察对象。

法学本科专业培养方案是考察非政法专业高校实践课程的设置情况基本依据，但是，当前国内多数高校很少将其本科专业培养方案对外公开。通过各种努力，最终选择收集了国内 17 所非政法专业高校的法学本科培养方案，②这些高校的专业培养方案都是从 2018 级或之后起用的最新培养方案。本文所收集的 17 个本科专业培养方案分别来自东北、西北、西南、华北、华东、华中和华南地区的高校，在区域分布上基本能代表我国各地区非政法专业高校的法学本科实践教育的现状。本文所涉及的样本高校在第五轮法学专业排名(前 100 名)中，前 20 名的有 7 所、21 ~ 50 名的有 5 所、51 名以后的有 5 所，涵盖了法学一流学科、“985 工程”、“211 工程”学校和普通综合性大学，在办学层次上基本能代表国内中等以上水平高校法学专业本科实践教育的现状。本文涉及样本高校的法学专任教师和在校本科生规模也具有代表性。在专任教师数量规模方面，有 16 所样

① 本文所指的“非政法专业高校”是指中国政法大学、西南政法大学、华东政法大学、中南财经政法大学、西北政法大学、甘肃政法大学等法学界习惯上所称的“政法专业高校”之外的普通高校。

② 本文确定的样本高校分别是：中国人民大学、北京师范大学、吉林大学、西北大学、四川大学、西南财经大学、西南大学、山东大学、苏州大学、上海交通大学、武汉大学、湖北大学、华中科技大学、湘潭大学、广东财经大学、华南农业大学、中山大学。

本高校都设置有独立的法学院,法学专任教师低于 50 人的有 2 所,50 ~ 100 人有 12 所,有 3 所达到 100 名以上,最多的有 114 名,但都不及政法专业高校超过 200 名的法学专任教师规模。样本高校的在校学生因每届招生人数有细微差异,无法精确统计,粗略统计的情况是有 4 所高校少于 500 人,有 9 所高校为 500 ~ 1000 人,有 3 所高校为 1000 ~ 1100 人,有 1 所高校大约 1600 人,但都不及政法专业高校的在校法学专业本科生规模。

一、非政法专业高校法学本科实践教学的课程设置现状

教育部 2018 年和 2021 年的《质量标准》都将法学本科课程区分为理论教学课程和实践教学课程两大类。其中,理论教学课程主要包括思想政治理论课、通识课和专业课三大种类。教育部 2018 年和 2021 年的《质量标准》都将法学本科实践教学课程区分为 4 个类别:(1)理论教学课程中的实践教学环节;(2)实验、实训和专业实习;(3)社会实践;(4)毕业论文(设计)。通过对样本高校的法学本科专业培养方案作分析,我们发现各高校基本上按照要求设置了相应类型的理论教学课程和实践教学课程。

(一)样本高校专业实践教学的学分构成

这里先就样本高校的法学本科实践教学的整体学分结构作统计分析。① 本文综合样本高校法学本科实践教学的相关课程及学分设置情况,将其按 3 个类别进行统计:②一是在思想政治理论课和通识课中附设的实验或实践教学环节以及独立设置的实验或实践教学环节,本文将其统称为“非专业课实践教学”;二是在法学专业核心课、专业发展课或专业选修课等专业理论课中附设的实验或实践教学环节或单独设置的专业类实验或实训课程,本文将其统称为“专业课实践教学”;三是专业实习、社会实践和毕业论文等综合性实践教学课程,本文按传统将其称为“综合性实践课教学”。

从统计数据来看,有 14 所高校在 3 种类型课程中都分配有实践学分。③ 如果将这 3 类课程的实践学分都纳入统计,只有 12 所高校符合或基本符合《质量标准》所规定的最低实践学分比例要求(占总学分的 15%),有两所高校占比不足 10%。如果不含非专业课实践教学的学分,则只有 7 所高校符合或基本符合比例要求,有 7 所高校占比不足 10%。这 17 所高校的实践教学总学分的平均值为 26.7 分;实践教学总学分在专业总学

① 样本高校法学本科培养方案及其教学计划表的课时标注栏里,有的高校标注为“实验”课时,有的高校标注为“实践”课时,有的高校还区分了“实验”课时和“实践”课时。本文统计时未作区分,均统计为实践教学课时。

② 因有的高校(如西北大学)将部分专业课(如“证据法学”)归入实践类课程却没有分配实验或实践课时,也有高校(如苏州大学)的专业课使用了“实训”“实务”等名称(如“劳动法实训课程”“环境法实务”)却没有分配实验或实践课时,本文将有上述两种情形的课程都不作为实践课程统计。另外,有的高校(如湘潭大学)尽管在部分专业选修课中分配了实验或实践课时却未说明学生最少应选学分,本文对选修课的实践学分统计,以培养方案中的统计为准。

③ 本文作数据统计时,如通识课和专业课的实践学分在表中未明确标明,则采用课程的实验或实践学时占课程(组)总学时的比例乘以课程(组)总学分折算得出。部分高校培养方案自行统计的实践学分未计算通识课实践学分,本表将其统计入内,故本文数据与学校培养方案自行统计的数据有差异。

分中占比的平均值为17.0%。

(二)样本高校综合性实践课教学的学分配置

教育部2018年和2021年的《质量标准》明确将专业实习、社会实践与毕业论文列入了法学本科专业实践教学课程体系。高校本科层次的专业实习、社会实践、毕业论文(设计)等实践类课程在教学内容方面尽管有专业性差异,但基本上采用学生在老师指导下完成规定实践任务的教学形式,在教学形式上一般不做课堂教学排课处理。这类课程旨在训练学生综合运用本专业知识的实践能力,在实务中通常被称为"综合性实践课"或"综合性实践环节"。其中,法学专业的毕业论文(设计)较少采用"毕业设计"形式,本文用"毕业论文"作统计;学年论文也是非常重要的综合性实践教学环节,本文也一并纳入统计分析。①

根据统计,有1所高校的培养方案没有列举综合性实践课教学环节,其余16所高校法学专业本科的综合性实践课开设及学分配置情况有以下特点:(1)综合性实践课教学的学分在实践教学总学分中的占比非常高,占比平均值达57.4%,有3所高校的占比超过了80%,有1所高校的占比高达100%,最低的占比也有34.3%;(2)专业实习和毕业论文在综合性实践课教学中的学分占比非常高,占比平均值高达85.4%,最低的占比就达66.7%,有4所高校的占比高达100%,只有5所样本高校开设学年论文实践教学环节;(3)不同高校的综合性实践课教学的学分设置相差很大,如专业实习实践环节学分最高的达12学分,而最低才2学分;毕业论文实践环节学分最高的达16学分,最低才4学分;(4)综合性实践课教学总学分在不同高校的差异很大,最高的达28学分,最低的才7个学分。

(三)非专业课实践教学的课时及学分配置

教育部2018年和2021年《质量标准》都将理论教学课程区分为思想政治理论课、通识课和专业课。其中,思想政治理论课和通识课的共性是各个专业都开设,教学内容基本没有差异,因这些课程具有非专业性特点,本文将其统称为"非专业课"。国内高校开设的思想政治理论课相对统一,包括"思想道德与法治""中国近现代史纲要""马克思主义基本原理""毛泽东思想和中国特色社会主义理论体系概论""习近平新时代中国特色社会主义思想概论""形势与政策"6门课程。通识课的课程名称不太统一,主要是大学外语、计算机、体育、军训及军事理论、职业规划与就业指导、劳动教育等,但有高校未将军训、职业规划与就业指导等归入其中。②

① 广东财经大学教学计划表中没有综合性实践课程设置,但要求获得10个素质拓展课外学分。有些样本高校对实践课程的归类不科学,如西北大学将"法律文书写作"归入"集中实践教学"、西南财经大学将民事案例研究、刑事案例研究等设置为综合性实践课教学,但这些课程实际上属于专业实践课;武汉大学和湖北大学将军训课归入综合性实践类课程,但军训明显属于通识课的实践教学环节,本文未将这些课程纳入统计。

② 武汉大学和湖北大学将军训课归入综合性实践类课程。

样本高校中,除2所高校外,有15所高校的培养方案在部分思想政治理论课或通识课中设置了实验或实践教学课时。这15所样本高校思想政治理论课和通识课的实践教学学分设置有以下特点:(1)非专业课实践教学的学分平均值是7.12学分,最高为14.3学分,最低为2学分;非专业课实践课学分占实践教学总学分的比值平均为25%,有2所高校的占比超过50%,最高达52.4%;(2)在通识课的实践教学课时设置及学分配置方面,所有高校的体育和军训课都设置有实践课时,有8所高校在计算机类课程中设置了实践课时,有3所高校在英语口语或听力课程中配置了实验或实践课时,职业规划与就业指导、劳动教育等课程没有统一开设,是否配置实践学分也不一致;(3)思想政治理论是否有设置实践课时以及设置比例也都有较大差异,有9所高校设置有相应学时和学分,其中有2所高校还单独开设有思想政治综合实践课。

(四)专业课实践教学的课时及学分配置

对于法学专业课程,教育部2021年《质量标准》要求,法学专业核心课程采取"1+10+X"分类设置模式,其中的"1+10"是必须开设的专业核心课程,还明确了课程名称,"X"可选择开设的专业核心课程,要求在经济法等9门课程中至少开设5门。至于选修类专业课程,其开设门数以及课程名称等都未作明确要求,只是提出了形成课程模块(课程组)供学生选择的指导意见。样本高校必修或选修类法学专业课程中的实践教学有两种实施形式:一是在相关法学专业课程(如理论法学课程和部门法学课程)中同时配置理论教学课时和实验或实践教学课时;二是开设全是实验或实践课时的法学专业实践课(如模拟审判、案例分析、法律诊所等)。[①]

样本高校中,有1所高校未在法学专业课程中配置专门的实践课时或实践学分,有1所高校开设了选修类实务课,但未明确最少选修学分。其余15所高校的法学专业课实践教学的课时及学分设置有以下特点:(1)法学专业课实践教学学分差异很大,最高的有16学分,最低的1个学分;(2)法学专业课实践教学学分在实践总学分中占比的平均值为25.2%,只有1所高校的占比超过50%,有7所高校的占比不足20%;(3)有7所高校(主要集中在5所高校)在必修类法学专业课中设置了实验或实践教学课时,有13所高校开设了专门的选修类法学专业实践课;(4)同样是法学专业实践课(如模拟法庭或法律诊所),有的高校全是实验或实践课,有的高校则是理论与实践各占一半课时。

(五)典型法学专业实践课的设置

在法学本科培养方案中,法律文书(或司法文书)、模拟法庭(包括模拟仲裁)、法律诊所、案例分析、法律思维(或法学方法论、法律逻辑)、法律实务(包括律师实务、司法实

① 部分高校在专业选修课中分配了实验或实践学时,但未明确学生最低应选课时或学分,无法准确统计这类课程的实践学分。也有高校(如广东财经大学)培养方案将专业实践课(如"法庭审判模拟")归类为"综合运用"类课程,本文将其统计为专业实践课。样本高校培养方案中标记为专业类必选课或限选课的,均统计为专业必修课;专业选修课中设置有实验或实践课时,但未明确要求选修实践学分的,不纳入统计。

务、侦查实务、执法实务等)、证据科学(或物证科学与技术)等实践教学课程都是用以训练法学本科生专业实践技能的专业课程。这些课程尽管在样本高校培养方案中的课程名称不尽相同,一些高校开设的相关课程也没有明确配置实践课时,但根据教学内容相近原则归类为上述7类专业实践课后,各类课程的统计数据呈现以下特点:(1)有14所高校开设了法律文书写作类课程,其中有2所高校开设了2门;(2)有12所高校开设了模拟法庭课程,有3年高校分别开设了模拟审判和模拟仲裁课程;(3)有12所高校开设了法律诊所课程,其中有1所高校开设了7门诊所课程;(4)有13所高校开设了案例分析课程,而且有7所高校开设了4门以上课程,最多的开设了7门;(5)只有8所高校开设了法律思维类课程,其中有3所高校开设了2门以上课程;(6)有16所高校都开设了法律实务课程,原因是本类课程涵盖范围比较宽,其中有5所高校开设了4门以上;(7)有9所高校开设了证据科学类课程,其中有3所高校开设了2门课。就7类专业实践课程的开设情况作整体观察,统计数据呈现以下特点:(1)案例分析和法律实务开设为系列课的情况比较普遍,法律文书、模拟法庭、法律诊所、法律思维和证据科学开课相对比较单一;(2)在7类专业实践课程中,开设了7类的只有1所,开设了6类的有7所,开设了5类和4类的各有3所,开设了3类的有2所,1所高校仅开设了2类。

二、非政法专业高校法学本科实践教学的课程设置缺陷

众所周知,教育部在2018年《质量标准》中就已经强制性要求所有高校的“实践教学课程累计学分不少于总学分的15%”。但前文数据分析表明,即便是算上所有课程中的实践教学课程学分,也有29%的样本高校不满足15%的最低比例要求。有学者对入选卓越法律人才教育培养基地的高校培养方案进行统计分析也发现,实践教学课程在课程设置中总占比也仅为10.24%。① 不仅如此,样本高校各项实践教学课程的学分统计还有不少“水分”,反映出样本高校法学本科实践教学课程设置有以下两个问题。

(一)实践课认定、课时分配与学分设置不合理

对于教育部规定的法学专业本科实践教学课程学分设置的强制性最低比例要求,一些高校并没有认真研究设置法学专业实践课,而只是采取了一些“注水式”的做法。从样本高校的统计数据来看,以下4种做法就有嫌疑。

一是混淆实践教学课程和实践教学方法,误将理论课的实践教学方法当作实践教学课程并统计学分。法学作为实践性、应用性很强的学科,多数法学专业理论课程本就需要运用案例教学、讨论式教学等实践教学方法,《质量标准》也明确要求,要改革理论教学课程的教学方法,强化案例教学,增加模拟训练和法律方法训练。但在专业理论课教学中运用实践教学方法并不意味着这些课程就成为专业实践课,并不意味着其实践教学环节的课时就可以折算成实践教学课程学分。样本高校中,有5所高校在法学专业理论必

---

① 参见刘光华、刘娇、马婷:《法学专业本科培养方案对新文科建设的回应——基于内容分析法》,载《新文科教育研究》2021年第4期。

修课(而且是专业核心理论必修课)或选修课中专门配置实验或实践教学课时,并根据课时统计实践学分,这种做法不仅混淆了实践教学课程和实践教学方法,而且容易被误认为其他未配置实验或实践学时的课程就不需要采用案例教学、讨论式教学形式了。强化法学专业理论课的实践教学,主要是强调实践教学方法的运用,而不是要专门为其明确配置实践教学课时和实践学分。

二是不合理地将理论课"挂牌"为实践类课程,而且不合理地将其理论教学学分当作实践教学学分。学生专业实践技能培养可以通过法学专业实践课或是法学专业理论课的实践教学方法来实现,但在统计实践教学学分时,法学专业实践课的学分可以纳入,而法学专业理论课的学分不宜纳入。在那些实际上应以理论教学方式开展的理论课程中,如果只是简单配置实验或实践教学课时和学分,而事实上并没有相应的实验或实践教学内容设计,行课时也没有专业实践技能训练的相关内容,尽管需要强化实践教学方法的运用,但不宜将其课程学分计入实践教学课程学分,否则就属于"挂牌"的实践教学课程。样本高校中,有高校将"法律英语"归类为法律实务模块类的专业选修课,也有高校将"海商法""婚姻继承法""公司法""金融法"等专业理论课标记为实务类选修课程,这些课程都没有配置相应的实验或实践教学课时,却将其学分统计入实践教学课程学分,就属于这种现象。

三是专门或附带设置有实验或实践教学内容的专业实践教学课程,未配置实验或实践课时,未实际开展实践教学。有些法学专业课程既有知识教学内容,也可开展相应的实践技能训练,如证据法学(可开展证据科学实验)、法律文书写作(可开展文书写作训练)、民事(行政、刑事)诉讼法(可开展模拟审判训练)等,在这些专业课中设置一些实验或实践课时并计算实践学分是可以的。但在样本高校中,有高校将"证据法学""法律文书"标注为综合实践课但却没有设置实践课时,有高校的实务类、案例研讨类课程也没有设置实践课时,或有高校将"证据学实验"和"行政法案例分析"等案例分析类课程未标记为实务类课程且未明确实践课时,都是不科学的做法。熟悉教学管理和评估的老师都知道,如果一门课程不明确实验或实践教学课时,就不会有制订实验或实践教学大纲的强制性要求,也就难以确保实验或实践教学的真正开展,将其标注为实践课并统计为实践学分就难以确保其"名副其实"。

四是综合性实践课的学分设置过高,仅在数字上拔高实践教学课程总学分的占比。前述统计数据显示,样本高校的综合性实践课的学分在实践教学课程总学分中的占比都非常高,平均值达到了57.4%,最高的达到100%。其中,毕业论文和专业实习两门综合性实践课的学分设置普遍都很高,在综合性实践课学分中的占比平均值达到了85.4%。但是,法学专业实践课的学分在实践教学课程总学分中的占比却非常低,平均值才25.2%。这种不重视法学专业实践课的设置,而只是把综合性实践课的学分拔高,仅从数字上实现实践教学课程总学分累计不低于15%的做法,对促进法学专业实践教学毫无意义,难以满足法学本科生的专业实践技能训练的要求。

(二)法学专业实践课开设不足、未成体系

教育部2018年的《质量标准》就已将法学本科教育定位为“素质教育和专业教育基础上的职业教育”。按照素质教育的要求,法学专业本科开展实践教学的任务应是培养高素质的法律人,使其既有法律人应具备的思想素质、文化素质和身体心理素质等基本素质,又具有法律思维能力、法律表达能力和探知法律事实能力等专业素质。[①] 按照专业教育的要求,法学专业本科开展实践教学的重心就是训练法律职业技能,包括法律文书撰写、证据收集、谈判交涉、应诉答辩、推动变法等能力。[②] 对样本高校的法学本科培养方向进行统计分析可以发现,多数高校的法学专业实践课开设不足、不成体系,难以满足法律职业技能的训练要求。主要表现为以下四个方面。

一是基本专业素质和基础技能的训练课程开设不足。法学本科生毕业后绝大多数是从事与法律相关的职业,除担任法官、检察官和执业律师外,还包括在人大、监察、政府等机关和企事业单位中从事法务工作。法学本科阶段的专业实践课开设首先应满足训练所有法律职业都得具备的基本专业素质和基础职业技能的培养需要,原则上应当开设为学生必须修读的基础性专业实践课。但在样本高校中,只有极少高校开设了训练学生法律论辩能力的实践课程;法律文书写作本应是训练学生专业性基础技能的必修课,但也仅有1所高校开设为必修课,其他13个高校开设为选修课,约占1/4的高校根本没有开设此课程。

二是法律思维和法律方法训练类课程开设不足。法律思维能力是法律职业人最重要的一项专业能力。要让法科学生掌握准确理解法律概念、正确建立法律命题、科学开展法律推理、严密进行法律论证等法律思维能力,除需要在专业理论课中运用案例教学、讨论式教学等实践教学方法来进行训练外,还需要设置法律思维、法学方法或案例分析课来进行系统性的强化训练。但在样本高校中,只有一半高校开设了选修类的法律思维或法学方法类课程,有8所高校按部门法开设了案例分析课,有4所高校未开设相关课程。开设了法律思维、法学方法或案例分析课的高校中,多数高校也仅仅是开设为选修课。缺少专门的法律思维或法律方法类实践课作为支撑,“单纯的知识传授或理论研究,对学生法律实践技能的训练和法律思维的形成只能是隔空打牛”。[③]

三是必修类专业实践课开设不足、学分占比偏低。卓越法治人才的培养关键在本科阶段,作为职业教育的法学本科教育,最重要的是培养高素质的法律人。综合性实践教学和非专业课实践教学可以培养高素质公民,但用于培养职业技能全面的法律人则明显

---

① 参见曾宪义、张文显:《法学本科教育属于素质教育——关于我国现阶段法学本科教育之属性和功能的认识》,载《法学家》2003年第6期。

② 参见苏立:《中国法律技能教育的制度分析》,载《法学家》2008年第2期。

③ 胡永平、龚战梅:《法学实践教学改革与创新研究——以法律职业能力培养为目标导向》,载《大学教育》2018年第1期。

不够。法律职业技能需要通过系统化、专业化、高质量的专业性实验或实训教学来完成，多样化的专业实践课设置和较高比例的专业实践课程学分要求应是必然。但多数高校法学专业本科的“校内实践教学尚未实现多样化和规模化”，难以满足全体学生同时参与的需要，“绝大多数学生没有机会参与其中”。[①] 在样本高校中，专业实践课学分在实践教学课程总学分中的平均占比只有25.2%，而且还有不少高校是用专业理论课中的实践学时和学分来充数的，必修类专业实践课开设偏少。另外，多数样本高校对选修类专业实践课的最低选修学分设置都很低，选修学分最高的是7个学分，其他高校最多只要求选修4个学分，不少高校没有明确的强制性要求。

四是法学专业实践课开设的多样性不足、不成体系。开设多样性的法学专业实践课是全面培养法学本科生基本素质、职业素质和专业技能的需要，实践课与理论课、实践课与实践课之间在教学内容、开课顺序上合理衔接是保证实践教学效果的需要。样本高校的法学专业实践课开设的多样性不足，仅有1所样本高校完整地开设了7种类型的专业实践课，有3所样本高校开设的专业实践课仅3种类型。部分样本高校对课程与课程之间的顺序安排也不科学，如有高校将承担法律职业技能基础训练的法律文书写作开设在综合性实践教学的模拟审判课程之后，也有高校将基础性的法律思维训练课程开设在应用性的案例分析课之后，而更多的样本高校则是同时开设或根本没有明确开课的先后顺序，这些都是专业实践课开设不成体系、结构性不强的表现。

三、非政法专业高校法学本科实践教学的课程体系完善

《新文科建设宣言》[②]指出：“尊重文科教育特点和人才成长规律是新文科建设高质量推进的基本前提。”法学本科实践课程设置必须根据新时代卓越法治人才培养的目标要求，尊重法学本科教育实践性、应用性强的特点，遵从法科学生专业实践能力的培养训练规律，明确实践教学课程体系改革的优化思路、基本原则，形成相对统一又不乏特色的实践课程体系。

（一）法学本科实践教学课程体系的优化思路

法学本科实践教学的目标任务是训练法律职业技能，这些技能即是法律人所特有的法律思维能力、法律表达能力和法律事实探知能力。[③] 鉴于国外将法律职业技能区分为智识技能与实务技能，国内有学者据此主张，我国法学实践教学的重点应放在智识技能训练方面，法律实务技能由学生就业后通过职业培训和锻炼积累而习得。[④] 笔者认为，在我国高校法律职业教育尚不成熟时，不宜严格区分智识技能与实务技能教育，当前如果

---

① 章晓明、蒋后强：《法学实践教学现状、问题与改革》，载《法学教育研究》2015年第12卷。

② 《〈新文科建设宣言〉正式发布》，载中国教育网，https://www.eol.cn/news/yaowen/202011/t20201103_2029763.shtml。

③ 参见吴汉东：《试论法律专业教育与素质教育的关系》，载《法学家》2003年第6期。

④ 参见何美欢：《理想的专业法学教育》，载《清华法学》2006年第3期。

仅仅强调智识技能教育而不顾实务技能教育,最终可能又回到“填鸭式”知识性教学上去,尤其是在我国高校承担了较重就业指导任务的情况下,有必要开展适当的基础性实务技能训练,包括咨询接待、证据调查、法律谈判、案卷整理、出庭准备、文书撰写等技能训练。当然,也要注意逐步从实务技能训练转向智识技能教育,即在实务技能训练时逐步强化对法律思维、事实推理、法律论证、法律表达等方面的能力训练。

法学本科生的职业技能训练必须依靠专业实践教学。有学者认为,法学实践教学的本质就是“课程的实践化”,高校法学院应当通过实践化的课程传授知识与方法。① 笔者持相同看法并进一步认为,本科法学专业课程的“实践化”,不仅是要在专业课程的教学目标中明确实践教学方面的目标要求,在教学方法上采用案例教学、讨论式教学、探究式教学等方法,在课程考核时增加实践考核环节,更重要的是要建设专门用于培养学生实践能力的专业类实验或实践课。实验或实践课程建设重点包括两个方面:一是对毕业论文、专业实习、社会实践等实践教学环节实施课程化建设,包括制订实践教学大纲、编写指导教程、落实过程指导、规范课程考核等;二是开设法学专业实践课,如法学方法论、法律论辩、(部门法)案例分析、模拟法庭等,并不断充实完善实践教学内容。

关于法学本科专业实践课的设置,早前就有学者提出了“模块化、递进式”课程体系建设思路,主张根据法律基础能力、法律专业能力和法律应用创新能力之间的训练呈递进关系,将法学实践课程开设为“专业基础能力、认知实践、仿真实践、实战实践四个法学实践课程群或课程模块”。② 有学者提出,鉴于应用型本科院校法学专业的实践教学目标依次包括公共基本技能、专业基本技能、专业技术技能和综合应用技能 4 个层级,故有必要对应设置 4 个层级的实践教学课程。③ 近年来,北京航空航天大学法学院也探索构建了“一年级文理通识培养——二年级基础法学培养与基层法律实践——三年级新法学思维与知识养成——四年级科技法律实践”的本科段基础性实践育人体系。④ 按照“模块化、递进式”实践教学课程体系建设思路,首先要对法学本科专业实践课作模块化设计,确保每个技能训练环节都开设有对应的必修和选修专业实践课;然后合理确定专业实践课程之间、专业实践课与专业理论课之间的开课先后顺序,明确各门课程的前置课程和后续课程,构造形成体系化、结构化的法学专业实践课程体系。而其中的关键,是要清楚法学本科生专业实践技能训练和素质养成的阶段性递进规律,并据此确定各模块课程及其开课顺序。一般而言,法律职业技能训练的先后顺序应当是,“实务观察认知→基础技能训练→仿真模拟训练→实战演练应用”,北京航空航天大学法学院本科段的基础

---

① 蔡立东、刘晓林:《新时代法学实践教学的性质及其实现方式》,载《法制与社会发展》2018 年第 5 期。

② 马柳颖:《递进式法学实践课程模块的构建》,载《湖北广播电视大学学报》2014 年第 7 期。

③ 杨继慧:《应用型本科院校法学专业“四层四维”实践教学体系构建研究》,载《沈阳工程学院学报(社会科学版)》2021 年第 3 期。

④ 龙卫球、初殿清、吉冠浩:《北航新法学实践教学的基础与体系——基于新型工业化法学实践需求的线性复合模式的形成和展开》,载《北京航空航天大学学报(社会科学版)》2021 年第 4 期。

性实践育人体系基本上契合这个顺序。

“模块化、递进式”法学专业实践课程体系的建设重点是设置并建设基础性的法学专业实践课。要解决当前我国法学本科实践课程设置中的课程定性及其课时、学分设置不尽合理和专业实践课开设不足、不成体系问题，首先是要增加法学专业实践课的设置，加大学分配置；对于思想政治理论课和通识课中的实践教学，则是重在强化教学方法的实践化。为解决法学本科基础性专业实践技能训练不足的问题，法学专业实践课应优先开设满足训练大多数法律职业类别都得具备的基本专业技能，相应课程也应当优先作为必修或限选的专业实践课来安排。对于当前还应增设的法学专业实践课，在法律职业认知课程模块中宜增设“法律职业见习”为必修类综合性实践教学环节，在法律基本技能训练课程模块中宜将“法学方法论”、“法律论辩”和“法律文书”开设为必修专业实践课，在仿真模拟课程模块中将“模拟法庭”开设为必修专业实践课。

（二）法学本科实践教学课程体系的优化原则

高质量的本科实践教学不仅是实践教学课程设置要科学，同时也要保证所设置的实践教学课程能够实际开课。为了既能解决当前我国法学本科实践课程学分设置的问题，又能防止设置的专业实践选修课成为“摆设课”，“非政法专业高校”在按“模块化、递进式”课程体系建设思路设置和建设专业实践课时，宜按以下原则来落实。

一是要充分利用“非政法专业高校”的优势开展通识实践技能教育。通识实践技能的扎实有效训练，可以为法科学生的专业实践技能训练打下基础。大多数“非政法专业高校”具有学科综合优势，可以利用其他人文社科类甚至自然科学专业所开设的实验或实践课来训练法学本科生的通识实践技能。比如，武汉大学本科培养方案要求学生在七大领域通识教育课中至少修满20学分，同时建议学生在修读大学语文类课程时选择“演讲与口才”“公务管理写作”“表达与沟通”“机关公文写作与处理”等课程，在修读计算机应用类课程组时选择“网页设计与网站建设”“网络信息检索”“信息时代的信息素养教育”“计算思维导论”等课程。这种做法就是充分利用了“非政法专业高校”的学科综合优势。这种做法的好处在于，法学院（系）不需要专门开设训练学生通识技能方面的课程，不再需要配置专门的师资，因而值得推广。

二是“非政法专业高校”要注意避开劣势以免专业实践课成为摆设。与“政法专业高校”的法学专业相比，“非政法专业高校”的法学本科教育一般有两个劣势：其一，法学专业本科生招生人数规模一般不大；其二，专门从事专业实践教学的教师较少。根据课程开设的一般规律，选修类专业实践课往往在高年级开设，低年级本科生在有课可选时往往是“能选尽选”，到三四年级时往往选修学分基本达标了，如果学校对选修课开课的选课人数有最低要求，这就很可能导致部分实践选修课因为选课人数不够而成为培养方案中的“摆设课”。选修类专业实践课的选课人数少，加之开展专业实践教学对教师的实务经验和专业技能有较高要求，能够有效开展专业实践教学的师资相对有限，专业实践课教学就会日渐萎缩。因此，“非政法专业高校”法学本科应优先满足基础性专业实践技能的训练要求,将通用性专业实践课设置为必修课,方向性专业实践课才开设为选修课。如果将通用性专业实践课也开设为选修课,则很可能因为学生选课人数不够而成为“摆设课”;但如果将方向性专业实践也开设为必修课,则会在学分和学时上挤占专业理论课的空间。

三是要把握好专业实践课“分门开设”的度,打造“少而精”的专业实践课。样本高校中有7所高校开设的案例分析和法律实务类课程总共达6门以上。如果案例分析和法律实务类课程按部门法分别开设,就会过细、过多。根据笔者对本校法学专业学生选课情况的多年观察,按部门法开设的案例分析或法律实务课容易分散学生的选择,最终导致不能达到开课人数而无法实际开课的情况。因此,建议集中开设为“案例分析”一门课,在教学内容上细分为民商事、刑事和行政等板块即可。当然,在本科生人数较多的学校,也可以将民商事、刑事和行政分别开设相应的案例分析课。如果确实要打造本校特色,也可在特色方向开设相应的案例分析课,但不宜追求与每个部门法理论课相对应。

四是专业实践课的课程教学要与其他教学环节相衔接,提升专业实践课的教学效果。法学本科生专业技能的训练有多种途径,有些实践技能训练可以用学生课外活动的方式开展。训练学生法律职业认知技能的法律职业见习、社会调查或法律公益服务等都可以通过学生课外活动的形式开展,有高校将社会调查课程和学生课外公益服务活动结合进行,就值得提倡。有些专业技能可以在专业理论课中通过实践教学方法来实现。如案例分析方法,既可以是各专业理论课中适用的案例分析教学法,也可以是集中开设的“案例分析”课,两者一并实施则更好。同样可以多途径并用,如“法律论辩”“法律文书写作”“模拟法庭”等课程,在集中设课时有必要与学生演讲辩论赛、法律文书大赛、模拟法庭(仲裁)比赛等课外实践活动结合起来。如果学生课外实践活动不能与专业实践课的课程教学有机衔接,形成“两张皮”,学生课外活动不仅不能提升专业实践课程的教学成效,还会挤占课程教学时间。

(三)法学本科专业实践课程的建议方案

《新文科建设方案》提出,“夯实课程体系”是新文科建设的关键性任务。根据“模块化、递进式”的法学专业实践课程体系建设思路,结合“非政法专业高校”法学院的优势与劣势,其法学本科的专业实践课有必要区分为实践认知、基础技能、仿真模拟和实战应用4个课程模块,按照以下方案来优化课程设置:

第一,实践认知课程模块。设置“法律职业见习”作为1~4学期本科生的课外实践教学环节,不作排课处理但要设置必修学分,设置“文献检索”作为选修类通识实践课。法律职业见习课有利于学生对法学学科和法律职业形成基础认知,便于学生合理规划自己未来的职业选择并在本科阶段开展相应的实务技能训练。该课程实施方式是让学生自主到公检法司机关、律师事务所或企事业单位的法律事务岗位上开展职业见习并获取学习证明,由辅导员核定成绩和学分。文献检索与应用技能是人文社会科学研究写作和实务文书写作的基础能力，但在法学本科阶段却被严重忽视，①法学本科生应重视掌握法学文献和法律信息的检索应用技能。

第二，基础技能课程模块。该模块设置"法律论辩""法律文书""法学方法论"等必修课和"演讲与口才""公文写作""学年论文""案例分析"等选修课。这些课程旨在训练学生的基本专业智识技能和实务技能，宜在本科3～6学期开设。其中，"学年论文"课程旨在训练学术论文写作的基础能力，"学年论文"最好以文献综述为体裁，为毕业论文写作打基础；"法律论辩"和"演讲与口才"旨在训练口头表达能力；"法律文书"和"公文写作"旨在训练学生的书面表达能力；"法学方法论"和"案例分析"旨在培养法律思维。这些课程中，"学年论文"不作排课处理，学生在老师指导下完成规定质量标准的论文即可；"演讲与口才""公文写作"可以与学生课外演讲比赛、辩论赛、法律文书比赛等活动相结合。

第三，仿真模拟课程模块。该模块设置"模拟法庭"为必修课，设置"模拟谈判"为选修课。这两门课程一般需要学生对法学专业理论知识和基本法律技能有一定的掌握，适宜在5～6学期开设。我国立法工作者、法官和检察官将更多从律师和法学专家中选拔，我国高校法学本科应届毕业生的第一职业主要是做律师或企事业法务，须具备较强的咨询接待与谈判能力，"模拟谈判"对于训练学生接待咨询和法律谈判能力很重要。模拟法庭是训练学生法律职业智识技能和实务技能的综合性课程，是多数高校都普遍开设且课程建设比较成熟的实践课程。这两门课程可以与学生课外的模拟审判、模拟仲裁、模拟谈判比赛结合进行。

第四，实战应用课程模块。该模拟设置"专业实习"和"毕业论文"两个必修类综合性实践教学环节，并开设"法律诊所"作为选修类综合实践课程，这些课程旨在让学生在实际办案中训练职业技能，宜在7～8学期开设。"专业实习"是训练学生实践技能必不可少的环节，要强化过程指导、规范课程考核。在"法律诊所"课程中，学生在实务导师指导下开展接待咨询、法律谈判、文书撰写、出庭应诉、合同或规范性文件审查等实务工作，可以作为选修课开设。"毕业论文"有助于训练本科生的理论判断能力、命题确定能力、资料搜集能力、系统思维能力、发现问题能力、批判和创新能力、写作表达能力等，应当坚持作为必修实践教学环节。

---

① 参见刘冰：《论中国法学本科人才实践教学模式的优化》，载《法学教育研究》2018年第23卷。

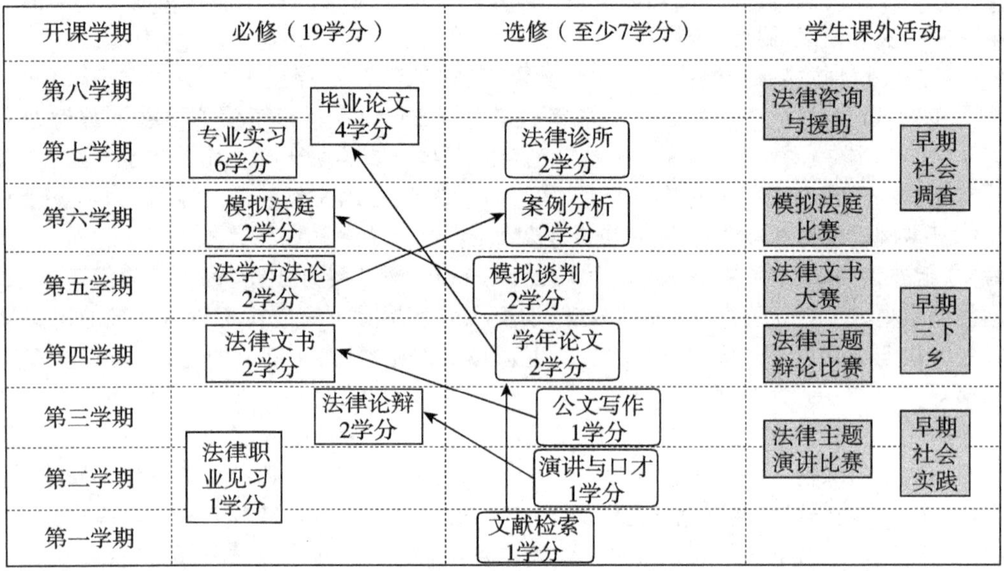

附图:非专业政法高校法学本科实践课程设置

注:(1)图中标注学分仅为实践教学的学分,不含理论教学的学分;(2)图中第二栏和第三栏的实线框内课程需要作排课处理,虚线框内课程不作排课处理,由学生在指定时间段内在校外(或校内)实践教学基地或自主联系单位或人员实施训练;(3)图中第四栏是学生课外活动环节,由本科生辅导员或学生会自主组织开展。

资讯要报模式在应用型文科硕士研究生教育中的兴起及完善

——以国际经济法方向为例*

刘　彬**

习近平总书记在2021年4月视察清华大学的重要讲话指出，要推进"新文科建设"。① 新文科以全球新科技革命为背景，以交叉与融合、协同与共享为主要途径，推动传统文科的更新升级。② 新文科把现代信息技术融入文科课程中，为学生提供综合性的跨学科学习，实现知识扩展和创新思维的培养。当前在新文科建设进程中，以法学为典型代表的应用型文科的硕士研究生教育出现了一个重要动向，即以微信公众号为载体的各种专业资讯要报的广泛出现。该模式作为新生事物，既展现出强劲生命力，同时也暴露出部分不足，亟待探讨。

一、资讯要报模式在应用型文科硕士研究生教育中的兴起

（一）以微信公众号为载体的专业资讯要报大量涌现

当代信息化社会中，自媒体独有的传播功能日益突出。尽管自媒体存在不可忽视、有待规制的一些弊端，但确实以其独有的迅捷性、灵活性、题材丰富性等特点，有效补充了传统媒体之不足。在我国，微信公众号是自媒体的典型代表，且较之其他娱乐性社媒账号，展现出更强的专业性、学术性。因此，在当前应用型文科的硕士生教育中，以微信公众号为载体的专业资讯要报层出不穷，得到高度重视。题材选择上，资讯要报基于特定的学科、专业，在互联网上检索、归纳最新学术信息或动态；主体范围上，资讯要报大多

* 本文为作者主持的2020年度中国学位与研究生教育学会面上课题"疫情防控常态化就业形势下法科硕士生核心技能提升的特色机制探索"（课题编号：2020MSA399）成果。

** 西南政法大学国际法学院副教授，法学博士。

① 参见《习近平在清华大学考察时强调　坚持中国特色世界一流大学建设目标方向　为服务国家富强民族复兴人民幸福贡献力量》，载中国共产党新闻网2021年4月19日，http://jhsjk.people.cn/article/32082039。

② 参见王铭玉、张涛：《高校"新文科"建设：概念与行动》，载《中国社会科学报》2019年3月21日，第4版。

针对硕士生群体,虽然偶尔也有少量博士研究生或优秀本科生的参与,但总体上立足硕士研究生教育,因为本科生的整体知识水平尚不能适应,而博士研究生存在更高的学习要求和更强的自主学习能力;制作形式上,资讯要报多为师生合作的产物,以学生在互联网上搜集专业题材为基础,辅之以导师的方向引领、结构设计和内容选择;发布周期上,资讯要报从一周、半个月、一个月到不定期都有,呈现较丰富的多样性。

法学作为一级学科,是应用型文科的典型代表之一。以法学旗下二级学科"国际法学"的国际经济法方向为例,目前国内高校比较典型的资讯要报机制有:(1)西安交通大学法学院的"国际经贸规则与政策:信息周报",一周一次;(2)上海政法大学上合研究基地的"'一带一路'国别与区域法制动态",一周一次;(3)武汉大学法学院的"网络空间国际规则前沿与态势简报",一个月一次;(4)中国政法大学世贸组织法律研究中心的"贸易救济规则动态",不定期。这些要报均公开发布,题材多样、篇幅各异、周期不一,在学界广受好评,产生了较大影响力。此外,学界可能还存在大量的未公开要报,笔者主持的"国际经济法规则动态跟踪半月报"(以下简称国际经济法半月报)即为一例。

(二)资讯要报模式在应用型文科硕士研究生培养中的具体运作

各个资讯要报因其主旨不同,具体运作方式不一。笔者主持的国际经济法半月报,主旨在于让法科硕士研究生(包含学术硕士与专业硕士)培养重要的核心技能——法律规则动态跟踪能力。世界正处于百年未有之大变局,中国也处于经济社会变革期,内外法治建设不断发展。规则跟踪能力本应是法科硕士研究生的核心技能,但目前不少法科硕士研究生知识储备不足,知识结构陈旧,对规则动态了解不够,甚至不知道如何去了解。身处信息时代却对信息途径极为陌生,这是研究生法律人才培养过程中一种很不正常的现象,亟待创设特色机制进行能力强化,以确保法科硕士生的培养质量。

国际经济法半月报的机制流程大致如下:首先,导师结合硕士研究生的兴趣和专长,在他们入学之初就以落实到人的方式,为其分配相对固定的规则跟踪方向;其次,导师告知学生主要的规则跟踪途径,如主管部门网站、重要学术网站、典型国际组织网站等;最后,由导师牵头,学生分工,按照学术方向合理分配栏目,从各种专业网站上广泛收集、挑选近期的学术热点资讯,并从事摘录、翻译等必要的整理工作,形成本学科方向的规则信息半月报,在同门中乃至学院更大范围内予以散发和推广。但该半月报仅供单位内部学习和研究之用,并不公开,根据知识产权法律规定,这种情况属于合理使用例外,不产生侵犯第三方知识产权的问题。①

为此,笔者专门制作了"国际经济法方向研究生常用学术网站一览表"和"国际经济法规则动态跟踪半月报的制作规范",带领该方向课题组的硕士研究生团队(通常保持在10人左右)已持续运作该半月报机制约2年。半月报共包含5个子栏目,每期篇幅在50页左右,总字数在3万字左右。在多期半月报的制作中,各个子栏目人员进行轮换调整,

① 参见《著作权法》(2020年第三次修正)第24条。

以熟悉多个细分领域,发挥更充分的学习效果。经过2年时间的运转,该机制被证明工作负担适中,具有较好的可持续性。

二、资讯要报模式对于应用型文科硕士研究生培养的独到优势

资讯要报模式的广泛兴起,表明它在应用型文科硕士研究生培养中,相比上课、毕业论文等传统培养机制,必定有其独到优势。

(一)真正树立研究型学习理念

中国高校学生长期以来深受中学时期的影响,习惯在教师讲解下记笔记的讲授型学习模式。近年来,研究型学习理念逐渐受到重视,[①]相关文献的研究对象甚至包括本科生。[②] 但相比之下,研究生既然名为"研究",显然更有必要进行研究型学习。这种学习理念有助于研究生找到问题意识、掌握学科规范、懂得查阅与利用文献、学会选题、从事合作学习。[③] 但应当思考的是,既然理论上有如此多的好处,为何现实中许多硕士研究生依然怠于从事研究型学习？这其中固然有学生惰性的问题,但主要还是培养机制的问题。第一,督促硕士研究生进行研究型学习的约束性机制仍有缺失。当前硕士研究生培养的主要方式依然是上课和写毕业论文,平时的研究型学习主要局限于上课阶段有限的小组报告活动,总体效果仍然有限。第二,研究型学习是一种需要付出大量时间与脑力的学习,必须让硕士研究生在过程中拥有获得感,才能保证研究型学习的持续开展。学习获得感无疑是研究生教育质量的风向标。[④] 但目前的研究生培养机制对学习主体获得感问题关注不足。第三,互联网时代的研究型学习,相比传统纸质时代又有很大不同。不同于纸质资源,网络资源具有无限性、共享性特征,重视学习者发现信息的过程,使学习者相应的信息素养能力也得到培养,更有利于适应信息时代的要求。[⑤] 目前研究生培养机制在这些方面尚存缺失,而资讯要报模式能够很好地填补这一块空白。

实践证明,资讯要报机制的作用在于能够让硕士研究生切实了解本专业领域内有哪些前沿问题,对这些问题应从何种角度去切入解决,相关的规则制定进程与司法推理思路通过何种途径可获得。如此,可使他们在资讯筛选过程中邂逅感兴趣的学术方向,进一步摸索未来学位论文选题,成为建构主义教育观下"意义建构"的主体。[⑥] 同时,该机制对学生还有附带好处:一是深刻认识规范性在知识学习、学术研究中的高度重要意义,

---

① 参见王德勋:《研究型学习方式的内涵及其价值》,载《教学与管理》2007年第6期。

② 参见陈雨露:《构建研究型学习制度　完善本科人才培养新体系》,载《中国大学教学》2013年第10期。

③ 参见王沛、黄建贵:《研究生与研究型学习论略》,载《学位与研究生教育》2007年第11期。

④ 参见李臣之、阮沁汐、纪海吉:《研究生学习获得感影响因素的质性探究》,载《现代教育管理》2020年第11期。

⑤ 参见刘建中:《构建网络环境下资源型学习的策略》,载《中国电化教育》2002年第12期。

⑥ 参见余陈乙:《论合作型学习方法在教学实践中的运用》,载《江苏高教》2010年第5期。

改变轻视形式、轻视规范的不良观念,培养一丝不苟、精益求精的“工匠精神”。① 二是初步养成团队合作习惯,为以后从事团队性质的法务工作打下基础。合作学习理论上历来得到肯定,但在实际运用中却往往存在合作形式化、参与个别化等弊端。② 资讯要报机制能够让参与学生切实产生普遍合作、密切合作的关系,真正贯彻合作学习理论,形成硕士研究生层次原本所应有的师生共享、生生共享的“研究型学习共同体”。③

(二)切实强化过程性评价

目前,我国文科硕士研究生培养机制过于偏重结果性评价而忽略过程性评价,对过程性投入的研究较少。笔者甚至遭遇理工类人士戏言称文科硕士研究生非常轻松,3 年下来只需写一篇毕业论文。应该说,这部分反映了现实问题,因为毕业论文是典型的结果性评价。国际经济法半月报机制则是一种过程性评价。通过条目筛选进行规则动态跟踪,这是一种前置能力,顺带要求文献检索,进而开展文献阅读,最终服务于当代法科硕士研究生“文献能力”强化的目标。通过国际经济法半月报机制,至少可以实现法科硕士研究生以下几项能力的日常训练:前沿信息识别能力、学术文献检索能力、推理思路解读能力、专业英语阅读能力。相比毕业论文、课程考试这些注重识记、背诵的结果性评价手段,半月报这种过程性手段呈现鲜明的评价多元性,更注重培养过程中的综合能力的提升。过程性评价与结果性评价还可以实现互补,例如,导师可要求硕士研究生在未来的学位论文开题报告中,明确说明选题来源与自己平时在国际经济法半月报机制下所阅读文献的思路联系。如此,就可以实现过程性评价与结果性评价的有效挂钩。

过程性评价最关键的因素是日常性、持续性,诚如俗语所云“拳不离手、曲不离口”,运用日常化集训手段,真正使硕士研究生平时的充裕时间转化为他们的学习投入和现实技能。当下在教育学界,新兴的学习投入观已经逐步代替传统的考核结果观。④ 应看到,学生学习强度与管理力度宽松现象的存在,表明应用型文科硕士研究生平时的有效学习投入严重不足。对于硕士研究生,资讯要报是一种学术综述型的学习方式,渗透着导师对硕士研究生手把手指导的学徒制训练理念。该理念已被国内外法律教育界证明行之有效。⑤ 必须指出,学徒制在我国目前系规定于 2022 年新修订的《职业教育法》中,⑥但

① 参见张莉:《“现代学徒制”人才培养模式与“工匠精神”培育的耦合性研究》,载《江苏高教》2019 年第 2 期。

② 参见蔡永:《运用过程性评价促进学生合作学习能力提高》,载《上海教育科研》2007 年第 3 期。

③ 参见李晓华、何巧艳:《论研究型学习共同体的涵义、特征及功能》,载《西北师大学报(社会科学版)》2012 年第 5 期。

④ 参见龚放、吕林海:《中美研究型大学本科生学习参与差异的研究——基于南京大学和加州大学伯克利分校的问卷调查》,载《高等教育研究》2012 年第 9 期。

⑤ 参见张红:《学徒制 VS 学院制:诊所法律教育的产生及其背后》,载《中外法学》2007 年第 4 期。

⑥ 参见《职业教育法》(2022 年 4 月 20 日第十三届全国人民代表大会常务委员会第三十四次会议修订)第 30 条。

在2014年教育部已启动现代学徒制试点。[①] 仅就《职业教育法》规定本身而言，现代学徒制在我国是立足职业教育的概念，以校企合作培养职业技工的“工学结合”为主要形式，与本文的讨论对象存在区别。但是，学徒制下手把手传授的观察学习方式，与资讯要报模式的内在特点具有明显相通之处。因此，本文借用“学徒制”概念，剖析资讯要报模式在法学等应用型文科的硕士研究生培养中的作用。事实上，教育学界已有文献借用此概念分析学术型硕士研究生的学习效能问题，并认为在学徒制训练下，硕士生的科研时间投入会产生累积效应。[②]

学习过程中学习者投入的累积效应属于微观视角。从宏观视角看，资讯要报对学科前沿热点题材的选择和体现，有助于扭转当前涉外法治人才培养工作中教学内容与社会需求相脱节的问题，这恰恰也是学徒制训练的优点。社会互赖理论认为，社会群体中各成员基于共同目标、共同利益，在一定社会结构中展开互动与合作，共享资源并解决问题，形成相互依赖关系。因此，学徒制训练中有必要解决课程目标定位不清晰、课程资源脱离实际岗位工作内容等问题。[③] 与此遥相呼应的是，国际经济法学界有学者鲜明指出：目前整个法学专业人才培养同质化的现象十分普遍，高校没有针对培养目标设计专门的培养体系和机制，教学安排和教学内容与实际情况相脱节，课程和教材建设滞后，这显然不符合涉外法治人才培养的要求。[④] 资讯要报模式虽不能完全克服这一系列问题，但能够发挥部分应对效果。例如，在国际经济法半月报中，“国际贸易法”栏目经常选载“红圈律所”对新近重大国际商事仲裁案件的评析；“国际投资法”栏目经常选载拉美国家对中企能源投资项目的最新征收行动信息；等等。这些都是国际经济法专业硕士研究生在毕业后涉外法务工作中的典型工作领域。半月报使他们在求学期间已经对此类资讯有所浸染并产生一定的思考，从而推动学校培养与岗位需求之间的有效衔接，提升人才培养质量。

(三)有效训练新文科专业能力

当代百年未有之大变局正加速演进，“灰犀牛”“黑天鹅”事件层出不穷。大数据、云计算、人工智能、物联网、云计算等新科技深刻改变人类社会的生活面貌与经贸业态。当

---

① 参见关晶、田诗晴：《高质量现代学徒制：国际倡议与我国反思——基于国际组织倡议的文本分析》，载《教育发展研究》2020年第13期。

② 参见范皑皑、李楚煊、柴亦林：《时间累积与时间分配：学术型硕士的时间投入对科研产出的影响研究》，载《江苏高教》2020年第7期。

③ 参见林琳、樊向前、许国动：《社会互赖理论视角下现代学徒制课程建设的困境与突破》，载《高教探索》2023年第5期。

④ 参见刘晓红：《以习近平法治思想为引领　加强涉外法治人才培养》，载《法治日报》2021年1月20日，第9版。

今世界充满不确定性。[①] 这正是新文科思想在我国应运而生的时代背景。在法律领域,从业者面临信息的变动性、时效性问题。立法机关对法律规则的制定内容、司法机关对法律规则的适用思路均存在快速变动,从而给法律学习者提出了两个任务:前沿动态跟踪能力与大数据思维能力。

新文科建设中,特别值得关注的是硕士研究生的大数据思维能力。如果说本科生还处于高等教育的初级阶段,主要以搭建基本知识框架为主,硕士研究生则显然应走出自然认知阶段,重点转向培养其规律分析、问题导向的能力。有学者指出,主观层面的大数据思维能力主要是强调人对客观事物的本能反应,仅仅觉察大数据的存在,是一种感性思维;而客观层面的大数据思维能力主要是在觉察大数据的基础上进行思考和处理,是一种理性思维,是一种以"解决问题、提供答案"为内在特征的思维。[②] 显然,后者属于更高层级。资讯要报模式在表面上是浅层次的资讯摘抄工作,但实际上,筛选体现学科前沿信息的即时资讯,恰恰可以视为在特定时间段内提出的一个问题,要求硕士研究生给出解决方案。质言之,不但要能够及时获取最新的业界动态,还要确保持续性的跟踪,善于在持续跟踪所获得的海量信息中逐渐摸索、发现一定的学术规律,进而在系统复杂性中挖掘自己的兴趣点,在不确定性中寻找确定性,定位属于自己的"智能推送"资讯,进而赢取获得感。事实证明,这个能力并非与生俱来,大多数硕士研究生在入学初期阶段并不具备,需要在导师指引下进行一段时间的专门训练。

从教学实践来看,绝大多数文科硕士研究生刚入学后确实有一定的学习愿望,但在指引机制缺失的背景下,往往如同一个砍柴少年进入陌生的深山,满眼都是宝藏,于是"熊掰玉米",最后却陷入"宝山空返"的尴尬。在过去,指定阅读书目的做法发挥了一些作用。但是,仅仅依赖这种传统做法,已不能适应当今急速变动世界中的学习需要。随着法律规则推陈出新与司法实践迅速发展,固定的参考书目很容易过时,知识体系有待更新。例如,国际投资法权威书籍关于双边投资条约文本的分析固然经典,但其中对中国国内外资法的介绍,提及传统的"外资三法"以及《外商投资产业指导目录》的内容,客观上显然已经过时。[③] 而且,参考书目往往论述较宏观,无法解决从业者现实中层出不穷的种种细节性知识困惑,这就是日常手把手的学徒制训练之所以重要的根本原因。如何在不确定性中进行学习,已成为法律人包括其他应用型文科从业者的重要课题。有学者指出,新一代信息技术已经成为解决目前新文科研究生人才培养问题的重要研究方法和研究范式,可以加快知识和技能的更新速度,是研究生重塑知识架构和培养思维能力不

① 参见《共同构建人类命运共同体　习近平主席在联合国日内瓦总部的演讲(全文)》,载中国共产党新闻网2017年1月19日,http://jhsjk.people.cn/article/29034230。

② 参见孟凡生、赵艳、李宝虹:《基于大数据思维能力的新文科研究生培育模式研究》,载《情报科学》2023年第10期。

③ 参见单文华、[英]娜拉-伽拉赫:《中外投资条约研究》,魏艳茹、李庆灵译,法律出版社2015年版,第16~18、26~29页。

可或缺的关键要素，有利于加速新文科的建设。① 专业资讯要报正是这样一种有效运用互联网信息技术的新文科学习模式，不但使硕士研究生受益，而且也让导师能够及时掌握最新前沿动态，形成教学相长的良性循环。

三、资讯要报模式在应用型文科硕士研究生培养中暴露出的不足

资讯要报模式在蓬勃发展的同时，也暴露出一些操作层面的不足，在一定程度上影响了该模式的实施成效，需要引起重视。以下仍以笔者主持的国际经济法半月报为例说明。

（一）栏目划分挑战

在新文科重视学科交叉、问题导向的大背景下，资讯要报的栏目划分面临学科传统方向与新兴问题领域之间的矛盾。笔者主持的国际经济法半月报，过去曾按照学科通行教材的习惯性做法，划分为“国际贸易法”“国际投资法”“国际货币金融法”“国际税法”4个栏目。但这种传统划分法很快在实践中遇到了一些障碍，突出表现在：一是不少热点内容存在跨栏目特征，如欧盟清洁能源产业政策等，显然不可忽视，但其内容广泛，涉及贸易、投资、货币金融等多个方面，给题材归类带来挑战，难以决断所属栏目。二是数字法学领域如网络治理、个人信息保护、数据流动、数据监管、人工智能监管等新兴热点，既涉及经济关系也涉及社会、文化、伦理关系，既涉及跨国经济关系也涉及各国国内经济关系，可算作国际经济法范畴也可算作各国国内经济法甚至社会法范畴，题材归类颇为棘手。

针对前一种现象，笔者经思考后决定增设“特别关注”栏目，置于半月报头部位置，将美国、欧盟等大型经济体的此类争议举措归入此栏目，在一定程度上解决了归类问题。针对第二种现象，笔者一度考虑专设一个新栏目“数字法学热点问题”，但数字法学显然属于整个法学一级学科具有共通性、融贯性的范畴，是整个中国法学教育事业的共同面向，②并不专属于国际经济法。最终，半月报将最后一个栏目定为“国际货币金融法、国际税法及其他”，将数字法学与国际经济交往相关的内容纳入。此种安排略显无奈，也并不完美，因为数字法学内容被置于如此靠后的位置——“其他”，显然与其重要性不相匹配。因此，半月报有时又将一些重要的数字法学资讯转置于头部的“特别关注”栏目。通过这些问题，可以管中窥豹：国际经济法学科尽管在传统思维下搭建起了诸如国际贸易法、国际投资法、国际货币金融法、国际税法这样的旧分支划分，但在信息技术、数字经济兴起的时代背景下，已经出现了新的发展趋势。有学者指出，新文科发展的一个深层逻

① 参见孟凡生、赵艳、李宝虹：《基于大数据思维能力的新文科研究生培育模式研究》，载《情报科学》2023年第10期。

② 参见危红波：《数字社会的法学教育因应——基于新文科建设视角的理论考察》，载《华东政法大学学报》2022年第3期。

辑是从以学科为中心转向以问题为中心。[①] 而半月报栏目设置的上述障碍与考量,甚至进一步表明了细化趋势:即使在一个学科内部,也存在以"分支"为中心转向以问题为中心的现象。

(二)语言运用问题

语言运用问题分为中文与英文两个层面。国际经济法半月报的5个子栏目均要求中文资讯与英文资讯大致各半,以求学生的本土化意识与国际化思维同时并举。中文层面的问题是,中文资讯可以在互联网上进行直接复制,最终体现在半月报中,并不能判断学生是否真实阅读了这些内容,也就无法确保学习效果。纵然导师反复强调,必须对中文资讯进行有效阅读,但这种单纯的督促方式缺少有效的核验机制。有一个方法是要求学生对中文资讯进行摘录,反对全盘复制,如此可让学生在实际阅读后再撷取精华部分。但这也只能起到一定作用,难以真正杜绝简单复制这一形式主义行为。

英文层面的问题是,外文资讯编译对参与者外语能力的要求较高,而一些学校的硕士研究生生源质量不高。一部分硕士研究生本科履历一般,专业英语能力不强,能熟练运用英语作为工作语言者寥寥无几,这就严重制约他们参与英文编译的积极性和工作质量。从实践来看,学生对英文资讯的翻译存在明显"短板",许多译法词不达意,甚至严重依赖智能翻译工具。英文资讯大多篇幅较长,写作思维和表达方式不同于中文资讯,其中很多长句较难理解,需要学生有较好的知识功底、勇于破冰的探求精神、不懈奋斗的毅力坚持。这方面能力的不足,既是语言运用问题,也与学生基础知识结构的不完善息息相关。综上,学生对英文资讯的学习成效仍需设法提升。

结合新文科建设背景,需要特别指出,新文科强调以问题为导向,进行学科综合、学科交叉。而实践中许多问题,是从语言本身产生的,往往要求学习者直接运用外语思考如何进行概念提炼、推理演绎。国际经济法这一高度国际化的应用型学科更不例外。[②] 因此,新文科建设需要正确认识新文科与外语学科的关系,不能只把关注点单纯放在新文科上,而应高度重视外语技能提升和综合知识在跨文化沟通中的恰当应用。[③] 应用型文科中,跨文化沟通能力至关重要。目前国内各法学院系的涉外法治人才培养工作,往往单纯重英文课程设置而忽视其中的跨文化法律思维体验。专业资讯要报的英文编译环节可以弥补这一缺失,但需要在学生外语能力跟上的前提下,方能有效实施。

(三)技能转化障碍

国际经济法半月报制作出来后,并不等于学生已将要报内容充分消化吸收,转化成了自身技能。阻碍因素有二:一是硕士研究生本身的知识水平。学科前沿资讯大多较高

---

① 参见阮倩:《基于学科发展逻辑的新文科建设理念与路径》,载《学术论坛》2022年第6期。

② 例如,世贸组织争端解决裁决书中"as such"与"as applied"的区分,就是需要直接运用外语进行思考的典型例子。

③ 参见黄国文:《新工科、新医科、新农科、新文科与外语学科建设的关系》,载《中国外语》2023年第5期。

端,一些硕士研究生受限于平时知识接触面,往往一知半解。二是资讯碎片化挑战。在法学家族中,国际经济法属于晚近以来新兴、综合的交叉学科,与发展中国家改革开放密切相关,[①]非常适合作为新文科建设的“试验田”。国际经济法以贸易、投资、金融、税收等跨国经济交往活动为调整对象,不是传统意义上的部门法,而是一门典型的“领域法学”,[②]与“人工智能法学”“数字法学”等概念十分相似。但也正因为此,半月报各栏目的资讯类型较多元化、多样化甚至复杂化。相对法学家族中内在机理较稳定的其他传统二级学科如民法、刑法等,国际经济法资讯呈现比较明显的碎片化特征,对学生理解消化提出了更高要求。

综上,一些学生知识水平局限与资讯碎片化挑战的叠加,将导致一些学生“看不懂”。如不及时应对,这将使其消化吸收困难,面临技能转化障碍,使半月报的教学效果大打折扣,甚至流于形式。这可能也是新文科建设与发展过程中,高等教育界将要面对的普遍问题。正因为在学生中存在“看不懂”现象,所以每期半月报制作完毕后,学生在自己参与栏目之外,并不一定系统阅览半月报全文,更遑论消化吸收。在半月报经验总结的师生座谈会上,根据参与学生的如实反映,仅有个别人会保持每期全文通读的习惯,而多数人是针对自己感兴趣并且看得懂的局部题材进行选择性阅读,个别情况下因其他事务分散了精力,也可能基本不阅读。

(四)学生坚持动力

国际经济法半月报机制面向硕士一年级、二年级学生开放,实行新老结合、以老带新,通常保证每个学生都有 2 年的参与周期。但硕士研究生具化到个体,生源质量参差不齐。每当寒暑假来临,相当一部分硕士研究生就呈现动力不足、难以坚持的迹象。课题组给参与半月报制作的学生按月发放劳务费,但这个激励尚不足以让学生在上述特定时段继续坚持。此问题在一定程度上影响了半月报的制作期数。

从根源看,动力问题只是表象,实质在于学生基于自身水平向外赢取获得感的能力。获得感强,就有动力;反之则无。获得感本质上是一种自我过程性评价(或曰过程性体验),是用积极的情态激活学习追求的发动机。[③] 获得感与自我效能感紧密相关。自我效能感是个体对自己是否能够成功地进行某一成就行为的主观判断,是直接影响个体自我调控的关键变量。[④] 可以认为,获得感与自我效能感是正相关关系,学习主体在学习过程中的获得感越强,就越增强其自我效能感的认知。这就表明,新文科建设过程中学习情感的引导不可或缺。资讯要报模式有必要在这方面有针对性地强化设计。

---

① See Seema Sapra, *An Agenda for Teaching International Economic Law in Indian Law Schools*, 2 Indian Journal of International Economic Law (2009), p. 103.

② “领域法学”的概念,参见刘艳红:《从学科交叉到交叉学科:法学教育的新文科发展之路》,载《中国高教研究》2022 年第 10 期。

③ 参见梁春琳:《学习主体自我过程性评价的认知缺失与策略建构》,载《广西社会科学》2012 年第 11 期。

④ 参见桑青松:《自我调节学习:策略型学习者实现自我效能的超越》,载《心理科学》2004 年第 5 期。

四、进一步完善资讯要报模式的主要建议

对上述问题,可考虑以下完善路径加以应对。

(一)系统性进行基础知识学习

在技能转化障碍的讨论中,学生知识水平局限与资讯碎片化挑战的叠加,根源依然在于平时的基础性学习需要加强。唯有自身内功充足,才能更好理解各类前沿动态,对碎片化资讯进行去粗取精、去伪存真、由此及彼、由表及里的清晰梳理。这一点对于师生的要求都是一样的。

因此,资讯要报模式不能脱离基础性学习独立存在,而是作为一种有效的辅助教学手段。教师不可用资讯要报模式直接代替学生平时对系统性基础知识的扎实积累。鉴于现阶段中国文科硕士研究生的技能特点,需要在新兴的研究型学习与传统的讲授型学习之间保持必要的平衡。研究型学习确实是经过理论与实践证明的好理念,但践行过程不可操之过急,更不宜一味偏重。讲授型学习是守正固本,研究型学习是创新发展,两者相辅相成。在讲授型学习之外,定期的线上读书会也能有效促进学生构建基础知识体系。

资讯要报模式可以反过来促进学生平时的基础知识学习。这是由于过程性评价注重对能力的多元性评估,能转换学习者的关注焦点,由单一的分数关注转向学习过程中的问题解决和能力提升。过程性评价可以作为一种良性干预手段激发学习投入。① 应看到,文科学生平时基础性知识学习的积极性不高,其重要成因之一在于缺乏明确的问题导向意识,不能挖掘出知识关注点,也就无从激发学习兴趣。相比对各种教材和文献的体系化泛泛阅读,硕士研究生在参与了一段时间的资讯要报工作后,能够令研究兴趣更加清晰,研究问题更加聚焦,强化对自我过程性评价的认知,进而有效提升平时基础知识学习的质量。

(二)将资讯要报机制纳入硕士研究生管理制度

目前,我国高校文科硕士研究生的培养方式主要有平时上课、指定阅读、期末考试、毕业论文等。这就显著暴露出结果性评价为主、过程性评价不足的弱点。其中,期末考试和毕业论文显然都属于结果性评价。平时上课与指定阅读虽带有过程性评价色彩,但显然学习强度与管理力度都比较宽松,无法避免应用型文科硕士研究生平时大量时间陷于宽松状态。应用型文科重在“应用”,应用则必重日常训练,而我国现状是应用型文科硕士研究生的日常化技能训练严重不足。这已经明显制约此类专业的人才培养效能,对学生就业竞争力产生不可低估的负面影响,在当前的就业形势下表现得更明显。

专业资讯要报则是一种典型的过程性评价、学徒制训练的日常机制。它以“手把手”动态教学的方式,给学生大量增加平时的细节性知识交流,充分补充“默会知识”,②能有

① 参见何春梅:《过程性评价、成就目标定向与学习投入:机制与路径》,载《高教探索》2020 年第 11 期。

② 参见徐金雷:《技术的默会知识及其实践培育》,载《华东师范大学学报(教育科学版)》2018 年第 6 期。

效弥补上课讲授与指定阅读之不足。默会知识是复杂技艺中难以用言语表述或表述出来过于烦琐,但在实践操作中又会大量接触、对实践操作成败常常具有决定性作用的细节性知识。学徒制训练有助于默会知识的有效传递,这已得到教育学的观察学习理论的承认。① 文科专业无论上课讲授还是指定阅读,一定程度上存在偏重宏观性的缺陷,学生存在的微观性、细节性、操作性困惑。学徒制训练可以有效补救这种不足。但是,学徒制自有其内在运作规律,需要配套制度加以保障。② 因此,可考虑将专业资讯要报作为一种日常化培养方式,正式纳入高校应用型文科硕士研究生的管理制度。一旦纳入,可望强化该机制的约束力,显著提升师生的重视程度与投入程度。

有观点认为,新文科建设自提出以来,在一定程度上存在"上热中温下不均衡"现象,为此需要强化机制保障,特别是完善质量评价机制。③ 可见,只有在机制保障上作出针对性设计,才能真正激发师生对专业资讯要报的工作积极性。强化机制保障,本质上是加大学习资源的投入力度。④ 当前,对资讯要报模式特别需要增加课题经费的长期支持力度,为参与师生提供更多的动力激励。

问题在于,不同于期末考试、各类测验以及毕业论文,专业资讯要报很难以一种量化考核分数的形式来呈现工作结果,在高校传统的人才培养质量评价体系下,恐有徒劳无功之虞。这就要求在新文科建设背景下,打破纯功利性思维模式,坚持久久为功,构建"超越绩效"的成长性评价机制。⑤ 应明确,专业资讯要报这种培养模式,最重要的价值在于"过程"的持续存在。将专业资讯要报培养模式纳入硕士研究生管理制度只是第一步,接下来在具体评价标准上,首先应以"坚持"为第一要素,重点考核资讯要报的定期化、定量化指标,其次再以"绩效"为第二要素,运用智能化手段,要求制作团队提交题材统计报告,考察其所选题材的热点程度的指标状况。如此,才能使专业资讯要报真正发挥应有作用,也对师生形成有效的任务督促,促使文科学生走出惰性状态。

(三)适度优化要报机制的运作技巧

首先,一些学生在制作过程中对中文资讯简单复制、制作完成后并不仔细阅读要报的问题,在相当程度上与学生看不懂资讯内容有关。对此可考虑两个优化措施:(1)教师在中文资讯筛选的反馈过程中,对具体条目所涉要点进行适当的指引性说明,增加师生互动,帮助学生梳理条目中有价值的资讯精华,以此提升学生的阅读兴趣。(2)教师根据实际情况,定期要求学生提交资讯学习心得,以此检验学生对要报承载信息的了解程度,

---

① 参见杨嵩:《观察学习理论下学徒制默会知识传递路径的质性研究》,载《高教探索》2021年第8期。

② 参见吴学峰、徐国庆:《我国现代学徒制发展中的"制度"与"制度化"问题》,载《现代教育管理》2017年第10期。

③ 参见樊丽明:《论新文科建设的机制保障》,载《中国高教研究》2023年第5期。

④ 参见岳慧兰:《知识接受型学习向探究式学习转变路径》,载《中国高等教育》2020年第20期。

⑤ 参见陈吉鄂、丘艳娟:《教育评价变革助推人工智能时代新文科建设》,载《教育学术月刊》2023年第5期。

并对学生心得进行实质性梳理,及时解答他们反映的困惑和问题。

其次,一些学生解读、翻译英文资讯能力较弱的问题,对此别无选择,唯有通过强化专业英语能力训练、平时多看多读才能解决。由于各个学科的专业英语内容及其训练方式各不相同,本文对此不作赘述。

最后,资讯要报制作需要结合适当的反馈机制,并作为实施过程的必要元素。通过事前反馈,教师才能了解学生的基础、兴趣和需求,便于在后续制作过程中对症下药。通过事后反馈,教师才能了解要报机制在实施了一段时间后学生的满意度、获得感、知识技能掌握情况等必要信息,听取学生的改进建议。此外,反馈范围还可以进一步扩展至教师的校内同事与校外同行,以吸收更多来源的评价意见,同时有助于扩大要报的业界影响力。通过多元评价为教师提供及时有效的反馈,是过程性评价系统的必要指标之一。①

有一点可以肯定,上述这些优化措施都需要教师加大教学精力投入,对教师提出了更高要求。换言之,教师不应只简单一览条目标题等概括性信息,自己不作进一步教学投入,却反过来要求学生必须深入阅读。

(四)推动各类资讯要报的专精化发展

应用型文科自有其核心专业技能,例如,在法学专业中就是以规则为中心的法律解释、法律推理、法律适用。当下新文科建设中的学科交叉理念无疑是先进的,但学科交叉也会带来资讯泛滥化、碎片化的挑战,分散学生精力,在一定程度上影响硕士研究生核心专业技能的培养。这就使人们在新文科建设中面临传统的专业技能培养与新兴的学科交叉需求之间的张力,实际也就是守正与创新之间的张力。这两者理论上应当是并行不悖的,但具体操作层面却存在不小的协调难度。

需明确的是,新文科建设中的学科交叉不应是"为交叉而交叉"。有学者主张,新文科应对接国家行业需求,精设特色交叉研究方向。② 这是一个非常可取的思路。为此,法学专业单个硕士点可积极推动各类资讯要报的专精化发展。例如,可在国际经济法方向中设置多种要报机制,有的持续跟踪中美欧产业政策角逐,有的关注"一带一路"海外投资纠纷,有的从事国际商事仲裁的资讯收集,有的专长于国际税务争端主题,有的关注跨境电商、数据流动规则的发展等。专精化要报可大大缓解新文科的资讯碎片化问题,促使感兴趣的学生在要报训练上有所选择,避免"全面出击"。

以上各项建议举措,并非各自针对第三部分中各个具体问题,而是旨在求得上述问题的系统化、整体化解决。例如,要求硕士研究生系统性进行基础知识学习,无疑贯穿资讯要报工作的各个环节,是要报工作的有效性前提;将资讯要报机制纳入硕士研究生管

---

① 参见杨伟杰:《高校教师教学质量过程性评价系统的设计与实现——基于 Assessment Portfolios 的实践》,载《现代教育技术》2013 年第 3 期。

② 参见范明献、肖雪:《学科交叉与协同融合:新文科背景下的研究生培养模式改革》,载《中国高等教育》2022 年第 24 期。

理制度，毫无疑问将有利于强化机制保障，促使师生都加大投入，尤其促使学生加强专业英语能力、充分阅读每期资讯、长期坚持团队工作；适度优化要报机制的运作技巧，有助于硕士研究生强化学习动力，增加知识收获；推动各类要报的专精化发展，有助于应对资讯碎片化问题，提升学习效能。因此，以上建议举措不宜机械拆分，而适合整体推进。

五、结论

资讯要报模式在当代应用型文科硕士研究生教育中的兴起并非偶然，而是新科技发展与新文科建设的必然催生结果。该培养模式运用自媒体与网络信息载体，有效弥补了文科硕士研究生传统培养方式缺乏日常化训练与过程性评价的问题，有效增进了文科硕士生在不确定世界中对专业前沿动态的迅速把握，但同时也带来了资讯碎片化问题，具有栏目划分挑战、语言运用问题、技能转化障碍、学生坚持动力等内生性缺陷。然而，这一新生事物的生命力毋庸置疑，如能在教学实践中适度优化，加强管理和引导，经科学论证后上升至研究生管理制度层面，促使师生两个层面都提高重视程度、加大时间投入，则必将拥有更远大的前景。

健全法学教学体系*

陈柏峰**

2023年2月,中共中央办公厅、国务院办公厅印发《关于加强新时代法学教育和法学理论研究的意见》。这充分体现中央对新时代法学教育和法学理论研究的高度重视。《关于加强新时代法学教育和法学理论研究的意见》通篇贯穿了习近平法治思想,是新时代法学教育和法学理论研究的重要遵循。在全面建设社会主义现代化国家、全面推进中华民族伟大复兴的关键阶段,我国对高素质法治人才有着迫切需求和热切期盼,而健全完善的法学教学体系是培养高素质法治人才的必备条件。因此,必须深入贯彻习近平法治思想,全面落实《关于加强新时代法学教育和法学理论研究的意见》精神,遵循社会主义法治人才成长规律,回应新时代法治人才培养需求,健全法学教学体系,优化人才培养路径,提高法学教学质量,努力培养德才兼备的高素质法治人才及后备力量。

一、健全思想政治教育和法律职业伦理教育

党的二十大报告提出:"教育是国之大计、党之大计。培养什么人、怎样培养人、为谁培养人是教育的根本问题。育人的根本在于立德。全面贯彻党的教育方针,落实立德树人根本任务,培养德智体美劳全面发展的社会主义建设者和接班人。"①立德树人是党中央对新时代教育事业作出的总体要求,也是新时代教育事业的发展方向。思想政治教育是立德树人的关键环节,职业伦理教育对法治人才也至关重要。立德树人、德法兼修,是思想政治素质和法律职业伦理的总体要求。法治工作是政治性很强的工作,对法治工作队伍的思想政治素质要求很高,必须忠于党、忠于国家、忠于人民、忠于法律;法治工作还是专业性很强的工作,法律职业伦理要求法律人拥有崇尚法治、捍卫公正、恪守良知的职业品格。法学教育承担了法治工作队伍及后备力量培养的任务,对思想政治素质和职业伦理的要求高于很多专业,健全的法学教学体系涵盖完善的思想政治教育和法律职业伦

* 本文属于国家社会科学基金重大项目"习近平法治思想的实践伟力及其创新机制研究"(项目编号:22&ZD199)的中期成果。

** 中南财经政法大学法学院院长、国家治理学院院长,教授。

① 习近平:《高举中国特色社会主义伟大旗帜　为全面建设社会主义现代化国家而团结奋斗——在中国共产党第二十次全国代表大会上的报告》(2022年10月16日),人民出版社2022年版,第34页。

理教育机制。

思想政治教育的主要机制有三个方面：一是思政课程，二是课程思政，三是日常思想政治工作。前两个方面属于教学体系的重要内容。与此类似，法律职业伦理教育在教学体系中也有两个方面的重要内容：一是法律职业伦理课程，二是以“课程思政”的方式传授法律职业伦理。法律职业伦理教育是法治工作和法学教育实践中的“思想政治教育”，从思想政治和职业规范的双重角度对法律职业行为进行评价和约束，它应与思想政治教育相向而行、协同发力。它们都属于“大思政”教育的范畴。

思政课是落实立德树人根本任务的关键课程。它是“理论”课，是宣传马克思主义理论及其中国化理论成果的课程，其中的“理论”主要包括毛泽东思想、中国特色社会主义理论体系、习近平新时代中国特色社会主义思想。这些理论凝聚了党和国家的意识形态建设需要、社会主义建设需要，同时也是学生成长成才的客观需要和必然要求。思政课程传播的知识带有很强的政治性和价值性，学生通过教学、体悟而习得，进而成为自身的行为准则，并成为社会的价值导向。这一过程不可能通过单方向的灌输而实现。习近平总书记指出：“思想政治理论课能否在立德树人中发挥应有作用，关键看重视不重视、适应不适应、做得好不好。思政课的本质是讲道理，要注重方式方法，把道理讲深、讲透、讲活，老师要用心教，学生要用心悟，达到沟通心灵、启智润心、激扬斗志。”①这一论述明确提出了思政课的本质。在社会政治方面，思政课是落实立德树人根本任务的关键课程，其本质是铸魂育人，培养社会主义建设者和接班人；在教育教学方面，思政课是一个教书育人的过程，其本质是讲道理，从思想理论上促进学生成长。② 思政课以马克思主义的立场、观念、理论、观点、学说作为课程内容，具有很强的政治性，但是讲述过程不能停留于政治宣示，也不能仅仅是政治宣讲，而需要用学术的方式，甚至从日常生活的道理出发，讲清楚政治性的理论、观念、战略、政策背后的思想依据、学理逻辑、事理规律。

党的十八大以来，思政课在教育教学体系中的地位日益凸显，相应的环境和生态持续优化，思政课在铸魂育人方面的成效显著。进一步推进思政课程建设，需要持续推动融入党的创新理论，遵循教书育人过程的规律，从“讲道理”的本质出发，不断增强针对性、提高有效性，实现入脑入心。必须改革创新思政课程教学体系，结合社会实践开展理想信念教育、中华优秀传统法律文化教育；同时，强化法律职业伦理和职业操守教育，培育崇尚法治、捍卫公正、恪守良知的职业品格。

第一，建构党的创新理论研究阐释和教育教学的自主知识体系。建设思政课课程群，并结合法学学科规律和实际，围绕习近平法治思想、宪法法律、中华优秀传统法律文化等开设相应的思想政治理论必修和选修课程，根据中国法治实践开设法律职业伦理课

---

① 《习近平在中国人民大学考察时强调坚持党的领导传承红色基因扎根中国大地走出一条建设中国特色世界一流大学新路》，载《人民日报》2022 年 4 月 26 日，第 1 版。

② 参见刘建军：《如何理解“思政课的本质是讲道理”》，载《中国社会科学报》2022 年 5 月 20 日，A4 版。

程或在相关专业课程中设置法律职业伦理方面的内容。第二,拓展思政课程和职业伦理课程的课堂教学内容。围绕新时代的伟大实践,挖掘各种红色资源,将生动鲜活的实践成就和英雄模范的先进事迹等引入课堂,将法治实践中的典型案例恰当引入法律职业伦理课程。第三,强化问题意识、突出实践导向,构建实践教学工作体系。整合思政课教师和辅导员队伍,使其共同参与组织指导思政课实践教学。根据实际情况设置实践教学课程,合理设计实践教学内容,要防止实践教学表面化、休闲化。第四,创新课堂教学的方法。针对大学生思想、心理特点、法律职业特点,采取针对性的教学方案,以大学生更容易接受的方式进行思政课教学和法律职业伦理教学。注重采用多样化的教学方法,如小组研学、课题研讨、论题辩论、案例分析等,调动学生学习的主体性,破除单方向的宣示和灌输。

课程思政是落实立德树人根本任务的综合教育理念和重要举措,要求将思想政治教育元素包括理论框架、价值导向、精神追求等融入专业课程中,以期对学生的思想意识产生潜移默化的影响,从而起到思想政治教育的作用和效果。课程思政旨在构建全员、全程、全课程育人格局,使各类专业课程与思想政治理论课同向同行,形成协同效应。在"立德树人"中,"德"是教育的根本,人才培养不仅需要向学生传授专业知识,还要把习近平新时代中国特色社会主义思想和社会主义核心价值观有效融入专业课程。只有让课程体系、教学体系、教材体系都围绕这个目标来设计,教师围绕这个目标来教学,学生围绕这个目标来学习,才能聚焦凝力、取得实效。几乎法学专业的所有课程,都有课程思政教育融入的巨大空间,典型的必修课如"习近平法治思想概论""法理学""宪法学""国际法""国际经济法""环境保护法"等。目前各法学院校设置的新兴选修课程,如"党内法规学""监察法学""社会治理法学""国家安全法学""网络法"等,也很适合融入课程思政教育。

这些课程教学应当坚持"立德树人、德法兼修"的法治人才培养理念,深入贯彻习近平法治思想,创新课程教学方式,将思政要素融入专业教学内容之中,使思想政治教育、法律职业伦理熏陶像"盐"一样融入专业知识学习。不是教条主义地宣扬中国法治的优越性,而是着眼专业和学科的知识体系,从实然层面系统、全面地描述当代中国法治,从国情出发讲述"中国法治故事";在学生对当代中国法治有系统认知的基础上,导入中国法治的理想图景、制度优越性等教学话题,实行"因势利导、顺势而为"的教学。如此,专业课程里有"思政味",学生却无被"说教感"。学生在"知其然"又"知其所以然"之后,沿着求真理、悟道理、明事理的方向前进,更能坚定理想信念,践行社会主义核心价值观,厚植爱国主义、集体主义、社会主义情怀,增强"四个自信",扎根人民,做社会主义法治的忠实崇尚者、自觉遵守者、坚定捍卫者。

二、完善多层次法学教育教学体系和质量认证体系

我国法学高等教育分为本科教育和研究生教育两种。大学本科教育是高等学历教育的基本组成部分,本科教育主要分为全日制本科和非全日制本科两种。全日制法学本科在学校学习,非全日制本科分为自考、成人高考、网络教育、开放教育等多种类型。研究生教育也是高等学历教育的重要组成部分,一般由拥有硕士点、博士点的普通高等学校或科研机构开展。研究生教育包括全日制和非全日制两种,有硕士、博士两个层次,分为学术型、专业型两种。学术型研究生教育以学术研究为导向,偏重理论研究;专业型研究生教育定位于,培养具有扎实理论基础并适应行业或职业工作的应用型高层次专门人才。法学学位包括法学学士、法学硕士、法律硕士、法学博士、法律博士。此外,还有高等职业院校的法律职业教育,它着眼于培养从事执法、司法、管理、法律服务等一线工作的应用型、技能型法律人才。

党的十八大以来,我国法学教育教学体系发展迅速、成效显著,法治人才培养规模和质量不断提高,形成了多层次的法学教育教学体系。但各层次的法学教育教学体系多少都还存在尚需完善之处,都有改革需求,因此需要针对实际情况,合理定位并发展多层次法学教育教学体系,《关于加强新时代法学教育和法学理论研究的意见》提出了改革方向和安排。

在法律职业教育层次,照搬法学本科教育教学模式的现象较为普遍,缺乏成熟的高职院校法治人才培养的特色,课程体系安排多是对法学本科教学模式的压缩和翻版,而且往往以加强学科理论基础为借口为这种懒惰模式辩护。如此,高职院校法律职业教育所应当重视的学生实践能力、技能养成并没有得到高质量培养,实际培养方式与职业需要出现脱节,与培养实务型、强技能法律职业人才的目标要求出现背离。

在法学本科教育层次,教学模式较成熟。法学本科教育立足于回应依法执政、科学立法、依法行政、公正司法、高效高质量法律服务的国家和社会需求,培养理论知识深厚、专业技能过硬、职业伦理优良的高素质法律专门人才,要求其熟悉国内国际规则、具备法律实务能力、拥有交叉复合的知识结构、养成持续学习习惯,进而能够适应法律职业发展。目前,法学本科教育体系不尽完善,学科和课程体系设置存在不足,社会急需的新兴学科课程开设不足,学科交叉融合不够,课程知识与实践结合不够,知识生产能力不足。

在研究生教育层次,学习贯彻习近平法治思想的程度还需要进一步深入,对法学学科知识体系建构的指导作用发挥还需要进一步充分;有的学科课程知识建构落后于实践,有效解释法治实践现象的能力不足;知识教学与实践发展结合不足,法治工作部门的实践资源引入研究生教育教学过程不足;研究生教育体系发展与全面建设社会主义现代化国家、全面深化改革、全面依法治国、全面从严治党的实践的统一性有待完善,党内法规学、纪检监察学、社会治理法学、国家安全法学、数字法学等新兴学科的发展速度不快。

针对以上各层次法学教育教学存在的问题,应当适应多层次多领域法治人才需求,扶持发展法律职业教育,夯实法学本科教育,提升法学研究生教育。因此,需要合理定位各层次法治人才培养的基本要求,确立国家质量标准,深化教育教学改革,坚持立德树人,强化协同育人,分层次施教,丰富课程、创新教法、强化师资,突破人才培养薄弱环节,增强学生的创新精神和能力,促进学生全面发展,提高法治人才培养质量。按照《关于加强新时代法学教育和法学理论研究的意见》要求，应当完善法学一级学科博士、硕士学位基本要求，法律专业学位基本要求，法学类本科专业教学质量国家标准；更新职业教育法律相关专业教学标准。

由于目前高职院校法律职业教育的培养模式，与培养实务型、强技能法律职业人才的目标要求，普遍还存在较大程度的背离，因此，职业教育法律相关专业的教学标准亟须更新，习惯于传授书本知识而缺乏实践能力培养的错误倾向必须被扭转。

在法学本科教育方面，《法学类教学质量国家标准(2021 年版)》是目前的有效标准。这一标准强调法学类本科专业教育的应用性和实践性，及其在国家民主法治建设中发挥的重要的基础性作用，并将法学类专业教育定位为素质教育和专业教育基础上的职业教育。这一标准对知识要求、能力要求、素质要求、课程体系、教学规范、教师队伍、教学条件、教学效果、质量保障体系作出了系统规定，有利于法学本科教育坚持立德树人、德法兼修，创新法治人才培养机制，深化教学改革，提高法治人才培养质量。未来，随着全面依法治国实践对法学本科教育的要求不断提高，法学类教学质量国家标准还应当根据定位和办学特色进行相应调整。

在研究生教育方面，法学一级学科博士、硕士学位基本要求的制定和完善，需要综合考虑博士、硕士研究生培养的实际，从学科前沿、社会需求、知识结构、综合素养与能力、基本规范等方面进行细致研究，以在研究生培养环节保证质量、体现特色、突出能力，既保证基本要求在全国范围内具有可执行性，也为学位授予单位制定更高或更有特色的标准留有空间。

在法律专业教育方面，目前的专业学位主要是法律硕士，定位于培养立法、司法、行政、执法、法律服务，以及国民经济各行业领域所需要的高层次的复合型、应用型法律人才。法律硕士已有较为成熟的学位基本要求，对专业特色、师资队伍、课程教学、实践教学、培养质量等方面作出了要求。法律博士的学位基本要求，可能是未来需要制定的。国务院学位委员会、教育部 2020 年 9 月印发的《专业学位研究生教育发展方案(2020—2025)》，鼓励设立法律专业博士学位点，目前个别高校已开始尝试设立。目前，法律专业学位教育中存在一些普遍性问题，即有的教师实务能力不强、实践能力培养不足、学校与实务部门衔接不畅等，这些问题归根结底就是法律专业学位教育的实践导向没有被充分体现出来，应当从入学考试、培养过程、培养质量、职业资格衔接等多方面进行改革。

第一，探索法律专业学位研究生入学考试改革，加强对综合素质、实践能力的考察，鼓励入学考试与培养项目或专业方向结合，引入实务导师参加，实行多样化的入学考察。第二，改革课程体系和培养模式，提高学生实务能力。一是要改变"重理论轻实践"的倾向，加强实务课程建设，采取案例教学、实务研讨等多样化的教学方式；二是要加强实习基地建设，安排经验丰富的实务导师、专业过硬的校内导师联合指导，强化实习过程的监管；三是全面推行双导师制，强调发挥校外导师在实践课程、实习环节的作用。第三，探索建立法律专业学位研究生教育和法律职业资格衔接机制。法律专业学位研究生教育指导委员会曾探讨建立统一的法律职业人员规范化培训制度、探索构建统一的法律硕士司法助理制度和建立认证评估体系。① 可以考虑,采取与师范专业同等衔接模式,试点师范院校师范生免试认定中小学教师资格,部分试点法律院校法律专业研究生免试认定法律职业资格。总之,应当在法治工作部门支持下,采取多种办法提高法律专业学位研究生培养质量。

三、更新完善法学专业课程体系

按照《法学类专业教学质量国家标准(2021 年版)》的规定,法学专业核心课程采取"1 +10 + X"分类设置模式。"1"是习近平法治思想概论;"10"是学生必须完成的10门专业必修课,包括:"法理学""宪法学""中国法律史""刑法""民法""刑事诉讼法""民事诉讼法""行政法与行政诉讼法""国际法和法律职业伦理";"X"是各院校根据办学特色开设的其他专业必修课,包括:"经济法""知识产权法""商法""国际私法""国际经济法""环境资源法""劳动与社会保障法""证据法和财税法","X"选择设置门数原则上不低于5门。其他课程属于专业拓展或深化的课程,甚至可以在学生掌握核心课程后由其自学完成。在法学专业课程体系中,尤其需要处理好习近平法治思想概论这个"1"与"10 + X"等核心课程、必修课程的关系,它们类似"总论"与"分论"的关系,既互为一体,又各有分工。②

随着全面依法治国实践的深化,法学学科体系也随之变化,新兴学科蓬勃发展,它们逐渐进入法学本科课程体系中,应当成为更新完善法学专业课程体系的主要考虑方向。

一是党内法规学。党的十八大以来,法治思维和法治方式被运用于全面从严治党,党内法规建设取得历史性成就,依规治党得到历史性发展,形成了比较完善的党内法规体系。同时,党内自上而下建立起党内法规工作组织体系、制度体系和专门工作队伍,党内法规规划、制定、解释、清理、备案审查、评估工作同步推进。一些高校在法学一级学科下设置独立的党内法规学二级学科,中央"马工程"重点教材《党内法规学》出版,很多法学院开设党内法规学课程。

二是监察法学。我国进行国家监察体制改革,制定了国家《监察法》,设立国家监察委员会,与党的纪律检查委员会合署。党统一指挥、全面覆盖、权威高效的纪检监督体系已经建立起来,党的监督活动与国家监察活动融贯合一,纪检监察活动达到了历史新高度。监察权成为与行政权、审判权、检察权平行的国家权力,监察法已成为独立的法律部门。"监察法学"已经成为法学专业课程,并被设置为法学二级学科,"纪检监察学"更是被设置为法学门类下的一级学科。

三是社会治理法学。随着国家和社会治理被广泛纳入全面依法治国范畴,社会治理

① 参见《深化法律专业学位研究生教育综合改革经验做法》,载教育部官网 2018 年 3 月 19 日,http://www.moe.gov.cn/s78/A22/A22_ztzl/zyxw/jyjl/201803/t20180319_330490.html。

② 参见张文显:《如何讲好〈习近平法治思想概论〉》,载《中国大学教学》2021 年第 9 期。

作为带有政治性、政策性的法治实践领域,已从过去的社会管制发展到维稳导向的社会管理,再到共治共建共享的社会治理,其经验不断被总结,并反映到学科和课程建设方面。社会治理法学涉及公共服务、纠纷调解、社会治安、公共安全等多方面事务的法律规制,已被一些法学院开设为本科课程。

四是数字法学。随着互联网、移动通信、人工智能、区块链、物联网、大数据等数字信息技术的迅猛发展,当今社会已步入数字化时代。数据的收集、存储、加工、使用、处理、垄断和竞争等都与法律息息相关,数据关系本身也成为法律调整的对象。法律作为维系社会运行的重要制度,亦不可避免地受到数字化浪潮的冲击。法学在多个维度上与推动社会数字化发展的各种技术相互交织,数字法学成为回应数字时代的学科和课程增长点。

此外,值得注意的是,领域法学逐渐成为未来法学学科发展和法学教育改革的方向,也应当成为法律院校根据自身优势和特色开设的新课程。由于部门法划分方式具有局限性,以调整对象和调整方法为划分标准的部门法学科体系日益受到挑战;同时,我国很多立法均是基于行业领域实践,并承载行业领域的规制使命,不同的部门法规范均指向统一的行业目标,在行业领域体现"诸法合一"。这些都是领域法学兴起的有利因素。以行业领域为单位,跨越部门法体系,构建跨部门的领域法,可以开辟领域法学的生长空间。① 领域法学以问题为导向,以特定经济社会领域全部与法律有关的现象为研究对象,融合不同部门法学的研究方法,可能建立交叉性、开放性和整合性的分支学科体系。领域法学通过经验研究方法观察行业领域的实质利益关系、社会要素,可以与部门法学的规范研究方法互补。文化法学、教育法学、国家安全法学、气候法学、海洋法学、财税法学、金融法学、会计法学、卫生法学、计量法学、传媒法学等,都可能成为重要的领域法学学科和课程。目前,一些行业特色院校设有这类相关课程。未来应当加快发展,让领域法学成为更新完善法学专业课程体系的重要着力点。

总体而言,目前法学本科专业课程体系的容量已较饱和,课时和学分安排空间并不大,因此不宜增加专业必修课程。更新完善法学专业课程体系,应当考虑增加法学专业的本科方向,并根据不同方向安排课程模块,将新型课程纳入不同的模块。以中南财经政法大学的法学专业为例,其设有法学(不分方向)和民商法、涉外法治、政府法治、刑事司法、社会治理6个方向,还设有知识产权、纪检监察、卓越法治人才实验班、国际法实验班、法学(国际班)、法学/经济学(双学位班)、法学(国际学生)等专业或方向。不同方向的课程体系用不同的模块来设置,侧重有所不同,但都在必修课之外设置选修课程模块。这样,既可以容纳大量的新兴课程,又可以尊重学生对课程的自由选择。

四、完善实践教学和协同育人体系

目前,法学教学体系存在的一个突出问题是实践教学不足,需要创新教育教学方法

① 参见宋亚辉:《社会基础变迁与部门法分立格局的现代发展》,载《法学家》2021年第1期。

手段，开拓实践教学方式，一体推进理论教学课程和实践教学课程建设，完善协同育人体系。

第一，创新教育教学方法手段。适应“互联网＋教育”新形态新要求，将新技术作为教学方法手段运用到教学过程中。这些方法手段以信息技术为基础，以网络为平台，提供优质教学资源和教学服务。目前被广泛运用的方式包括多媒体教学、在线课堂、慕课、网络教学助手等。尤其是在线课堂和慕课，通过聘请优秀教师录制大量的课堂视频，实现在线学习，打破学校和地域的藩篱，打破实体课堂限制，打破学习时间限制，实现大规模人群参与学习。虚拟仿真实验教学是逐渐兴起的教学方式。这种教学方式通过虚拟场景和互动模拟，高度仿真法治工作场景，生动再现法治工作流程，为学生提供了独特的学习环境和体验，让学生如临实境、沉浸其中。实验操作简便易行，挥动鼠标即可人机互动；实验流程环环相扣，兼具知识性和趣味性，能充分调动学生的参与意愿和主观能动性。此外，不少法学院校启动的“庭审直播进课堂”是非常好的互联网教学形式。这种教学形式通过信息技术手段，把法庭庭审实况通过直播的形式实时送进校园、送进课堂，让学生直接全程感受法庭庭审的氛围、体会司法运行过程，在此过程中完成理论知识的学习和实践能力的培养。

第二，完善协同育人机制。加强法学院系与其他院系的联合培养机制，法学和经济学、社会学、政治学、心理学、统计学、管理学、人类学、网络工程以及自然科学等学科交叉融合发展，实现多学科、交叉学科联合培养，提高学科交叉和综合能力，推进培养高质量复合型法治人才。加强法学院校与法治工作部门合作机制，建立法学院校与法治工作部门、法律服务机构在人才培养目标设定、人才培养方案制定、课程教材设计研发、人员交流互聘、学生实习实训等环节的常态化深度衔接机制。探索建立学校导师和法治工作部门、法律服务机构实务导师共同指导的“双导师”培养机制，学校导师主要负责理论指导，法治工作部门、法律服务机构导师负责实务指导，实现法治人才的理论水平和实践能力同时提升。健全法学院校与法治工作部门、法律服务机构人员双向交流机制，健全法学教师到法治工作部门挂职、研修制度，完善法治工作部门、法律服务机构人员兼职制度和定期到高校授课制度，实施法学院校与法治工作部门人员互聘计划。设置法治实务课程，引进实务专家联合授课。推动有条件的法学院校与法治工作部门联合培养法治人才，如法学院与党内法规工作机构联合培养党内法规专门人才，与纪检监察工作部门联合培养纪检监察专门人才。根据民族地区实际需求，与相关部门和机构协同培养既掌握国家通用语言文字又懂少数民族语言文字的法治人才。

第三，强化工作实践育人。法学学科是实践性很强的学科，与全面依法治国实践紧密联系。法治人才培养尤其需要处理好理论教学和实践教学的关系，应当强化法治工作实践育人，形成理论教学与实践教学的双向机制。实践育人是法治人才培养不可或缺的方面，能够让具备理论基础的学生在实践中运用知识、提升能力。应当紧扣法学课程的实践教学目标和要求，利用志愿服务、理论宣讲、社会调研等实践活动，开展实践教学。

注重总结实践教学成果,把优秀成果作为课堂教学的有效补充,推动实践教学规范化。打破高校和社会之间的壁垒,引导学生关注法治工作实践,突出法学专业学生的实践训练,提升学生切入法治工作的问题意识和分析能力。建设高水平的校外法学实践教学基地,完善法学院校学生到法治工作部门、法律服务机构研修、实习工作机制,争取全面实现在实践教学基地完成实践环节的教学任务,切实发挥实践教学在人才培养中的突出作用。建立法治工作部门、法律服务机构等接收学生实习实训工作制度,探索法学专业学生担任实习法官检察官助理,积极拓宽法学专业学生到国际组织实习渠道。增加法治人才培养的实务训练机会,建立法治人才培养的实践评价标准。

第四,完善法治人才在职培养体系。法治人才包括后备人才和现有人才,其中在校学生为后备人才,在职法治工作队伍则为现有人才。考虑法治工作的现实需求,应当建立法治工作队伍在职培养体系,加强其理论学习提升。建立法治工作部门与法学院校合作培养在职人才机制,通过委托培养、专业进修、挂职交流等方式,培养思想政治素质、业务工作能力、职业伦理水平全都过硬的法治人才。法治人才的在职培养,应当突出政治标准。政治素养是实践能力的重要基础,法治工作队伍应当深入学习贯彻习近平法治思想,提高政治站位和思想素质,准确把握法治工作的政治方向,切实提高政治判断力与工作执行力。同时,应当强化在职人才的业务能力培养,通过在职培养体系来提升法治工作队伍的理论素养、专业水平和职业伦理意识。

数字经济时代法治人才培养的路径新探

娄永涛*

2023年2月，中共中央、国务院办公厅印发《关于加强新时代法学教育和法学理论研究的意见》，为高校法学教育和理论研究提出了新的目标和要求，对如何培养新时代的法治人才提出了明确的战略指引。移动互联网、大数据、云计算、人工智能等新兴技术与工业社会各产业的深度融合，催生了以智慧新零售、数字金融、工业互联网为代表的数字经济时代。在数字经济时代，数字科技的进步会改变甚至颠覆人类现存生产工作和交往方式，由此出现一个以技术结构支撑新社会结构的人类新时代。① 未来，法律需求的变化，必然引发法律就业市场从低端向高端法律技能需求的转变。

“法律者，社会力也，随社会之变迁，时间之经过，同时变其形态。”②作为社会力显著状态之一的法律也是随着社会的发展变迁而与之俱变，经时既久与社会实际状况必然相为一致。数字经济以数据资源作为关键生产要素、以现代信息网络作为重要载体、以信息通信技术的有效使用作为效率提升和经济结构优化的重要推动力。③ 与传统经济的发展样态不同，数字经济在人工智能、大数据分析、云计算等数字技术支撑下，不仅向数字化服务等新领域延伸创造了重量级新消费形态，还通过数字化智能化技术提升传统产业的生产效率，而且数字化融合将加速推进制造业和服务业的融合发展，三次产业相互内置形成新的产业形态将成为未来的发展趋势。④ 法律行业作为传统的服务业也在数字化智能化技术的助力下，呈现法律服务行业数字化智能化替代服务的新态势。未来的法律服务行业数字化智能化发展对法学人才培养提出的新要求，即未来法律人才的培养不能局限于讲授传统的法学理论和法律知识，培养“职业法律人”，更应当注重顺应我国未来的数字经济发展新趋势，培养符合社会需求的“数字+法律”复合型人才。

---

* 南京财经大学法学院讲师，法学博士。

① 参见吴汉东：《人工智能时代的制度安排与法律规制》，载《法律科学（西北政法大学学报）》2017年第5期。

② ［日］穗积陈重：《法律进化论》，黄尊三译，中国政法大学出版社1997年版，第2页。

③ 参见张文魁：《数字经济的内生特性与产业组织》，载《管理世界》2022年第7期。

④ 参见江小涓：《“十四五”时期数字经济发展趋势与治理重点》，载《光明日报》2020年9月21日，第16版。

一、现状与审思:数字经济时代法学人才教育的挑战

数字技术革命引发了依法治国的场景、范式、路径的重大变革,例如,个人信息数据泄露、精准电信网络诈骗、自动驾驶等已有现实问题,叠加数字技术衍生的新型犯罪引发了人们对数据与算法隐患的担忧。法学界一些学者呼吁建立数字法学学科,探索建立数权和算责体系的法律规制制度。① 这不仅对现有法律学科体系造成一定的冲击,也对职业法律人的就业带来极大挑战。

(一)法律人才从业技能的新需求

1. 数字经济时代法律人才的就业现状

2012~2021 年,我国的数字产业化和产业数字化加速推进,数字经济实现跨越式发展,数字经济规模从 11 万亿元增长到超 45 万亿元,数字经济占国内生产总值比重由 21.6% 提升至 39.8%。各类在线需求集中释放,伴随数字技术的创新演进,以及互联网、大数据、人工智能和实体经济深度融合,产业数字化转型也正向深处迈进。除了电子商务领域,诸如网约车、外卖、本地生活、数字文创、智慧旅游等产业也在数字经济的助力下不断开拓新圈层用户,市场规模不断扩大。在服务业领域,数字经济为我国的服务业转型提供新机遇,与人民对美好生活的追求同向而行。

人工智能等数字技术的发展导致法律毕业生的就业形势和法律服务市场产生重大变化。从事常规性、重复性任务的法律从业者可能被机器取代,普通的法律从业者会被淘汰。截至 2020 年 3 月 9 日,中国 98% 的法院已建立立体化、集约化、信息化诉讼服务中心,3.3 万个调解组织、11.9 万名调解员入驻法院调解中心参与调解,司法机关就业需求也日渐饱和。2018 年中国司法部发布的《改革纲要》表示,2022 年我国执业律师总人数要达到 62 万人,截至 2019 年年底已经有 47.3 万人,所以缺口仅剩 14.7 万人,律师行业内部竞争日趋激烈。法学专业每年的人才供给约为 21 万人,从 2020 年华东政法大学的法学本科毕业生的就业统计情况来看,法学就业市场竞争日趋激烈。

2. 数字经济场景下法律就业市场的新需求

从早期的“互联网 + 法律”到“人工智能 + 法律”,再到融合数字技术的“数字 + 法律”的演变,对未来法律职业和法律服务市场带来革命性的冲击。大数据、人工智能等技术的发展导致法科学生法律就业市场发生变化,也倒逼法学教育进行改革,要求法学教育培养的法律人需要做好迎接未来的准备。(1)数字技术的发展将会导致法律毕业生的就业形势和法律服务市场产生重大变化。从事常规性、重复性任务的法律从业者可能被机器取代,普通的法律从业者将会被淘汰。(2)法律人工智能职业将作为法律行业的新兴职业日益兴盛。法律机器人和法律人工智能的开发需要技术人员和法律专家之间的通力合作,人工智能与法律也需要不断融合进而成为新的行业。(3)我国传统的复合型、应用型法律人才培养模式很难适应机器人和数字智能技术主导的未来法律实践,“数字 +

① 参见姜伟、裴炜:《数字治理亟待构建数字法学学科》,载《民主与法制》2021 年第 43 期。

法学”培养模式将是未来法学教育的重要内容。“法学＋会计”“法学＋医学”等当前的复合型法律人才的培养，已不能满足未来卓越法律人才的就业需求，“法学＋会计＋数字”等多重复合型人才的培养模式必将成为新的趋势。（4）法律从业者职业技能的培养重心和内容也将发生重大转变。当前“学校＋实务部门”共同培养的模式，主要训练学生的法律分析能力、谈判沟通、咨询建议、组织和管理法律事务等职业技能。随着法律数字化智能产品在案件分析、处理、法律咨询等辅助技能方面的应用，法律服务市场对辅助决策的技能需求大大减低，但是对更高级的精英律师技能如谈判、出庭和熟练运用数字化技术等要求会越来越高，未来法律职业的“马太效应”更凸显。

当然，数字科技在解构和重构部分传统法律职业的同时，也会建构其他新的法律职业。英国学者理查德·萨斯坎德（Richard Susskind）提出预测，在未来的法律服务行业中将会出现法律知识工程师、跨学科法律人才、法律流程分析师、法律项目管理师、在线纠纷解决师、法律管理咨询师、法律风险管理师等8种法律人的新工作。① 法律人工智能职业将以新的面貌不断涌现，法学教育应当注重培养“数字＋法学”的复合型人才。

（二）法学人才培养评价体系的挑战

1. 数字经济时代的人才需求引领人才培养评价体系

2023年3月20日黄奇帆教授在清华经管学院举行的数字经济专业人才培养研讨会上的发言指出：数字化能够造成传统产业的颠覆效应的原因就在于它拥有全领域、全流程、全场景、全解析和全价值的五全基因，与任一传统产业链结合就会形成新的产业组织方式，从而对传统产业产生颠覆性冲击。② 随着数字化新兴产业对人才的要求持续走高，从业人员既有技能将不能满足新的工作岗位要求，迫切需要持续进行学习或接受培训来更新从业技能。简言之，就是一些传统行业人才需要进行数字化的交叉融合型培养，即需要将数字新技术应用到不同的业务场景，助力传统行业实现数字化转型。

数字经济时代，对法律人才的知识结构与技能需求的改变，必然导致未来优秀法律人才的评价标准和体系的转变。法律行业结合人工智能的自然语言理解、行业知识库、知识图谱、大数据技术等数字化智能化技术，创设了“智慧法院”“智慧检务”等办案辅助系统，在合同分析、合规审查、法律文件录入、协助法官准确判案等方面，极大地提升了办案效率和质量、减轻了司法人员的工作量。律师运用大数据分析巨量数据和深入挖掘信息的能力，节省更多精力，从而依靠大数据就可以为客户管控法律风险和预测案件结果。但是，随着数字技术的广泛应用，很多学者预测，未来数字化智能化法律产品将会主导法律实践，或许不仅给律所带来结构性坍塌，随着网上法院、数字化检察官、数字化律师等

① 参见［英］理查德·萨斯坎德：《法律人的明天会怎样？——法律职业的未来》，何广越译，北京大学出版社2019年版，第52～56页。

② 参见黄奇帆：《关于数字经济人才培养的几点思考》，载清华大学互联网产业研究院官网2022年3月22日，http://www.iii.tsinghua.edu.cn/info/1121/3008.htm。

数字智能技术的广泛应用,也将会成为法律从业者的评价参照物。

2. 法律服务产品的数字化升级孕育新的业务需求

"互联网+法律"促成了法律文本、裁判文书等法律资料的数字化,形成了规模巨大的法律数据库市场。在深度学习的语义检索、文本分析和自然语言处理,以及图像和视频技术和法律问答等人工智能技术的加持下,法律检索正向智能化、自动化的"数字+法律"方向迈进。(1)"数字+法律"持续推动法律文件审阅自动化和法律文件生成自动化,这也促成在线数字法律服务商业模式的成长,法律服务的提供不再主要依赖特定律师的专业素养,可以从早期的自动化、低价格向终端用户提供标准化、商品化、普遍化的法律服务,演化到能够高效地根据客户的具体需求,量身打造精准的、高端的、个性化法律服务。(2)"数字+法律"精准预测案件结果将极大影响当事人的诉讼行为和法律纠纷解决途径的选择。数字智能化技术对案件的预测既能帮助当事人形成最佳的诉讼策略,节约诉讼成本,又能帮助法官实现同案同判公平裁判。① (3)法律检索、案件管理、法律文书写作、证据分析和推理等工作将在数字化、智能化法律服务产品的辅助下进行,甚至由法律机器人和数字化智能信息系统独立完成。

人类教育模式经历了从传统学校教育到互联网教育再到数字化在线教育的发展模式。我国当前的法律人才培养模式和理念存在的缺陷将会被逐渐放大,"数字+法律"教学过程中教学理念和教学方法都亟须改变。我国当前的法律人才培养的理念仍然以教师的理论教学为中心,辅以实务部门的实践教学。这种重理论知识传授而轻职业技能培养的理念和模式,还是我国当前法学教育的主流模式。教师主动传授、灌输理论知识,学生被动学习、记忆,学生解决问题的实践能力难以得到提高,针对数字经济时代的新技能需求的精准培养更是欠缺。这种以传授法律理论知识为主导的培养理念弱化了法科学生与时俱进、求真务实法律思维的塑造和形成,造成法科学生重书本理论知识、实践创造能力较差的倾向,也使其就业应变能力较差,形成的法律素养在解决社会真实问题时捉襟见肘,不符合数字经济时代对数字化交叉融合型卓越法律人才的需求。

(三)数字技术对法学教学模式的冲击

1. 角色定位与师生关系的重塑

随着大数据、人工智能等数字技术的成熟,在线虚拟机器人教师也逐渐"映入眼帘",在日后也必定会被广泛应用于法学教学之中,也必然会给传统法学教学模式带来冲击。数字人教师势必会代替部分传统教师,这就影响了教师工作模式以及方式的转变与转型,知识的传授者这一角色不再由教师担任,而是被数字人教师所替代,教师应转型为学生学习的引导者、组织者以及帮助者。传统教学模式采取统一的大班级授课制,很难为学生提供个性化的教学方案。而数字化技术通过大数据分析,对每一位学生因材施教,针对不同能力的学生制定不同类别以及不同层次的个性化课程,极大地提高了学生学习

① 参见曹建峰:《人工智能+法律"十大趋势》,载《机器人产业》2017年第5期。

效率。数字化技术将会改变传统的法学教学模式及理念,会重新构建教师在新的数字经济时代教学模式中的角色以及构建新的师生关系。

2. 教学重心和知识获取途径的改变

人工智能通过与大数据的结合,在语音图像识别、法律法规检索和类案统计分析等方面有明显的优势。通过数字化技术的辅助,学生很容易获取法学基本知识和判例信息,这可以弥补传统教学模式中的缺陷。① 此时,教师的业务重心需要向提高学生的法律思维能力和实践能力等方面转变。当前的教学方法以学校教师课堂讲授为主,忽视了学生的学习主体地位,即便是互联网学习的教育模式仍是一个单向传输过程,师生的互动交流程度较低必然影响学习效果。在数字经济时代,如何借助大数据、深度学习等技术,利用人工智能展示出的感知能力、判断能力、高级推理、预测决策等高级智能行为,而更侧重对人类创新、探索、想象等新的核心能力的培养,对学生分类培养、因材施教和寓教于乐将成为未来法学教育理念和教学方法发展的新趋势。

二、形势与回应:数字经济时代法律人才培养的趋势

国家主席习近平在2021年世界互联网大会贺信中指出:"数字技术正以新理念、新业态、新模式全面融入人类经济、政治、文化、社会、生态文明建设各领域和全过程,给人类生产生活带来广泛而深刻的影响。"②数字技术创新的速度前所未有,运用数字科学技术推动经济发展、完善社会治理、提升国家治理现代化已成为世界发展的大趋势。

(一)数字经济时代法律就业市场的新背景

从经济范畴上讲,数字经济的核心就是运用数据采集、传送、处理技术、算力等大数据技术,以及人工智能、深度学习、量子计算、虚拟现实、脑机接口等数字技术,来服务经济发展,促进产业组织在场景、模式、生态方面产生新变化。数字经济的组成内容是产业数字化和数字产业化,数字产业化主要是指电子信息产品制造业、信息数据服务业、软件、互联网产业等信息产业的增加值;产业数字化是指数字信息技术对其他产业(包括农业、工业和服务业)的贡献。2018年4月20日,习近平总书记在全国网络安全和信息化工作会议上指出:"要推动互联网、大数据、人工智能和实体经济深度融合,加快制造业、农业、服务业数字化、网络化、智能化。"③"大数据"已从商界的精准营销新模式向社会经济生活领域全面扩展,并形成了一种新的整合与重构力量,这就是人们通常所说的"数字化颠覆"。④

从社会交往范畴上讲,在数字市场中,人们通过互联网进行交易和交流,并不一定在

---

① 参见贾引狮:《人工智能对法律职业的影响与法学教育面临的挑战》,载《法学教育研究》2018年第22卷。

② 《习近平向2021年世界互联网大会乌镇峰会致贺信》,载《人民日报》2021年9月27日,第1版。

③ 习近平:《论党的宣传思想工作》,中央文献出版社2020年版,第303页。

④ 参见[英]卡鲁姆·蔡斯:《人工智能革命:超级智能时代的人类命运》,张尧然译,机械工业出版社2017年版,第42页。

现场出现,极大地打破了传统交易的物理隔阂和地理限制,产商、组织、个人的身份都可以虚拟化,从而产生了完全的虚拟活动和虚拟世界。在线和在场的高度融合也使虚拟和现实交融,使虚拟世界和现实世界的双层社会既分又合,也使人们的虚拟身份与真实身份交叉分合。① 2021 年 10 月 18 日,习近平总书记在中央政治局集体学习讲话指出:"要完善数字经济治理体系,健全法律法规和政策制度,完善体制机制,提高我国数字经济治理体系和治理能力现代化水平。"②二维市场和链接数据资源构成了数字经济存在的价值基础,数字产业化和产业数字化构成了数字经济的产业基础,也塑造了社会人群的就业范围和职场定位。在数字经济时代,更多社会交往活动通过各种各样的数据来完成,而数据主义的思维方式有日渐普遍化的趋势。一些不法分子运用大数据、云计算等数字技术,利用当前技术和法律法规的漏洞,获取公民个人的数据信息,依托网络科技实施违法犯罪行为,由此可见,这种新的经济发展模式也为政府治理和法律从业人员带来了很大的挑战。

(二)数字经济时代法学教育的新使命

法律有两个层面,"其一,以法律系由于社会生活之结果而成立之状态;其二,以法律系支配社会生活而行之者"。③ 法律包括社会机体内生自发形成的法律,具有滞后性和稳定性;又包括由社会以外的力量或者向社会所施加外力形成的制定法,可以具有一定的前瞻性。在数字经济时代,经济发展模式、社会交往形式等社会机体各层面发生了很大改变,导致我们不得不由外自内重新审视传统的法律知识体系。

1. 数字经济时代"数字+法律"知识的交叉融合趋势

在中国高校当前的法学专业知识体系中,除刑事法、民商法、行政法等主要部门法受到了人工智能引发的法律问题等现实挑战,而引发对已有知识体系的重新审视外,法学的基本理论学科受到的整体性挑战也愈加凸显。例如,法律关系这一传统理论,就涉及人工智能法律资格的民事主体问题,以及人工智能生成作品的著作权问题,④虚拟财产的法定化问题,自动驾驶引发交通肇事犯罪的刑事责任归属问题。法教义学与法社会学对这些类似问题的激烈争论在更深的法理层面反映了这一现状,即传统的法学理论边界被突破,法律关系主体、客体和内容正面临新事物的挑战。有学者指出,"由法学发展出的一般性权威命题或原理"对法学知识与研究方法进行双重层面的建构;社会生活中不断出现的新现象、新问题又使法律亟待更新,这已对中国原有的法律知识体系形成冲击。⑤

传统的法学教育关注更多的是对现实社会问题的治理,而数字科技的发展催生了基

---

① 参见张文魁:《数字经济的内生特性与产业组织》,载《管理世界》2022 年第 7 期。

② 《习近平著作选读》(第 2 卷),人民出版社 2023 年版,第 538 页。

③ [日]牧野英一:《法律上之进化与进步》,朱广文译,中国政法大学出版社 2003 年版,第 1 页。

④ 参见吴汉东:《人工智能时代的制度安排与法律规制》,载《法律科学(西北政法大学学报)》2017 年第 5 期。

⑤ 参见杨昌宇:《数字时代法律面临的技术性挑战及其法学应对》,载《求是学刊》2022 年第 4 期。

于赛博空间的虚拟社会并使其日趋成熟化,以及推动其与现实社会的融合趋势,使对数字空间的治理需求也日趋紧迫。例如,随着区块链技术的发展应用,利用比特币等虚拟货币实施的洗钱和非法融资,乃至于为其他传统犯罪提供资金帮助等违法行为逐渐增多,执法人员等法律从业人员只有掌握区块链技术的运作原理才能对犯罪实施有效的防控打击。① 因此,一些高校已经开始设置"数据法学""人工智能法学"等相关课程。有学者主张,这些课程及学科应当立足于从法律角度分析数字化技术发展带来的法律问题,注重培养学生的数字素养,倡导智慧法学教育。②

2. 数字经济法律人才数字化业务技能的应然要求

黄奇帆教授指出,未来要围绕数字经济的需要,打造数字化人才的胜任能力,即数字经济领导力、数字化的业务能力和数字化的发展潜能。③ 同理,法学教育是为司法实践培养人才,我国要破解数字化经济时代法治建设的难题,做好培养高素质复合型法治人才的工作。因此,我国的法学教育必须要主动学习、充分利用数字科技,推动法学与科技等学科的交叉融合,处理好数字法学知识的教学和数字法律科技实践教学的关系,积极应对数字经济时代下法学教育面临的新挑战,探索法学教育的新模式。

数字技术在司法领域的运用,也为法律人的未来就业带来挑战。"智慧法院""智慧检务"等办案辅助系统,在合同分析、合规审查、法律文件录入、协助法官准确判案等方面,极大地提升了办案效率和质量、减轻了司法人员的工作量。律师运用数字技术分析巨量数据和深入挖掘信息的能力,节省更多精力,从而依靠大数据就可以为客户管控法律风险和预测案件结果,对传统的法律服务者的需求必然会大大减少。数字化法律技术具有的便捷性、灵活性,及其在法律职业界和司法系统中的普适性优势是无可比拟的,也就预示法治的数字化转型是必然的发展趋势,这也为高校培养符合数字经济需要的复合型法律人才提出了更高要求。法学是一门实践性很强的学科,法律教育是一种职业教育,大学本科的法学教育并非为学而学,而是为了能够具备熟练的法律实践能力,毕业后能深谙法律业务。当前中国的法学高等教育既要顺应全球法学教育发展的趋势,又要着眼于解决我国当前的法律人才实际需求,以及未来的职业法律技能的培育需求。而当前以数字技术为支撑的数字科技革命正在重塑我国乃至全球的法学教育格局,以及形成法学人才培养的新模式。

(三)数字经济时代法学教育培养模式的新变化

1. 数字科技的应用成为未来高等教育教学的发展趋势

美国高等教育信息化协会在 2021 年 4 月 25 日发布的《2021 年地平线报告(教学

---

① 参见姚莉:《数字时代法学教育的传承与超越》,载《法治日报》2022 年 6 月 29 日,第 11 版。

② 参见张海鹏:《智慧法学教育:数字化时代法学教育的革新》,载《法学教育研究》2020 年第 2 期。

③ 参见黄奇帆:《关于数字经济人才培养的几点思考》,载清华大学互联网产业研究院官网 2022 年 3 月 22 日,http://www.iii.tsinghua.edu.cn/info/1121/3008.htm。

版)》研究表明,在影响未来高等教育教学的15种宏观趋势中,用社会、经济、政治、技术、环境这五个方面的趋势,可以描述未来高等教育创新发展的趋势和路径。近年来,远程工作和学习的数字化应用场景加速推广,数字时代给法学教育带来了更多的便捷可利用资源,也带来了远程学习的挑战。美国高等教育信息化协会在探讨未来教育教学的技术趋势中就讨论了包括广泛采用混合学习模式、增加使用学习技术、促进在线教师发展,并论述了影响未来高等教育教学的6项关键技术和教学实践模式,即人工智能、混合课程模式、学习分析、微认证、开放教育资源和高质量在线学习。① 研究报告还分析了这些技术和教学实践可能对学校产生的影响,从中可以看出基于大数据、虚拟现实、混合现实等数字技术的迅猛发展,数字化、智能化技术正在以多种形式为教育教学提供个性化和精准化服务,引发了高等教育乃至整个教育领域的系统变革。数字经济是以使用数字化的知识和信息作为关键生产要素、以现代信息网络作为重要载体、以数字科技的有效使用作为效率提升和经济结构优化的重要推动力的新经济模式,为法律从业人员带来新挑战的同时,也为高校培养复合型、应用型法律人才提出了更高的要求。

2. 数字法律素质和技能的培养正成为世界法学教育的关注焦点

大数据、人工智能等数字技术被誉为链接过去和未来的跨时代的技术。早在1987年,美国东北大学就举办了首届国际人工智能与法律会议,涉及多智能体系的法律推理、法律数据库中自动提取信息、法律应用的机器学习和数据挖掘等十大议题。近年来,美国学者凯文·阿什利(Kevin D. Ashley)提出,法学院应当开设一种"人工智能(AI)与法律"研修班,为法律专业学生讲授一些数字时代的法律推理和法律实践的课程。②

2017年国务院发布的《新一代人工智能发展规划》提出,法学专业培养改革的新模式"人工智能+X",要求加强对人工智能法律法规与伦理规范的研究,培养既懂AI技术又善于思考人工智能法规、伦理规范和政策体系的未来法律人才。基于此,一方面,清华大学、中国人民大学等国内高校纷纷开设法律与网络、大数据、人工智能结合的技术类课程;另一方面,以阿里巴巴集团为代表的互联网企业也进军法律教育领域,将商业大数据与新型教育模式相融合,成立阿里法学院,为数字经济时代的法律服务市场做好准备。与此同时,美国伯克利大学法学院也在跨学科教育领域开设课程,通过对科技相关法律法规的实践教学,引领法学学生关注先进的科技,共同探讨法律前沿问题。美国斯坦福大学、纽约大学、波士顿大学法学院等,结合现行法律、科技、电子商务等领域,对网络空间的管辖、生物科技、网络知识产权以及高科技创业领域中的争议问题,引领学生进行跨学科研究分析,旨在培养更适合数据信息科技时代的法律人才。在2022年5月16日中

① 参见兰国帅等:《未来高等教育教学:宏观趋势、关键技术实践和未来发展场景——〈2021年地平线报告(教学版)〉要点与思考》,载《开放教育研究》2021年第3期。

② See Kevin D. Ashley, *Teaching Law and Digital Age Legal Practice with an AI and Law Seminar*, 3 Chicago-Kent Law Review 783(2013).

国政法大学举办的“世界法学家高端论坛”中，来自欧美、亚洲等 18 个国家和地区的著名中外法学专家，围绕“数字时代法学教育变革”这一主题详细研讨在法学教育和司法实践中，数字技术在丰富教学方式、学习方式的同时，在法学教育和人才培养方面带来的巨大挑战。世界的目光正聚焦于数字经济时代下的数字法律人才的培养模式的新变化，并在积极探索数字时代法学教育变革的新路径。

三、责任与变革：重塑法律人才培养的理念与模式

在数字经济时代，法律人才教育也必将开启教育创新的新模式。为应对数字经济新时代的法律人才需求，响应数字治理能力现代化的社会需要：一方面，高校法学教育应该注重对法学、科技、经济、管理等交叉学科知识的融合传授，提升法律人才的知识结构与思维方式；另一方面，教师应注重对学生运用大数据、人工智能等数字技能的培养，积极探索数字科技案例的研讨，以及聘请精通数字经济、数字技术、人工智能、大数据等跨专业的人才和司法实务人才作为教学导师，鼓励学生进入司法实务部门、律师事务所，以及法律科技公司实习锻炼，为学生提供参与司法实务数字化实践的机会，实现由数字法学理论向数字法律技能应用的转型，完善人才培养的新模式。

（一）重塑法律人才培养的理念与目标

英国学者理查德·萨斯坎德（Richard Susskind）在研究信息技术对法院和律师带来的冲突时提道，虽然法律行业还未接受人工智能与法律交叉的新体系，但都已意识到数字科技大潮对法律行业的冲击无可避免。作为法律人，我们确实需要解放思路。[①] 不可否认，由于人类认识具有局限性，所以立法者在设计规则的时候考虑的都是以社会一般人的认识作为规则可行性的判断标准。甚至为了形成稳定的社会秩序，法律往往还会设置比常人标准更低一些的安全线。在此意义上讲，法律是一种保守的社会力量。[②] 由于科技飞速发展，因此人工智能辅助司法的功能日趋完善。近年来，美国一些律师事务所削减了对初级律师的用工需求，因为很多初级法律业务用智能服务系统就可以提供类似的服务，然后由其他高级律师再来做处理，这也导致近些年来，美国法学院的报考人数有所下降。[③] 当前，我国法院智慧司法、人工智能司法辅助办案系统研发和运用也在不断推广，未来对初级和低端法律人才的需求也必然会发生改变。法学教育是为司法培养人才，在数字经济时代背景下，应从不同层次考虑数字化给法学教育带来的挑战，高校法学院对于法律人才的分层、分类培养是必然趋势。

在数字科技时代，作为与数字化智能化法律人共生的法律从业人员，需要积极的调

① 参见［英］理查德·萨斯坎德：《法律人的明天会怎样？——法律职业的未来》，何广越译，北京大学出版社 2019 年版，第 19～56 页。

② 参见郑戈：《人工智能与法律的未来》，载《探索与争鸣》2017 年第 10 期。

③ 参见张建文：《人工智能技术的发展对法学教育的影响与应对》，载《北京航空航天大学学报（社会科学报）》2018 年第 2 期。

整心态,勇于拥抱和运用"数字+法律"的新技术来处理司法实务,并在这个过程中坚持对法律的理念和信仰,防止法律科技、人工智能削弱、损害法律共同体所秉持的以及法律系统所坚持的观念和价值,让大数据、人工智能等数字法律技术来促进司法正义。这也就是做好法律的传承,即"将传统法学理论知识以崭新的方式传承下去,依托新技术赋能法治运行效率,助力法治现代化目标的实现"。① 应予注意的是,传承传统法学理论知识并不意味着固守已有的法律知识而不更新,为了适应数字经济时代对法律人才的社会需求,不仅法律知识的内容要随着数字经济的法律需求而变化,例如,对于数字经济中的数据要素财产权、数据法益、数权体系等法律新知识的关注,还应对传统高校以传授法律人才基础法学理论知识为唯一主导的培养理念进行调整。新型法学教育应当培养具有熟练运用数字技术能力、具有与数字法律人差异化的创造性和独立思辨能力等综合素质的卓越法律人才。

(二)创设数字法律课程完善人才评价机制

在以大数据、人工智能为经济发展动力的数字经济时代,各国法学教育如果不能尽快开设与数字科技相适应的交叉性课程,那么该国的法律人才在未来的国家竞争中必然会处于劣势。美国高等教育信息化协会专门在《2021年地平线报告(教学版)》中,综合运用德尔菲法、技术预见方法,以及"STEEP趋势框架",对影响未来高等教育教学的宏观趋势、关键技术和实践,以及未来发展场景进行了系统分析,来科学预测未来高等教育创新发展的趋势和路径。② 数字经济的发展、数字社会的构建、数字政府的运行,都需要配套的法律保驾护航,更需要大量的数据法治人才,数据法治建设需要数据法学,更需要加强数据法学交叉学科的建设。我国发布《关于加强新时代法学教育和法学理论研究的意见》正是针对我国当前法学学科结构不尽合理,法学课程体系不够完善,社会急需的新兴法学学科开设不足,法学同其他学科交叉融合度不够,面对未来的法律人才需求而提出的新要求。

1. 科学设置法学学科体系和课程体系

当前,我国以清华大学、中国人民大学、中国政法大学为代表的高校纷纷设立了人工智能法学院和大数据、数字金融、数字法学等相关课程。但是,由于数字法学相关的法律知识和科学技术尚在研究探索之中,并未形成较成熟的知识体系,这就导致一些高校无视本校的客观情况,盲目开设一些课程,缺乏高水平的师资力量、科学的课程规划和人才培养体系,重形式而轻实效,造成人才培养的能力不够、层次不高等问题。

首先,法律与数字科技等交叉学科的设置,对高校的师资力量和资金支持提出较高要求,难以在全国范围内的法学院推广,应当因校制宜利用优势特色进行差异化发展。

① 参见姚莉:《数字时代法学教育的传承与超越》,载《法治日报》2022年6月29日,第11版。

② 参见兰国帅等:《未来高等教育教学:宏观趋势、关键技术实践和未来发展场景——〈2021年地平线报告(教学版)〉要点与思考》,载《开放教育研究》2021年第3期。

因此,《关于加强新时代法学教育和法学理论研究的意见》提出以服务国家发展大局、适应区域法治人才需求为根本,调整优化法学院校的区域布局,在立足全国和地区法治人才需求的客观基础上,统筹优化法学学科的科学专业布局,鼓励法学院校突出特色,形成差异化发展格局。比如,政法类、警察类高校可创设"法律+数字科技"法律应用能力的培养,财经类高校侧重"法律+数字金融"等交叉学科的设置,以此,注重充分利用高校自有的优势学科,结合社会需求,科学设置数字交叉法学课程,循序渐进地推进不失为一个可行的路径。

其次,数字经济时代的法学需求旨在以数字技术发展对法学的影响为研究对象。其中涉及个人信息保护、数字善治、数字正义、数字权利、智慧司法多项研究范畴和研究命题,这不是一个简单的跨学科能够详细研究的,其本身就需要跨多个学科、多个部门法。应该立足深化单个部门法与数字科技交叉研究的成熟基础上,再循序进行跨多个部门法乃至多学科的知识研究。例如,反洗钱犯罪监管的主要困难是数据量大,关联交易难查证,但借助大数据分析技术,监管部门可便捷地发现可疑资金异动,实现洗钱犯罪的侦查防控,这就是刑事侦查学和数字科技的交叉融合。

最后,法学教育不仅是单纯的知识传授和学术培养,更是一种职业训练,人才培养模式应根据未来法律细分产业需求进行调整。数字经济蓬勃发展,法律行业也在推进法律服务数字化,国际知名律师事务所、会计师事务所都成立了数字业务团队。顺应法学教育的未来发展趋势,法律人才的分类培养也应该在课程设置上体现出差异化。在数字法律技能的培养过程中,改变传统课程教学中的抽象逻辑推理学习,让学生通过人工智能法学实践课程,熟练运用专业性的计算机程序设计来执行法律推理,参加有关法律意见中的证据推理注释和有关深度学习的经验研究活动,借助人工智能来学习法律推理。这些课程应当培养学生识别和评估法律产品相关的数字技术是否合理和有效,以及操作数字法律系统的熟练技能,还有更高层次的法律计算机语言的构建等能力。

2. 科学调整法律人才培养评价机制

习近平总书记在中国政法大学考察时强调:"法学是实践性很强的学科……法学教育要打破高校知识教学和社会实践教学之间的体制壁垒,将实际工作部门的优质实践教学资源引进高校,加强校企、校地、校所合作,发挥政府、法院、检察院、律师事务所、企业等在法治人才培养中的积极作用。"①传统的法学知识是立足现实社会,关注现实的社会治理,而数字科技的快速发展催生了关于数字空间治理的研究,例如,数据要素可以替代传统的生产要素,进而产生新型的数据财产权益,还有学者将其区分为"要素财产权"和"架构财产权"。② 这就涉及如何评估与分配数据的价值,如何在确保大数据和算法技术进步创新的同时,又能够使这些技术创新更好地服务人类社会,实现两者之间的动态平

① 习近平:《论坚持依法治国》,中央文献出版社2020年版,第177页。

② 参见胡凌:《数字经济中的两种财产权 从要素到架构》,载《中外法学》2021年第6期。

衡。可以说,不仅数字经济的主要产品——信息产品与传统经济中的产品有很大区别,而且数字经济的产业组织、企业竞争行为等都呈现出一些新特征,有学者甚至呼吁我国建立专门的数据法院。① 这都意味着传统的法律知识教学的内容需要紧跟数字经济法律需求来更新,法律人才的实践技能也需要针对未来数字化法律人才的胜任能力来培养。这意味着高校不仅要通过信息技术方面的课程设置来着力培养法科生的数字科技素养,还要通过产教融合、聘请校外实务专家进入课堂、校企师资双向流动机制等方式提升法科生运用现代数字法律科技、应对时代变革的能力。

上文黄奇帆教授对数字人才的胜任能力提出的三个方面的要求,可对应数字法律人才培养的三个层次:一是未来的数字法律人才应当具有的最基本数字素养,即包含数字化的价值观、学习驱动能力、应对科技变革的能力、法律人的人文关怀等高校法学教育应当培养的基本法律能力;二是未来的法律人才应当具备数字化的业务能力,这包括数字化的办公技能、数字法律工具的运用分析能力、数字法律产品的研发能力等数字法律技能;三是卓越法律人的技能,即开发数字法律产品的商业洞察力、对数字经济下的法律需求具有敏锐的数字化感知与意识、引领司法实践的数字化转型的领导力技能。从各国法学教育人才培养模式的演变来看,制定面向数字经济时代的法律人才培养体系的科学评价体系,对于数字法律人才的培养能够起到制约和指引的作用,只有实现两者的相辅相成和良性互动,才能契合未来社会对数字法律人才的真实需求,才能抓住全球化和数字经济引发的新产业革命的发展契机。

(三)探索教师与数字科技融合教学的新模式

数字经济时代下数字技术和智能设备的快速发展,使数字化教学和管理日渐成为高校教学改革的新常态,法学教育也须顺应数字技术发展的大趋势。鉴于未来高等教育会日益融合网络远程技术和数字科技手段来提供课程学习和交流,导致拥有数字科技优势的学生与缺乏网络设备和数字技能的学生间的数字鸿沟会更大。作为教育改革引领者的教师应当努力引导学生适应数字场景下的主动学习,培养学生运用数字设备来获取新知识的数字技能。

1. 提升教师运用混合学习模式的数字教学技能

培训教师的数字教学技能和推广混合学习模式两者之间是相辅相成的。法学教师利用数字智能设备来提高课堂教学的效率和质量的重要前提,就是教师本身能够熟练操作相关的智能设备以及相关的智能学习软件。近年来,慕课、微课等在线教学方式虽已广泛普及,但教师并未将其作为常态化线下教学的辅助教学方式,更不要说广泛采用混合学习模式,其中有的教师不熟练相关教学软件的操作、觉得太麻烦是一个重要原因。鉴于此,高校有必要对教师专业发展持续投资,可以通过将在线课程转变为教师教育课程,以确保教师学习操作新技术工具的技能和素养。例如,2014 年美国非营利组织数字

① 参见张文魁:《数字经济中的数权体系与数据法院》,载《清华管理评论》2022 年第 5 期。

承诺(Digital Promise)发起的微认证项目,提供教师多种选择"深度学习"的项目,鼓励教师富有成效地研究、发展计算思维,帮助教师将所学习的专业知识与教学实践相结合,提升教师们的教学理念和批判性思维能力。①

2. 教学重心转换与和师生角色转变的融合

大数据等数字技术提供了海量的教学资源,日益发展的智能学习系统和丰富多样的在线课程不仅对教师的知识储备造成冲击,也促使教学的重心发生转换,师生的角色也发生了转变,教学不再是传统意义上的"授业、解惑",教学的重心应转换为"传道",教师也不居于传统教学中的主导地位,更多的是成为帮助学生探索知识与构建知识体系的互动学习共同体,帮助学生树立正确的学习观、人生观、价值观的思想引路人。例如,由中国司法大数据研究院研发的中国司法大数据服务网,基于人工智能的司法大数据资源整合、共享服务,面向社会公众提供类案智能推送、智能诉讼评估、专题深度研究、司法自主统计等数字服务。教师在日常的课堂教学过程中,可以借助智能终端设备、机器人"助教"、3D 显示"黑板"等教学媒介,甚至可以利用 VR 技术创设虚拟的教学空间,来调动学生自主学习的兴趣和热情。教师立足未来数字法律人才的知识储备和能力要求,引导学生熟练运用数字技术进行法律检索、判例归纳分析,注重学生法律思维能力的培养和法律实践职业技能的锻炼,追求"因材施教"的人才分类分层培养,实现"寓教于乐"产生正向激励的良好教学效果。

3. 运用数字科技来对教学效果追踪监测

数字技术和法学教育的融合发展,为混合式学习模式的过程化管理和评价提供了科学精准的数据支持。数字教学软件和在线教学平台,基于数据挖掘技术等自动分析学情,实时监测跟踪在线学习动态,将课前、课中、课后各个环节的过程性评价及时向教师反馈,将提供一套符合知识掌握循序渐进规律的全流程教学追踪评价机制。教师不仅可以精准了解每个学生的学习动态和学习习惯,还能够及时发现他们在学习中遇到的困难,为教师反思教学、调整人才培养方案,以及为不同层次法律人才培养提供精准个性化指导提供了科学的依据。② 应予注意的是,科学的教学模式应当注重锻炼法科学生的法律思维、分析推理、法庭论辩技巧等综合素质能力,摒弃传统的单向传输知识、灌输理论的填鸭式教学,可以采取翻转课堂、借助数字科技打造浸入式体验和情感化教学,来提升学生主动学习、深度学习的积极性,使学生和教师同样成为互动式教学活动的中心,才能实现培养未来法治人才的良好效果。

四、结语

法学教育如何抓住全球化数字经济时代的发展契机,以更开放务实、理性包容的态度,促使法学教育改革紧随数字经济发展的需求和时代变迁,形成"相辅相成"之势。高

---

① 参见杨盼、曲中林:《美国教师微认证述评》,载《上海教育科研》2019 年第 4 期。

② 参见郝强、巩华锋:《数字赋能下线下课堂何去何从》,载《中国大学教学》2022 年第 6 期。

校法学教育是塑造培养法律人的过程,不仅是法律知识的传递,更是法律人法律价值判断的形塑。正如,“法律的生命不在于逻辑,而在于经验”,数字法律产品可以使用数字技术对法律知识和案件进行关联和模拟推理,却取代不了人的经验价值判断。对未来的数字法律人才来说,思维方式比专业知识更重要,专业知识可以借助于数字法律辅助工具及时获取,而思维方式需要长期的专业训练才能养成,也是决定法律人认识能力和判断能力乃至执业能力上限的重要因素。

习近平总书记指出:“法治人才培养上不去,法治领域不能人才辈出,全面依法治国就不可能做好。”[①]依法治国的核心在于培养实施法律的优秀人才,以数字技术赋能和创新法学研究和法治人才培养,提升教学理念和人才培养模式的时代性、前沿性、创新性,既是全面贯彻习近平法治思想,回应数字经济时代法治要求的应有之义,更是贯彻《关于加强新时代法学教育和法学理论研究的意见》,为法治中国的建设培养高素质法治人才、提供科学理论支撑的光荣使命。

① 习近平:《论坚持全面依法治国》,中央文献出版社 2020 年版,第 174 页。

农科院校法学专业农业知识产权人才培养专项班机制探索

宋桂兰*

一、农科院校法学专业农业知识产权人才培养符合国家战略发展方向

1. 全面依法治国战略呼唤法治人才培养

党的十八大以来，以习近平同志为核心的党中央从坚持和发展中国特色社会主义的全局和战略高度定位法治、布局法治、厉行法治，把全面依法治国纳入“四个全面”战略布局，作出一系列重大决策部署。在习近平法治思想指引下，中国特色社会主义法治建设取得历史性成就、发生历史性变革。党的二十大报告用“坚持全面依法治国，推进法治中国建设”一个章节部署法治建设。全面依法治国是国家治理的一场深刻革命，关系党执政兴国，关系人民幸福安康，关系党和国家长治久安。必须更好发挥法治固根本、稳预期、利长远的保障作用，在法治轨道上全面建设社会主义现代化国家。

2. 乡村振兴战略亟须“三农”领域人才

实施乡村振兴战略，是党的十九大作出的重大决策部署，是决胜全面建成小康社会、全面建设社会主义现代化国家的重大历史任务，是新时代做好“三农”工作的总抓手。2023年中央一号文件《关于做好2023年全面推进乡村振兴重点工作的意见》体现了在统筹发展与安全的要求下乡村振兴的重点工作方向，继续强调粮食和重要农产品供给安全，以及种业振兴，并首次提出乡村产业高质量发展。未来农业基础设施、农业科技和装备、现代化产业是重点投资领域；提高财产收入是农民增收致富的重要抓手；而强调多元化投入也为乡村振兴提供了资金保障。

3. 知识产权强国建设需要知识产权领域专门人才

党的二十大报告提出，要“加强知识产权法治保障，形成支持全面创新的基础制度”。知识产权关系国家治理体系和治理能力现代化，关系高质量发展，关系人民生活幸福，关系国家对外开放大局，关系国家安全，农业科技创新离不开农业知识产权人才。在乡村

* 北京农学院文法与城乡发展学院法学系系主任、副教授，法学博士。

振兴战略背景下,要进一步扎实推进农业现代化和新农村建设,全面深化农村改革,知识产权的助力不可或缺。专利技术可以强农,商标品牌可以富农,地理标志可以兴农,植物新品种可以惠农。2021年,中共中央、国务院印发《知识产权强国建设纲要(2021—2035年)》,面向知识产权事业未来15年发展,为统筹推进知识产权强国建设,全面提升知识产权创造、运用、保护、管理和服务水平,充分发挥知识产权制度在社会主义现代化建设中的重要作用指明了方向。

4. 农科院校法学专业具备农业知识产权人才培养的根基

在国家不断强化全面依法治国、乡村振兴战略和知识产权保护的背景下,农业知识产权作为创新驱动发展战略的法律保障和创新创业孕育平台的地位更加重要。作为应用型大学的农科高校,在创新创业人才培养体系与知识产权战略需求不断提升之间的矛盾愈发凸显的背景下,应围绕农业知识产权创新创业法治人才的培养,不断完善农业知识产权领域创新创业教育体系的建设。

农科类院校作为高等教育行业的重要构建部门之一,审时度势,顺应时代潮流,不断加快法学专业的发展,加快法学专业与农业知识产权领域的融合,既是整个经济社会向前发展的需要,同时也是壮大学校自身实力,多学科协调发展的本质要求。①

二、农业知识产权复合型人才培养供需现状

1. 农业知识产权复合型人才培养的社会需求

"十三五"时期,党中央、国务院把知识产权保护工作摆在更突出的位置,加强顶层设计,部署推动一系列改革,出台一系列重大政策,有效提升了知识产权领域治理能力和治理水平。各地区、各有关部门深入实施《"十三五"国家知识产权保护和运用规划》,持续推进知识产权战略实施,知识产权创造能力稳步提高,国内每万人口发明专利拥有量从"十二五"末的6.3件增加到15.8件,专利、商标、版权、植物新品种等知识产权数量位居世界前列,质量稳步提升。知识产权运用效益持续提高,交易运营更加活跃,转移转化水平不断提升,专利密集型产业增加值占国内生产总值比重超过11.6%,版权产业增加值占国内生产总值比重超过7.39%。知识产权保护力度明显加大,保护体系不断完善,保护能力持续提升,知识产权保护社会满意度提高到80.05分。知识产权公共服务体系进一步健全,知识产权服务业加快发展。知识产权人才队伍不断壮大,全社会尊重和保护知识产权意识明显提升。② 随着我国知识产权事业的发展,知识产权专业人才的社会需求日益提升。

"十四五"以来,我国通过进一步完善知识产权法律政策体系,加强知识产权的司法、行政、协同保护等,全面加强知识产权保护,激发全社会创新活力。着力提高知识产权公

① 参见聂志平、姚兴安:《农科院校法学专业人才培养模式的创新研究》,载《现代农村科技》2017年第4期。

② 参见国务院印发的《"十四五"国家知识产权保护和运用规划》,2021年10月9日。

共服务能力,促进知识产权服务业全面发展。同时,要开展知识产权助力乡村振兴工程、植物新品种保护体系建设工程、地理标志保护工程等。知识产权在乡村振兴领域的激励创新、打造品牌、规范市场秩序、扩大对外开放等方面正发挥越来越重要的作用,但还面临不少问题和短板,主要表现为:农业关键核心技术领域高质量知识产权创造不足,农业知识产权侵权易发、多发和侵权易、维权难的现象仍然存在,农业知识产权转移转化成效有待提高,农业知识产权服务供给不够充分,知识产权制度促进农村经济社会高质量发展的作用需要进一步发挥等,尤其是在农业知识产权领域中,植物新品种保护、地理标志保护、涉农商标保护、传统文化保护制度有待进一步完善。

北京市作为种业之都,急需复合型、应用型农业知识产权人才,特别是种业知识产权、农产品地理标志和质量认证、农业农村品牌和文化建设、农业科技成果保护与转化等领域急需专门型农业知识产权人才。随着国家乡村振兴战略、《知识产权强国建设纲要(2021—2035年)》、《"十四五"国家知识产权保护和运用规划》、《知识产权人才"十四五"规划》的实施,北京市及京津冀地区对此类人才产生了持久而广泛的需求,包括各级立法机关从事农业知识产权立法工作的人员、从事农业知识产权检察和审判工作的司法人员、从事农业知识产权行政执法的人员、从事涉外农业知识产权协调与保护的机关及组织工作人员、农业知识产权代理人等农业知识产权经营服务企业的工作人员、大型农业和食品企业负责知识产权事务的法务人员与合规管理人员、提供农业知识产权法律服务的律师、从事农业知识产权信息检索服务的人员等。

2. 农业知识产权复合型人才培养体系现状

与社会需求相适应,我国应进一步建立完善知识产权专业教育体系。2015年12月,国务院《关于新形势下加快知识产权强国建设的若干意见》提出:"加强知识产权相关学科建设,加强知识产权专业学位教育。"[①]2019年6月,人力资源和社会保障部正式印发《关于深化经济专业人员职称制度改革的指导意见》,首次在经济专业技术资格中增设"知识产权"专业资格,知识产权专业的职称名称为助理知识产权师、知识产权师、高级知识产权师、正高级知识产权师,为推动开设知识产权专业学位教育消除了职称序列衔接障碍。[②] 2022年,国务院学位委员会和教育部联合发布的《研究生教育学科专业目录》,在法学专业目录下,新增知识产权专业学位。

知识产权专业是置于法学学科之下的一个研究方向或二级学科,各高校在培养知识产权专业本科人才时更多地趋向于培养主要从事知识产权保护工作的人才,[③]这一观点

① 国务院《关于新形势下加快知识产权强国建设的若干意见》,载《中华人民共和国国务院公报》2016年第1号。

② 参见蒋建科:《中国将增设知识产权专业职称》,载《人民日报(海外版)》2019年7月6日,第3版。

③ 参见黄俊平、陈秋媛、瞿毅臻:《交叉学科人才培养模式的探索与实践:以北京大学为例》,载《学位与研究生教育》2017年第5期。

是符合学科发展规律的。但现代社会发展的需求,越来越需要交叉领域的学科融合人才,尤其是乡村振兴领域,需要既懂法学,又懂农业,同时精通知识产权知识的复合型应用型人才。广东智诚知识产权研究院发布的《2017年9月知识产权人才数据研究报告》显示,知识产权人才需求的行业分布以专业服务和实体产业为主,市场对复合型高素质人才的需求凸显。①

我国知识产权教育形式包括学历教育和非学历教育。从学历教育层面上看,我国当前的知识产权教育涵盖了"本科—硕士—博士"的完整体系,知识产权教育的主要形式可以概括为三类。一是本科阶段的知识产权教育的形式,主要包括:知识产权第二学士学位、法学本科专业知识产权方向、知识产权专业本科和以主要面向理工科学生的辅修知识产权双学位。② 二是研究生阶段的知识产权教育形式,主要包括:在二级专业下设立"知识产权(法)"或"知识产权管理"的方向;将知识产权设为二级学科,单独招收研究生;以理工科非法学本科生为对象的知识产权法律硕士;"理工科+法学"双学位—知识产权硕士的"2+2+3"本硕连读。三是其他形式的知识产权教育,包括:知识产权公共课/选修课;知识产权专题培训;知识产权自考本科;知识产权远程教育,等等。③

知识产权人才属于复合型人才,但"复合"是具有个体意义上的"专而精"的复合,而不是"大而全"的复合。真正满足市场需求的复合型知识产权人才是有差异的,这和知识产权事务涵盖面广具有密切的联系。农科高校在复合型知识产权本科人才培养工作中,应充分考虑乡村振兴领域市场需求的多样性。④

目前在国内高校中,选取知识产权中农业领域作为知识产权人才培养特色的复合型应用型人才培养模式尚无先例。

3.农业知识产权人才的培养,宜以农科院校法学专业为主,融合农学、管理学等共同实现

在乡村振兴领域中,知识产权的助力至关重要,而乡村振兴领域的知识产权人才,不仅需要具备法学和知识产权相关知识,同时也需要对知识产权本身所涉及的农业科学领域知识有深入掌握。农业知识产权领域不仅需要复合型人才,也需要应用型人才。而对于人才培养来说,大而全的培养模式往往只能成就通识类人才,专业化人才培养需要对接社会需求,采取专而精的培养模式,专门培养高端化复合型和应用型人才。乡村振兴

① 该研究报告(https://www.sohu.com/a/200360154_518762)显示:2017年9月共有5760家企业发布了9954个知识产权岗位需求,其中有1131家代理机构发布了3896个岗位需求,4629家企业发布了6058个岗位需求,实体企业占56%,服务机构占35%,知识产权销售类、专利代理人、法务类岗位集中了74.67%的知识产权人才需求,要求学历为本科的占69.83%。

② 参见曹新明、梅术文:《我国知识产权人才现状及其培养思路》,载北大法律信息网,http://article.chinalawinfo.com/ArticleHtml/Article_68243.shtml,最后访问日期:2016年3月3日。

③ 参见邱洪华:《知识产权强国建设中的知识产权教育推进机制研究》,载《知识产权》2016年第10期。

④ 参见张希:《本科教育知识产权复合型人才培养模式探析》,载《天中学刊》2019年第6期。

领域知识产权人才的培养，由农科院校法学专业为主专业，融合农学、管理学等辅助专业，致力于培养专业化精英人才，是较为妥当的制度安排。

根据《国家知识产权战略纲要》、国务院《关于新形势下加快知识产权强国建设的若干意见》、《知识产权强国建设纲要（2021—2035 年）》、《“十四五”国家知识产权保护和运用规划》等文件精神和知识产权市场的领域划分，乡村振兴领域的农业知识产权复合型人才可大致分为知识产权创造、运用、保护、管理和服务等类别。

目前，我国知识产权专业人才培养以本科教育为主，由于知识产权日益成为国家发展的战略性资源和国际竞争力的核心要素，因此对从业人员的要求也越来越高，需要其掌握法学、管理学、经济学、自然科学等多个学科的知识，单一的法学或管理学本科层次教育难以满足社会对应用型、复合型知识产权专业人才的需要。依托法学、公共管理、管理科学与工程等学科大类招收的知识产权硕士、博士研究生以及依托法律硕士、工商管理硕士、工程硕士招收的知识产权方向专业学位研究生的招生规模都不大，仅作为该专业若干招生方向的一小部分，而且受所挂靠的专业类别培养方案的限制，往往无法完全按照知识产权专业需求设计教学培养方案和考核评价指标，在学生能力培养上有所欠缺。[①] 但这种依托法学、管理学及具体工科，结合本校办学优势专业和特色开展的小规模人才培养模式，对于适应当前多元化、专业化、精准化的人才需求，具有更强的适应性。

结合法学教育与知识产权教育的有效衔接，农业知识产权人才培养宜在研究生培养阶段完成。法学专业本科教育阶段，在坚持法学主干学科全面基础性培养的前提下，突出农业知识产权特色，为农业知识产权专门人才培养打好基础。法学或农学专业学位研究生教育阶段，以全国各农林院校有志于从事农业知识产权工作的法学专业在校本科生，以及农学、林学、畜牧、生物、食品、经管、会展等专业的在校本科生，以从事农业知识产权相关工作的在职人员等为招生对象，以理论学习和产学研结合的实践教学模式为主体，培养农业知识产权领域的复合型、应用型专门人才。

三、农业知识产权人才培养专项班的“一体两翼”新路径

基于当前我国农业知识产权专业人才培养的需求日益增加，北京农学院文法与城乡发展学院积极探索农业知识产权专业人才培养的“一体两翼”新路径，在农村发展领域专业研究生中设置“农业知识产权专项班”，同时在法学本科专业中突出“农业知识产权”方向特色，与北京农学院图书馆合作成立“知识产权信息服务中心”作为师生教学科研实践平台，目前三方面均已取得初步成效。

（一）在农村发展领域专业研究生中设置“农业知识产权专项班”

2021 年，北京农学院文法与城乡发展学院制定《农村发展硕士专业学位“农业知识产权”专班实施方案》，以农业硕士（农村发展领域）专业学位为依托，开展三年制非全日制研究生培养，对接北京市城市战略定位和乡村振兴要求，创新教育教学机制，满足北京

① 参见费开智：《关于开设我国知识产权专业硕士学位教育的探讨》，载《知识产权》2020 年第 2 期。

市各级各类农业知识产权相关单位对农业知识产权专门人才的需求。

1. 专项班基本情况

农业知识产权专班自2022级农村发展专业硕士研究生招生起,根据《农村发展硕士专业学位“农业知识产权”专班实施方案》中的整体安排,以农业硕士(农村发展领域)专业学位为依托,开展三年制非全日制研究生和二年制全日制研究生培养,参照执行《北京农学院农业硕士专业学位农村发展领域研究生培养方案》。

农业知识产权专班由北京农学院与国家知识产权局知识产权发展研究中心、国家知识产权局中国专利信息中心、北京市知产信息服务中心、北京市专利代理师协会、中关村知识产权促进中心、北京市农业农村局种业处、北京市种子管理站、平谷区商务局、北京高文律师事务所、北京路浩知识产权代理有限公司等校外培养单位联合培养,以农村发展专业非全日制研究生为主体,全日制研究生为补充,紧密围绕北京市农业知识产权的理论、制度和实践,从招生、课程教学、实训实践、学位论文、毕业就业开展全流程校内外结合贯通培养。

农业知识产权专班的教学、实践和研究领域初步分为农业知识产权法律保护、农业知识产权战略与政策、农业知识产权管理与评估三个研究方向。

2. 专项班研究生培养安排

参照《北京农学院农业硕士专业学位农村发展领域研究生培养方案》,对各阶段培养流程予以改革。

在课程教学方面,在基本课程设置的基础上,增设知识产权法、地理标志和植物新品种法律保护、知识产权文献检索与应用等方面的课程内容,在现有课程体系中开设专家讲座环节。目前正在开展与联合培养单位的具体沟通工作,逐步落实选修课程。

在实训实践方面,由联合培养单位根据北京市农业知识产权领域发展情况,构建政府、公司、律所三类实训实践体系,非全日制与全日制研究生实习相结合,打造产学研一体化实践教学模式,实行校内校外双导师机制。

在毕业论文方面,根据专班研究生的岗位设置和实训实践内容,由研究生校内、校外导师共同设置毕业论文选题并指导研究生撰写完成。

(二)在法学本科专业中凸显“农业知识产权”特色

在教师的科研引领、法学专业培养方案中侧重农业知识产权特色的研究探索。

第一,面向全校新入学的本科生和研究生,开展农业知识产权相关知识以及知识产权信息素养培训,加强学生农业知识产权素养教育。

第二,法学专业教师将科研和社会服务方向集中于涉农法律领域,将农业知识产权作为重点研究方向,将新入职教师作为知识产权研究方向的重点培养对象。

第三,法学专业2020年版培养方案将知识产权法列为专业核心课,开设农业知识产权法课程作为涉农法律模块的特色选修课,并在“三农”法律实践和专业综合实习中突出知识产权方向的实践实训,与知识产权领域的相关单位开展合作,共同培养法学本科生,旨在提升学生实践能力及综合素质，培养在农业知识产权方面具有专长的复合型法治人才。

（三）与北京农学院图书馆合作成立“知识产权信息服务中心”，作为教学实践平台

2021 年，成立“北京农学院知识产权信息服务中心”，并将知识产权信息中心设立在图书馆（该中心为非实体机构，挂靠图书馆）。2023 年，北京农学院知识产权信息服务中心获批 2023 年度北京市知识产权信息公共服务网点。

1. 北京农学院知识产权信息服务中心功能定位及服务内容

北京农学院知识产权信息服务中心将在国际知识产权有关法律和规章制度范围内，根据社会与学校发展需要，将知识产权有效融合到学科建设、科研创新、科研成果转移转化和社会服务中，做好面向校内外的知识产权和专利信息服务，为北京市涉农知识产权政策及发展提供针对性服务和决策支持。

北京农学院知识产权信息服务中心主要服务内容包括：知识产权基础培训（以农业知识产权为主体）、农业知识产权咨询、涉农专利分析服务、知识产权社会服务等。以北京市社会经济发展需求为导向，以服务“三农”为切入点，与知识产权局等实务部门密切合作，与农业知识产权专项班研究生校外实践双导师制度相结合，在涉农知识产权领域深入开展工作，为企事业单位提供相关服务，为政府提供决策支持。

2. 北京农学院知识产权信息服务中心助力农业知识产权人才培养

首先，支持学科专业建设及人才培养。针对农产品地理标志、植物新品种、种质资源、农业投入品等知识产权及其保护、农业专利技术推广、农村物质与非物质文化遗产保护等农业知识产权法律问题研究提供大力支持，推动农业知识产权学科专业建设。与教育部、知识产权局、农业农村部和北京市委组织部、农业农村局、园林绿化局等单位联合开展农业知识产权相关理论及实务调研和研究，产出相关研究成果。组织专家学者撰写农业知识产权发展研究报告和支持出版农业知识产权方面的专著和教材，并为全校本科生和研究生开设农产品地理标志、植物新品种保护、专利申请与许可、版权、商标等知识产权通识课程，为农业知识产权专项班研究生开设上述专业课程，分层次强化知识产权人才培养和队伍建设。

其次，支持学校优势学科建设。配合学校知识产权管理机构为重大科研项目提供全生命周期的知识产权信息服务，包括知识产权文献信息的定题推送与分析、核心技术分析、专利预警、专利查新及专利导航服务。在面向学校师生的专利基础性服务的基础上，向专利深层次服务逐步过渡，通过专利信息分析与加工，深度分析农业及相关领域研究热点与技术空白信息，为学校科规划提供参考。知识产权专员与科研人员协作，可为课题研究提供检索与分析服务；与学校科研、成果转化等职能部门的人员协作，可为应用性研究成果的科研绩效评估提供支撑服务，探索从基础研究到应用研究的发展脉络，推动基础研究成果的转化等；与院系管理人员、学校管理人员协作，可利用知识产权信息提供决策支持服务。

(四)农业知识产权专业的发展方向

2023年3月23日,教育部召开新闻发布会,提出要逐步扩大专业学位研究生占比,培养实践型、应用型高端人才。具体指出,对于人才培养结构,为适应经济社会的发展,按照国民经济和社会发展第十四个五年规划提出的要求,加大理工农医类专业紧缺人才培养力度。2022年本科招生已把理工农医的招生比例提升到过半的水平;在硕士生教育阶段,理工农医类的招生规模接近60%;在博士生教育阶段,理工农医类的招生规模超过80%。为贯彻国家关于人才发展的重大战略,培养紧缺型、实用型、高技能人才。在研究生阶段主要增加的规模放在了专业学位。2022年,专业学位博士招生已达2.5万人,专业学位硕士招生将近70万人,占比达60%以上。在今后发展过程中,逐步扩大专业学位研究生的占比,为国家培养实践型、应用型高端人才,培养能够解决实际重大技术问题和技术攻关的高级工程师、高级技能人才等。①

借助专业学位发展的契机,北京农学院拟申报知识产权专业硕士,以种业知识产权、农产品地理标志和质量认证、农业农村品牌和文化建设、农业科技成果保护与转化为专业学位领域主要研究方向,将法学、农学、农村区域发展、会展、规划设计、旅游管理、农学、林学、畜牧、生物、食品等多学科交叉融合,与擅长种业知识产权业务的律师事务所、育种科研机构、种业公司,擅长地理标志和认证业务的律师事务所、知识产权代理服务机构、认证机构、农业和食品企业,擅长商标和版权业务的律师事务所、知识产权代理服务机构、规划设计机构、文旅管理部门、文化企业、农业和食品企业,擅长专利和商业秘密保护业务的律师事务所、农业科技公司、知识产权代理服务机构、大学科技园等合作培养,依托校外人才培养基地等开展实习实训,体现复合型、应用型、国际化人才培养特色与优势。

① 参见《逐步扩大专业学位研究生占比培养实践型、应用型高端人才》,载教育部官网2023年3月23日,http://www.moe.gov.cn/fbh/live/2023/55167/mtbd/202303/t20230324_1052571.html。

“一带一路”背景下培养“韩语(朝鲜语)+法律”复合型人才的构想

吴东镐[*]　张慧燕[**]

一、问题的提出

随着我国全力推进“一带一路”机制、签署区域全面伙伴经济关系协定(Regional Comprehensive Economic Partnership,RCEP),我国将进一步加快对外开放步伐和产业结构升级。在这种背景下,中韩、中朝经贸往来将进一步得到加强。从中韩经贸关系来看,中韩两国是东亚地区经济活性最强的两个重要国家。中韩两国经贸合作关系尽管起步比较迟,但进展速度很快。由于中韩相互贸易额的快速提高,中国从2010年开始,已超越美日两国,成为韩国的最大贸易国。① 目前,中国已成为韩国的最大贸易伙伴、最大出口市场、最大进口来源国、最大海外投资对象国、最大留学生来源国、最大海外旅行目的地国。韩国也成为中国第三大贸易伙伴、第四大出口对象国、第三大进口来源国。② 可以预见,现阶段全球经济将面临更大的不确定性,在这种背景下中韩两国都承担着提振国内经济和实现贸易多元化的空前压力,这会进一步加速推动中韩经贸关系的深入发展,促进双边经贸进入更高、更新的平台。从中朝经贸关系来看,中朝两国是一衣带水的传统友好邻邦。朝鲜是同新中国建交最早的国家之一。建交以来,中朝两国一直保持着传统友好合作关系。两国双边经贸关系在两国对外经贸关系中发挥着重要作用。随着2018年以来朝鲜最高领导人金正恩4次访华,中朝关系得到明显改善,中朝传统友谊得到巩固和加强,中朝关系发展开启了新篇章,为发展新时代中朝经贸关系奠定了坚实基础。2019年6月,在中朝建交70周年之际,国家主席习近平访问朝鲜,再次刷新了中朝

* 延边大学法学院教授,民族法学研究所所长,校学术委员会委员,日本庆应大学法学博士。

** 延边大学法学院宪法学与行政法学专业研究生。

① 参见张东明、杨曼婷:《新时期构建自由贸易区与中韩经贸合作研究》,载《第十八届沈阳科学学术年会论文集》2021年10月,第960页。

② 参见朱新荣:《区域经济一体化进程中的中韩经济合作研究》,苏州大学2017年博士学位论文,第1页。

建交70年以来的互访纪录,为两国未来深化经贸合作注入了新的动力。① 今后双方的经贸往来具有空间和现实性。

中韩、中朝经贸往来的频繁意味着相应的涉韩、涉朝法律业务也随之增加。近年来,随着中国与韩国、朝鲜在政治、经贸、文化等领域的合作不断加深,相关领域涉外纠纷增多、涉外法律问题日益突出,掌握相关国家语言的涉外法律人才培养尤为重要。这种人才不仅需要通晓国际法、中国法和韩国法、朝鲜法的法律知识,而且需要熟练掌握韩语(朝鲜语)和涉外法律技能。也就是说,在现阶段,单纯的语言人才培养已不能适应对外贸易合作发展需要,人才培养模式亟须改革。"外语+法律"复合型人才是为了适应"一带一路"机制、RCEP等高水平开放格局、并满足日益多元化的涉外法律服务需求而提出的人才培养理念。目前,"外语+法律"复合型人才培养在国内尚处于探索阶段。②

近年来,笔者所在的延边大学法学院利用本校所具有的区域特色和民族特色以及师资优势,积极推动"韩语(朝鲜语)+法律"人才培养改革,每年招收30~40名精通朝汉双语的本科生;在课程上设置"法律朝鲜语""韩国法概论""朝鲜法概论"等特色课程。但并没有设置专门的培养涉外法律人才通道,也没有安排专门的涉外法律人才招生入口。这就导致无法专门从课程设置、师资安排、教材建设等方面开展涉外法律人才的培养工作,只能放在人才培养特色化的层次上,没有专门的"韩语(朝鲜语)+法律"人才培养方案。也就是说,我们的人才培养很大层面上是基于"自然基因与优势,自然成才"。"外语+法律"复合型人才应具备何种人才规格?在培养这种人才时我们应采取何种教学模式?对师资、教材有什么要求?如何在人才培养过程中很好地整合语言能力与法律操作能力?"语言+法律"教学如何才能达到最佳效果?对于这些问题的分析和讨论,不仅有助于为深入推进"一带一路"机制提供智力服务,而且对推动法学领域区域化、特色化教育也具有重要参考意义。鉴于此,本文结合笔者所在学院的实践经验,从"韩语(朝鲜语)+法律"人才应具备的知识和能力,培养此类人才所需师资、课程、教材、模式等方面开展讨论和分析,以期为新时期涉外法律人才培养问题的讨论提供一个新的视角和思路。

二、"韩语(朝鲜语)+法律"人才应具备的知识和能力

早在2011年12月23日,教育部和中央政法委联合发布的《关于实施卓越法律人才教育培养计划的若干意见》(教高〔2011〕10号)就曾提出,"培养一批具有国际视野、通晓国际规则,能够参与国际法律事务和维护国家利益的涉外法律人才"。③ 2018年9月17

① 参见张爽:《联合国制裁下的中朝经贸关系发展与展望》,载《东北亚学刊》2021年第1期。

② 参见杨秋、朱文宣、陈瑜:《RCEP背景下急迫培养"外语+法律"人才》,载《广西日报(数字版)》2021年1月8日,第9版。

③ 教育部、中央政法委员会《关于实施卓越人才教育培养计划的若干意见》,载教育部官网2011年12月23日,http://www.moe.gov.cn/srcsite/A08/moe_739/s6550/201112/t20111223_168354.html。

日，教育部和中央政法委又联合发布《关于坚持德法兼修实施卓越法治人才教育培养计划 2.0 的意见》(教高〔2018〕6 号)，提出“培养一批具有国际视野、通晓国际规则，能够参与国际法律事务、善于维护国家利益、勇于推动全球治理规则变革的高层次涉外法治人才。服务‘一带一路’建设，着力培养熟悉‘一带一路’沿线国家法制的高素质专门法治人才”。[①] 可以说，这些表述准确地描述了当前我国涉外法律人才应当具备的在知识和能力方面的特征。也就是说，涉外法律人才一方面要掌握国际规则，另一方面要具备参与国际法律事务并在其中能维护国家利益的能力。但在具体培养涉外法律人才的过程中，我们应在细节上明确：我们的涉外法律人才应当掌握哪些国际规则和知识，应当具备什么样的参与和处理国际事务的能力。笔者认为，可以从知识、能力和伦理三个方面讨论“韩语(朝鲜语)＋法律”人才的具体规格。

第一，在知识方面，“韩语(朝鲜语)＋法律”人才不仅具备一般法律基础知识、国际性法律实践所需的涉外法律知识，而且要掌握有关韩国和朝鲜的人文知识。首先，“韩语(朝鲜语)＋法律”人才应具有比较完整的法学专业知识、理论体系和专业思维。学生应当掌握基本法律概念、法律规则和现行法律体系框架。法学院校应当为学生建立一个比较完整的专业知识和理论体系，努力在每个学生身上培养出法学专业所独有的专业思维。其次，学生要具备国际性法律实践所需的涉外法律知识。全面掌握中国法、主要外国法和国际法的专业知识是从事涉外法律业务的基础和前提。所以，“韩语(朝鲜语)＋法律”人才不仅需要熟谙我国的法律知识和理论，更需要掌握国际法和朝鲜、韩国的法律制度。最后，学生还要学习有关韩国和朝鲜的人文知识。法是现实社会中的调整人们之间社会关系的规则。如果我们的学生只有法律知识而缺乏法律以外的社会常识，他(她)就不可能成为合格的法律人才。正如博登海默所言：“为使自己成为一个真正有用的公仆，法律工作者就必须首先是一个具有文化修养和广博知识的人士。”[②]这就要求我们的法律人才需具有开放性的、宽厚的知识结构，需要理解和掌握法律规则背后的法律精神和法律文化以及与之相联系的国际、国内政治、经济、文化、社会等背景。[③] 就这个意义而言，“韩语(朝鲜语)＋法律”人才不仅要学习韩国、朝鲜的法律知识，而且还应当充分了解韩国、朝鲜的宗教信仰、人文地理、社会文化、地缘政治等。

第二，在能力方面，“韩语(朝鲜语)＋法律”人才要具备跨文化交际能力和法律实践能力。跨文化交际能力是一种在理解、掌握外国文化知识与交际技能的基础上，灵活处

---

① 教育部、中央政法委《关于坚持德法兼修实施卓越法治人才教育培养计划 2.0 的意见》，载教育部官网 2018 年 10 月 8 日，http://www.moe.gov.cn/srcsite/A08/moe_739/s6550/201810/t20181017_351892.html。

② ［美］E. 博登海默(Edgar Bodenheimer)：《法理学——法哲学与法律方法》，邓正来译，中国政法大学出版社 2017 年版，第 531 页。

③ 参见石佑启、韩永红：《论涉外法律人才培养：目标、路径和教学模式》，载《中国大学生就业》2012 年第 16 期。

理跨文化交际过程中出现的实际问题的能力。[①] 研究跨文化交际问题的美国学者兰伯特(Lambert)认为,跨文化交际能力应由五个方面构成:对世界的认知(world knowledge)、外语能力(foreign language proficiency)、文化共鸣(cultural empathy)、对外国人及外国文化的认可(approval of foreign people and cultures)、在国际环境中实践自己专业的能力(ability to practice one's profession in an international setting)。[②] 具体到"韩语(朝鲜语)+法律"人才,其应具备的跨文化交际能力包括:对韩国、朝鲜的社会文化持有好奇与开放的心态,对于中韩(朝)间的文化差异能够进行换位思考,从而实现双向的有效交流;掌握韩国、朝鲜的社会文化知识,从而在现实交际过程中能够根据实际需要灵活运用这些知识;具备扎实的韩语(朝鲜语)基础和法律专业领域韩语(朝鲜语)表达能力,能够在法律工作中熟练运用韩语(朝鲜语)进行有效交流。[③] 另外,众所周知,法学是关注社会问题、解决社会矛盾的学科,本身具有很强的实践性。法律职业者的首要任务是将法律熟练、准确地运作于社会之中,从而解决社会中的具体问题,维护良好的秩序。因此,法律人才必须要有出色的法律实践能力。对于这一点,"韩语(朝鲜语)+法律"人才也不例外。"韩语(朝鲜语)+法律"人才应具备运用有关中国、韩国和朝鲜的法律知识来分析、处理复杂多变的具体国际性法律事务的综合能力。具体而言,应至少包括:运用相关法律知识的韩语(朝鲜语)口头与书面表达能力;在法律咨询、谈判、辩论活动中能够灵活运用各种操作技巧的能力;韩语(朝鲜语)法律文书写作与制作能力;使用韩语(朝鲜语)收集、处理和运用各类信息的能力等。

第三,在伦理方面,应具备良好的法律职业伦理。法律职业伦理是法律这一职业与一般的伦理道德相结合的产物。具体而言,法律职业伦理是法官、检察官、律师、警察等法律职业共同体成员在职务活动与社会生活中应当遵守的行为规范的总和。[④] 法律职业共同体成员因职责而经常需要在多元的,甚至相互冲突的价值和利益追求方面作出选择,由此,"法律人所遭遇的角色道德困境,与一般人相比,更为特殊:他的职业本身就是要解决价值冲突和利益矛盾"。[⑤] 这就意味着,是否具备良好的法律职业伦理这一点将产生深远的社会影响。"一个人的人格或道德若是不好,那么他的学问或技术愈高,愈会损害社会。学法律的人若是没有人格或道德,那么他的法学愈精,愈会玩弄法律,作奸犯科……我们对于学法律的学生,倘再不顾到他们道德的修养,那无异替国家社会造就一

---

① 参见石佑启、韩永红:《论涉外法律人才培养:目标、路径和教学模式》,载《中国大学生就业》2012 年第 16 期。

② See Richard D. lambert, *Educational Exchange and Global Competence*, *The 46th International Conference on Educational Exchange*, New York: Council on International Educational Exchange, November 1993, p. 8 – 15.

③ 参见石佑启、韩永红:《论涉外法律人才培养:目标、路径和教学模式》,载《中国大学生就业》2012 年第 16 期。

④ 参见柴鹏:《法律职业伦理现状及其培育——以实证调研数据为基础》,载《证据科学》2015 年第 2 期。

⑤ 李学尧:《非道德性:现代法律职业伦理的困境》,载《中国法学》2010 年第 1 期。

帮饿虎……”[①]相比国内法律事务的处理过程,国际性法律实践活动往往会涉及更复杂的多元利益:个人利益、外国当事人利益、社会公共利益、国家利益、国际秩序利益等。这就要求有志于从事国际性法律事务的法学院校的学生更应该培育追求公正、忠于法律、清正廉洁,远离腐败等良好的法律职业伦理。具体到“韩语(朝鲜语)+法律”人才,除了应具备忠于法律、刚正不阿的职业品德外,还应有为民谋福祉、为国谋富强的国家道德观念和责任意识。[②]

三、培养“韩语(朝鲜语)+法律”人才所需的课程、教材和师资

就学科角度而言,“外语+法律”是外语语言和法律科学跨域联动的新兴学科和交叉学科。[③] 在培养此类人才过程中,我们应在课程设置、教材编写、师资配备上符合和突出这一交叉学科的特征。

(一)应设置的课程

鉴于此类人才具有的“理论+实践”“语言+法律”“国内+国际”的复合型特征,我们认为应在培养过程中开设理论和实践两个方面的课程,具体包括如下两个问题。

第一,在理论课程方面,首先,因为我们培养此类人才的首要目的是满足涉外法律业务的需求,学生应当要理解和掌握各类国际法的基础知识,所以我们可以开设各种国际法类课程。此类课程包括国际公法类课程,如“国际组织法”“国际条约法”“国际航空法”“国际环境法”“国际人权法”“国际海洋法”“国际刑法”“国际移民法”;国际私法类课程,如“国际民事诉讼法”“国际商事仲裁法”“国际民商事统一实体法”;国际经济法类课程,如“国际贸易法”“海商法”“国际投资法”“国际金融法”“国际税法”“国际知识产权法”。其次,因为我们处理涉外法律业务,不仅要懂得国际法中的各类规则,还要立足国内法中的涉外规定,所以,还要适当开设国内法中的涉外法类课程。此类课程包括“冲突法”“涉外民商事实体法”“涉外民商事程序法”“外交事务法”“涉外公安法”“涉外文化教育科技管理法”“涉外卫生管理法”“涉外劳动管理法”“对外贸易管理法”“涉外工商行政管理法”“涉外海上交通运输管理法”等。[④] 再次,既然我们所培养的人才针对的是涉及韩国和朝鲜的法律业务,我们还要注重开设各种有关韩国法、朝鲜法的课程。此类课程包括“韩国民商法”“韩国民事诉讼法”“韩国刑法”“韩国刑事诉讼法”“韩国宪法”“韩国行政法”“韩国行政诉讼法”“朝鲜民商法”“朝鲜民事诉讼法”“朝鲜刑法”“朝鲜刑事诉讼法”“朝鲜宪法”“朝鲜行政法”“朝鲜行政诉讼法”等。此

---

① 孙晓楼:《法律教育》,中国政法大学出版社1997年版,第164页。

② 参见石佑启、韩永红:《论涉外法律人才培养:目标、路径和教学模式》,载《中国大学生就业》2012年第16期。

③ 参见杨秋、朱文宣、陈瑜:《RCEP背景下急迫培养“外语+法律”人才》,载《广西日报(数字版)》2021年1月8日,第9版。

④ 参见李建忠:《论高校涉外法律人才培养机制的完善》,载《浙江理工大学学报(社会科学版)》2017年第4期。

类课程直接采用韩语(朝鲜语)的授课方式。个别"韩国法""朝鲜法"课程可以定期聘请外国教授或讲师来讲授整个课程或课程的部分内容。最后,除开设上述法学理论类课程外,还要开设法律语言类课程,因为掌握特定国家外语是此类复合型人才的核心特征之一。作为"韩语(朝鲜语)+法律"人才的培养手段,我们应开设法律韩语类课程。鉴于近年来我们对法律外语课程的新的认识——"不仅要训练学生的外语阅读和翻译能力,还要提高学生的听说能力",我们可以开设法律韩语(朝鲜语)语言特点介绍、法律韩语(朝鲜语)听说、法律韩语(朝鲜语)阅读、法律韩语(朝鲜语)的中韩(朝)互译、韩(朝)文法律文书的写作等,力求全面提高学生的法律韩语(朝鲜语)听、说、读、译的输出能力。

第二,在实践课程方面,首先,应当开设涉外争端解决程序模拟课程,比如,国际民事诉讼模拟课、国际商事仲裁程序模拟课、联合国国际法院仲裁模拟课、国际海洋法法庭仲裁模拟课、国际投资争端解决中心仲裁模拟课、WTO 争端解决机制模拟课等。此类模拟课程的开设,可以让学生了解涉外法务争端解决程序的各个环节,熟悉争端解决程序中的各种角色,进而增强他们的实务能力素养。同时,在此类模拟课程的讲授过程中可以积极组织一些优秀学生参与"杰赛普"国际法模拟法庭大赛、"贸仲杯"国际商事仲裁模拟仲裁庭辩论赛等各种国际法律竞赛活动,让学生在实务模拟中提升自己的涉外法务技能。[①]其次,应当开设各类涉韩(朝)法务综合实习课。也就是说,积极利用涉及韩国、朝鲜法律业务的律师事务所、仲裁机构、法院、政府机构等社会资源,与这些机构共建多元化的"韩语(朝鲜语)+法律"人才实践基地,让学生利用假期和学校设定的实习期参与涉韩(朝)法律实务活动。我们也可以定期组织学生进入实践基地开展涉韩(朝)法律实务的观摩,或邀请实践基地的工作人员到学校举办实务讲座,以增强学生对涉韩(朝)法务的感性认识,提升他们的法务能力素养。另外,我们可以把学生派到韩国和朝鲜的律师事务所进行实习,或者通过与韩国和朝鲜大学的法学专业共建学生互访交流与对话机制,以此来提升学生的外语应用能力和专业实践能力。

(二)应编写的教材

在现代大学教育中我们主要依靠的还是教材这一重要工具。教材是教师执教的依据,也是学生学习的依据,在教学过程中居于核心地位。教材不但界定教师教的任务,也界定学生学的任务。从教材本身来看,教材不仅是课程标准的代言人,更是集中了众多专家、学者的专业智慧,体现了其学科水平。它是学科知识的精华、智慧的结晶。在这个意义上,编写何种教材对"韩语(朝鲜语)+法律"人才的培养意义重大。关于教材的编写,我们应注意如下 3 个问题。

首先,选择何种模式的问题。鉴于当前双语法律教材所采用的模式有三种,[①]从理论上来讲,培养中韩法律人才所适用的教材也有三种模式。一是中韩(朝)各半的韩(朝)汉对照模式。也就是说,按照编写者的思路重新编写韩(朝)文的法学教材内容后,把它译成中文,以韩(朝)汉对照形式编排的教材。二是以韩(朝)文为主体的中文导读加注释模式。也就是说,教材在整体上以韩(朝)文为主,附加一些中文的说明和补充。三是中文为主体附带韩(朝)文文献与案例选读的模式。也就是说,教材以中文为主,只是附上韩(朝)文的法律文献和案例。那么,以上三种模式中哪一个模式更适合"韩语(朝鲜语)+法律"人才的培养呢?韩(朝)汉对照模式和中文为主体附带韩(朝)文文献与案例选读的模式容易导致学生过度依赖中文,进而弱化专业韩(朝)语的学习。相对于这两种模式的不足,以韩(朝)文为主体的中文导读加注释模式虽然增加了学生阅读理解的难度,但其优势在于能将学生带入相对完整的专业韩语(朝鲜语)学习语境,进而在掌握涉外法律课程基本知识体系的基础上提升专业韩语(朝鲜语)水平。因此,选择韩(朝)文为主体的中文导读加注释模式显然更适合"韩语(朝鲜语)+法律"人才培养的教学实践。

其次,兼顾国际化和本土化的问题。[②] 我们在培养"韩语+法律"人才的过程中既要注重人才的国际化,同时又要体现我国的实际情况。一方面,我们所编写的教材在内容上要反映经济全球化与法律人才国际化的时代特征。在教材编写过程中,关注现代法学理论的世界潮流和焦点问题,力求使教材内容体现当今世界政治、经济、社会和法律的发展趋势,实现教材内容的国际化。另一方面,还要重视对我国本土政治法律制度、法律资源以及法律文化的研究与发掘。在阐述韩国和朝鲜的法律制度过程中,尝试融入我国的政治、法律、经济和文化因素,坚持以服务我国政治经济社会发展为根本宗旨,强化教材内容的本土化因素。

最后,关于韩(朝)文原版教材的使用问题。由于政治体制、经济制度和社会文化上的各种差异,韩(朝)文原版教材的内容很难融入我国的法律制度之中,甚至可能会出现违背意识形态领域的国家要求的内容。因此,在"韩语+法律"课程的教学实践中,我们应区分课程的具体内容与类别,有选择地使用韩文原版教材。比如,我们可以在"国际法"课程的教授中直接使用韩(朝)文原版教材,因为,一般而言,"国际法"课程的内容主要是阐述和释明国际条约和国际惯例,而这些内容具有全球性和普遍性。而对于那些国内法中的涉外法课程(如国际私法),由于此类课程在内容上兼具国内法和国际法的特

① 根据李建忠论文的分析,目前英汉双语法律教材采用如下3种模式:一是中英各半的英汉对照模式;二是以英文为主体的中文导读加注释模式;三是中文为主体附带英文文献与案例选读的模式。该文进一步分析称,英文为主体的中文导读加注释模式更适合于涉外法律人才的培养。参见李建忠:《论高校涉外法律人才培养机制的完善》,载《浙江理工大学学报(社会科学版)》2017年第4期。

② 参见李建忠:《论高校涉外法律人才培养机制的完善》,载《浙江理工大学学报(社会科学版)》2017年第4期。

征,我们就不宜全盘使用韩(朝)文原版教材,而是可以采用一些具有普遍性的部分内容(如基本原理、原则)。

(三)所需的师资

根据"韩语(朝鲜语)+法律"人才的规格,从事此类人才培养工作的教师至少应具备如下知识和能力:一是应具备作为一般法学教师的知识储备和能力。这里包括深厚的法学理论功底、课堂教学驾驭能力、清晰的表达能力等。二是要精通中韩(朝)双语。如果教师还掌握英语或日语等第三种语言,则会更有利于教学视角的拓展和内容的丰富。三是要熟悉中国、韩国和朝鲜的法律制度和社会文化。从笔者所在的延边大学法学院的情况来看,现有专任教师35人中精通韩(朝)汉双语的教师多达27人,占全体专任教师的80%。这些教师中在朝鲜和韩国获博士学位或有访问学者经历的教师为16人,占59%。[①] 更难能可贵的是,他们还掌握英语或日语,极大提升了拓宽教学视角的可行性。这些教师不仅精通中韩(朝)双语,而且熟悉掌握中国、韩国和朝鲜的政治经济文化和法律制度,完全有能力从事"韩语(朝鲜语)+法律"人才的培养工作。当然,仅仅靠这些师资是无法完成人才培养的目标的,还需要建立多途径充实师资的方案。我们可以考虑开辟如下路径。

首先,聘请具有丰富涉韩(朝)法律实务经验的律师、法官、检察官、政府工作人员到高校法学院授课。他们可以充分运用自身所拥有的丰富的法律实务经验和生动的案例,帮助学生理解法学理论适用于实践的过程,并提升学生们的实务操作技能。同样,我们可以鼓励高校教师以挂职、访问方式到这些法律实务部门学习和交流,通过参与法律实践提升其对实务的理解。这些运作也有利于教学质量的提高。其次,大力引进在韩国和朝鲜获得法学博士学位的优秀人才,从而扩充师资力量。通过与韩国、朝鲜的高校法学专业签订有关合作办学协议,定期聘请这些国外高校法学专业的教授来承担有关韩国法律和朝鲜法律课程的教学,从而缓解教学资源的不足。再次,鼓励在校教师利用访学、参与中外合作项目、参加国际科研论坛等途径,不断更新涉外法律知识,提升其教学能力。最后,积极推进法学和外国语言、国际经济学、国际政治和国际关系等不同学科的融合,共享师资资源,实现跨学科授课。[②] 聘请相关学科领域的教师在法学院开设韩国语(朝鲜语)、国际关系和涉外经济学等课程,探索多学科、跨专业合作培养"韩语(朝鲜语)+法律"人才的新路径。从笔者所在的延边大学的情况而言,朝鲜语专业拥有雄厚的教学和科研实力,不仅设有硕士学位授权点,还拥有亚非语言文学博士学位授权点以及朝鲜语翻译硕士学位授权点,其中亚非语言文学学科属于国家级重点学科。法学专业可以充分利用这些资源。我们可以直接聘任朝鲜语专业的教师到法学院讲授韩语(朝鲜语),也可以选拔一些年轻骨干教师,通过强化培训授予其法律韩国语授课资质,从而扩充师资

① 教师情况的统计时间为2022年3月。

② 参见张力、丁丽柏:《论西部地区涉外法律人才的培养》,载《贵州社会科学》2020年第9期。

力量。

四、"韩语(朝鲜语)+法律"人才培养的几种运作模式

"韩语(朝鲜语)+法律"人才的培养既涉及外语,又涉及法律;既涉及国外资源的摄取,也涉及国内资源的利用。因此,就人才管理学的角度而言,我们可以选择的培养人才运作模式可以是多样的。笔者认为,在培养模式的选择上不应局限于一种模式,可以根据学院自身的优势和具体情况,探索多元化的培养模式。

首先可以考虑的是,"韩语(朝鲜语)+法学"双学位人才培养模式。就笔者所在的延边大学而言,可以充分利用延边大学朝鲜语学科优势及一流学科整体特色,强化朝鲜语资源的整合共享,同时突出自身拥有法学双学位培养权的优势,培养"韩语(朝鲜语)+法学"双学位人才。该模式采取"4+2"建制,即4年朝鲜语本科加2年法学双学位。在该模式下,高校朝鲜语专业承担为法学专业输送高水平人才的责任,再经过两年的法学专业深造,为社会提供兼具语言才能和法学技能的复合型人才。在该模式下,学生先在朝鲜语专业学习四年的语言,毕业后进入法学院学习两年的法学核心课程。这样就给学生一个充分认知自我,经过熟虑选择未来职业的过程。当学生有志于从事涉外法律工作时就可以继续到法学专业深造法学,以实现个人的职业理想。这种模式下的法学班级的办学规模不宜太大,而应通过精英化教育过程,保证学生使用双语听课,使其逐渐养成基本的法律思维,掌握基本的法律方法。因此,应当属于少量、精英化的涉外法律人才专门化培养模式。

其次可以考虑的是,中韩(朝)联合培养模式。高级涉外法律实务人才不仅要有出色的外语语言能力,而且要有开阔的涉外法律理论视野。因此,此类人才的培养需要长期浸入式的外国语言和文化训练,同时要培育开阔的比较法视野和较强的适应不同文化环境的能力。这就需要在此类人才的培养过程中引入中外联合培养机制,把外语能力达到一定水平的学生送到国外留学,从而使其在得到系统的语言训练的同时,拓宽其法学理论视野。这种国内培养与国外培养相结合的机制,有助于切实强化学生的外语语言实战能力,并提升其涉外法律素养,进而有效推进涉外法律人才的"精英化"培养。①

那么,中外联合培养应采用什么样的合作机制呢?从国内传统的中外联合培养实践来看,一般采用的是"4+1"模式,即国内4年法学本科毕业后到国外攻读法学硕士(LLM)。在这种模式下,学生往往面临多重压力,不仅要完成法学专业课程任务,而且要进行必要的语言能力训练,甚至还要花时间去安顿生活。因此,这种1年制培养模式在实践中往往因学习的时间太短而使培养质量大打折扣。② 笔者认为,在本科阶段培养

---

① 参见李建忠:《论高校涉外法律人才培养机制的完善》,载《浙江理工大学学报(社会科学版)》2017年第4期。

② 参见李建忠:《论高校涉外法律人才培养机制的完善》,载《浙江理工大学学报(社会科学版)》2017年第4期。

涉外法律人才可以考虑采用“3+2”(3年在国内学习,2年在国外学习)建制。为什么选择本科第三年结束后,在毕业学年让学生出国留学呢?其理由在于:第一,在国内,一般而言,经过3年的本科法学教育,学生基本完成基础法学理论和知识的学习,基本打好法学基础。第二,学生可以利用这3年的基础教育时间专修留学国家语言文化课程和相关国家法律制度课程,提前做好留学的适应训练。第三,在国内,本科教学第四年的安排一般是毕业论文和实习。如果此时选择留学不仅有助于学生在国外大学收集和整理论文相关资料,而且能够使其提升外语水平、了解外国法律制度,给学生带来更多的发展空间。① 另外,这种机制将给学生留下更充裕的时间,更有利于其平衡国内与国外的学习时间,更充分地提升学生的涉外法律专业素养和外语能力素养,从而提高中外联合培养的效率。

在具体做法上,我们可以与韩国国立首尔大学、高丽大学、延世大学;朝鲜社会科学院、朝鲜金日成综合大学等韩国和朝鲜的高校或科研所签订合作办学协议,定期聘请这些国外高校法学专业的教授来承担韩国法、朝鲜法课程的教学,这样也能够解决一些法学双语教学的资源不足或者资源配置不合理的问题。我们也可以派出和接收交换生,从而实现国家间高等教育资源的互享。学生在国内完成3年的基础法学学习后,可以在毕业实习阶段选择留学到韩国和朝鲜,一方面提高其语言能力,另一方面巩固其对韩国、朝鲜法律制度的认识。但需要注意的是,我们在推动中外合作办学时需要克服此类模式本身具有的一些弊端。比如,中外合作办学需要方方面面的协调和衔接,合作的持续性、合作的深度和广度具有很大程度上的不确定性。对此,有学者就指出,“看似中国法学教育的国际色彩日浓,但细察之,法学教育的国际化水平仍然处于初级阶段,与国外的院系合作除了外事会面别无下文;来去匆匆的外国教授拿着高额讲课费只讲讲外国法常识”。② 更为重要的是,仅依靠中外合作办学未必能培养出符合我国要求的涉外法律人才。因为培养适合我国社会和经济发展需要的涉外法律人才是我国作为办学合作方的办学目标,却未必是外国办学合作方的真正办学目的。即使双方在办学目标上达成一致,限于社会文化和法学教育传统的差异,外国办学合作方所能提供的教学资源也未必总是对症的良药,未必能贴切理解并满足中国办学合作方培养涉外法律人才的需要。③

另外,无论是采取上述的“韩语(朝鲜语)+法学”双学位培养模式,还是中韩(朝)联合培养模式,专业性法律人才的培养需要投入一些必要的资金,包括强化师资培训、专门教材的出版、教室等硬件设施的备齐等。而基于人才培养的公共属性,这个经费最终还是依赖于政府的支持。在这个方面,我们除了积极争取中央对地方高校的财政支持项目

---

① 参见张力、丁丽柏:《论西部地区涉外法律人才的培养》,载《贵州社会科学》2020年第9期。

② 万猛、李晓辉:《全球化背景下中国法律人才培养模式转型》,载《中国大学教学》2010年第11期。

③ 参见石佑启、韩永红:《论涉外法律人才培养:目标、路径和教学模式》,载《中国大学生就业》2012年第16期。

之外,还可以参考一些省份采取的“建立省级涉外法律人才培养基地”的方式。例如,2015 年 3 月 19 日,河南省教育厅和中共河南省委政法委员会联合发布《关于公布第二批河南省卓越法律人才教育培养基地的通知》(教高〔2015〕116 号),①批准河南农业大学等 12 所院校建设第二批省级应用型、复合型法律职业人才教育培养基地。通过这一措施解决了地方高校在涉外法律人才培养方面的资金缺口问题。对于很难争取中央的人才培养项目支持的地方高校而言,可以借鉴这种做法,在本省教育行政部门的策划下建立省级的涉外法律人才培养基地,从而争取专项资金的支持。

五、结语

综上所述,本文聚焦于“一带一路”机制背景下的“韩语(朝鲜语)+法律”人才的培养问题,选取人才规格、课程设置、教材编写、师资配备、运作模式等人才培养所涉及的重要相关要素,分析了这些要素的具体内涵和操作方法。下面总结全文的基本观点。

第一,从人才规格来看,“韩语(朝鲜语)+法律”人才不仅具备一般法律基础知识、国际性法律实践所需的涉外法律知识,而且要掌握有关韩国和朝鲜的人文知识,同时,要具备跨文化交际能力、法律实践能力和良好的法律职业伦理。

第二,在课程设置上,既要注重理论课程又要重视具有可操作性的实践课程。首先应当重视开设国际法类课程和国内法中的涉外法类课程,其次要开设有关韩国、朝鲜法律制度的课程,同时,还要开设法律韩语(朝鲜语)类课程。在实践课程方面,除了开设各类涉外争端解决程序模拟课程之外,应开设涉及韩国和朝鲜的法务综合实习课程。

第三,在教材方面,注重编写适合我国学生的中韩(朝)双语教材,编写模式应当选择以韩文为主加上中文导读的形式,编写内容要兼顾国际化和本土化。而对于那些韩文原版教材,限于具有全球普遍性的国际法课程直接选用为宜。

第四,在师资方面,不仅要具备作为法学教师的知识储备和能力,要精通中韩双语,还应当熟悉韩国和朝鲜的法律制度、社会文化。为此,我们应广泛吸收和利用社会资源,同时应加大青年教师的培训力度。

第五,在人才培养运作模式上,我们可以尝试多种培养运作形式,比如,“韩语(朝鲜语)”+“法学”双学位培养模式、中韩(朝)联合培养模式、中韩(朝)双语法律人才培养国内基地模式等。

---

① 河南省教育厅、中共河南省政法委员会《关于公布第二批河南省卓越人才教育培养基地的通知》,载河南省教育厅官网 2015 年 3 月 19 日,http://jyt.henan.gov.cn/2015/03-19/1656055.html。

新时代涉外法治人才培养的守正与出新*

王祥修**　薛清嘉***

当今世界面临百年未有之大变局,国际秩序正处于深度发展与调整时期。对外开放是中国经济社会的重要现象,伴随经济、科技、文化的持续发展,中国综合国力和国际影响力稳步提升,逐渐走近世界舞台中央。中国从最初的加入国际经贸市场转向全面参与全球治理,国家利益分布从集中于本土转向本土和海外并重。为推动全球治理体系朝更公正合理的方向发展,中国作为负责任的大国参与国际事务,并从全球治理的参与者逐渐转变为积极推动者和引领者。2020 年,习近平总书记在中央全面依法治国工作会议上强调:"坚持统筹推进国内法治和涉外法治。要加快涉外法治工作战略布局……"①涉外法治代表涉外关系的规范导向,为维护国家利益营造法律环境,为改进全球治理、塑造国家形象增添积极因素。加强涉外法治建设才能使其更好地服务于开放发展的大局,使中国更加稳定持久地屹立于世界强国之林。②

致天下之治者在人才。人才是实现民族振兴、赢得国际竞争主动的战略资源。法学教育是培养法治人才的基础性工程,③对法治的形成与发展具有先导性作用。涉外法治愿景与目标的实现离不开人才的支撑,探索中国涉外法治教育的现代化发展之路是融入全球化、适应多极化的长久之计。

一、新时代涉外法治建设亟待专业人才供给

近年来,中国参与国际事务的程度日益深入。"一带一路"机制的实施、自由贸易区试验区改革、亚洲基础设施投资银行运行,对涉外法治人才的需求愈加迫切。新时代法

* 本文为国家社会科学基金"十三五"规划 2019 年度教育学一般课题"'一带一路'倡议下中国涉外法治人才培养"(项目编号:BIA190206)成果。

** 上海政法学院国际法学院教授,哲学(教育)博士。

*** 上海财经大学法学院博士研究生。

① 《习近平在中央全面依法治国工作会议上强调坚定不移走中国特色社会主义法治道路　为全面建设社会主义现代化国家提供有力法治保障》,载《人民日报》2020 年 11 月 18 日,第 1 版。

② 参见何志鹏:《涉外法治:开放发展的规范导向》,载《政法论坛》2021 年第 5 期。

③ 参见杨宗科:《新时代法学教育新理念新思想新战略》,载《法学教育研究》2021 年第 1 期。

治中国建设比历史上任何时期都更需要涉外法治人才。

(一)亟须的涉外法治人才类型

涉外人才培养服务于国家战略,从国家战略维度划分,涉外法治人才涵盖四类:第一,在涉外立法、司法、执法、法律服务环节中善于维护国家利益的专门人才;第二,到国际立法机构、争端解决机构等国际组织任职参与全球公共事务,善于推动全球治理体系革新的专业人才;第三,熟悉"一带一路"共建国家法治的专门人才;第四,企业走出去和引进来的过程中需要的合规人才。[①] 职业的产生源于社会需求,从满足职业需求的角度看,涉外法治人才可分为应用型和学术型:前者主要是指在政府部门、司法机关、仲裁机构、调解组织、公证机构、律师事务所、企业、国际组织从事涉外法治工作的人员;后者是指在高等院校、科研机构从事国际法、外国法和比较法教学、科研的人员。可见,涉外法治人才具有多元的类型与层次之分。

(二)涉外法治人才供给不足的现实图景

近年来,法学教育正逐步实现"大众化",然而法治人才结构呈现高层次人才不足的现象,高素质涉外法治人才稀缺更是其中的突出问题。一方面,从国内法治实践情况来看,当前仅有涉外律师约1.2万,不足全国律师总量的2.3%;[②]2020年中国律师事务所在境外处理法律事务的数量仅占全国律师办理各类法律事务总量的0.83%。[③] 涉外律师业务分布存在短板,现有业务主要分为跨境投资、民商事诉讼与仲裁、国际贸易、金融与资本市场、知识产权及信息安全、海商海事、能源与基础设施、国际经济合作、跨国犯罪与追逃追赃九大领域,其中实务人才集中于跨境投资、民商事诉讼与仲裁、国际贸易、金融与资本市场领域,从事跨国犯罪与追逃追赃的涉外律师仅19人,不足总量的2%。[④] 另外,从整体人才结构来看,实务型人才较少,尤其高层次涉外司法执法人员比例低。以2019年"上海涉外法律人才库"215位入库专家数据为例,其中学术人才(包括教授、副教授、研究员、副研究员)108名,占总量50.23%,律师84名,占39.07%,法官17名,占

① 参见杜焕芳:《涉外法治专业人才培养的顶层设计及实现路径》,载《中国大学教学》2020年第6期。

② 参见邵克:《司法部:律师队伍已达52万多人,要加强对律师执业权利保障》,载澎湃网2021年3月25日,https://www.thepaper.cn/newsDetail_forward_11880167#:~:text=%E7%9B%AE%E5%89%8D%E6%88%91%E5%9B%BD%E6%B6%89%E5%A4%96%E5%BE%8B%E5%B8%88,%E6%9C%BA%E6%9E%84150%E5%A4%9A%E5%AE%B6%E3%80%82。

③ 参见司法部:《2020年度律师、基层法律服务工作统计分析》,载司法部官网2021年6月11日,http://www.moj.gov.cn/pub/sfbgw/zwxxgk/fdzdgknr/fdzdgknrtjxx/202106/t20210611_427394.html。

④ 全国千名涉外律师人才查询系统:总数985人、跨境投资545人、民商事诉讼与仲裁421人、国际贸易289人、金融与资本市场240人、知识产权及信息安全125人、海商海事92人、能源与基础设施86人、国际经济合作84人、跨国犯罪与追逃追赃19人。参见"全国千名涉外律师人才查询系统",载http://www.bcisz.org/plug/lawyerquery/,最后访问日期:2022年11月13日。

7.91%,检察官6名,仅占总量2.79%。[①] 另一方面,在国际舞台上代表中国深入参与国际事务的专业人才不足。有调查显示,联合国系统中的中国籍雇员仅占总量的1.12%,列第11位。[②] 整体来看,现有涉外法治人才的数量不足与结构分布不均,与经济全球化和中国参与国际活动的实际需求不匹配。

(三)新时代涉外法治人才培养守正与创新的形成逻辑

从历史性视角出发,涉外法治人才具有厚重的形成基础,是法治建设不断深化和法学教育持续反思的产物。改革开放40多年以来,涉外法治人才培养一直受到或多或少的关注。《关于实施卓越法律人才教育培养计划的若干意见》提及"培养涉外法律人才",《关于坚持德法兼修实施卓越法治人才教育培养计划2.0的意见》提及"构建涉外法治人才培养新格局",从"涉外法律人才"到"涉外法治人才",一字之差暗含丰富的意蕴。"法治"涉及立法、执法、司法、守法等国家治理的各个环节,因此"法治人才"相较于"法律人才"涵摄范围更广。据此推衍,"涉外法治人才"不仅要满足对外开放过程中涉外法律服务的需求,更需要为全球治理的法治化进程提供重要保障。法治人才并非纯粹的法律专业技术人才,需要兼顾微观法律技艺与宏观法治视野。[③] 为此,培养新时代语境下的涉外法治人才需要坚持守正与出新。"守正出新"语出《道德经》"以正治国、以奇用兵",后人将"奇"改为"新"。用以表达恪守正道、坚持原则,却又不固守常规,能突破思维、推陈出新的意思。"守正"即恪守正道,徐锴曰"正,守一以止也","正"是指客观规律和正确理论,是事物的本质和规律。"出新"是指推动旧事物获得新发展,侧重于求变再造。扬雄《太玄经·太玄莹》有言,"因而能革,天道乃得;革而能因,天道乃驯"。守正与出新具有辩证统一、相互交融、共生互补的关系。严复有言,"非新无以为进,非旧无以为守",守正是出新的根基,出新是守正的补充和优化。[④]

二、新时代涉外法治人才培养坚持守正

守正即坚守正道与根本,符合基本标准和规律。新时代涉外法治人才培养的守正须把握涉外法治和人才培养的本质,恪守社会发展、教育与思维发展的客观规律。习近平总书记指出:"参与全球治理需要一大批熟悉党和国家方针政策、了解我国国情、具有全球视野、熟练运用外语、通晓国际规则、精通国际谈判的专业人才。"[⑤]涉外法治人才具有高、精、尖的特点。具体而言,需要具备浓厚的家国情怀和强烈的历史使命感,对中国的

---

① 参见《上海涉外法律人才库入选名单》,载澎湃网2019年12月10日,https://www.thepaper.cn/newsDetail_forward_5197803。

② 参见杜焕芳:《涉外法治专业人才培养的顶层设计及实现路径》,载《中国大学教学》2020年第6期。

③ 参见蒋银华:《多元一体化:法治人才培养的实现机制——基于改革开放40年法学教育的经验总结》,载《广州大学学报(社会科学版)》2020年第1期。

④ 参见李树杰:《"守正"与"出新"》,载《人民日报》2016年7月28日,第4版。

⑤ 《习近平:加强合作推动全球治理体系变革 共同促进人类和平与发展崇高事业》,载《人民日报》2016年9月29日,第1版。

国情、政情和社情有正确的认识;掌握娴熟的外语技能和跨文化交际能力,具有开阔的国际视野与国际战略意识;德法兼修、专业素质过硬、知识结构多元合理、善于破解实践与理论难题。进一步深入推进复合型、应用型涉外法治人才建设,需要在既有优良传统与经验的基础之上,遵循人才培养的规律与标准,将已有目标和理念进一步转化为可操作的措施和可遵循的制度。

(一)强化价值引领,坚持立德树人

法治人才的思想观念特别是价值观,将影响未来法治的价值追求。强化价值引领是新文科建设的内在要求,价值观教育服务于国家建设的大局,没有正确的理论引领,就难有正确的涉外法治实践。《法学类教学质量国家标准(2021 年版)》将"习近平法治思想概论"课程设为法学专业核心课程,体现了马克思主义法学思想和中国特色社会主义法治理论在中国法学教育中的指导性地位。恰当的价值引领有利于强化家国情怀与历史使命感,引导涉外法治人才积极投入国家涉外法治建设,增强我国在国际法律事务中的话语权和影响力。没有道德滋养,法治文化就缺乏源头活水。[①] 习近平总书记考察中国政法大学时就提出:"法学教育要坚持立德树人,德法兼修,培养大批高素质法治人才。"[②]法学教育应注重品格塑造。建设德才兼备的高素质涉外法治工作队伍,是全面推进涉外法治的组织保障。《法学类教学质量国家标准(2021 年版)》将法律职业伦理作为法学专业必修课程,高校在教学实践中稳步推进课程思政建设,围绕政治认同、家国情怀、道德修养等优化课程内容供给,贯彻了品格塑造,培养德法兼修的高素质人才的基本要求。

(二)走内涵式发展道路,提升教育质量

提高人才培养质量是高等教育最核心、最紧迫的任务。涉外法治人才不仅要掌握国内外的法律规则和法律制度所蕴含的精神与逻辑,更要具备适用、分析、归纳、评价规则的能力。专业能力的培养离不开合理的课程设计。首先,当前法学专业课程总体配置给予了涉外法治人才培养更多弹性空间。例如,《法学类教学质量国家标准(2021 年版)》沿袭 2018 年发布的《普通高校本科专业教学质量国家标准(法学类)》针对本科阶段的教学提出的"10 + X"分类专业课程设置方案。将"国际经济法""国际私法"此类由所有院校必修的课程转归为各院校根据特色开设的其他专业必修课,仅保留国际法为核心专业必修课,明确各院校可以根据办学特色开设专业必修课。以涉外法治人才培养为特色的院校,可以将"国际经济法""国际私法""世界贸易组织法""国际投资法""国际刑法"等纳入其他专业必修课"X"的范围之中。其次,在专业课程内容中融入涉外法治的前沿知识。在日常教学中指导研读国际法院等国际争端解决机构网站上公开的经典案件和

---

① 习近平:《加快建设社会主义法治国家》,载《求是》2015 年第 1 期。

② 《立德树人德法兼修抓好法治人才培养 励志勤学刻苦磨炼促进青年成长进步 习近平在中国政法大学考察》,载《人民日报》2017 年 5 月 4 日,第 1 版。

最新案例的原始资料,采用模拟法庭、模拟仲裁庭的方式,将涉外法律规则的实体与程序内容、法律的对抗性思维和法律推理过程融入课程设计之中。

外语能力和跨文化交流能力是深度参与涉外法治建设的敲门砖。语言的习得规律和理论决定了外语学习须分阶段贯穿人才培养的全过程。英语是国际场合与国际事务中通用的工作语言,而法律是具有独特概念体系和话语体系的专门知识系统。法律英语则是英语语言学与国际法学、民商法学等法学学科融合产生的新兴学科,兼具英语语言的工具性与法学的专业性。国际法律规则和涉外法律事务的学习和应用都无法脱离法律英语。涉外法治人才不仅要能够进行流畅表达,更需要掌握司法文书、法律翻译、特殊语词语法的技巧。众多院校通过双语教学或纯英语教学,增加外语接触度,营造国际司法文化氛围,提升跨文化沟通能力。近年来,众多高校开启"法学+外语"复合培养模式的积极探索。例如,山东大学法学院开设法学与英语双学位班。2020 年 9 月,中国政法大学与北京外国语大学设立"法学+英语联合学士学位项目"。①

(三)多措并举,统筹落实国际化育人

涉外法治人才需要具备相当的国际视野与国际事务处理能力,因此常态化国际交流被纳入人才培养机制之中。《国家中长期教育改革和发展规划纲要(2010—2020 年)》就提出要坚持以开放促改革、促发展,开展多层次、宽领域的国际教育交流合作。首先,我国坚持构建以教育主管部门和高校、科研机构为主导的联合培养机制。利用学分互认、课程互通、教育联盟等机制与境外知名高校开展本科、硕士与博士的合作办学或双学位项目,鼓励开展科研项目的合作研究。有效利用优质教育资源,通过信息平台、网络图书馆、远程教育技术等多种途径实现包括人才培养模式、培养方案、课程设置、教学内容与方式等优势资源共享。② 其次,丰富国际人才交流活动的内容和形式,鼓励优秀学生到知名国际组织或研究机构调研、实习,深度参与研究或实践。通过学生互换,假期游学,国际性模拟法庭竞赛,合作举办国际研讨会等形式增进互动。

(四)力学笃行,躬行实践

"法律的生命在于经验,而非逻辑",③法学人才培养强调实践的重要性。《关于实施卓越法律人才教育培养计划的若干意见》就要求促进法学教育与法律职业的深度衔接,确保实践环节累计学分(学时)不低于总量的 15%。法律实践技能包含硬技能和软技能。硬技能是指法律专业知识、文书写作、数据分析、自然语言分析等能力。软技能包括沟通协调、批判性思维、团队建设等能力。④ 在法学教育实践中,根据具体能力要求设置

---

① 参见马怀德:《创新高校涉外法治人才培养模式　服务国家涉外法治建设发展需要热点关注》,载知识产权司法保护网 2022 年 2 月 28 日,https://www.chinaiprlaw.cn/index.php?id=5815。

② 参见邓瑞平、唐海涛:《卓越涉外法律人才国际化培养略论》,载《法学教育研究》2013 年第 8 卷。

③ [美]小奥利弗・温德尔・霍姆斯:《普通法》,冉昊、姚中秋译,中国政法大学出版社 2006 年版,第 1 页。

④ 参见杨学科:《数字时代的"新法学"建设研究》,载《法学教育研究》2021 年第 33 卷。

专门课程的现象并不鲜见。针对硬技能需求，开设案例教学、法律诊所、模拟法庭、观摩审判、社会调研等专门课程，有助于提升学生法律解释、法律推理、法律论证、探知法律事实、说服分析等能力。针对软技能提升，提供有效沟通、冲突管理、压力管理、合作能力建设等相关课程。迈克尔·波兰尼（Michael Polanyi）认为，人类知识具有显性和隐性两种类型，显性知识表现为书面文字、图表等客观表达，隐性知识则更具主观性，通常蕴含于行为过程之中。[①] 习近平总书记考察中国政法大学时就强调："法学教育处理好知识教学与实践教学关系的重要性……要打破高校和社会之间的体制壁垒。"[②]众多高校积极探索实践课程联合培养机制，邀请涉外立法、司法、执法等实务部门专家参与课程设计，结合热点、难点、重点实务问题，将前沿实践经验纳入课程内容建设之中。

当前参与涉外法治实践主要依托两种方式：一是在国内参与涉外法律事务，二是参加国际组织的实习活动。在国内参与涉外法律实践包括到涉外政府部门和司法机构参与涉外法治事务的处理，参与涉外仲裁、企业涉外法务、律所涉外业务。在国际组织实习，可以更直接地接触国际规则和国际法律事务，能最大限度地提高涉外法治人才的国际交流能力和涉外事务处理能力。部分高校已通过国家部委局的涉外部门、省级政府部门涉外机构、涉外民间团体、大型企业国际业务部门，与区域性或全球性政府间、非政府国际组织建立不同层次的教学科研实践项目。例如，教育部学生服务与素质发展中心设立信息发布平台以专门提供知名国际组织的招聘、实习信息；国家留学基金管理委员会与联合国粮农组织、联合国工业发展组织、国际电信联盟、国际贸易中心等国际组织签署实习生合作协议，选派优秀青年到上述组织实习；部分知名法学院校与国际法院、国际海洋法庭、WTO争端解决机构、海牙常设仲裁法院、世界知识产权组织、欧洲人权法院等具有影响力的国际争端解决机构建立合作关系。

三、新时代涉外法治人才培养深化出新：分层培养

涉外法治人才培养深化出新需立足于优秀传统与科学规律，针对既有问题和新情况实施优化补充的策略，偏离基础与正道而片面追求出新，容易走向歧路。遵循教育发展现实和人才成长规律，大而全的教育理念被分层理念替代已成为客观事实和主流趋势。现代高等教育通常将学位教育分为学士、硕士、博士三个层级。现有的涉外法治人才培养研究集中于宏观层面和问题对策范式，本科阶段的人才培养研究较为充分，硕士阶段的培养研究亦有涉及。哲学社会科学高端人才的成长和发展需经历复杂漫长的过程，法学作为社会科学的典型代表，人才培养需要长久的训练。涉外法治相比于国内法治对人才的知识、能力和素质要求更具复合性，决定了其培养需要经历更长周期和更系统的方式。将涉外人才培养的重任倾注于教育的初级和中级阶段不符合实际与人才培养规律。

---

① 参见周城雄：《隐性知识与显性知识的概念辨析》，载《情报理论与实践》2004年第2期。

② 习近平：《全面做好法治人才培养工作》（2017年5月3日），载习近平：《论坚持全面依法治国》，中央文献出版社2020年版，第177页。

从系统论视角出发,将涉外法治人才培养视为整体性工程,强调分层培养具有必要性和现实性。

(一)分层培养的现状与问题

回溯起源,学士、硕士、博士的早期含义相近,均有教导、教学之意。① 时至今日,三者已发展为正式的学位称谓,修业时间、修业科目、考核要求的差异决定了不同教育层次的教育质量存在差异,具体表现为知识储备、学术水平、能力素质的区分。

我国《学位条例》提出,学士、硕士、博士在学科基础理论、专门知识、用于研究或专门工作的技能方面的要求存在深度与广度上的明显区分。② 欧盟亦从知识、技能、胜任力三方面对三种学位进行详细划分。③ 就法学教育而言,学士、硕士、博士阶段的教育层层递进,受教育者的综合法学素养逐层增加。

我国法学教育历来注重本科阶段的人才培养,强调宽口径、厚基础的理念。《关于坚持德法兼修实施卓越法治人才教育培养计划 2.0 的意见》对本科阶段人才培养提出了总体规划,也强调了建设服务"一带一路"的高素质涉外法治队伍的顶层设计思路。然而,本科阶段的法学教育承载着储备法学专业基本知识与技能的功能,将国内法治与涉外法治的相关知识都在此阶段进行灌输不切实际。将仅具有高中基础、无社会经历的本科生培养为素质全面的高层次涉外法治人才亦是不切实际的,至少无法成为涉外法治人才培养的普遍模式。④

研究生阶段的教育作为高层次人才培养的强化阶段,承载着特色化培养的功能,与高度专业化的涉外法治工作队伍匹配度更高。近年来,部分高校探索了面向涉外法治的本硕贯通培养和本硕联合培养模式。2021 年涉外律师和国际仲裁方向的人才培养在法律硕士教育中进行了初步探索,然而,涉外法治人才培养方向众多,包括国际知识产权法、国际刑法、国际卫生法、国际体育法、国际娱乐法、"一带一路"国别法等。更具全面性、系统性的硕士阶段涉外法治人才培养规划有待出台。作为人才培养的最高层级,博士研究生教育是培养高层次拔尖创新人才的重要渠道,更符合涉外法治高难度、高门槛的要求。然而,我国博士阶段的涉外法治人才培养尚未获得足够关注。

(二)开拓博士阶段深化涉外法治人才培养的潜在空间

博士阶段的人才培养始终是全球高等教育关注的焦点。第二次世界大战后,美国意识到拔尖人才对国家竞争力的重要性,相继出台美国 1950 年《国家科学基金会法》、美国

---

① 博士"Doctor"词头"doc"有教导、教学之意。硕士"Master"原意是师傅、熟练者。学士,起初只是巴黎大学对高年级学生的尊称,因高年级学生常协助教师教学,也衍生出"助教"的含义。

② 参见《学位条例》第 4 条、第 5 条、第 6 条。

③ 参见王传毅、王瑜琪、杨佳乐:《重思硕士培养定位:争论与可能》,载《清华大学教育研究》2019 年第 2 期。

④ 参见王晨光:《以人才素质为导向　以人才培养规律为依据科学设置培养模式——国际法律人才培养的模式、内容与方法刍议》,载《法学教育研究》2021 年第 35 卷。

1958 年《国防教育法》等一系列法案，由此迎来博士研究生规模的扩张，为其政治、经济、科学、文化全面发展提供了充足的高层次人才储备。[①] 伴随全球化和对外开放的进一步深化，中国涉外法治领域高层次人才供给不足问题凸显。为满足社会发展和国家战略需要，不仅应当增加高层次人才的数量，更应提高人才培养质量与规格。

1. 博士生培养阶段拓展职业能力的必要性

人才培养需要接受需求与供给理论的修正。博士教育的最终目的是为社会发展提供高端人才。由于学术职位总量及增幅有限，而博士学位供给稳步上升，社会对高层次人才的规格与要求呈现多样化趋势，越来越多的博士学位获得者愿意从事非科研领域的实务工作。2018 年欧洲研究型大学联盟（League of European Research Universities，LERU）发布研究报告，指出 49% 的博士选择就业于私营部门，仅 39% 的博士选择高等教育部门。[②] 中国法学院校的情况亦是如此，华东政法大学 2021 届博士毕业生中约 55% 到党政机关、律师事务所、企业等非高等院校单位就业，[③]中国政法大学 2021 届博士研究毕业生中也有约 48% 到机关、企业就业。[④] 欧洲高等教育部长会议通过的《卑尔根宣言》将"不断满足高级人才市场的需要、拓宽学术领域外的价值"作为博士生培养的首要原则。[⑤] 因此，在博士研究生教育阶段，拓展学术之外的职业发展能力具有必要性。

2. 法学博士培养中增添应用型元素

中国传统的法学博士生培养模式致力于培养在高等院校和科研院所从事法学教学和研究的"理论创新型法学工作者"，强调具有创新法学理论、法律制度的学术能力。[⑥] 然而现实中存在培养人群、培养目标与市场需求不匹配的现象。中国法学博士生培养，尤其是国际法学博士生培养本身就特别注重外语、比较法和国际问题研究，符合高层次涉外法治人才的专业知识要求。然而，培养过程过分强调人文性和逻辑性，忽视了法律的实践性传统，造成学生"知晓"多于"能做"。兼顾学术逻辑与市场逻辑的关系，增强博士阶段的应用型人才培养元素，能够平衡理论知识和应用能力之间的张力，符合经济社会对高层次人才的需要。

高层次涉外法治人才需要跨文化沟通能力，处理涉外法律问题的具体技巧，发现和

---

① 参见陈翠荣、李冰倩：《世界一流大学博士教育发展战略的主要特点及未来走向》，载《研究生教育研究》2020 年第 2 期。

② See LERU, *Delivering Talent: Careers of Researchers Inside and Outside Academia*, Accessed Nov. 13, 2022, https://www.leru.org/files/LERU-PP-Delivering-Talent-Executive-Summary.pdf.

③ 参见《华东政法大学 2021 届毕业生就业质量年度报告》，载华东政法大学学生就业创业服务网，https://jy.ecupl.edu.cn/2022/02/23/220223130339034190.html。

④ 参见《中国政法大学毕业生就业质量年度报告（2021）》，载中国政法大学信息公开网 2021 年 12 月 31 日，http://xxgk.cupl.edu.cn/info/1065/3945.htm。

⑤ 参见胡光志、陈云霞：《中国法学博士生分类培养模式的借鉴与重构》，载《法学教育研究》2012 年第 7 卷。

⑥ 参见袁钢：《我国法律博士专业学位设置的必要性和可行性》，载《中国高教研究》2020 年第 1 期。

解决问题过程中的前瞻性、判断力等隐性知识,均需在实践过程中通过体验、直觉、观察、领悟等方式逐渐累积。① 在学术理论研究外,拓展融入应用型元素的可能路径,整合高校内外力量通过多种渠道和方式打造良好的常态化职业训练平台,给予丰富的国际化职业发展机会,有助于探索法学博士培养目标由单一转向多元,由培养学科守护者,转向培养引领涉外法治发展的产、学、研、官多领域的顶尖人才。

3. 法律博士在涉外法治人才培养中的可行性

20 世纪 70、80 年代以来,学位的内涵在世界范围内获得显著发展,学位的设置和标准趋于多样化,专业型博士学位受到越来越多的重视。英国研究生教育委员会将专业博士学位界定为能满足职业需要且符合授予博士学位标准的高级学习或研究计划。② 澳大利亚研究生院长委员会认为,获得专业博士学位须通过研究和高级学习,候选人需致力于专业实践领域具有关键意义的实质问题,有能力对专门领域的理论和实践作出重大贡献。③ 不同国家对专业博士的定义并不完全一致,但都强调面向职业需求,培养将前沿理论迁移至具体应用场景的专业能力,要求能够创造性地解决实际问题,在学术和实践中保持必要的张力。④

中国现有的学术理论型法学博士培养方式,与实务部门对高层次应用型涉外法治人员的需求有一定差距,设置法律博士学位有助于实现人才的专门培养,是满足法治实际需要的现实选择。我国设立法律博士学位可以借鉴域外经验,并结合本土国情要求培养对象能够创造性地解决中国涉外法治实务中,尤其是"一带一路"机制实施过程中的关键问题,成为实践反思型法治工作者和研究型专业人员。

自 2012 年起,中国政法大学先后与最高人民检察院、最高人民法院签署合作协议,以"应用型法学博士研究生招录培养改革试点"名义,试点招录、培养法律博士研究生。2012 年,西北政法大学获批实施服务国家特殊需求博士人才培养项目。应用型博士人才培养的招生选拔、课程设置、指导方式、论文标准、评价体系等环节均已积累了一定经验。⑤ 我国现有的 6 个专业型博士学位培养模式也能为法律博士的培养提供有益借鉴。现有专业型博士学位培养方式大体可以归纳为规范化职业培训、行业联合培养与在职人员提升 3 种模式。涉外法治人才培养的长期性和系统性导致人才培养完全依赖于高校力量不切实际。高校法学教育在法治人才培养中具有基础性作用,但高校之外持续的实

① 参见邓旭:《论涉外卓越法律人才的知识构成》,载《法学教学研究》2015 年第 2 期。

② 参见黎学平:《英国哲学博士学位与专业博士学位比较》,载《学位与研究生教育》2005 年第 6 期。

③ 参见徐铁英:《美国专业博士教育:问题、论争与改革》,载《教育学术月刊》2010 年第 7 期。

④ 参见王传毅、王瑜琪、杨佳乐:《重思硕士培养定位:争论与可能》,载《清华大学教育研究》2019 年第 2 期。

⑤ 参见袁钢、何欣、万青:《我国法律博士专业学位研究生培养模式的探索》,载《学位与研究生教育》2021 年第 6 期。参见王健:《我国设法律博士学位不仅必要而且可行》,载网易网 2021 年 12 月 2 日,https://www.163.com/dy/article/GQ71PCPL0530W1MT.html。

践能力培养和经验积累亦至关重要。高水平的涉外法治人才培养并非一蹴而就,淡化"学校/社会"的二元区分,在实践与理论的交互中不断打磨人才,有助于培养工作持续推进。同时考虑现阶段法学教育与实践发展情况,采取规范化职业培训模式时机尚不成熟,优先采取以行业联合培养为主,高校自主培养为辅,主要招收涉外法治领域的实务人员具有现实可行性。①

专业学位与学术学位作为不同的学位类型,存在培养规格差异,但并无层次高低之分。② 学术是学位的本质体现,学术论文写作是学术的重要表征,法律博士的培养离不开论文写作,尤其应重视学位论文的规范与价值,作为最高级别的应用型人才教育,学位论文尤其需要突出实践导向,致力于研究具有重要应用价值的涉外法治疑难问题。

四、新时代涉外法治人才培养守正与出新的保障

新时代背景下的涉外法治人才培养是一项复杂的系统工程,涉及多重维度、多元主体与多种措施。面对多元化社会需求与长远国家战略目标,人才培养在坚持守正与出新的过程中需要汇聚合力,构建多层保障机制以提供持续支持与赋能。

(一)适应多元化社会需求,深化实务部门与高校协同育人机制

涉外法治人才培养依赖国际化与实践性的双重驱动。协同育人理念是高层次人才培养规律的反映,也是实践教学和国际化培养的基础。协同育人理念的关键在于整合全社会优质资源,发挥教育机构和实践部门的"双轮驱动"作用以实现人才培养与社会需求的深度对接,形成供需互动型人才培养共同体,③满足国家与市场对涉外法治人才类型多样性和能力复合性的要求。

1.建立常态化涉外法治实践平台,实行过程管理

当前涉外法学学生普遍缺乏实践经验,有涉外实习经历的不足20%,④且缺乏专业对口的涉外法律实践机会。为此,政府可以通过政策支持和资金支持等多种方式引导教育机构与实务部门建立常态化、实质性的合作培养平台。针对境外实习项目面向法学专业岗位较少的问题,一方面,可以运用政府机关、高校的多种资源与国际组织,特别是国际争端解决机构建立法律实习专项项目;另一方面,争取与更多境外司法机关建立长期的国际人才交流与合作机制。交流实践注重过程管理,高校承担理论指导的职能,实践单位提供实务经验指导和人际网络支持。以高校为核心主体,构建制度化的实践经验分享与传承机制,助力实践培养不断优化升级。

① 参见袁钢:《我国法律博士专业学位设置的必要性和可行性》,载《中国高教研究》2020年第1期。

② 参见张学良、张炜:《行业特色型高校开展专业博士教育的优势分析与路径优化》,载《研究生教育研究》2021年第4期。

③ 参见杨宗科:《新时代法学教育新理念新思想新战略》,载《法学教育研究》2021年第32卷。

④ 参见孟伟:《学子的理想与时代的潮声聚焦我国涉外法治人才培养》,载法治日报·法治周末网2022年5月19日,http://www.legalweekly.cn/fzzg/2022-05/19/content_8719707.html。

2.加强联合培养方案的软硬件支持

为避免教育机构与实务部门在实践基地的建设投入、合作方式、学生管理方面利益诉求不均衡而产生运行困难,倡导高校与实务部门共同制订联合培养方案。为降低人才培养过程中不必要的时间成本与交通成本,鼓励使用适当的信息技术手段,开拓“互联网+法学教育”的培养模式,打破校园与涉外法治实务的时空屏障。

多导师制是推进应用型教育的基本共识,来自不同院系或社会部门中从事最前沿研究和实践的人员组成指导团队,能够为涉外法治人才培养提供充分的智力支持。以科研教师为主体重点指导理论学习与研究,提高学生学术视野和多学科创新能力;以实务专家为主体重点对学生的实践能力进行深度培养和提升。在遴选实务导师时,重点考量实务业绩与业内部评价,将真正有经验、有能力、有精力的人员纳入师资团队之中。为避免校内外导师同时指导发生生态位重叠,①有必要为校内外导师履行职责提供充足的后勤支持和合理的监督评价机制。

(二)适应复合型人才要求:倡导学科间与学校间互动,深化特色化发展

真正的“法律头脑”(legal mind)需要具备剖辨能力、社会常识、超俗的精神和历史眼光。② “法律头脑”以更具包容性、稳定性和连续性的世界观与方法论为支撑,这有赖于深厚的人文底蕴和多元合理的知识结构。涉外法治贯穿于全球治理与涉外实务的方方面面,相比纯粹国内法治更具复杂性。因此,提升涉外法治人才的专业化,要求其不局限于精通法学学科知识,而更应融通扩展学科视域,综合学习哲学、政治、历史、经济管理、科学发展、社会心理、域外国家文化、国际关系、国际礼仪、谈判策略等知识。因此,涉外法治人才培养有必要采取跨学科教育战略,注重多元文化社区的建立,吸收院外、校外乃至境外优质资源研制跨学科课程体系,设立多样化的跨学科专业与研究项目。促进专业特色不同的学校之间的合作交流,通过辅修课程、联合培养双学位项目等方式拓宽校际合作渠道有助于优势互补,协同推进复合型人才培养。

我国开办法学专业的院校众多,包括综合性大学和各类专业特色院校,院校间的办学基础、学科结构存在差异。涉外法治涉及经济贸易、工业制造、基础设施建设等各个领域,人才类型需求多元。人才培养需要把握未来法治发展的方向,根据需求提前布局。教育部、司法部、外交部、商务部作为与涉外法治紧密相关的政府部门,可以根据自身需要,积极设立专项人才扶持计划,统筹布局相关领域的院校人才培养事业。高校作为人才培养的最主要实施者,需要充分发挥自主性和能动性,紧密结合自身学科专业实力和地理区位条件,在组建师资、设计课程、实践教学、理论研究等方面细化和丰富人才培养方向,落实具体的差异化和特色化发展策略。

---

① 参见植林、王永周、米银俊:《生态位理论视阈下高校新型研发机构人才培养路径研究》,载《科技管理研究》2021年第11期。

② 参见燕树棠:《法律教育之目的》,载《清华法学》2006年第3期。

(三)落实"一带一路"机制,重视国别法人才培养

截至2022年3月23日,中国已同149个国家和32个国际组织签署200余份共建"一带一路"的合作文件。① 这需要大量"一带一路"沿线国别法人才就国际投资的尽职调查、合同签订与履行、争端解决等事项提供智力支持。域外国别法与国际法同属涉外法治领域,但二者的功能定位与人才培养方式存在差异,相较而言,我国在国别法人才的培养方面存在更多提升空间,尤其是精通"一带一路"沿线国别法的人才供给亟待增加。

国别法人才通常需要通过外国司法程序维护中国国家、企业、公民的正当利益,因此需要系统深入掌握外国法律体系,熟悉法院管辖权行使规则、诉讼程序规则、地方性法律。"一带一路"共建国家众多,国家间的政治体制、经济水平、教育体系等情况差异较大,有必要对人才培养进行统筹规划。就国内培养环节而言,第一,可以率先遴选一批重点院校与研究团队,在现有涉外法律专业培养的基础上,针对"一带一路"共建国家的法律进行教材编写、课程设计、实践教学。第二,发挥我国边疆民族文化优势和地理优势,挖掘边境地区具有潜力的人才与高等院校,建立一批周边国家国别法律人才培养的高地。第三,为已从事涉外法律服务且有意愿参与"一带一路"共建国家法律服务实践的人员开设专门的法律外语、国别法律制度、纠纷处理技巧方面的专项培训。就境外培养环节而言,首先,由中央政法委牵头,教育部、司法机关、国家留学基金管理机构共同参与,制定和实施"一带一路"国别法律人才留学规划,均衡布局沿线留学目的国,促进国别法人才的协调发展。其次,鼓励设立国别法人才联合培养学位项目,为优秀的中国学生在国外系统学习当地法律提供充足的资金支持和政策支持;同时为无学位的短期出国交流和联合培养项目人员提供参与境外法律实践的机会与支持。

国别法的研习离不开对国别法所在国家语言的学习。在相当长时间内,我国涉外法治人才掌握的外语语种主要是英语,从长远来看,伴随"一带一路"机制的实施和全球化进程的不断深入,法语、西班牙语、阿拉伯语、俄语、德语、葡萄牙语等使用范围较广的语言以及"一带一路"共建国家的语言重要性日趋提升。受学科设置和培养体制等条件的制约,当前只有少数院校专门培养小语种涉外法治人才。有调查显示,上海地区律师的执业外语约95%为英语,精通小语种的律师十分稀缺。② 推广开设语言兴趣班、定向培养、"小语种+法学"双学位等培养模式有助于开拓小语种法治人才的培养路径进而构建完善的涉外法治工作队伍。

(四)推进国际化进程:由"单一输出"转向"输出与输入并重"

我国涉外法治人才培养坚持国际化,在"走出去"的过程中不断研习域外法律经验和

---

① 参见《已同中国签订共建"一带一路"合作文件的国家一览》,载中国一带一路网 https://www.yidaiyilu.gov.cn/xwzx/roll/77298.htm。

② 参见李卓谦:《培养"多语种+"卓越法律人才——张海斌谈上海外国语大学法学教育特色》,载《民主与法制时报》2019年10月17日,第5版。

国际法规则。然而涉外法治实践不仅需要加深对涉外规则的理解与运用,更需要代表中国政府、企业、公民表达自身立场,主张正当利益。新中国成立以来,特别是改革开放40多年来,中国在法治建设方面成就卓著,中国特色社会主义法律体系已经形成。国际法与国内法存在千丝万缕的联系,将国际法规则体系视为完全独立于国内法的独立、封闭体系不符合实际。涉外法治实践不仅是汲取域外法治经验,遵从既有合理的国际规则的单向过程,更需要促进法治文明双向交流互鉴。因此,应当积极探索将中国涉外法治最新实践经验与研究成果引入教学的路径,着力培养善于讲好中国故事、传播中国声音的涉外法治人才,向世界展示真实、立体、全面的中国,让国际社会更准确地了解中国法治建设状况,进一步推进高水平对外开放。

国际化的双向流动是以人为核心的互动过程,在不断追求"走出去"的过程中,更需关注如何吸引域外人才来华交流、学习,推动国际交流活动由"单一输出"转向"输出与引入并重"。构建以司法机关、政府涉外部门、教育部门、高校为主导,以学术团体、行业协会等更具专业特色的组织为补充的人才交流与引入平台。在形式方面,在扩充多元领域的中国法交流、培训与学习项目的同时,鼓励开拓一系列围绕"一带一路"法律服务建设的国际法、国别法赛事与实训。

(五)完善配套政策,实现多维度支持

涉外法治人才培养服务于对外开放的国家战略,具有鲜明的政策导向,仅通过市场调节难以实现有效的资源配置。发挥多元主体的协同作用,从多重维度完善配套政策有助于涉外法治人才培养的可持续发展。

1.发挥政府、教育机构、行业组织的功能,实现主体间协调共进

政策实施需要经历复杂的动态过程。涉外法治服务于对外开放的国家战略,设立国家层面的协调机构以履行统筹、指导、监督职能,有助于宏观把控涉外法治人才培养的方向。从《关于实施卓越法律人才教育培养计划的若干意见》到《关于坚持德法兼修实施卓越法治人才教育培养计划2.0的意见》,涉外法治人才培养新增了"推动全球治理规则变革"的目标定位,此类人才难以通过市场机制提供充分供给,需要借助政府力量积极引导从而有意识的培养。① 政府部门在通过规划、信息服务、政策指导、行政措施、拨款等一系列政策工具和财政工具引导人才培养战略的同时,也要尊重高校在具体办学中的自主权,减少不必要的行政干预,尊重大学发展规律。鼓励高校建立教育执行委员会和监事会,与教育管理部门共同参与涉外法治发展战略的制定、实施、监督及评估。行业组织是以市场参与者为主体的社会性组织,代表行业整体,是人才培养体系中不可或缺的力量,具有预测人才需求的功能。相关行业组织针对涉外法治领域发布的人才需求报告,对涉

① 参见郑超:《国际规则领域课程应是涉外法治人才的必修课——专访华东政法大学国际金融法律学院院长贺小勇》,载法治日报·法治周末网2022年5月19日,http://www.legalweekly.cn/fzzg/2022-05/19/content_8719744.html。

外法治的专业设置、课程开发具有较强的参考作用,有利于提高人才培养效率和效益。构建由政府、行业组织、教育机构为核心主体的涉外法治人才培养机制,有助于涉外法治建设的整体协调。

2. 开拓多元渠道,增加资金支持力度

充裕的资金支持是涉外法治人才培养战略实施的坚实后盾。人才培养合作平台搭建、师资构建、课程设计、境外实习、国际赛事参与等都需要大量的资金支持。当前我国高等教育经费投入渠道相对单一,投入力度与设备条件的总体水平不足。一方面,建议国家政府部门在制定教育规划时增加涉外法治人才培养的专项支持,倡导与涉外法治领域相关的中央和地方政府部门积极参与资金投入与专项扶持。另一方面,鼓励社会组织、行业协会等市场主体积极投入,缓解高校自筹经费压力。

3. 优化人才培养质量评估与监督机制

涉外法治人才培养离不开质量评估与监督体系。当前人才培养质量的评估主体主要是教育主管部门指派的专家、社会中介组织、学生、家长、教职员工等,此类主体与被评估主体具有较大的利益相关性。超越权力与利益冲突的评估主体有助于人才培养质量评估走向开放、包容、透明、有效。建立多重主体并存、多向度兼顾的评估体系,有助于实现过程管理与环节管控。为弥补政府评估的局限性,一方面,倡导专业的独立第三方机构、行业组织对高校进行客观、公正、自主、科学的评估。另一方面,健全教育机构自我评估的机制以促进有效管理与可持续发展。规范专业的质量评估需要恰当合理的指标与方法,有必要构建分类分层教育质量评估指标体系,在评估过程中注重理解与交流,健全质量监督反馈机制。

4. 加强政策引导,重视教学与师资建设

教师作为人才培养的一线实施者,对人才培养起直接作用,其教学能力与投入直接影响教育质量与人才培养的效果。涉外法治要求深厚的理论知识与精湛的实践技能,更需要引导教师对人才培育增量投入。

首先,要转变"重科研轻教学"的倾向。现有教育评价体系对院校和教师的评价主要关注科研情况,对课程建设、教学成果等教学业绩关注不足,①引发了教育实践中"重科研轻教学"的倾向。大学作为教师和学生的学习共同体,其首要职能始终是人才培养。人才培养的关键在于教学,而教学的关键在教师。习近平总书记考察中国人民大学时提道:"教师应该有言为士则、行为世范的自觉""努力做精于'传道授业解惑'的'经师'和'人师'的统一者。"②从政策层面促进教师功能的发挥需要始终把人才培养的质量和效益作为评价高校的根本标准,突出重视教学的政策导向,健全不同形式的教学激励和约

① 参见孙长永:《法学研究生课程改革的几个问题》,载《高等教育评论》2017 年第 1 期。

② 《习近平在中国人民大学考察时强调:坚持党的领导传承红色基因扎根中国大地走出一条建设中国特色世界一流大学新路》,载《人民日报》2022 年 4 月 26 日,第 1 版。

束机制。将教学能力与贡献作为教师评价的基本标准,突出学生评价在教师教学评估中的重要地位,在岗位聘任、职称评定等关系教师切身利益的事项中把教学质量和教学效果作为优先考量的重要指标。

其次,重视国际化师资团队建设。与国际实践、国内社会发展脱节的教师很难教育出符合需求的高素质涉外法治人才。合格的涉外法治人才培养师资应具备一定的立法、司法、执法实践经验,具有海外法学学位或留学经历,外语听说读写能力优秀,法学专业基础扎实,善于捕捉最新的国内国际法学动态、理论、案件。组建国际化的师资团队,在教学层面接轨国际先进水平。一方面,拓宽教师的国际视野和思维,组织境外进修、访学、讲学或从事科研工作;鼓励参加国际学术研讨会、在国际知名学术期刊发表论文。另一方面,充分运用国际师资资源,促进教学方式与知识结构国际化,重视外籍教师的聘用和管理,吸引境外著名大学博士毕业生回国任教,引入国外知名学者与实务专家开设讲座、访问交流。重视国际法、比较法、国别法的教育,聘任专业友好的外籍专家开展专业系统的全外语法学教学。

引入外籍专家过程涉及诸多外事手续,开设课程手续尤为烦琐,部分环节制度不协调、程序不明晰。[①] 有必要建立更高效透明的引入机制,组建专业的外籍人才管理团队,做好绩效管理与服务保障。当前外籍人才的长期聘任与短期访问均主要依赖政策性文件,为避免政策不确定性与不严谨性带来的问题,持续简化审批申请流程,出台外国人才引进及管理专项立法具有现实必要性。合适的国际化师资团队对人才培养具有独特优势,应当建立科学完备的工作效益评价机制,以教学管理为主要评价对象,在工作量计算、职称晋升、项目设置等方面制定有效的激励措施。

五、结语

习近平总书记考察中国人民大学时强调:"'为谁培养人、培养什么人、怎样培养人'始终是教育的根本问题。"[②]结合新时代背景,立足国家战略与市场需求,培养具有高远目标、扎实功底,能够解决复杂难题,回答时代命题的高素质涉外法治人才,无疑需要借助法律共同体的一致努力,整合全社会的优质资源。尽管当前的涉外人才培养尚有种种问题亟待解决,但是在遵循教育发展规律、立足远大战略目标与客观现实的基础上,坚持守正与出新,坚持面向世界、面向未来、面向需求,中国涉外法治人才的数量和质量终将获得大幅提升,涉外法治建设终将迎来长久的可持续发展。

---

① 参见郭雳:《创新涉外卓越法治人才培养模式》,载《国家教育行政学院学报》2020 年第 12 期。

② 《习近平在中国人民大学考察时强调:坚持党的领导传承红色基因扎根中国大地走出一条建设中国特色世界一流大学新路》,载《人民日报》2022 年 4 月 26 日,第 1 版。

铸牢中华民族共同体意识视域下民族类高校法学培养的范式革新

——基于10所民族类高校法学培养方案之考察*

薛前强**　张佳宁***

一、问题的提出

任何活动都是在一定目标/动因的指引下开展的，教育事业亦是如此。在这其中，人才培养方案（或称“培养方案”）是教育活动目标的直接凸显，是组织开展教学活动、安排教学任务的规范性文件，也是实施人才培养和开展质量评价的基本依据。更为重要的是，人才培养方案还有其战略意义，成为各高校落实党和国家关于人才培养总体要求的方法与阵地。基于上述不争事实，言及民族类高校的教学事业，其培养方案亦应彰显国家在民族事务上的政策与方略。就后者而言，习近平总书记曾提出：“深化民族团结进步教育，铸牢中华民族共同体意识，加强各民族交往交流交融，促进各民族像石榴籽一样紧紧抱在一起，共同团结奋斗、共同繁荣发展。”①因此，为实现新时代新征程党的奋斗目标，铸牢中华民族共同体意识不仅体现在政治、经济等领域，在高校教育方面也有着非比寻常的意义，尤其是针对民族类高校而言，为培养出优秀的少数民族人才，铸牢中华民族共同体意识更是重中之重。除国家政策方面的原因外，民族类高校培养方案的“民族性”还源于此类高校较普通高校更特殊的生源构成和教育资源。与汉族地区相比，民族类高校在教育的水平、投入上仍存在一定差异；②而民族类高校的生源多为全国各地的少数民族地区，这些地区有着独特的民族风俗和宗教信仰，树立正确的马克思主义民族观、宗教

* 本文获得中央民族大学2022年研究生课程建设和教育教学改革项目“新时代法学类研究生教育教学多维改革研究”（项目编号：GRSJYGG013）的经费支持。

** 中央民族大学法学院讲师，硕士生导师。

*** 中央民族大学法学院民商法学硕士研究生。

① 习近平：《论坚持人民当家作主》，中央文献出版社2021年版，第179页。

② 参见吴薇、刘璐璐：《“一带一路”背景下民族类高校教育创新的路径选择——以中央民族大学为例》，载《民族高等教育研究》2017年第4期。

观也就成为教育培养中的应有之义。同时为贯彻落实党和国家的政策,保证学生与社会进行良性对接,促使毕业生能够更好地走向以民族自治地区为主要工作地点的工作岗位,向社会输送优秀的少数民族人才,民族类高校学生在熟练掌握专业知识基础上,还需了解本民族自身的民族历史,熟练掌握本民族语言,等等。①

综合以上多种原因,民族类高校各学科培养方案在围绕"铸牢中华民族共同体意识",贯彻各学科共性的同时发展自身特色,成为新世纪民族类高校教育发展的应然图景。为此,本文将以"铸牢中华民族共同体意识"为研究视域,以我国代表性民族类高校法学学科培养方案为研究对象,运用文本统计分析的方法从静态层面揭示当前民族类高校法学培养与铸牢中华民族共同体意识相结合之整体概貌,以求从中发现共性及个性,分析现有民族类高校法学生培养方案问题所在。正所谓"问题中通常孕育着答案",本文认为,"铸牢中华民族共同体意识"既是民族类高校教育的目标之一,还是对各民族类高校培养方案进行改革的重要手段。故本文最后将试图重返铸牢中华民族共同体意识,实现对民族类高校法学培养的范式革新。这不仅为民族类高校在日益强化的法学教育竞争中谋得一席之位,更为实现全面发展型法学人才教育培养提供一种"回应型理路",助力于整体提升我国法学教育水平。

二、我国民族类高校法学人才培养方案的整体概览

(一)样本的选择

民族类院校作为党和国家为解决中国国内民族问题而建立的综合性普通高等院校,在现阶段可以分为两大类:中央部(委)属民族院校(国家民族事务委员会直属)和地方民族院校,而学校名称中带有"民族"二字是界定此类学校最为直接的依据。目前,我国本科类民族类高校共有21所,分别是中央民族大学、云南民族大学、中南民族大学、西南民族大学、北方民族大学、西藏民族大学、西北民族大学、青海民族大学、广西民族大学、内蒙古民族大学、大连民族大学、贵州民族大学、湖北民族大学、四川民族学院、呼和浩特民族学院、右江民族医学院、甘肃民族师范学院、河北民族师范学院、黔南民族师范学院、广西民族师范学院、兴义民族师范学院。

高职专科层次的民族类院校共计12所,分别是内蒙古民族幼儿师范高等专科学校、黑龙江民族职业学院、辽宁民族师范高等专科学校、宁夏民族职业技术学院、湖南民族职业学院、湘西民族职业技术学院、西昌民族幼儿师范高等专科学校、黔南民族医学高等专科学校、黔南民族幼儿师范高等专科学校、黔南民族职业技术学院、黔东南民族职业技术学院、黔西南民族职业技术学院。根据《普通高等学校高职高专教育指导性专业目录(试行)》②之规定,高职专科类院校的"法律大类"专业设置包括"法律实务类"(司法助理、法律文秘、司法警务、法律事务、书记员)、"法律执行类"(刑事执行、民事执行、行政执

① 参见任军:《地方高校国家通用语言文字教育服务铸牢中华民族共同体意识的使命与实践——基于内蒙古民族大学的探索》,载《民族教育研究》2022年第4期。

② 教育部《普通高等学校高职高专教育指导性专业目录(试行)》,教高〔2004〕3号附件(正式执行文件)。

行)、"司法技术类"(刑事侦查技术、司法鉴定技术、安全防范技术、司法信息技术、司法信息安全)3类,与传统意义上的全面型法学本科教育相比,更侧重实务型法学人才之培养,且高等专科院校法学大类专业的学制还存有差异(2～3年)。故不论是高等专科院校内部还是与外部本科类院校作比较研究,均很难获得"通约"(commensurability)式①分析结论,故本文的研究对象将高职高专类民族院校排除在外。

经笔者对前述本科类民族院校的法学院官网一一核实,其中有5所院校并未开设法学/法律/文法专业(包括黔南民族师范学院、广西民族师范学院、右江民族医学院、兴义民族师范学院和甘肃民族师范学院)。在对开设法学专业的民族类高校法学院官网的"人才培养""资料下载"等模块进一步查找中,有6所院校的法学培养方案未被查找到(包括云南民族大学、西北民族大学、内蒙古民族大学、西藏民族大学、呼和浩特民族学院和河北民族师范学院)。最终,截至2023年,本文共查找到民族类高校法学培养方案共计10份,具体院校如表1所示。

表1　10所民族类高校具体情况汇总

序号	院校名称	地域分布	法学培养方案名称	年份
1	中央民族大学	北京市	法学本科人才培养方案/法学(民族实验班)本科人才培养方案	2022级
2	中南民族大学	湖北省	法学院2022版本科人才培养方案	2022级
3	广西民族大学	广西壮族自治区	2015级法学本科专业人才培养方案	2015级
4	西南民族大学	四川省	法学专业培养方案	2015级
5	贵州民族大学	贵州省	2019级法学专业人才培养方案	2019级
6	大连民族大学	辽宁省	法学专业本科人才培养方案	2021级
7	北方民族大学	宁夏回族自治区	法学院法学专业人才培养方案(2021年版)	2021级
8	湖北民族大学	湖北省	法学专业人才培养方案	2019级
9	青海民族大学	青海省	法学专业培养方案(2020年版)	2020级
10	四川民族学院	四川省	法学(汉藏双语)	2017级

① "通约"(commensurability)原是一个数学概念。这词的原形,出自数学中分数加减运算时的"通分"与"约分",即用求"最小公倍数"的方法先使分母不同的两个分数实现"通分",然后加以计算;接着用求"最大公约数"的方法对繁分数进行"约分",使其化简。换言之,"如果几个数之间同时存在一个公约数,称为可通约,否则称为不可通约,公约数中最大的称为最大公约数。近年来,学术界常引申其义,在表述属性或本质相同的两种事物关系时,便说"两者可以通约"。当然,如果拿分数与平方根在一起相加,这两种属性不同的数学命题因为相互不可通约,这样的命题便不能成立。当然也有引用于描述事物、文化之间的互通性和共同之处。

（二）民族类高校法学人才培养方案的整体概貌及特点分析

1. 作为宏观统领的培养目标

《法学类教学质量国家标准(2021年版)》将法学教育的共通性目标界定为：坚持立德树人、德法兼修，适应建设中国特色社会主义法治体系，建设社会主义法治国家的实际需要。培养德才兼备，具有扎实的专业理论基础和熟练的职业技能、合理的知识结构，具备依法执政、科学立法、依法行政、公正司法、高效高质量法律服务能力与创新创业能力，坚持中国特色社会主义法治体系和熟悉国际规则的复合型、应用型、创新型法治人才及后备力量。[①] 但教育作为一个从受众出发的定向活动，本身不可能也不应该“模式化”，故《法学类教学质量国家标准(2021年版)》规定，为适应国内外经济、政治和社会发展的实际需要，法学类专业人才培养目标可以定期进行评估与修订。同时，赋予各高校就目标、培养体系等进行个性化改造的空间，要求“根据自身的定位和办学特色，根据本标准制定法学类专业的教学质量标准，并对本标准中的条目进行细化规定”。言及民族类高校，其办学特色即为民族特色，前述10所高校法学培养目标及其民族性可见表2。

表2 10所高校法学培养目标具体表述及民族性体现

院校名称	培养目标	民族性关键词
中央民族大学	坚持立德树人、德法兼修，适应建设中国特色社会主义法治体系、建设社会主义法治国家的实际需要，培养具备过硬的政治素质、深厚的家国情怀、高尚的职业伦理、德才兼备，具有扎实的专业理论基础和熟练的职业技能、合理的知识结构，具备依法执政、科学立法、依法行政、公正司法、高效高质量法律服务能力与创新创业能力，堪当民族复兴大任、勇于维护国家统一和民族团结的复合型、应用型、创新型法治人才及后备力量	民族复兴大任、维护民族统一和民族团结
中南民族大学	培养适应21世纪中国社会主义现代化建设需要的德、智、体、美、劳全面发展，专业基础扎实，知识面宽，实践能力强，富有创新精神，熟悉和坚持中国特色社会主义法治体系，具有现代法治理念的复合型、职业型、创新型法律人才。学生毕业后适合在国家机关从事立法、执法和司法工作；在企事业单位、社会团体等部门(单位)从事法律服务工作；能通过继续深造在高等院校和科研院所从事教学、科研工作	无

① 参见《法学类教学质量国家标准(2021年版)》培养目标。

续表

院校名称	培养目标	民族性关键词
广西民族大学	培养德、智、体全面发展,具有科学的民主法制信念,具有扎实的法学基础理论和系统的法学专业知识,熟悉我国主要的法律、法规和国际贸易规则,有较高的法律素养和法律专业技能,具备法律实践能力和创新能力,能适应经济建设和社会发展需要的厚基础、宽口径、复合型、高素质法律人才。特别是培养具备运用法律知识和技巧解决法律问题的能力,有较高的人文素养的,能在审判机关、检察机关、行政机关、立法机关、仲裁机构、法律服务机构以及企事业单位和社会团体从事法律工作的应用型法律人才	无
西南民族大学	坚持为民族地区和少数民族服务的办学宗旨,培养适应国家法制建设和经济发展需要的德智体等全面发展,富有创新精神和实践能力,系统掌握法学知识,熟悉我国法律和党的相关政策,有为少数民族和民族地区服务志向,能在国家机关、企事业单位和社会团体,特别是能在立法、行政、司法、仲裁等机关和各种法律服务机构从事法律工作的复合型、应用型法律职业人才	为民族地区和少数民族服务
贵州民族大学	培养适应中国特色社会主义法治体系和社会主义法治国家建设需要,适应少数民族和民族地区法治建设实际需要的人才。具有人文精神、科学精神和民族团结精神,具备合理的知识结构、扎实的专业理论基础和熟练的职业技能,能依法执政、科学立法、依法行政、公正司法、高效法律服务能力与创新创业能力的应用型、创新型法治人才及后备力量	适应少数民族和民族地区法治建设实际需要、民族团结精神
大连民族大学	贯彻"立德树人、德法兼修"的培养理念,适应建设中国特色社会主义法治体系,建设社会主义法治国家的实际需要,培养德、智、体、美、劳全面发展,具有扎实的专业理论基础和熟练的职业技能、合理的知识结构,具备依法执政、科学立法、公正司法、高效高质量法律服务能力与创新创业能力,有为民族地区和少数民族服务志向,能在国家机关、企事业单位和社会团体,特别是能在立法、行政、司法、仲裁等机关及法律服务机构和涉外活动中从事法律工作的各民族高素质的应用型法治人才	为民族地区和少数民族服务志向
北方民族大学	坚持立德树人、德法兼修,围绕价值塑造、能力培养、知识传授"三位一体"的人才培养模式,立足宁夏,聚焦地方经济社会发展,面向民族地区和社会基层,培养具有扎实的专业理论基础和职业技能、人文情怀、科学素养、国际视野、较强创新精神和实践能力,致力于提升民族地区法治发展水平与推动民族地区社会治理体系与社会治理能力现代化的高素质应用型法治人才	提升民族地区法治发展水平与推动民族地区社会治理体系与社会治理能力现代化

续表

院校名称	培养目标	民族性关键词
湖北民族大学	培养具有坚定的理想信念、良好的道德情操、强烈的社会责任感、浓郁的本土情怀和宽广的国际视野,掌握系统的法学理论知识、法学方法和法律职业技能,具有较强的法律服务能力和创新创业能力,能在司法实务部门及其他国家机关、部队、企事业单位、社会团体等部门从事法律及相关工作的高素质复合型、职业型、创新型卓越法治人才	无
青海民族大学	坚持立德树人、德法兼修,建设社会主义法治国家的实际需要,以服务于国家和西部地区跨越式发展、社会稳定和长治久安为目标,培养具有较坚实的法学理论基础,系统地掌握法学知识,了解国内外法学发展动态,具有较高的政治理论素质、较强的分析能力、判断能力和实际操作能力,能较熟练地应用有关法律知识和法律规定办理各类法律事务,解决各类法律纠纷,服务地区各民族群众的复合型、创新型法治人才及后备力量	服务地区各民族群众
四川民族学院	培养系统掌握法学知识,熟悉我国法律、法规,能在国家机关、企事业单位和社会团体,特别是能在司法机关、行政机关、仲裁机构和法律服务机构从事法律工作,能在中小学担任政治法律类课程教学或法制副校长的应用型法律人才。 法学(汉藏双语):本专业培养掌握法学知识和藏语基础知识,熟悉我国法律和相关政策,能熟练使用藏语,能在国家机关、企事业单位和社会团体,特别是能在藏区立法机关、行政机关、检察机关、审判机关、仲裁机构和法律服务机构工作的应用型专门人才	无

从表2可见,法学人才培养方案的培养目标一方面保留大部分院校法学生人才培养方案的共性,即“培养出政治方向正确、专业知识扎实、实践和创新能力出众的法律人才,尤其是能在审判机关、检察机关、行政机关、立法机关、仲裁机构、法律服务机构以及企事业单位和社会团体从事法律工作的应用型法律人才”。另一方面,法学培养目标的民族化改造在各民族类高校间存在些许差异:部分民族性目标存在趋同,3所院校表述为“民族服务型”,即“为少数民族地区、群众服务”;2所院校表述为“民主法制建设型”,“提升民族地区法治建设水平”;2所院校存在“民族团结型”,即“维护民族团结”。很遗憾的是,有4所院校的培养目标中未见任何“民族性”表述。

2. 作为效果验证的毕业要求

如果说培养目标是方针指向的话,那么毕业要求就是验证培养目标落实情况的。同时,即使在培养目标处对于民族性表达过于抽象、雷同甚至缺无,但毕业要求可以弥补上述不足,在培养过程中动态补足或增加“民族性”。对此,10所高校的具体毕业要求如表

3 所示。

表 3 10 所高校法学毕业具体要求及"民族性"体现

院校名称	毕业要求
中央民族大学	(一)素质。1. 政治素质:牢固树立正确的历史观、民族观、国家观、文化观,对伟大祖国、中华民族、中华文化、中国共产党和中国特色社会主义高度认同,具有强烈的中华民族归属感、中华文化认同感、伟大祖国自豪感,和维护民族团结和祖国统一的使命感,铸牢中华民族共同体意识。具有良好的法律职业伦理,具有服务于建设社会主义法治国家的责任感和使命感。2. 思想品德:自觉践行社会主义核心价值观,把国家、社会、公民的价值要求融为一体,提高个人的爱国、敬业、诚信、友善修养,自觉把小我融入大我,不断追求国家的富强、民主、文明、和谐和社会的自由、平等、公正、法治,将社会主义核心价值观内化为精神追求、外化为自觉行动。3. 综合素养:掌握基本的现代信息技术,具备较高的计算机操作能力和外语能力。人文、科学和艺术素养良好,热爱劳动,身心健康。4. 职业素养:熟识法律程序和法律规定,适应法律实践的需求,具备从事法律工作的理想与信念。具备高尚的职业伦理,具有用法律服务于国际交往、国家发展、民族团结进步和人民福祉提升的素质素养。5. 国际视野:树立用法律维护人类命运共同体的意识,具有一定的国际视野和跨文化交流能力,了解国际规则,能够运用法治维护国家利益。(二)知识。1. 学科基础与理论:熟练掌握习近平法治思想、宪法、中国法律史、法理学、民法、刑法等学科基础理论,法学学科基础扎实。2. 专业核心知识:法学班学生需要掌握行政法、经济法、商法、诉讼法、知识产权法、法律职业伦理、国际法等相关专业知识,提升通用应用型专业核心知识储备。涉外班学生除需要掌握行政法、经济法、商法、诉讼法、法律职业伦理等通用法学专业知识外,还需要掌握国际法、国际经济法、国际私法、涉外人权法、涉外文化法、涉外知识产权法等核心知识,提升涉外法治核心知识储备。3. 研究方法:掌握必备的研究方法,具有专业的法学思维,具有优秀的问题意识和扎实的研究态度,能够熟练运用法律解释、法律论证、证据证明等方法解决实务问题,开展研究工作。4. 学科前沿:了解法学专业及相关领域国内外前沿动态和发展趋势,了解相关主题,能够对研究现状、热点与前沿进行系统梳理,进行创新研究。(三)能力。1. 专业能力:具备独立自主地获取和更新本专业相关知识的学习能力,具备系统的法学思维能力,具备法律文书处理能力,具备用法律知识发现问题与解决问题的能力。法学班侧重培养自身运用法学理论解决实践问题的能力,涉外班需要具备综合运用国内外法律知识解决涉外法律问题的能力。2. 实践能力:具备将所学的专业理论与知识融会贯通,灵活地综合应用于专业实务之中的基本技能。重点掌握个案分析能力,案件归纳整理能力、法律文书撰写能力,法律谈判能力等。3. 创新能力:紧密结合当前社会的最新需求,运用跨学科知识,开展科研训练和竞赛活动,养成探究性学习和创新性思维习惯,具备突破式创新、渐进式创新、再运用式创新的能力。 民族班:(一)素质。1. 政治素质:牢固树立正确的历史观、民族观、国家观、文化观,对伟大祖国、中华民族、中华文化、中国共产党和中国特色社会主义高度认同,具有强烈的中华民族归属感、中华文化认同感、伟大祖国自豪感,和维护民族团结和祖

续表

院校名称	毕业要求
	国统一的使命感,铸牢中华民族共同体意识。具有良好的法律职业伦理,具有服务于建设社会主义法治国家的责任感和使命感。2. 思想品德:自觉践行社会主义核心价值观,把国家、社会、公民的价值要求融为一体,提高个人的爱国、敬业、诚信、友善修养,自觉把小我融入大我,不断追求国家的富强、民主、文明、和谐和社会的自由、平等、公正、法治,将社会主义核心价值观内化为精神追求、外化为自觉行动。3. 综合素养:熟悉各民族历史、语言和文化,掌握铸牢中华民族共同体意识方面的理论、政策和法律;掌握基本的现代信息技术,具有一定的国际视野和跨文化交流能力;人文、科学和艺术素养良好,热爱劳动,身心健康;掌握一门外语,具备基本的听说读写能力。能够熟练运用国家通用语言文字和少数民族语言文字进行交流和文书写作,通过中国少数民族汉语水平考试四级。4. 职业素养:熟识法律程序和法律规定,适应法律实践的需求,具备从事法律工作的理想与信念。具备高尚的职业伦理,具有用法律服务于国家发展、民族团结进步和人民福祉提升的素质素养。具备运用国家通用语言文字和少数民族语言文字处理法律事务的职业素质。5. 国际视野:树立用法律维护人类命运共同体的意识,具有一定的国际视野和跨文化交流能力,了解国际规则,能够运用法治维护国家利益。(二)知识。1. 学科基础与理论:熟练掌握习近平法治思想概论、法学导论、宪法、中国法律史、法理学、民法、刑法、现代汉语等学科基础课,熟练掌握理论框架与知识,具备深厚的基础功底与跨文化学习基础。2. 专业核心知识:法学班需要掌握行政法、经济法、诉讼法、法律职业伦理、国际法、环境资源法、少数民族语言通论等相关学科知识,掌握核心课程,从而提升专业核心知识储备。3. 研究方法:掌握必备的研究方法,具有专业的法学思维,具备跨文化思考法律问题的能力,具备民族事务治理法治化的思维,具有优秀的问题意识和扎实的研究态度,能够熟练运用法律解释、法律论证、证据证明等方法解决实务问题,开展研究工作。4. 学科前沿:了解法学专业及相关领域国内外前沿动态和发展趋势,了解相关主题,能够对研究现状、热点与前沿进行系统梳理,进行创新研究。(三)能力。1. 专业能力:具备使用双语处理法律实务的能力,具备使用法律与民族政策提升民族事务治理法治化水平的能力,具备独立自主地获取和更新本专业相关知识的学习能力,具备系统的法学思维能力,具备法律文书处理能力。2. 实践能力:具备将所学的专业理论与知识融会贯通,灵活地综合应用于专业实务之中的基本技能。重点掌握多元纠纷解决能力、基层法律治理能力、案件分析归纳能力、法律文书撰写能力与法制宣传动员能力等。3. 创新能力:紧密结合当前社会的最新需求,运用跨学科知识,开展科研训练和竞赛活动,养成探究性学习和创新性思维习惯,具备突破式创新、渐进式创新、再运用式创新的能力

续表

院校名称	毕业要求
中南民族大学	仅有课程与“毕业要求”中每项具体要求达成的关联度情况展示
广西民族大学	1. 符合德育培养目标要求;2. 学生最低毕业学分为 161 学分,包括:本培养方案所列的各类课程、实践和其他教学环节;毕业学分构成应符合本培养方案所列的《各类课程的课内学分分配表》的要求;3. 符合大学生体育合格标准
西南民族大学	本专业毕业生应获得以下几方面的知识和能力:1. 掌握法学各学科的基本理论与基本知识;2. 掌握法学的基本分析方法;3. 了解法学的理论前沿和法制建设的发展动态;4. 熟悉我国法律法规和党的相关政策;5. 具有运用法学知识去认识问题和解决问题的能力;6. 掌握文献检索、资料查询的基本方法,具有一定的科学研究和实际工作的能力
贵州民族大学	知识要求:了解人文社会科学和自然科学的基础知识,牢固掌握本专业的基本知识和基本理论,并形成合理的整体性知识结构。能力要求:熟悉我国法律、政策和国外法律的基本框架,了解法学理论前沿和法制建设的趋势,具备独立自主地获取和更新本专业相关知识的学习能力;具备将所学的专业理论与知识融会贯通,运用法学理论和方法调查、判断、分析问题的能力和运用法律知识管理事务、解决问题的基本能力,掌握应用法律的基本技能;掌握法学文献检索、法学资料查询的基本方法,具有基本的科学研究能力;具备团结协作能力和良好的社会适应能力,以及利用创造性思维方法开展科学研究工作和创新创业实践的能力;具有良好的语言文字表达能力、口头表达能力,能够掌握一门外语。素质要求:热爱社会主义祖国,拥护中国共产党的领导,牢固树立正确的世界观、人生观、价值观;养成良好的道德品格、健全的职业人格、强烈的法律职业认同感,具有服务于建设社会主义法治国家的责任感和使命感;掌握法学专业的思维方法和研究方法;具备良好的人文素养和科学素养;达到国家规定的大学生体育锻炼合格标准,具有健全心理、健康体魄

续表

院校名称	毕业要求
大连民族大学	本专业的毕业生在知识、能力、素质方面应达到如下水平：1. 知识要求。1.1：人文社会科学基础知识：文史哲、思想道德、时政、军事、语言等；1.2：一定程度的自然科学基础知识：物理、化学、生命科学、地球与环境科学等；1.3：工具性知识：外语、计算机及信息技术应用、文献检索、方法论、论文写作、劳动训练、创新创业等；1.4：法学基础知识：经济学、政治学、法律逻辑学等法学基础知识；1.5：法学二级学科核心知识和基本理论：民法学、刑法学、诉讼法学、商法学、经济法学、国际法学、环境法学等；1.6：法学学科学术提高性知识：以学理性部门法学为主构成的学术提高性知识体系；1.7：法学学科应用性知识：以应用部门法为主构成的应用性知识体系；1.8：法学学科前沿性知识：以部门法、专题讲座展开的前沿性探讨性知识。2. 能力要求。2.1：学习与自我发展的能力：自主获取和更新本专业相关知识的学习能力，包括较高的计算机操作能力和外语能力、表达能力，信息处理能力，交流合作能力，团结协作能力等；2.2：法学学科思维能力：以法学基本概念、范畴、价值、原理与目标构成的法律思维形式与实际能力以及一定的批判思维能力；2.3：法律方法与法律运用能力：法律方法作为围绕法律权利、义务与责任的法律推理方法，运用这种方法的实际推理能力；2.4：法律思考与解决问题的能力：以法律作为思考与解决现实问题的基本立足点，将所学的专业理论与知识融会贯通，灵活地综合应用于专业实务之中的基本技能；2.5：法学研究能力与文书写作能力：以学理研究解决普遍性的法律论题与法学论题的能力以及能够独立撰写各类法律文书的能力；2.6：法律职业创新能力：在法律职业上以创造性思维方法开展科学研究工作和创新创业实践的能力。3. 素质要求。3.1：思想道德素质：热爱社会主义祖国，拥护中国共产党的领导，掌握中国特色社会主义理论体系，牢固树立正确的世界观、人生观、价值观；有为国家富强、民族昌盛而奋斗的志向和责任感；具有敬业爱岗、艰苦奋斗、热爱劳动、遵纪守法、诚实可信和团结合作的品质；具有良好的思想品德、社会公德和职业道德；3.2：文化素质：具备良好的人文素养和科学素养；3.3：法律职业素质：系统掌握法学类专业必需的思维方法和研究方法，养成健全的职业人格和强烈的法律职业认同感，具有服务于建设社会主义法治国家的责任感和使命感，具有综合运用法学知识解决实际问题的职业素质；3.4：自我发展与学术创新素质：达到国家规定的大学生体质健康标准，具有健康的体魄和良好的心理素质；法学学术兴趣浓厚，学术素养较高，法律思维水平较高，创新意识以及可持续发展潜力较强；3.5：政治、经济、社会问题法律化的素质：从法律与法学视角解决政治、经济、社会的重大问题，这是现代法律人的基本素质。4. 其他要求。4.1：有服务地方、民族地区和少数民族的意愿和能力

续表

院校名称	毕业要求
北方民族大学	通过本科阶段学习，毕业生应在知识、能力和素质方面达到如下要求：1. 知识。1.1 了解人文社会科学和自然科学的基础知识。1.2 掌握法学专业的基本知识和基本理论，并形成合理的整体性知识结构。2. 能力。2.1 具备独立自主地获取和更新法学专业相关知识的学习能力。2.2 具备将所学的专业理论与知识融会贯通，灵活地综合应用于专业实务之中的基本技能。2.3 具备利用创造性思维方法开展科学研究工作和创新创业实践的能力。2.4 具备较高的计算机操作能力和外语能力。3. 素质。3.1 热爱社会主义祖国，拥护中国共产党的领导，掌握中国特色社会主义理论体系，牢固树立正确的世界观、人生观、价值观，践行铸牢中华民族共同体意识。3.2 掌握法学专业的思维方法和研究方法，具备良好的人文素养和科学素养。3.3 养成良好的道德品格、健全的职业人格、强烈的法律职业认同感，具有服务于建设社会主义法治国家的责任感和使命感。3.4. 具备健康的心理和体魄
湖北民族大学	仅有毕业要求学分、课程与“毕业要求”中每项具体要求达成的关联度情况展示
青海民族大学	法学专业在紧紧围绕培养目标的基础上，要求学生在校期间经过系统的法学专业教育，在价值导向、人文素养、专业思维、专业知识与技能、实践创新、沟通合作、从业体魄、从业资格等方面具备以下基本条件，确保圆满完成学业并取得毕业证书和学位证书。毕业要求1：具有正确的价值导向。毕业要求指标点1.1：具备良好的法律职业伦理和道德修养、健全的职业人格、坚定的法治信仰，具有服务于建设社会主义法治国家的责任感和使命感。毕业要求指标点1.2：认同社会主义核心价值观，在生活、学习中体现科学的世界观、人生观和价值观。毕业要求2：具备良好的专业知识素养。毕业要求指标点2.1：修完所学通识通修、综合素养等课程学分，成绩合格。毕业要求指标点2.2：积极完成规定的专业课程及相关学科阅读书目，获得相应学分。毕业要求指标点2.3：毕业论文写作达到专业水平要求。毕业要求3：具备较强的实务实践能力。毕业要求指标点3.1：积极参加专业认知、专业实践、毕业实习及相关司法实务训练，获得相应学分。毕业要求指标点3.2：具有在理论学习和法律实务过程中形成问题意识，具有创新意识和创新能力，具备适应地方法治建设和司法实务实践能力。毕业要求指标点3.3：具有法律文书撰写和法律职业资格考试的应试通过能力。毕业要求4：具有良好人文素养和综合素养。毕业要求指标点4.1：具有较强的人文素养，普通话达到三级甲等水平，符合基层法律人才需求，能够胜任基层法律职业岗位。毕业要求指标点4.2：具备相应的英语和计算机应用能力。毕业要求5：具有独立思考和阅读理解的能力。毕业要求指标点5.1：有终身学习理念和专业发展意识，独立思考问题，分析问题，能逐步适应专业发展和社会发展需要。毕业要求指标点5.2：关注国内外法学发展动向，有阅读专业书籍和期刊杂志的良好习惯，完成规定的相关专业和非专业阅读书籍。毕业要求6：具有团队协作和善于沟通能力。毕业要求指标点6.1：具有团队协作精神，有初步沟

续表

院校名称	毕业要求
	通技能,善于倾听,和蔼可亲,人际关系良好。毕业要求指标点6.2:有小组协作完成任务的经验,乐意与他人合作交流,分享经验和资源。毕业要求7:具有良好的心理素养和从业体魄。毕业要求指标点7.1:身体素质达到国家规定的大学生体育合格健康标准。毕业要求指标点7.2:积极参与劳动,生活方式规律,生活态度积极阳光。毕业要求指标点7.3:具备健全的心理素养和职业人格
四川民族学院	未明确规定

从表3可见,除去没有规定毕业要求的高校,仅有3所高校在毕业要求处体现了"民族性",要求学生具有维护民族团结和祖国统一的使命感,维护民族团结进步,树立正确民族观;有服务地方、民族地区和少数民族的意愿和能力;以及为民族昌盛而奋斗的志向和责任感。只有2所高校明确将"铸牢中华民族共同体意识"(中央民族大学、北方民族大学)作为毕业要求,仅有1所高校(中央民族大学)明确要求学生掌握铸牢中华民族共同体意识方面的理论、政策和法律。

3. 专业核心课程设置

虽然根据《法学类教学质量国家标准(2021年版)》①的规定,法学专业核心课程采取"1+10+X"分类设置模式。"1"是指"习近平法治思想概论"课程。"10"是指法学专业学生必须完成的10门专业必修课,包括"法理学""宪法学""中国法律史""刑法""民法""刑事诉讼法""民事诉讼法""行政法与行政诉讼法""国际法和法律职业伦理"等。"X"是指各院校根据办学特色开设的其他专业必修课,包括"经济法""知识产权法""商法""国际私法""国际经济法""环境资源法""劳动与社会保障法""证据法和财税法","X"选择设置门数原则上不低于5门。样本中10所高校的法学专业核心课程的数量设置、具体名称上仍存在部分差异,具体如表4所示。

① 教育部《法学类教学质量国家标准(2021年版)》(教高厅函〔2021〕17号)。

表 4 10 所高校的法学专业核心课程具体情况

院校名称	数量	课程名称
中央民族大学	13/15	法律职业伦理、行政法与行政诉讼法、人权法学、劳动与社会保障法、行政救济法、国际法、商法、民族事务治理法治化、刑事诉讼法、民事诉讼法、经济法、知识产权法、国际经济法。民族班:法律职业伦理、行政法与行政诉讼法、行政救济法、国际法、商法、民族事务治理法治化、中国少数民族语言通论(一)、民族文写作、刑事诉讼法、民事诉讼法、经济法、中国少数民族语言通论(二)、汉语少数民族语翻译经典导读、知识产权法、环境资源法
中南民族大学	18	逻辑学、法理学、中国法制史、法律职业伦理、宪法学、行政法与行政诉讼法学、民法学、商法学、知识产权法学、经济法学、刑法学、民事诉讼法学、刑事诉讼法学、劳动与社会保障法、财税法、国际法学、国际私法学、国际经济法学
广西民族大学	14	法理学、宪法、行政法与行政诉讼法、民法概论、刑法、商法、经济法、民事诉讼法、刑事诉讼法、国际法概论、著作权法、专利法、商标法、知识产权总论
西南民族大学	16	法理学、宪法学、民法学、商法学、知识产权法、刑法学、民事诉讼法学、刑事诉讼法学、行政法与行政诉讼法、国际法、国际私法、国际经济法、环境资源法、劳动与社会保障法、中国法制史、经济法学
贵州民族大学	19	法学导论、宪法学、中国法制史、法理学、刑法学(总论、分论)、民法学(总则、物权法学、侵权法学、合同法学)、刑事诉讼法学、民事诉讼法学、行政法与行政诉讼法学、经济法、知识产权法学、商法学、环境资源法学、劳动与社会保障法学、财税法学、国际法学、国际私法、国际经济法、法律职业伦理
大连民族大学	19	习近平法治思想概论、法学导论、法理学、中国法律史、宪法学、民法(民法总论、物权法、债权法)、商法、刑法(刑法总论、刑法分论)、行政法与行政诉讼法、民事诉讼法、知识产权法、经济法、刑事诉讼法、国际法、国际私法、国际经济法、劳动与社会保障法、环境资源法、法律职业伦理

续表

院校名称	数量	课程名称
北方民族大学	20	习近平法治思想概论、法理学、宪法学、中国法律史、刑法Ⅰ、刑法Ⅱ、民法Ⅰ、民法Ⅱ、刑事诉讼法、民事诉讼法、行政法与行政诉讼法、国际法、法律职业伦理、经济法、知识产权法、商法、国际私法、国际经济法、环境资源法、劳动与社会保障法
湖北民族大学	10	法理学、宪法、中国法律史、民法(一、总则;二、物权;三、合同、侵权)、刑法(一、总则;二、分则)、民事诉讼法、刑事诉讼法、行政法与行政诉讼法(一、行政法;二、行政诉讼法)、国际法、法律职业伦理
青海民族大学	10	刑事诉讼法、民法分论、民事诉讼法、经济法、国际法、商法学、国际经济法、知识产权法、环境资源法、国际私法
四川民族学院	26+/22+	中国法制史、法理学、宪法学、民法学、刑法学、经济法学、商法学、行政法与行政诉讼法学、民事诉讼法学、刑事诉讼法学、知识产权法学、司法文书、中国法律思想史、公证与律师实务、犯罪学、法律逻辑学、劳动法、婚姻家庭法、证据学、合同法、国际公法、国际私法、国际经济法、公司法、税法、房地产法等。法学(汉藏双语):法理学、中国法制史、中国宪法、行政法学与行政诉讼法学、中国民法、商法、中国刑法学、经济法学、刑事诉讼法学、民事诉讼法学、国际法学、司法文书、秘书学、藏文文法、藏语口译技能、汉藏翻译技巧、藏语语法、正字法、藏族习惯法、藏族历史与文化、民族理论与民族政策,中国民族法学等

从表4还可看出,各高校在民族法学类专业核心课程的设置上差异同样明显,中央民族大学根据民族班的特别需要,设置了民族事务治理法治化、中国少数民族语言通论、民族文写作等具有民族特色的课程,着重培养少数民族同学处理民族事务的能力。同时四川民族学院做到了将民族特色与课程设置相结合,其特色课程有民族理论与民族政策、藏文基础、藏文文法Ⅰ、藏文文法Ⅱ、正字法、藏汉法律翻译理论、汉藏法律口译技能、藏区社会工作概论、藏族习惯法、藏区公证与律师工作概论、藏区公安工作概论等课程。其他民族类高校仍将重点放在法理学、宪法学、民法学等基础性课程上,并未体现民族特色。

此外,根据《法学类专业教学质量国家标准(2021年版)》的规定,各地各高校要结合资源优势和学科特色,围绕将习近平法治思想纳入高校法治理论教学体系中这一核心任务,细化工作方案,明确具体举措。对于民族类高校来说,其最显著的资源优势就是民族资源,将民族特色融入专业必修课的"X"中,是铸牢中华民族共同体意识,使其渗入高校教育领域中的必要举措之一。而对于法学专业来说，最具有民族特色又兼具专业属性的课程是民族法学，从古代起，我国就设置了专门的机构以钻研民族法律，从秦朝的《属邦律》到清朝的《理藩院则例》，无不彰显着我国对调整国内民族关系、解决民族问题的高度重视，从那时起，我国的民族法学经过了漫长的历史发展，终于成为一个独立的法学学科。现代意义上的民族法学是一种以民族关系的法律现象为研究对象的学科，具有中国特色和民族特色，并且随着社会发展，它还被赋予了时代意义。然而经过笔者统计，仅有中央民族大学和四川民族学院将其纳入专业核心课程的范围内，这充分体现了我国民族类高校并未意识到根据办学特色开设相关专业核心课程的重要性，弱化了其先天具有的民族优势，也弱化了民族法学对于民族类高校法学培养的重要地位。

4. 实践类课程设置

法学类专业教育具有很强的应用性和实践性，而法学类专业教育是素质教育和专业教育基础上的职业教育，借助改革教学方法，强化案例教学，增加理论教学中模拟训练和法律方法训练环节，从而提升学生实践能力。就此而言，民族类高校法学同样设置了以“实验和实训课”“专业实习”“社会实践与毕业论文”①为共通体系的实践类课程，具体如表5所示。

表5 10所民族类高校法学实践类课程具体情况

院校名称	数量	实践类课程内容
中央民族大学	5/5	毕业论文（设计）、毕业实习与就业能力考查、法律实践、学年论文（设计）、法律实务训练。民族班：毕业论文（设计）、毕业实习与就业能力考查、西部地区法律实践、学年论文（设计）、法律实务训练

① 实验、实训和专业实习，是指各专业应根据专业教学的实际需要，利用模拟法庭、法律诊所、专业实验室、实训基地和校外实习基地，独立设置实验、实训课程，组织专业实习，开展创新创业教育。实验、实训和专业实习课程应当制定教学大纲，明确教学目的与基本要求，明确专业实习的主要内容以及学时分配。专业实习时长不得低于10周。社会实践，是指各专业应根据本专业实际需要，组织各种形式的法制宣传教育活动，让学生了解社会生活，培养其社会责任感，增强其社会活动能力。社会实践时长不得低于4周。毕业论文（设计），是指法学类专业毕业论文（设计）可采取学术论文、案例分析、毕业设计、调研报告等多种体裁形式完成。论文选题应加强问题导向。鼓励学生根据自身兴趣，结合社会实践以及经济、社会现实的热点和难点问题，在指导教师的指导下进行毕业论文（设计）的撰写。毕业论文（设计）内容应综合运用所学的理论与专业知识。毕业论文（设计）的撰写应遵守学术道德和学术规范。各专业应为本科生确定毕业论文（设计）指导教师。毕业论文（设计）指导教师由本专业具有讲师以上职称的教师担任，可聘请专业实务部门有关人员共同指导。指导教师应加强毕业论文（设计）在选题、开题、撰写等各个环节的指导和检查，强化学术规范。

续表

院校名称	数量	实践类课程内容
中南民族大学	8	模拟审判、法律文书写作训练、法律实务技能、法律诊所课程、教学实践、教学实习、毕业实习、毕业论文
广西民族大学	8	公证与仲裁、民事法律实务、刑事法律实务、行政法律事务、社会调查与研究、企业法律事务实训、专业实习、毕业论文
西南民族大学	6	军训、社会实践、专业课程实习、毕业设计(论文)文科类、毕业实习文科类、模拟法庭训练
贵州民族大学	11	劳动、司法社会调查、监察实务、审判实务、检察实务、司法见习、法律系列讲座、模拟诉讼流程实训、法律诊所、毕业实习、毕业论文
大连民族大学	14	专业实践(必修):毕业实习、毕业论文。专业实践(选修):法学社会实践、法学文献检索、演讲与法庭辩论、专业见习、模拟法庭、法律英语实务、法务实训、校企合作课程、法学研究与写作、法学创新工作室、法律诊所、物证与鉴定技术
北方民族大学	16	刑法实务、合同法实务、婚姻家庭法实务、侵权责任法实务、知识产权法实务、公司与证券法实务、保险法实务、劳动合同法实务、仲裁理论与实务、民事法律诊所(诉讼)、地方立法实践、律师实务、非诉讼实务、速录实训、刑事法律诊所、民事法律诊所(调解)
湖北民族大学	9	军事技能训练、公益劳动、暑期社会实践、法律诊所、模拟审判、法律检索与写作、专业见习、毕业实习、毕业论文(设计)
青海民族大学	8	专业认知实习、专业实践、毕业实习、毕业论文(设计)、创新创业实践、专业基本阅读书目、第二课堂活动、工程训练
四川民族学院	因本样本数据不够详细,无法进行统计	

从表5可以看出,各民族高校设置的实践性教学环节有很大差异,但普遍存在的问题是该类课程学分占比较低,即使是实践类教学环节设置学分最多的北方民族大学,其实践课程的学分占比也仅有18.79%,远远低于理论课程的学分占比。除此之外,仅有少部分民族类高校设置了多样化的专业实践类课程,而大部分高校的专业实践课程形式单一,且未与铸牢中华民族共同体意识有机结合在一起,与民族性关联较少,无法彰显民族特色。据统计,这些民族类高校中仅中央民族大学充分将学生专业实践与本校办学特色结合在一起,其在民族班法学生的实践安排中要求学生进行西部地区法律实践,充分了

解西部地区发展现状,推动学生运用法律知识,自觉维护边疆稳定。其他高校则仅是设置了通常类别的实践课程,如模拟审判、法律文书写作训练、法律实务技能、法律诊所等。

5. 专业选修课的交叉培养现状

专业选修课程与专业必修课程在逻辑上是拓展与延续的关系,法学专业可自主设置专业选修课程体系。近年来,开发跨学科、跨专业的新兴交叉课程与创新创业类课程成为改革趋势,经统计,10 所民族类高校法学专业选修课如表 6 所示。

表 6 10 所高校本科专业选修课程安排及其"民族性"

院校名称	数量	课程名称
中央民族大学	62/31	至少任选 12 门法学专业选修课程,完成 24 学分。模块一:理论法学。法学论文写作(初阶)、中国法律思想史、法律逻辑学、革命根据地法治、法学论文写作(进阶)、外国法制史、西方法律思想史。模块二:宪法与行政法学。党内法规、纪检监察与反腐败法治、外国宪法、文化遗产法、国家安全法、行政行为法、国家赔偿法、公务员法。模块三:民商法学。家事法、合同法、人格权法、物权法、侵权责任法、公司法、票据法、证券法、破产法、保险法、仲裁法。模块四:经济法学。环境资源法、房地产管理法、金融法、财税法、企业法、竞争法、消费者权益保护法、法律经济分析。模块五:刑事法学。犯罪学、大陆法系刑法、英美法系刑法、刑法解释原理与实务、证据法、刑事侦查学、外国刑事诉讼法、刑事司法制度、刑事政策、监狱法、电影影像中的刑法、比较刑法。模块六:国际法学与涉外法学。英美法系概论、日韩公司法、国际贸易法、国际私法、国际投资法、国际环境法、欧美社会文化、欧盟法概论、"一带一路"法治概论、国际刑事司法前沿、涉外劳动法、国际金融法律与实务。模块七:法学前沿。教育法、科技法、数据法学、人工智能法学。民族班:至少任选 7 门专业选修课程,完成 14 学分。其中至少选择 4 学分模块七中所列课程或中国少数民族语言文学学院开设的中国少数民族语言类课程。模块一:理论法学:法学论文写作(初阶)、中国法律思想史、法律逻辑学、法学论文写作(进阶)。模块二:宪法与行政法学。党内法规、纪检监察与反腐败法治、人权法学、文化遗产法、国家安全法、国家赔偿法、公务员法。模块三:民商法学。家事法、合同法、人格权法、物权法、侵权责任法、公司法。模块四:经济法学。劳动与社会保障法、消费者权益保护法。模块五:刑事法学。证据法、刑事侦查学、刑事政策。模块六:国际法学。国际私法、国际环境法。模块七:少数民族语言。大学写作、翻译学导论、中国少数民族文字学、中国少数民族语言概论、中国少数民族文学概论、语言资源学导论、南方少数民族文学关系史

续表

院校名称	数量	课程名称
中南民族大学	40	法律英语、外国法制史、民族法学、西方法律思想史、中国法律思想史、立法学、少数人权利保护、法律诊所1、法律文书写作、法律实务技能、物证技术学、证据实验(物证技术学的配套实验)、法律诊所2、证据学(中文、双语)、证据实验(证据学配套实验)、公务员法、刑法原理与案例解析、犯罪学、海洋与外交关系法、比较宪法、刑事政策学、金融法、行政程序法、公证与仲裁、刑事侦查学、竞争法、国际组织法、刑法学、比较行政法、侵权行为法、人格权法、婚姻法与继承法、国际商法(双语)、保险法、公司法、证券法、英美合同法(双语)、国际知识产权制度(双语)、国际投资法、国际商事仲裁
广西民族大学	13/11/9	方向一:立法学、财政税收法、海商法、国际经济法专题评论、时事法律评论、房地产法、监狱法学、刑事侦查学、犯罪学、外国民事诉讼法、证据法学、创新与实践活动1、创新与实践活动2。方向二:中国法律思想史、西方法律思想史、法学原著导读、外国宪法学、法律方法论、法社会学、比较法、民族法学、比较行政法、创新与实践活动1、创新与实践活动2。方向三:法律英语、越南语、泰语、东盟国家民商法、东盟经贸法、证券与期货法、律师公证制度与实务、创新与实践活动1、创新与实践活动2
西南民族大学	34	法律专业英语、民族法学、律师与公证制度、世界贸易组织法、中国法律思想史、西方法律思想史、立法学、比较法总论、仲裁与调解、金融法、税法、犯罪学、侵权责任法、保险法、犯罪心理学、合同法、证据法学、外国民商法、房地产法、海商法、证券法、公司法、外国刑法学、民商事法律诊所教育、刑事法律诊所教育、经济刑法学、物权法、婚姻继承法、国际民事诉讼与国际商事仲裁、刑事侦查学、证据科学技术、国际刑法、国际商法、法律职业伦理
贵州民族大学	29	法律逻辑学、立法学、民族法学、婚姻家庭与继承法学、刑事侦查学、律师与公证学、法律文书、证据学、法律英语、司法会计、犯罪心理学、人权法、中国法律思想史、西方法律思想史、中国少数民族法制史、外国刑法学、西方法理学、犯罪学、公务员法、房地产法、金融法、公文写作、刑事典型案例法律适用、民事典型案例法律适用、行政典型案例法律适用、商事典型案例法律适用、劳动争议疑难案例、世界贸易组织案例解析、申论思维与写作

续表

院校名称	数量	课程名称
大连民族大学	29	婚姻与继承法、仲裁法、外国法制史、证券法、财税法、英美法律文化选讲(双语)、中国传统法律文化、监察法、网络与信息安全法、法学名著选读、比较法学、人工智能法学原理、自由贸易港区法律制度、保险法、票据法、刑事案例评析、公务员法、英美契约法(双语)、国际商法、西方法哲学导论、海商法、公证与律师制度、企业法律理论与实务、合同法理论与实务、犯罪学理论与实务、法律英语读写、法律逻辑学、民商事案例评析、影像中的司法
北方民族大学	46	法学名著选读、法律逻辑、法学方法论、法律社会学、外国法制史、中国法律思想史、西方法律思想史、立法学、比较宪法、民族区域自治法、外国民商法、罗马法、比较刑法、犯罪学、刑事侦查学、法医学、财税法、银行法、信托法、消费者权益保护法、电子商务法、国家赔偿法、基层组织法律制度、律师与公证、证据法、法律英语、竞争法、刑法实务、合同法实务、婚姻家庭法实务、侵权责任法实务、知识产权法实务、公司与证券法实务、保险法实务、劳动合同法实务、仲裁理论与实务、法律文书写作、民事法律诊所(诉讼)、地方立法实践、律师实务、非诉讼实务、速录实训、刑事法律诊所、民事法律诊所(调解)、法科生应试策略、论文写作指导
湖北民族大学	43	核心选修课:国际经济法、国际私法、证据法、婚姻家庭法、财税法、民族法学。法学基础理论模块:外国法制史、人权法、外国宪法、犯罪学、国家赔偿法、法律英语、社会法、西方法律思想史、治安管理处罚法、电影中的法律。民商、经济法模块:人格权法、电子商务法、保险法理论与实务、家事法专题、专利法、著作权法、商标法、外国民商法、民事强制执行法、房地产法、金融法、破产法、企业和公司法、仲裁法。法律实训模块:民商事诉讼实务、民商事非讼实务、行政案例研析、知识产权实务、律师制度与律师实务、法医学、刑事侦查学、刑事案例研析、刑事辩护实务、法人犯罪预防、法律文书写作、刑事诉讼前沿、立法理论与实务
青海民族大学	31	外国法制史、西方法律思想史、证据法、公司法、外国刑法、法学论文写作、犯罪学、监狱学、刑事科学技术、刑事法律诊所、民事法律诊所、行政法律诊所、仲裁法与公证法、婚姻家庭与继承法、金融法、合同法、劳动与社会保障法、人权法、证券法、国家赔偿法、立法法、犯罪心理学、中国法律思想史、社会学概论、检察实务、审判实务、监察法、民族法学、民族区域自治法学、汉藏双语诉讼实务、汉藏法律翻译
四川民族学院	因本样本数据不够详细,无法进行统计	

通过对各高校专业选修课程的安排进行对比,可以看出,中央民族大学设置了本硕贯通课程、跨学科交叉课程、全球胜任力培养课程和行业领域协同育人课程,学生可根据未来发展意向选择修读相关课程,如翻译学导论、中国少数民族文字学、中国少数民族语言概论、中国少数民族文学概论、语言资源学导论、南方少数民族文学关系史等课程;青海民族大学设置专门的汉藏双语诉讼实务课和汉藏法律翻译课程,致力于培养汉藏相通的法律人才。但除这两所高校之外,大多数高校并未重视学科交叉尤其是法学与民族特色类学科的交叉培养。同时,根据课程安排也可以看出,中央民族大学不仅注重在专业选修课程中融入民族特色,而且还关注国内与国际的接轨,仅国际视野的专业选修课就有 12 个,位于各民族类高校之首,紧随其后的是广西民族大学和中南民族大学;其他高校则更多将视野聚焦于国内,注重国内民族关系尤其是汉藏法律实务技能的培养,学生可以通过选择多样化的具有民族特色的专业选修课来学习民族知识;其余民族类高校的专业选修课并未体现相应的民族特色。

6. 总学分及各类课程占比要求

专业核心课旨在传达民族类高校法学教育与其他类型高校法学教育的共通所在,实践性课程是民族类高校法学培养实务技能的必备设置,专业选修课程是迎合学生自主兴趣的课程设置,而这 3 类课程在毕业学分中的占比往往能体现一所高校对 3 类课程的重要性判断。就此而言,样本高校的毕业学分及 3 类课程占比如表 7 所示。

表 7　样本高校总学分及 3 类课程占比

院校名称	最低毕业学分要求	专业核心课占比	实践性课程占比	专业选修课程占比
中央民族大学	157/156	21.02%/26.92%	10.83%/10.90%	15.29%/8.97%
中南民族大学	160	34.06%	9.38%	12.50%
广西民族大学	161	26.71%	16.15%	11.18%
西南民族大学	168	36.31%	11.31%	17.86%
贵州民族大学	163	32.52%	18.40%	17.18%
大连民族大学	160	41.25%	10.63%	8.44%
北方民族大学	165	35.15%	18.79%	18.18%
湖北民族大学	165	23.33%	13.94%	13.33%
青海民族大学	155	20.65%	11.61%	9.68%
四川民族学院	因本样本数据不够详细,无法进行统计			

从表 7 可见:其一,部分高校忽视核心课的设置,尤其是在总学分趋同的情况下,23% 甚至 20% 左右的占比无疑表明核心课的数量设置存在一定问题;其二,难能可贵的是,样本高校都比较重视实践性教学课程的开设,毕竟学年论文写作、模拟法庭等是学生

后续进行毕业写作、答辩以及法律实践工作的预演,总数占比11%左右,比例高者可达18%左右;其三,样本部分高校法学选修课占比不足10%,忽视学生具体法学方向兴趣的培养,选修课科目还应更丰富多元。

7. 语言培养、文化认同及书籍选用

语言是交流的工具,文化是认同的载体。新时代民族团结进步创建工作要坚持以铸牢中华民族共同体意识为根本方向,坚持以加强各民族交往交流交融为根本途径;引导对中华文化的认同,传承发展中华优秀传统文化,大力实施中华优秀传统文化传承发展工程,推动中华优秀传统文化融入国民教育、道德建设、文化创造和生产生活。[①] 因此,有必要考察民族类高校法学培养中就语言、文化的具体规划,经统计如表8所示。

表8　民族类高校培养方案中语言培养、文化认同及书籍选用对比

院校名称	是否开设少数民族语言文化类必修课程	是否将通过中国少数民族汉语水平考试纳入毕业要求	培养方案是否要求学生阅读民族类相关书籍
中央民族大学	是	是	否
中南民族大学	否	否	否
广西民族大学	否	否	否
西南民族大学	否	否	否
贵州民族大学	否	否	否
大连民族大学	否	否	否
北方民族大学	否	否	否
湖北民族大学	否	否	否
青海民族大学	是	是	是
四川民族学院	因本样本数据不够详细,无法进行统计		

从表8可见,仅有两所高校开设少数民族语言文化类必修课程,中央民族大学将中国少数民族语言通论、民族文写作、汉语少数民族语翻译经典导读等专业核心课程作为必修课,青海民族大学设置了铸牢中华民族共同体意识的通识教育必修课,但类似课程并未被作为必修课程在其他民族类高校的法学人才培养方案中体现出来。此外,仅有两所高校将普通话水平作为学生的毕业要求,中央民族大学要求学生通过中国少数民族汉语水平考试四级,青海民族大学要求学生普通话达到三级甲等水平,其他高校则未作要

① 参见中共中央办公厅、国务院办公厅《关于全面深入持久开展民族团结进步创建工作铸牢中华民族共同体意识的意见》中的相关要求。

求。仅有湖北民族大学和青海民族大学在培养方案中规定了参考书目,但湖北民族大学更注重给学生推荐专业学习类参考书目,而青海民族大学则是规定了可供学生阅读学习的民族类书目。但在以上推荐书籍中,大多数书目出版时间较早,未能跟上社会现状的变化以及时代潮流。

综上所述,我国民族类高校法学生的人才培养方案并未充分体现铸牢中华民族共同体意识之要求,同时也未能充分根据本校特色、结合特有民族资源制定相关内容,虽然保留在培养目标、课程设计上的共性需求,但在一定程度上缺乏对少数民族人才培养的具体规划,未能与少民族特色与时代特色相结合,仍存在进一步完善的空间。

三、铸牢中华民族共同体意识视域下民族类高校法学培养对象的需求之辨

自古以来,因材施教是教育方法的智慧所在。高校教育教学要从学生的实际出发,要根据学生们的特点对其所面临问题作出恰当回应,做到有的放矢、因势利导。因此,涉及人才培养和职位指导方针的培养方案更应契合所培养对象的自身特点、需求,民族类高校的培养方案更应具有与普通高校显著不同的特色,只有这样,才能符合教育规律,使培养对象在接受基础教育的同时,能够根据自身特点实现充分发展。故在运用"铸牢中华民族共同体意识"来改造民族类高校的法学培养方案时,有必要尊重法学教育的"既有模式",在使学生身心健康得到保障的基础上,注重对法学基础理论知识和实践技能的培养,同时配套考查民族类高校法学本科生在法学培养上的特点与需求所在,将民族意识、民族知识和民族技能纳入培养目标中,以实现对少数民族法学生的全面培养。①

(一)以树立正确的政治意识和民族意识为前提

政治意识是法学毕业生树立正确人生观、价值观的根本,也是法律人才能在纷繁复杂的社会环境中永葆初心、勇担使命、厚植为民情怀的必要条件。对高校法学生来说,政治教育要求学生进一步明确自己人生的目标和意义,充分接受代表着广大人民群众基本利益的主流价值观,并且在自身发展的过程中,主动与国家民主政治全局的发展紧密结合,在个人与社会的良好互动中实现自我完善和进步。在进行爱国主义、集体主义和社会主义的政治主旋律教育的同时,仅仅学习中国特色社会主义理论、习近平法治思想、全面依法治国基本理论已无法满足现实对民族类高校法学生的个人素养要求,高校法学生还应树立正确的民族意识和宗教意识。中共中央、国务院印发的《关于加强和改进新形势下民族工作的意见》提出,要积极培育中华民族共同体意识,引导各族干部群众深刻认识中国是全国各族人民共同缔造的国家,中华文化是包括56个民族的文化,中华文明是各民族共同创造的文明,中华民族是各民族共有的大家庭,牢固树立各民族水乳交融、唇齿相依、休戚相关、荣辱与共的观念。在高校教育中,要使学生充分对各民族的历史、文化、习俗和民族心理产生认同,

---

① 参见罗正鹏、杨柄:《新时代民族院校铸牢中华民族共同体意识路径探析——基于人才培养视角》,载《民族教育研究》2022年第4期。

自愿、主动地走向少数民族地区,发展少数民族文化事业。① 高校要坚持以社会主义先进文化为引领,促进各民族文化交融、创新,把尊重、继承和弘扬少数民族优秀传统文化,与传承、建设各民族共享的中华文化有机结合起来,将民族意识教育嵌入专业课程教学中。

(二)以具备扎实的理论素养为安身之本

扎实的理论基础是社会对法律专业人才的基本要求,现在的社会属于终身学习型社会,社会各成员为实现个体发展以及适应社会发展,必须要适应当今社会的急速变化,持续进行贯穿其整个人生过程的学习,以便及时更新其理论知识,获得新的适应力。社会所需要的法律人才在具备法律领域中正确的世界观、方法论以及思维方式的同时,也要注意理论知识的更新换代。这要求其不仅应当全面正确地理解随着时代发展而不断被修订和完善的法律条文,而且还能够知晓蕴含在法律条文背后更深层次的法理,探究其立法精神和立法原理。在法学应届毕业生正式进入工作岗位前,往往需要接受系统的岗前培训,尤其在法律领域,由于其专业性、技术性较强,必须在入职前对法律从业者进行知识性和实践性的培训,主要包括树立思想政治意识、业务能力培养和廉洁自律规范等内容,避免"法官不懂法""律师不懂法"的情况发生。

其中业务能力的培养就包括基础知识的巩固以及知识应用能力的培养,这要以法律工作者具备一定的法学基本素养为前提,包括扎实的法律基础理论知识、较强的公文写作能力和沟通协调能力,这些能力和知识大部分是在高校就读期间获取的,因此,高校法学院依然承担"传道授业"的重要任务。法治人才培养上不去,法治领域不能人才辈出,全面依法治国就不可能做好。所以,高校法学院仍应着重培养学生的学习能力,尤其是对于少数民族学生,高校应针对其在学习过程中存在的薄弱环节给予帮助,加强对其法学基本理论知识的培养,使其树立严密的法学逻辑体系,提升其沟通能力及创新能力。

(三)以掌握一定的民族语言和知识为融合媒介

据笔者观察与问询,民族类高校中的少数民族同学绝大多数以回到家乡工作为毕业后的首要选择。而为了使少数民族人才获得更多的就业机会,充分发挥其民族特长,国家出台了一系列少数民族人才培养和人才引进政策。其中,"少数民族骨干计划"就是国家实施的人才培养政策之一,该政策要求报考就读该计划的研究生毕业之后必须回到原籍省份(主要指西部12省)服务满规定年限,据统计,"少数民族骨干计划"招生至今,累计招录培养约5.7万名研究生,其中,共向新疆分配8000个招生名额,内蒙古5470个名额,广西、贵州、云南的分配名额均在4300人以上,为少数民族地区输送了大量的少数民族人才。② 民族类院校作为推行该计划的重要阵地,每年都向社会输送大量的少数民族

① 参见廖伊凡:《民族高等教育实践对铸牢中华民族共同体意识的积极影响——基于G大学的田野调查》,载《民族教育研究》2022年第5期。

② 参见《党的十八大以来,我国少数民族人才培养取得的教育成就和经验》,载中国教育新闻网2022年8月23日,https://baijiahao.baidu.com/s?id=1741919872022334211&wfr=spider&for=pc。

人才,同时也鼓励院校内部汉族毕业生扎根少数民族地区。我国《民族区域自治法》第49条第2款规定:“民族自治地方的国家工作人员,能够熟练使用两种以上当地通用的语言文字的,应当予以奖励。”由此可见,国家鼓励民族地方国家工作人员掌握当地使用的语言文字,这也意味着社会对其需要法律人才的要求提高了,德才兼备、专业能力出众固然重要,但具备当地少数民族语言能力、熟悉少数民族历史和文化、能与少数民族群体进行正常沟通也成为法律人才应进一步掌握的技能。内蒙古自治区法院系统2023年考试录用公务员和工作人员职位表显示,基层法院对蒙汉兼通的司法警察和司法辅助人员需求量很大,共有24个职位报考条件是要求报考者兼通蒙古语言文字,共计招录25人。由此可见,社会需要具备汉语和少数民族语言能力的法律人才,这也应成为民族类高校法学院的法律人才培养方向。由于我国各民族处于“大杂居,小聚居”的居住状态,大部分少数民族地区为双语或多语地区,但一些法律从业者由于不会说民族语言缺乏与各少数民族群体的“共同语言”,阻碍工作的开展。因此,为了使这些人才能够更好地融入少数民族地方,就必须要求其掌握一定的民族语言和知识。

(四)以心理素质、身体素质的双重训练为长远规划

结合法学工作特性,以律师、公检法、企业法务、高校法学教师为代表的岗位往往是精神压力和身体压力双重集中的工作。中共中央、国务院印发的《“健康中国2030”规划纲要》曾提道,健康是促进人的全面发展的必然要求,是经济社会发展的基础条件。实现国民健康长寿,是国家富强、民族振兴的重要标志,也是全国各族人民的共同愿望。然而,人们为了追求更高的工作成效,对自身的要求也更精益求精,在这个过程中,他们的身心都承受巨大压力。根据中国法院网的相关报道,有的法院干警特别是基层法院审判执行岗位的法官的工作内容繁杂、工作压力大,他们的身体健康状况较差。由此可见,法律这一行业对年轻一代法律从业者的身体素质提出了更高要求,这也成了每位法律人能够继续坚守岗位,维护社会公平正义的重要前提条件。结合少数民族法学生多以其生源地(少数民族地区)为就业地点,而青海、西藏、新疆、甘肃、内蒙古、云南等地多为我国中西部地区,海拔较高,故对于此类学生身体素质的培养也就更必要。

四、铸牢中华民族共同体意识融入民族类高校法学人才培养方案的路径选择

(一)将民族团结意识的培养作为课程思政的重点

随着我国社会经济的不断发展,社会环境变得更复杂,良莠不齐的信息通过网络这一媒介可能被高校学生所接收,一定程度上影响他们价值观的形成。中国政法大学许身健教授指出,法学教育的目标是立德树人、德法兼修,培养德才兼备、仁心仁术的法律人。因此,高校在培养法学人才时,不仅应当注重法律知识的灌输,更应注重学生品德修养的提高,为培养更高质量的法律人才,将课程思政纳入教学目标是大势所趋。① 且对民族类

① 参见丁国峰、王港君:《双一流背景下高校法学本科经济法学课程思政建设的困境与出路》,载《思想政治课研究》2021年第6期。

高校而言,要在课程思政中突出民族团结精神,[①]将铸牢中华民族共同体意识嵌入课程思政中。在高校教育中,课程思政建设与思想政治理论课相得益彰,但二者并不能混同,比起传统的思政课程,课程思政将思想政治教育进一步融合到专业课的讲授中。以民族类高校为例,教师在授课过程中应将民族团结的思政元素融入授课过程,如在宪法学的授课过程中,除要求学生掌握我国《宪法》的基本概念、范畴和原理,还应要求其了解《宪法》对"民族团结"的规定。[②]《宪法》是我国的根本大法,在我国,任何法律法规都不得与宪法法规、宪法基本原则和宪法精神相抵触,因此任何部门法都不得作出有违民族团结精神的规定。学生对民族团结精神有了初步认知后,也能对《宪法》所规定的民族经济、民族文化、民族语言文字条款以及民族区域制度,甚至是其他部门法的学习有所裨益;又如,在"刑法学"的授课中,现有高校教育往往未将破坏民族团结类犯罪作为教育重点,这会导致部分同学对该类犯罪产生"知识盲区"。因此刑法老师应当将我国《刑法》第249条、第250条以及第251条[③]作为授课重点,同时融入课程思政元素,结合社会热点问题进行讲解,确保学生深刻认识到民族团结是社会主义社会发展进步的必要前提,也是社会安定、国家昌盛和民族进步繁荣的必要条件;[④]再如,在经济法教学中,少数民族经济法的教学也应融入民族团结精神。除经济法的基础理论知识外,学生还应当学习民族团结精神对经济法顺利实施的重要性,只有各民族团结一致,才能使少数民族的经济平等权利和经济自治权利得到保障,促进少数民族地区经济健康有序地发展,进而实现区域协调发展,最终实现各民族的共同富裕。

(二)将民族精神和民族文化融入课程教学

民族精神是一个民族生命力,创造力和凝聚力的集中体现,它贯穿在民族意识、民族文化、民族习俗和民族信仰的整个发展过程中。民族文化是民族精神的具象化,是某一民族在长期共同生产生活实践中产生和创造出来的精神财富,具有重要的国家意义和民族意义,且具有一定的教育价值。对民族类高校而言,将民族文化和民族精神融入法学

---

① 参见唐兴萍:《铸牢中华民族共同体意识的教育行动逻辑》,载《民族教育研究》2022年第6期。

② 我国《宪法》第4条规定:"中华人民共和国各民族一律平等。国家保障各少数民族的合法的权利和利益,维护和发展各民族的平等团结互助和谐关系。禁止对任何民族的歧视和压迫,禁止破坏民族团结和制造民族分裂的行为。国家根据各少数民族的特点和需要,帮助各少数民族地区加速经济和文化的发展。各少数民族聚居的地方实行区域自治,设立自治机关,行使自治权。各民族自治地方都是中华人民共和国不可分离的部分。各民族都有使用和发展自己的语言文字的自由,都有保持或者改革自己的风俗习惯的自由。"

③ 我国《刑法》第249条规定:"煽动民族仇恨、民族歧视,情节严重的,处三年以下有期徒刑、拘役、管制或者剥夺政治权利;情节特别严重的,处三年以上十年以下有期徒刑。"《刑法》第250条规定:"在出版物中刊载歧视、侮辱少数民族的内容,情节恶劣,造成严重后果的,对直接责任人员,处三年以下有期徒刑、拘役或者管制。"《刑法》第251条规定:"国家机关工作人员非法剥夺公民的宗教信仰自由和侵犯少数民族风俗习惯,情节严重的,处二年以下有期徒刑或者拘役。"

④ 参见田琳、王浩:《民族学校铸牢中华民族共同体意识教育一体化:内涵、困境及建设路径》,载《民族教育研究》2023年第1期。

授课过程,并积极对其进行思辨,既有利于开启学生心智,在帮助学生学习专业知识的同时,也有利于培养学生的爱国精神和民族精神。但高校应注意的是,虽然民族文化应作为教学内容的一部分被学生所接受,但这并不意味着学生应被动地将这些知识全盘接收,而是要将传统民族文化和我国的国家政策与法律法规结合到一起,帮助学生作出价值判断,对某些法律现象进行全方位的评价,鼓励学生对国家的法治事业建言献策。以刑法的教学为例,我国《刑法》第341条规定了危害珍贵、濒危野生动物罪,非法狩猎罪和非法猎捕、收购、运输、出售陆生野生动物罪。① 其中,非法猎捕、收购、运输、出售陆生野生动物罪规定了以食用为目的非法猎捕“珍贵、濒危野生动物”②外的动物,情节严重时可构成犯罪。这里的情节严重分为两种情况,一是猎捕动物达到了最高人民法院《关于审理破坏野生动物资源刑事案件具体应用法律若干问题的解释》附表所规定的数量标准;二是猎捕动物种类多于一种,其中两种以上动物被捕猎的数量分别超过《关于审理破坏野生动物资源刑事案件具体应用法律若干问题的解释》附表所规定的数量标准一半以上的。③ 而西藏作为中国大中型野生动物最多的省区,在2020年,其陆生野生脊椎动物种数由20世纪末记录的701种增至目前的1072种,④充分体现了西藏野生动物的多样性和丰富的蕴藏量,《关于审理破坏野生动物资源刑事案件具体应用法律若干问题的解释》附表所规定的动物种类,已经远远落后于实际情况。老师应引导学生去思考这一现实问题,在学生学习专业知识的同时,结合少数民族地区的民族信仰、宗教等因素,对法律现象作出既合乎法理又合乎人情的综合性评判。

(三)鼓励少数民族人才学科交叉与跨类培养

习近平总书记在哲学社会科学工作座谈会上提出,“要加快发展具有重要现实意义的新兴学科和交叉学科,使这些学科研究成为我国哲学社会科学的重要突破点”。⑤ 由

---

① 我国《刑法》第341条规定:“非法猎捕、杀害国家重点保护的珍贵、濒危野生动物的,或者非法收购、运输、出售国家重点保护的珍贵、濒危野生动物及其制品的,处五年以下有期徒刑或者拘役,并处罚金;情节严重的,处五年以上十年以下有期徒刑,并处罚金;情节特别严重的,处十年以上有期徒刑,并处罚金或者没收财产。违反狩猎法规,在禁猎区、禁猎期或者使用禁用的工具、方法进行狩猎,破坏野生动物资源,情节严重的,处三年以下有期徒刑、拘役、管制或者罚金。违反野生动物保护管理法规,以食用为目的非法猎捕、收购、运输、出售第一款规定以外的在野外环境自然生长繁殖的陆生野生动物,情节严重的,依照前款的规定处罚。”

② 最高人民法院《关于审理破坏野生动物资源刑事案件具体应用法律若干问题的解释》第1条规定:“刑法第三百四十一条第一款规定的‘珍贵、濒危野生动物’,包括列入国家重点保护野生动物名录的国家一、二级保护野生动物、列入《濒危野生动植物种国际贸易公约》附录一、附录二的野生动物以及驯养繁殖的上述物种。”

③ 最高人民法院《关于审理破坏野生动物资源刑事案件具体应用法律若干问题的解释》第3条规定,“非法猎捕、杀害、收购、运输、出售珍贵、濒危野生动物具有下列情形之一的,属于‘情节严重’:(一)达到本解释附表所列相应数量标准的;(二)非法猎捕、杀害、收购、运输、出售不同种类的珍贵、濒危野生动物,其中两种以上分别达到附表所列‘情节严重’数量标准一半以上的。”

④ 资料来源:《全国第二次陆生野生动物资源调查西藏自治区调查总报告》。

⑤ 《习近平在哲学社会科学工作座谈会上的讲话》,载《人民日报》2016年5月19日,第2版。

此可见,学科交叉建设将成为推进我国高校"双一流"建设以及高等教育改革的重点内容。① 尤其在法学领域,随着社会的进步和发展,其面临越来越多的问题,需要跨学科的知识来解决,有时法律人才不仅要掌握法律知识,还需要掌握自然科学学科等其他领域的知识来解决法律问题,其中,知识产权类案件就是个典型的例子。在对发明、外观设计等智力创造成果进行保护的过程中,必须要对保护对象的内在设计原理、操作手段、技术方案等进行一定的了解,这就需要知识产权从业人员具有一定的工科知识,以便更好维护知识产权人的合法权益。此外,英语、日语等语言类学科与法学的学科交叉也必不可少,随着不同国家之间的交流日益密切,我国的涉外法律不断完善,国家更需要具备一定外语能力的法律人才。中央民族大学法学院在本科设立了"法英班",根据学生的意愿和英语水平,部分学生可以在学习专业课之余,更关注对其英语能力的培养,从而使学生成为既具有扎实的法律理论基础,又具备突出外语能力的法律人才。

对民族类高校而言,民族类高校具有得天独厚的民族文化优势,在民族语言学方面,蒙古语、藏文以及彝族、独龙族、布依族、壮族、傣族、苗族等民族语言文字的研究远远强于其他院校,这为进行少数民族语言与法学的学科交叉工作提供了有利条件。对于有志于扎根民族地方的法学生,高校应根据其民族、兴趣爱好以及未来的意向工作地点,对学生进行少数民族语言的培养。高校可以将少数民族语言类课程定为选修课供法学生进行选择性学习,通过小班授课以及线上授课的方式,灵活决定开课时间,结合本校特有的民族资源,培育专业特色,并根据授课情况确定符合法学生人才培养目标的考核方案。

(四)增强各民族类高校之间的沟通交流

民族工作的长期性、复杂性、重要性和少数民族地区历史、文化、语言、宗教、居住地域的特殊性赋予了民族高等教育的特殊性,民族高等教育不同于普通高等教育,针对每个地区甚至是每个民族,都要设定不同的教育目标,采取不同的教育模式。我国民族类高校内部间的沟通交流工作未能够充分重视。以中央民族大学为例,在中国所有的民族高校中,中央民族大学是唯一一所国家"双一流"世界一流大学建设高校。中央民族大学注重与民族地方的司法机关交流,同西藏、青海、甘肃、四川等西部地区的高级人民法院共建多个实践基地,但其与其他民族类高校的交流却有待加强。各民族高校应加强高校间的学习交流,在有关政府部门的领导下,成立"民族高校联盟",共享经验,共建教学。在少数民族语言文字、历史、宗教、风俗习惯研究方面,民族类高校具有天然优势,并且不同高校有着独一无二的地区特色,如西藏民族大学是西藏和平解放后党中央为西藏创办的第一所高等学校,是西藏在内地的重要窗口,为藏文化的传播与发展提供了助力。同时,藏族人民有着独特的宗教信仰,与西藏民族大学进行深入交流,可以使与藏族同学的链接更紧密,使不同民族的同学之间产生更深入的了解,进一步促成高校之间的深入交

① 参见张荣刚、尉钊:《在习近平法治思想指引下以学科交叉促进新法学建设——兼析新发展阶段政法类高校的学科体系优化》,载《法学教育研究》2022 年第 37 卷。

流,具体交流途径如下。

首先,民族类高校间可以通过学术宣讲活动进行沟通交流,高校教师以及表现出色的法学生可以去其他民族高校进行宣讲,帮助该校师生获取先进经验。且随着信息化社会的不断发展,学术宣讲活动的举办方式十分便捷,只需一台电脑,就可以让全国各地的听众“云参加”本次活动。其次,民族类高校可以通过信息共享进行沟通交流。不同高校掌握着不同的就业、学术、活动交流等信息,同时也掌握着不同的学术资源,有着不同的信息资源库,民族类高校间可以达成协议共享这些信息与资源,从而提高民族类高校人才培养的效率和质量。最后,民族类高校间可以通过“国内留学”进行沟通交流。高校可以设交换生,安排其去不同的民族类院校进行交流学习,使法学生在学习专业知识的同时,也能提高自身对民族团结精神的认知,更有利于民族类高校后续教学工作的开展。

(五)注重民族知识与技能的培养

就高校教育而言,对民族知识和民族技能的传授,也是培养法律人才必不可少的一环。民族类高校和非民族类高校相比,少数民族同学占比高,民族文化优势显著,其培养的少数民族人才成了民族地区政治、经济、文化建设的骨干。同时,在就读期间,由于汉族学生也受到少数民族文化的积极影响,他们最终也可能会走向民族自治地方的工作岗位。为了使法学院的汉族同学和各少数民族同学能够全面地、准确地利用自身所学知识来分析、判断和处理民族事务,尽快适应民族地区的民族文化,除法学专业课和思政课程外,民族类高校也要开展民族学的相关课程,使同学们掌握民族知识和民族理论,了解相关的民族政策和宗教政策,为今后其所从事的民族工作打下坚实基础。

从就业角度来看,民族自治地方需要能够正确处理民族事务的法律人才,这就要求学生在掌握民族政策、相关法律法规的基础上,对所处地区的民族知识与文化有深入了解。我国《民族区域自治法》第6条规定,民族自治地方的自治机关继承和发扬民族文化的优良传统,建设具有民族特点的社会主义精神文明,不断提高各民族人民的社会主义觉悟和科学文化水平。只有真正懂一个民族,才能对民族问题有发言权,若法律工作者对当地的风俗习惯并不了解,那么他们就并不具备解决少数民族人民间法律问题的资格。这就要求民族类高校法学教师,应帮助学生树立马克思主义民族观、宗教观,使学生对民族和民族问题总的看法和基本观点有一定了解,推动其自觉维护民族团结和民族和谐。为达到这一标准,学习少数民族的语言文字是基础,宗教知识与民风民俗也是法学生要学习的重点内容。从另一个角度来看,教会学生如何使用少数民族语言,更是高校将铸牢中华民族共同体意识嵌合到专业课堂中的重要标志,有利于培养热爱祖国、自觉维护民族团结、专业技能出色的全面发展型少数民族法律人才。

五、结语

人才培养方案是教育活动目标的直接凸显,是组织开展教学活动、安排教学任务的规范性文件,也是实施人才培养和开展质量评价的基本依据。人才培养方案还有其战略意义,是各高校落实党和国家关于人才培养总体要求的方法与阵地。铸牢中华民族共同体意识是民族团结进步教育的重要方针,基于民族类高校的生源构成,其理应在此类高校的培养方案中有所体现。本文以我国10所代表民族类高校的法学培养方案为样本,从培养目标、毕业要求、专业核心课程设置、实践类课程设置、专业选修课设置、总学分及各类课程占比要求、语言培养、文化认同及书籍选用等方面进行统计分析。在铸牢中华民族共同体意识视域下,民族类法学培养需从受体和主体两个层面进行改革。受体层面的改革需要以树立正确的政治意识和民族意识为前提、以具备扎实的理论素养为安身之本、以掌握一定的民族语言和知识为融合媒介、以心理素质和身体素质的双重训练为长远规划。主体层面的改革将民族团结意识的培养作为课程思政的重点、将民族精神和民族文化融入课程教学、鼓励少数民族人才学科交叉与跨类培养、增强各民族类高校之间的沟通交流、注重民族知识与技能的培养等。

域外实践

意大利的中国法教育：现状、问题与建议*

刘光华**　Giuseppe Poderati***　李卓伦****

前　言

本文意在通过盘点意大利公私立高校、科研院所开设中国法课程的情况、开课缘由及对意大利法律共同体的裨益等，在服务于中国涉外与涉内法治统一语境下，实证地掌握中国法在意大利法学教育界的传播情况，并为在中意或更广泛的区域国别视角下开展法律教育比较研究提供素材。根据本文的初步调研，意大利高校的中国法课程是由比较法学相关领域为引入和主导的。回顾历史，中国的"改革开放"政策①无疑是促成中国法课程在意大利法学教育体系滥觞的重要原因之一。这一历史性事件作为一个积极转折点，不仅开启了中国与世界交流的大门，也促进了中国法律的转型与传播，为尔后在意大利开展日益繁多的中国法律教育和研究活动奠定了基础。

与此同时，全球化让世界各国的人们对跨国法律问题的关注度日益提升。对此问题的回答，需要深入了解不同法律文化与法治传统。② 在意大利，专门针对中国法的比较研究的"智力引擎"，是两国通过最具代表性的法学者和法律实践者进行的不懈的科学对话与文化交流。事实上，中国法律在意大利已经成为具有不同教育和专业背景的法律学者和学习者越来越感兴趣的话题。越来越多意大利大学开设中国法课程，以国际关系和亚

---

* 本文为中央高校基本科研业务费专项资金项目"意大利法律话语的国际传播经验研究：以罗马法为例"（项目编号：2022jbkyjd008）成果。本文写作提纲由作者共同商定，英文初稿由 Giuseppe Poderati 执笔，中文稿由李卓伦初翻，刘光华校对并定稿。

** 兰州大学意大利研究中心主任，法学院教授，法学博士。

*** 兰州大学意大利研究中心客座研究员。

**** 兰州大学意大利研究中心助理研究员，意大利乌尔比诺大学法学博士研究生。

① Howell J., *The Impact of the Open Door Policy on the Chinese State* (The Impact of the Open Door Policy on the Chinese State | SpringerLink, January 1, 1991), Accessed December 19, 2022, https://link.springer.com/chapter/10.1007/978-1-349-11939-4_6.

② Friedman L., *Legal Culture and Social Development*, 4 Law and Society Review 29(1969).

洲为重点的智库日益频繁地在报告中分析中国法律，网络中随处可见涉及中国法的讨论，①以及商事律师和法律从业人员日复一日地在实践中运用中国法律等，均是中国法获得意大利百姓关注的有力证据。在法学研究方面，意大利大学在过去几年中与时俱进地开展了当代中国法律研究；在法律实务领域，意大利律师事务所已经实施了诸多与中国企业打交道的新举措，以满足随着意大利—中国贸易量日益增长而不断提升的法律需求。自中国加入世界贸易组织以来，②中国在国际舞台上的实力及其不断增长的经济、政治和社会发展，是人们对中国法律体系进一步产生兴趣的主要因素。此外，本研究还认为，还有其他一些例如生态文明建设、③“一带一路”机制、④人类命运共同体理念、⑤新一代人工智能发展计划等举措，⑥也可能会引起意大利大学(甚至非学术实体)对中国法律的关注。因为这些举措不仅属于国际法和比较法固有的公共和私人领域的主题，而且都是具有开创性和发人深省的话题，对中国全球战略的发展和实施可持续的社会经济具有重要影响。

为了全面了解意大利高等教育体系中的中国法课程是如何随着时间的推移而发展的，同时也为了批判分析意大利的中国法教育实践，本文采用文本实证和定性研究相结合的方法。具体通过调查问卷与访谈，收集了意大利学者开设中国法课程的相关数据。访谈对象包括意大利博科尼大学、特伦托大学和威尼斯大学等中国法教授和科研人员。第一节对意大利中国法课程的实证描述为本研究提供了背景资料。第二节讨论了意大

① Cardillo I, “Istituto di Diritto Cinese” a cura di Ivan Cardillo, March 9, 2021 <https://dirittocinese.com/> Accessed December 23, 2022. CinaLex-Portale Di Diritto Cinese <http://www.cinalex.it/> Accessed December 23, 2022. Blog Società Italiana di Diritto Internazionale e di Diritto dell'Unione Europea, SIDIBlog, <http://www.sidiblog.org> Accessed December 22, 2022.

② Weber M, Il miracolo cinese. Perché bisogna prendere la Cina sul serio, Il Mulino, 2003.

③ Poderati G., *Analysis of China's Legislation on Soil Contamination in the Light of the Realization of an Ecological Civilization | Ecocycles* (Analysis of China's legislation on soil contamination in the light of the realization of an ecological civilization | Ecocycles, January 20, 2022), Accessed December 20, 2022, https://www.ecocycles.net/ojs/index.php/ecocycles/article/view/215.

④ *One Belt One Road* (ISPI), Accessed December 22, 2022, https://www.ispionline.it/it/tag/one-belt-one-road. Tommi Yu, *China's "One Belt, One Road Initiative": What's in It for Law Firms and Lawyers?*, The Chinese Journal of Comparative Law, Vol.5:1, p.1-21(2017).

⑤ Zhang D., *The Concept of 'Community of Common Destiny' in China's Diplomacy: Meaning, Motives and Implications*, Asia & the Pacific Policy Studies, 5: 196-207.

⑥ See, the People's Republic of China State Council, *New Generation of Artificial Intelligence Development Plan*, Accessed December 22, 2022, www.unodc.org. V. Zheng G. *China's Grand Design of People's Smart Courts*, Asian Journal of Law and Society, Vol.7:1, p.564 (2020). V. Roberts, H., Cowls, J., Morley, J. et al. *The Chinese Approach to Artificial Intelligence: An Analysis of Policy, Ethics, and Regulation.* AI & Soc 36, p.66 (2021); Yu M., Du G., *Why are Chinese Courts Turning to AI?*, The Diplomat. V. Ainora, La giustizia digitale, realtà o utopia? Nuove sfide e opportunità, Altalex 21/10/2021.

利公立和私立大学开设中国法课程的缘由,中国法课程对意大利法律职业群体的益处;其中还通过比较定性研究方法,回答有关中国法课程设计与教授实践策略与资源问题。第三节则展示和评估了意大利大学中国法课程教学的演变,突出了当前的课程内容和未来的趋势。第四节则提出了针对意大利中国法教育的建议和结论。

一、意大利的中国法教育概述

阐明意大利公立和私立大学中与中国法课程相关的法律教育研究活动的主要方面,是深入分析意大利中国法课程的前提。作为具有悠久教育史的国家,意大利自中世纪以来就开始区分公立和非公立大学。高等院校由北到南地散布在全意境内,几乎每座城市都有至少一所大学。需要注意的是,在通常情况下,只有意大利教育部(Ministero dell' Istruzione e del Merito)认可和授权的学术机构才有资格颁发具有法律效力的文凭、学位和课程证书等。目前,意大利共有97所大学,包括67所公立大学、19所获得教育部认可的私立大学和11所开展远程教育的私立机构。① 在当前的教育体系中,意大利法学学位的必修科目包括“私法”“罗马法”“宪法”“比较宪法”“法哲学”“商法”“法律史”“刑法”“刑事诉讼法”“民事诉讼法”“欧盟法”“国际法”“行政法”“税法”。中国法相关课程属于法律学位课程的非必修科目(例如,本硕连读,一级或二级硕士,暑期学校等)。除了著名的国际远程教育大学UNINETTUNO提供在线中国商法学硕士学位外,②目前没有其他远程教育机构提供中国法相关课程。据悉,中小企业和非政府企业都受益于UNINETTUNO的中国法课程。该课程包含中文和英文两个版本。③ 中外合资企业和涉外企业的管理人员是该项目的主要受众。在完成20个学分课程后,学员将获得中国商法法律硕士文凭。UNINETTUNO的中国法课程由中国社会科学院团队和其他法学界人士参与开发与评估。根据课程设计,修完学分课程后,学生应掌握如下中国法律知识:(1)中国民法的一般原则;(2)国际商法及其对中国的影响(如中国加入世贸组织的影响);(3)比较商法(涉及法律制度、合同法、货物销售、各种商业组织的法律、侵权行为、知识产权保护、信托、不动产交易和商业纠纷解决等问题);(4)与宪法、经济法、行政法交叉的现代商业和管理以及中国商业纠纷解决的相关理论和实践知识。

此外,一些私立的综合性大学,如博科尼大学(米兰)、路易斯大学(罗马)、圣玛丽亚自由大学(罗马和巴勒莫)和天主教圣心大学(米兰)等也开设了非常全面的中国法课

---

① “Istituzioni Universitarie Accreditate”(Mi-Ministero dell'istruzione)<https://www.miur.gov.it/istituzioni-universitarie-accreditate> Accessed December 23, 2022.

② 这是“一个由43所意大利和外国大学组成的联盟,自1992年以来,由于电视和互联网,成千上万的意大利和外国学生通过该联盟获得了远程大学学位”,更多详情参见https://www.uninettunouniversity.net/en/universita.aspx,最后访问日期:2022年12月27日。

③ *Master's Course in Chinese Business Law*(Master's Course in Chinese Business Law) Accessed January 27, 2023, https://www.uninettunouniversity.net/en/master-diritto-commerciale-cinese.aspx.

程。其中,博科尼大学、复旦大学、中国教育部和意大利教育部于2006年9月联合推出中国国际管理硕士项目。博科尼大学的蒋浩(Hao Jiang)教授主讲中国商法课程,①旨在向学生介绍中国的商事法律体系,并为学生提供有关中国立法和制度的比较研究。该课程通过真实案例比较中国私法和公司法的基本原理。从根本上讲,该课程为学生提供了一条与中国相关的潜在跨境商业活动的清晰道路。据蒋浩教授介绍,在完成该课程后,学生能够熟悉中国的司法体系;获得对中国商法和属人法的一般理解;获得识别法律问题和将理论知识应用于现实生活的能力。最重要的是,教学主要采用苏格拉底教学法,所有学生都必须在课前熟悉指定案例的事实、法律问题和论点。路易斯大学的"中国法:商法与商业合同"课程由法学院的几位资深教师联合授课,②包括Jiang Xu博士、Giulia Hu博士、Enrico Toti教授、Laura Formichella教授、Maria Rosaria Mauro教授和Pietro Pustorino教授。该课程分为三个单元:(1)中国法律导论(例如,中国法律体系和罗马法律体系、国际法在国内法律体系中的相关性、立法法)、宪法、法律、行政法规、最高人民法院的司法解释与适用;(2)中国商法(合同法、立法和判例、物权法、公司法立法分析、知识产权保护等);(3)中国的商业协议(对合同谈判、处理和起草的见解;介绍这一领域的现行法理准则;对分销合同和技术合同的合同示范文本进行深入讨论)。教师从第一课开始就给学习者提供材料,并对材料进行分析,以便对所涵盖的主题采取实用的方法。意中基金会(Italy-China Foundation)是该课程的主要赞助方。除了"中国法:商法与商业合同"课程外,路易斯大学法学院还提供与中国人民大学联合开展的双学位课程,按时修完课程的学生将会获得路易斯大学法律、数码创新及可持续发展硕士学位以及中国人民大学中国法律硕士学位(国际学生)。

玛丽亚自由大学法学院的Enrico Toti教授开设了"中国法导论"课程。③ 该课程属于比较法学位项目的必修课程。此外,玛丽亚自由大学与中国政法大学于2018年共同举办了"意大利和中国的公共服务"行政法论坛。近年来,玛丽亚自由大学主要提供中文教育课程。值得一提的是,2008年中国政法大学成立的中欧法学院是唯一一所根据《中外学校协议》获得中国教育部批准的法学院,其活动得到了欧盟的支持,旨在为欧洲和中国之间的研究、教学和学术合作创造一个共同的平台。

---

① *Law Programs-Bocconi University Milan*(Law Programs-Bocconi University Milan), Accessed January 3, 2023,/wps/wcm/connect/bocconi/sitopubblico_en/navigation + tree/home/programs/law/law_programs_hp_2018.

② *LUISS School of Law* | (LUISS School of Law|, July 22, 2014), Accessed January 3, 2023, https://lsl. luiss. it/studiare - il-diritto-cinese-alla-school-law. Furthermore, executive education for lawyers in Chinese law is also provided at LUISS, Accessed February 4, 2023, https://lsl. luiss. it/formazione-executive-diritto-cinese .

③ *Law* (www. lumsa. it), Accessed January 3, 2023, https://www. lumsa. it/en/teaching_single_cycle_law_rome%20.

天主教圣心大学与孔子学院合作提供有关中国文化的入门课程,[①]其中包括法律与商业以及企业管理国际化的内容。这些课程由 Atty Andrea Grasso, Atty Andrea Bernasconi 和 Emanuele Gandola 博士主持,旨在介绍"营商在中国"所需要知悉的背景知识。这些知识也是理解中国外国投资监管框架的基本要素。这是因为要在中国这个市场上立足,不仅需要掌握文化工具,还要掌握法律和技术工具。[②] 该课程还讨论中国法的相关话题,包括对中国《民法典》的简要介绍、对中国经济环境演变的分析、对外国在中国投资的概述等内容。同时,该课程也涉及包括中国调解和仲裁在内的替代性争议解决机制、中国知识产权保护的基本问题,以及电子商务相关知识。该课程丰富了关于中国合同谈判的具体模块,从咨询角度分析并购的实际案例,"一带一路"机制等。

就公立大学而言,都灵大学 Simona Novaretti 教授在比较私法项目中讲授的中国法课程具有一定的知名度和影响力。其通过对其历史、来源和制度的分析,为学生提供了从历时到共时角度解释中国法律发展和演变的必要工具。[③] 完成课程后,学生将了解中国法律体系,具备分析其基本特征的批判能力。为了奠定比较研究的基础,该课程还探索了中国当代司法制度,对法律在中国社会的作用进行历史重建,同时对传统西方法在东亚的法律表现形式进行批判性分析。课程的第二部分特别强调中国民法的现代化。值得注意的是,都灵大学不仅在法学院开设了中国法课程,而且在历史研究系和文化、政治和社会系开设了相关课程。

米兰大学的 Iole Fargnoli 教授在罗马法和古代法系开设了中国法及其罗马法渊源专题课程。[④] 该课程讲述了罗马法如何影响中国《民法典》。众所周知,罗马法是学习法律科学和塑造法律实践文化的典范,其影响在中国和欧洲都是极为明显的。中国法及其罗马法渊源专题课程的预期教学目标是帮助学生:(1)理解中国民法的要点和一般规则,及其在罗马法中的根源;(2)应用新获得知识的能力;(3)形成独立的判断能力、以自己的方式解释法律制度的能力,以及使用适当的法律语言;(4)探究独立学习方法的能力。

意大利维罗纳大学曾与浙江大学光华法学院联合开办暑期学校。暑期学校旨在帮

---

① "MILANO-Cultura Cinese: Business & Law in China-Gestire l'Internazionalizzazione in Cina-Corso Progredito" (Corso Progredito) </confucius-milano-milano-cultura-cinese-business-law-in-china-gestire-l-internazionalizzazione-in-cina-13282> Accessed January 3, 2023.

② "MILANO-Cultura Cinese: Business & Law in China-Gestire l'Internazionalizzazione in Cina-Corso Introduttivo" (Corso Introduttivo) </confucius-milano-milano-cultura-cinese-business-law-in-china-gestire-l-internazionalizzazione-in-cina-13283> Accessed January 27, 2023.

③ "Diritto Cinese, Università Degli Studi Di Torino" <https://www.unito.it/ugov/degreecourse/1301259> Accessed January 29, 2023.

④ "Corso Integrativo: Diritto Cinese e Tradizione Romanistica | Università Degli Studi Di Milano Statale" <https://www.unimi.it/it/corsi/insegnamenti-dei-corsi-di-laurea/2023/corso-integrativo-diritto-cinese-e-tradizione-romanistica> Accessed January 29, 2023.

助意大利学生在了解中国司法系统的同时,学习中国法律和文化。2018 年,浙江大学光华法学院陆青教授应邀与意大利法律从业者讨论中国继承法,这是一场较为深入的比较私法学术盛宴。①

意大利 Enna "Kore"大学与孔子学院联合开展中国法入门课程。该课程主要讲授中国法律与当代司法体系的关系及其民法传统,尤其注重开展中国法与罗马法的"对话"。② 该课程的目的是帮助意大利学员大体掌握中国私法体系,并为他们前往中国营商提供法律能力支持。

2008 ~ 2009 年,华东政法大学张礼洪教授受邀与意大利帕维亚大学 Giorgio Colombo 博士共同在帕维亚大学开设中国法入门课程。该课程分为两部分:第一部分介绍中国法律史及其在世界大陆法系中的地位,第二部分则系统介绍中国民法。③

中南财经政法大学 Ivan Cardillo 教授也受邀在意大利特伦托大学讲授中国法入门和进阶课程。④ 入门课程旨在为学员提供中国法律文化的基础知识,梳理中国法的特点。完成学分后,学员将掌握研究中国法律的基础能力。进阶课程则为学员开展深入的中国法律研习提供帮助。此外,该项目也提供包括暑期学校在内的教学项目,帮助学员了解和研究中国发展趋势,相关主题包括电子商务法律体系、中国《民法典》、共享经济和人工智能等。

中国法课程是罗马第一大学的重要课程之一。多年来,罗马第一大学与中国科研院所在交流和促进古代文化方面建立了稳定的科研协作网络。值得一提的是,中国海外最大的中国法律图书馆就位于罗马第一大学。2019 年,罗马第一大学和中南财经政法大学联合创办了意大利中国学院,意中双方法律文化交流得到巩固和加强。⑤ 罗马第一大学提供的文献资源和教学项目吸引了许多想要了解中国法律知识的意大利和其他国家的学生、学者及从业人员。

作为意大利著名的法学重镇,博洛尼亚大学也开设了中国法课程。Marina Timoteo

---

① UNIVR, "Alla Scoperta Del Diritto Cinese" <https://www.dsg.univr.it/?ent=iniziativa&id=8139&lang=en> Accessed January 29, 2023.

② "Corso Di Alta Formazione 'Introduzione al Diritto Cinese'-Università Degli Studi Di Enna 'Kore'" (Università degli Studi di Enna "Kore") <https://unikore.it/didattica/master-e-corsi-di-perfezionamento/corso-di-alta-formazione-introduzione-al-diritto-cinese/> Accessed January 29, 2023.

③ "Collegio Nuovo-Fondazione Sandra e Enea Mattei" (Collegio Nuovo-Fondazione Sandra e Enea Mattei) <https://colnuovo.unipv.it/matdida08cin.html> Accessed January 3, 2023.

④ "Università Di Trento, Diritto Cinese" <https://webapps.unitn.it/du/it/Persona/PER0010771/Didattica> Accessed January 29, 2023.

⑤ Santarpia V, "La Sapienza Parla Cinese: Inaugurato Il Primo Corso Di Laurea in Diritto a Wuhan" (Corriere della Sera, April 28, 2019) <https://www.corriere.it/scuola/universita/19_aprile_28/sapienza-parla-cinese-inaugurato-primo-corso-laurea-diritto-wuhan-b7c11c82-697a-11e9-9fa7-3789e57c1b85.shtml> Accessed January 29, 2023.

教授主讲的“当代中国法”是其中的代表。该课程基于中欧法律合作视角,讨论语言与法律交叉问题(如法律移植中的语言问题、法律类型学的传播等)、民法、环境法、数字创新及当代中国法律改革。① 此外,博洛尼亚大学还经常与发展、创新和变革学院、校际比较法研究中心和博洛尼亚大学孔子学院联合开展冬季学校活动,②中国法律是该项目的焦点之一。

为传承利玛窦精神,位于利玛窦故乡的意大利马切拉塔大学成立了中国中心,旨在帮助研究人员加强与中国科研院所的跨学科研究。③ 多年来,该中心就中国问题开展了人文社会科学研究、文化活动、学术会议,积极参与意大利和欧盟的相关科研项目。就法学领域而言,马切拉塔大学中国中心围绕海洋事务与海洋法、品牌保护等开展法学研究。④ 其中,海洋事务与海洋法专题领域侧重于海洋法和海洋事务的跨学科和比较研究,重点是亚洲海洋。这项研究旨在提高对中国和亚洲解海洋治理方法的理解,同时发展和保持意大利马尔凯大区在海洋法和海洋事务方面的优势。该中心还向国家和地方机构、非政府组织和私营实体提供法律和政策咨询,以促进合作。同时,这项研究鼓励中国中心、意大利政府以及其他政府、国际组织、非政府组织和学术机构之间的双边、区域和国际对话。这些活动促进了意大利亚得里亚海—爱奥尼亚海区域的海洋法和亚洲海洋研究。

最后,意大利威尼斯大学在比较私法硕士项目中开设了一门中国法课程,由 Renzo Riccardo Cavalieri 教授主讲。⑤ 该课程旨在通过法律史和比较法的视角分析中国法律的特定问题。宪法和国际商法是当前的教学侧重点。通过课程学习,学生将从公共和私人两个视角了解中国法律及其制度结构。

除了上述大学外,意大利的其他机构也提供与中国法律相关的培训课程,旨在为专注中国市场的电子商务和企业国际化从业者,提供中国法律体系的基本和进阶知识。目前,米兰商会(the Chamber of Commerce of Milan)、意大利—中国基金会(the Italy-China Foundation)、当代中国研究中心(the Study Center for Contemporary China)、意大利外贸办事处(the Italian Foreign Trade Office)和意大利中国研究协会(the Italian

---

① “Università Di Bologna — Temi Di Ricerca” <https://www.unibo.it/sitoweb/marina.timoteo/ricerca> Accessed January 29, 2023.

② “Law in Chinese”(Istituto Confucio Università di Bologna) <https://site.unibo.it/istitutoconfucio/it/law-in-chinese> Accessed January 29, 2023.

③ *China Center-University of Macerata*: *Home*(China Center-University of Macerata: Home), Accessed September 24, 2024, https://www.unimc.it/chinacenter/en? set_language = en.

④ *China Center-University of Macerata*: *Topics*(China Center-University of Macerata: Topics), Accessed September 24, 2024, https://www.unimc.it/chinacenter/en/topics.

⑤ “Scheda Insegnamento: Diritto Dell'Asia Orientale”(UniversitàCa' Foscari Venezia) <https://www.unive.it/data/insegnamento/377205/persone> Accessed January 29, 2023.

Association for Chinese Studies)在此方面发挥了重要作用,它们的努力不仅有助于提升意大利人在中国的营商能力,还极大地促进了相关群体基于经济、文化或者科研项目对中国法的研究。

二、意大利高校开设中国法课程的动因与挑战

中国成为日益重要的全球领导者的事实,是大部分国家过去和现在研究中国法的动因之一。中国在各个领域的加速发展使中国在当今世界舞台上呈现为更大的政治和经济存在。中国法的研究和传播将增加对中国经济和政治进步及其对意大利经济、商业、工业和政治影响的预判。

(一)实用主义维度的观察

简言之,意大利公立和私立大学开设中国法课程的原因,首先是让学生对经济全球化以及随之而来的对中国法律知识日益增长的需求做好准备。因此,其主要目标是为学生——未来的法律从业者和学者——提供更深入认知中国法律体系及其对国际商业影响的机会。其次,这些课程将为学生提供在中国开展商业活动的必要法律技能。这些课程使学生能够更好地了解中国法律运作的历史、文化和政治环境。最后且同样重要的是,学生必须学会能够在国际法律交易中与中国当事人打交道所需的各种实战技能。

此外,我们应该注意到,意大利学生也通过对中国法律制度的探索研究,从比较法角度获得教益。具体而言,学生们通过使用比较法研究方法,可以快速、准确地识别法律先例并分析相关法律问题,从而为自己成为现代法律专业人士做好准备。由此,可以帮助他们最大限度地提高未来的工作效率,节省时间和资源,并使他们能够专注于法治实践的其他方面。申言之,通过比较中国和意大利不同法域的法律和判例,法律专业人员可以更好地理解法律问题及其解决方案,作出更明智的决定,并为未来的客户提供更有效的方案建议。在此基础上,通过比较方法学习中国法律,意味着意大利学生及从业人员可以获得关于完全不同法域的最新法律发展,因此而产生的专业利益,则可以为他们在专业领域保持领先地位,甚至为他们在意大利的中国客户提供更好服务。毫无疑问,中国法的学习,除了使意大利学习者获得复杂的法律知识,还提高了他们的职业发展信心。

(二)法律文化维度的观察

意大利的中国法教育,除了为学生进入国际化(特别是中国)法律就业市场做准备的动机外,从定性角度,推动意大利高校将中国法课程纳入其教学活动的另一个主要动机和目标,还在于促进中意法律文化的交流。① 事实上,在大多数意大利大学里,学习中国

① Legal culture is "the network of values and attitudes relating to law, which determine when and why and where people turn to the law, or to government, or turn away…legal culture is the term we apply to those values in societ which determine what structures are used and why, which rules work, and which do not, and why", see L. Friedman, *Legal Culture and Social Development*, 4 Law and Society Review 29(1969).

法课程不仅能让学习者进一步理解中国法律，还能让学习者有更多机会学习中国文化、历史、人类学、艺术、语言和社会。学习者可以有机会更深入地理解中国人的价值观和法治传统。在不久的将来，学习者可能会在这两种不同法律文化之间架起一座对话与合作的桥梁。

1. 广视野的法律研究是外交对话的基础

中国法教育所扮演的法律文化交流角色，根据我们的访谈可知，主要通过以下几种方式实现。要么，通过常态化的促进知识和专业交流的联合研究项目和年度会议，来加强中、意外交关系，同时增强意大利法律职业人士的法律专业素养；要么通过了解中国法的细微差别，更有效地驾驭不同的法域的法律问题。另外，还有一些大学愿意通过中国法课程来扩充其学术课程的水平，展示知识多样性和对全球化、跨国公司崛起和国际贸易发展的认识。例如，威尼斯大学、特伦托大学和博科尼大学等大学，作为其学术传统的一部分，一直提供与商法、私法和更普遍的中国法体系相关的中国法律或中国商法课程，以此来拓宽学习者对世界范围内不同法律制度的视野，其原因在于，人类法律制度的特点是“（法律）传统的多样性”①的相互交融。

2. 法律文化之间相互依存的交往关系

在当今交流互鉴互动的基本传播语境中，比较法学家们应该在马克斯·韦伯的引导下，更好地通过比较分析不仅关注不同法律传统之间的差异和共性，而且能够试图找出“导致这些差异的原因”。② 因为主要法域的法律传统具有高度的复杂性和独立性，所以，调和它们就意味着承认它们是相互依存的，为此，就需要避免寻求甚至通过暴力实现“排他性地位”（exclusive status）的法律原教旨主义。当然，比较分析有助于通过识别共同性和相似性，来发现这种相互依存关系。从人文精神的角度来看，可持续的多样性是自然存在的。然而，它是通过一个接受过程而实现的，这个过程创造了一种相互依存的“法律宇宙”（legal cosmos）。格伦（Glenn）认为，“接受世界上不同的法律传统对世界上人们的身份认同有影响。”③这些相互对话和承认支持了可持续的法律多样性，进而极大

① Pospisil L., *Legal Levels and Multiplicity of Legal Systems in Human Societies*, Journal of Conflict Resolution, Vol. 11:1, p. 2 – 26 (1967). H. Patrick Glenn, *Legal Traditions of the World* (5th edn, OUP 2014) Ch. 10.

② Guenther Roth, Max Weber., *The American Journal of Comparative Law*, Volume 32, Issue 3, Summer 1984, Pages 592 – 595.

③ H. Patrick Glenn, *Legal Traditions of the World* (5th edn, OUP 2014).

地减少了目前的法律争端以及国际地缘政治局势中的冲突。① 在日益全球化的法律实践中,律师必然接触世界上不同的法律传统,一个多文化社会也正在世界范围内形成。这意味着不同种族、宗教或文化群体间的共存,绝不是一个涉及包括法律界在内的社会各个部门的新现象。从这个角度来看,不同法律传统意味着基于共存而存在创造新的原则和规范以及价值观的必要性与可能性。

因此,意大利高校教授中国法课程,有助于学生理解世界法律体系的复杂性,并适应全球化带来的变化。中国法课程的学习,为学生的未来实践"张开了一只眼睛",使其看到了一个不同的法律体系。虽然,学习中国法的好处通过简单的成本—效益分析就可以很容易得出,而对西方律师来说,中国法初次听起来很陌生,但是,从法律文化的比较研究视角,就会发现因为法律文化的彼此影响,一个了解意大利、法国和德国民法的人,学习中国民法实际上并不难,因为它们都互相影响。

(三)中国法课程开设面临的主要挑战

1. 当前语言障碍的技术挑战

正如 Ivan Cardillo 和 Renzo Cavalieri 等著名学者所言,语言构成了理解法律的挑战

① In evaluating whether this continuous dialogue and influence among the legal traditions are positive or negative, the doctrine appears to be divided. On the one hand, according to Pierre Legrand, legal transplants are not useful and practical. Following this point of view, one can think that the influences among the differences could be negative. From a positivistic legal perspective, laws can be transferred. However, that does not imply that these laws can be effectively implemented. He asserted that "legal rules may transfer, but legal cultures and meanings do not travel... the meaning (of the rules) does not survive the journey from one legal culture to another". Thus considered, Legrand could be right in some cases. For those reasons, most of the legal transplants were unsuccessful during the colonization period. For example, Holland failed in some attempts to do some civil law legal transplants in Indonesia concerning land law. It must be stressed that pure analogy must be avoided. For a legal transplant to be successful, there must be a high degree of compatibility between the donor and recipient country. An excellent legal transplant must answer the question of whether a particular legal instrument that some desire to transplant in another system could be broadly compatible (Is it the same blood type?). This is also because the way of making legal interpretation is an outcome of a particular socio-cultural reality belonging to a recipient country. Despite that, it is interesting to notice that Legrand contemplates comparative analysis as a tool to improve a better understanding of other peoples and accept the differences and commonalities. On the other hand, despite "a rule is different in its new home", Alan Watson showed that legal transplants had successful and practical effects in many countries; firsts among all, in Turkey and Armenia. Watson shows that transplants are possible. If one society borrows from another society some legal models, that is a sign of the intense relationship between the two societies; that is positive. There is nothing wrong with doing this. Mainly when one society is not intended to be dominant over another. Notably, Watson is favorably contemplating creating a civil code for the European Union. With that purpose, legal transplants can contribute to uniform private law. Translation becomes fundamental too. Finding a common legal mindset in transplanting rules, institutions, concepts, principles, and structures is crucial. See Pierre Legrand, *The Impossibility of Legal Transplants*, 4 Maastricht Journal of European and Comparative Law 111(1997). A. Watson, *Legal Transplants and European Private Law*, Vol. 4.4 Electronic Journal of Comparative Law (2000).

和技术障碍。这一障碍的消除将促进更复杂的教学和研究方法之产生。事实上,由于一些学习中国法的意大利学生通常缺乏必要的中国语言和文化知识,因此授课内容可能更多倾向于对中国法的概括性介绍。Cavalieri 曾指出,除了法学院外,大学中的其他院系也会开设中国法课程。例如,威尼斯大学针对中文系学生开设了中国法课程,虽然这些学生具备一定的汉语水平(通常为 HSK1 或者 HSK2),并对中国文化有一定的了解,但他们既不是法律专业学生,将来也不太可能会从事法律行业。换言之,接受中高阶中国法教育的学生的专业方向目前并不明确。Cardillo 教授强调,特伦托大学法学院正在尝试开展中国法专业教育,并对特定主题进行深入研究,以期学习者将对中国法律部门有更全面的认识。

2. 缺乏国家教学大纲的影响

正如蒋浩教授所指出的那样,意大利没有全国性的中国法课程教学大纲,因此每个教授都有自己的教学大纲和教材。例如,蒋浩教授就是以自己的专著《比较私法导论》有关中国私法部分的内容、班布里奇的商会(Banbridge's Business Associations)和他自己编制的公司法材料为教材。Cavalieri 教授过去常常与他的学生分享一些关于中国法的最重要和最实际问题的文章,以此作为授课材料。他每年都会更新授课材料,例如,2018 年的教辅材料就涉及 2018 年中国《宪法修正案》、关于外商投资的中国新近立法以及欧洲和意大利对非欧洲投资的限制性规定。此外,Cavalieri 教授还将一份意大利期刊的特刊(中国世界)作为参考材料。该特刊是他两年前编辑的,包含了十几篇不同主题的文章和一些精选主题的阅读材料。Cardillo 指出,中国法授课教师通常提供真实的中文和非中文学术论文、个人笔记,甚至关于该主题的博客和网站供学生使用。这些材料大部分都是基于他们的学术社交网络获取的。基本上,除了目前提到的那些资源之外,没有其他资源可以支持意大利大学的中国法教学。本文认为,也许在不久的将来,除了增加与中国学者的交流外,一些相关组织或机构如中国驻意大利大使馆、中华全国律师协会、孔子学院等可能会在此方面加大支持力度。

3. 缺乏与时俱进的中国法研究对教学的支撑

与一些法律专业人士和机构建立更密切的联系肯定是有益的。目前,大多数教授都在实时跟进中国同事最新的研究成果,并在他们认为合适的时候将这些学术研究成果运用到中国法教学中;而另一些教授则努力开展中国私法的前沿研究,以保证他们对上述所有学术资源都有足够的了解。可喜的是,目前多数开设中国法课程的教授都充分利用自身的学术网络,邀请中国法官和来自中国、德国以及英国的中国法律学者作为演讲嘉宾。正如 Cavalieri 教授所言,“有必要强调,如果我们想要改变这一趋势,就需要在意大利和中国同行之间进行更积极和自由的对话”。

4. 缺乏主导和促进意大利中国法研究的组织

在意大利,没有官方组织帮助人们了解和接受中国法培训。目前,还没有像论坛、座谈会、年会(比较法除外)或其他类似的学术活动,来帮助在意大利开展中国法教学和分享其经验。除在少数大学举办的迎新日,日常教学中只有偶尔的会议、研讨会和特定主题的会议(如商法、知识产权、妇女权利、仲裁等),有机会对中国法课程进行推广和宣介。

值得一提的是,意中理事会基金会(Italy-China Council Foundation)[①]在促进中国法传播方面发挥了重要作用。该组织开展的几项活动都包含中国法培训。除此之外,Ivan Cardillo 教授创立的中国法研究所(Diritto Istituto di Cinese)[②]也值得关注。中国法研究所希望向公众传播关于中国法律的知识,更广泛地说,关于中国过去和现在的法律文化的知识。中国法律现代化的新阶段正在进行,这是中华人民共和国历史上的第一次,也是中国历史上的第三次。这一新作品将传统中华法系、现代政治意识形态和西方法治作为三个主角,法官、立法者和法学教授是中国社会法律生活的三大参与者和解释者,因此,他们的法治角色对中国法律的研究至关重要。

(四)一点小结

总而言之,中国法课程和一般的法律培训,被认为是理解中意法律文化认同和法律思维发展差异性与相似性的一个很好的工具。正如 Cavalieri 所说,最重要的是要提醒我们,"可以肯定的是,为了保持中国法律的吸引力,我们应该集中精力(1)在两国学者和大学之间建立更多的对话渠道;(2)以更复杂和专业的方式研究和教授中国法律"。

三、意大利中国法课程的内容现状和未来趋势

作为比较法研究领域的一个分支,学习中国法在某种程度上是意大利法律人的一种习惯。因为,作为一种理论模式和话语(具体而言,在当前"增长但放缓"的全球化时代),比较法无疑仍有其存在基础,国家一级的法律(在每个国家)——尽管它可能被分割成许多新的法律渊源——不能也绝不能被剥夺与外国法律进行比较的机会。主流法理学说大多承认,如果只关注差异的比较有助于推进尚未完成的融合与和谐进程,就应该远离居高临下的类比。[③] 因为在没有比较的前提下,有效的立法很难被实现。当然,某些法律的独特性可以追溯到支撑某一法律制度的政治体制框架的异质性。

目前,意大利学术体系对中国私法、宪法、行政法、司法系统和法律职业等都给予了

---

① "Nasce Italy China Council Foundation (ICCF), Un Nuovo Protagonista Delle Relazioni Bilaterali | Camera Di Commercio Italo Cinese" (Nasce Italy China Council Foundation (ICCF), un nuovo protagonista delle relazioni bilaterali | Camera di Commercio Italo Cinese) < https://www.china-italy.com/it/nasce-italy-china-council-foundation-iccf-un-nuovo-protagonista-delle-relazioni-bilaterali >.

② < https://dirittocinese.com/ > Accessed Mar. 19, 2023.

③ René, David, Brierley, John, *Major Legal Systems in the World Today: An Introduction to the Comparative Study of Law*, United Kingdom, Free Press, 1978. See Brutti, Massimo, Somma, Alessandro (eds.) (2018), *Diritto: storia e comparazione. Nuovi propositi per un binomio antico. Global Perspectives on Legal History*, Max Planck Institute for European Legal History Open Access Publication, Frankfurt am Main, p. 216.

极大关注。① 特别是如前所述(见第一部分),大多数中国法课程的目标是介绍中国法律史和当代研究,特别关注了中国法与罗马法律传统的联系、私法(民法和商法)的重生和法典编纂,以及争议解决技巧等。因此,在意大利,中国法渊源的研究被认为是中国政治、社会和经济复兴的关键,也是重组所有法律事务的迫切需要。②

我们认为,现当代中国法渊源的理论及与特色法治相关的一切制度安排,基本上都是相当具有挑战性的,这些内容可以构成高级中国法课程的研究对象。根据中国著名民法学者魏振瀛的说法,典型的"法源"是指产生法的东西,它具有链接法律与社会的功能。③ 因此,可以确定4种法律来源,即实在法、习惯法、司法判例、法律原则。有趣的是,后者被定义为法律的自然道理,在法律没有规定的情况下,由于其符合立法精神的综合功能而占据主导地位。此外,中国《民法典》的总则和基本规定,也应该在意大利的中国法课程中被研究和学习。值得注意的是,许多专门从事法律理论和法制史研究的学者正在不懈努力,特别是在中国法律理论不断对话国际和西方法律理论、法律多元化发展以及当代国际公法和私法实践的情况下,对法渊源进行系统化研究。④ 考虑到国际法作为应对当今全球和区域最紧迫挑战的有效全球治理工具,以及其在监管不断变化的全球事务如国际贸易和投资方面所具有的不可替代的作用,目前也有观点提出,在意大利开设的中国法渊源、现代中国法课程的研究,是否必须考虑国际法律实践的重要性,这些实践影响中国与世界其他地区之间有意义的未来关系。⑤

由此出发,我们认为,当今中国法教学必须包含对国际公法和私法(包括那些被视为国际软法的规则和政策)、环境法律和政策以及国家人工智能战略和计划的特定中国视角与中国贡献。同样重要的是,随着中国共产党党内法规对国家法律的影响日益显著,这些内容或许也应当被适当纳入意大利的中国法课程之中。综上,我们需要思考,中国

---

① Toti, Enrico, Diritto Cinese dei Contratti e Sistema Giuridico Romanistico tra Legge e Dottrina, L'Unità nel Diritto, Collana Dipartimento di Giurisprudenza, RomaTrePress, 2020. Cavalieri, Renzo, Franzina Pietro, Il nuovo diritto internazionale privato della Repubblica Popolare Cinese, Milano, 2012. Chen, Jianfu. Chinese Law: Towards an Understanding of Chinese Law, Its Nature, and Development. Netherlands, Springer Netherlands, 1999.

② The National People's Assembly, on March 15, 2000, adopted the Law on Legislation in force since July 1, 2000, as amended on March 15, 2015, and in force from the same date. See Zhang Wenxian et al., *Jurisprudence* (Fourth Edition), Beijing: Higher Education Press, 2018, p. 1 – 370.

③ Wei Zhenying, *Principles and Practices of Civil and Commercial Law*, Peking University Press, 1996, p. 1 – 543.

④ Ho, Norman, "Stare Decisis" in Han China? Dong Zhongshu, the Chunqiu, and the Systematization of Law, Tufts Historical Review, Vol. Ⅲ, No. 1 (2010), Available at SSRN: https://ssrn.com/abstract=2109860.

⑤ As Marina Timoteo points out, "the expression for 'International Law' had been created with the term 万国公法/wangguogongfa, that would later be replaced with the word, derived from Japanese, and still in use, 国际法/guojifa", See Marina Timoteo, Of Old and New Codes: Chinese Laws in the Mirror of Western Laws, EUT Edizioni Università di Trieste, 2017, p. 181。

法的最新变化对中国法课程内容产生了怎样的广义影响?在此方面,有人可能会说,未来的中国法课程将能够让学生不仅通过专题科研成果、集体著作集、会议和研讨会记录,还通过获取用于培训中国年轻律师和政策制定者的教学材料来定制他们的培养方案。如今,所谓的数字化转型使科研文献得以被免费获取,这将更有助于以新的和更广泛的方式传播中国法的知识。事实上,意大利学习者可以参加一些中国和非中国大学提供的中国法在线双语专业课程,其涵盖了中国(包括中国香港特别行政区、澳门特别行政区和台湾地区)的各种法律主题。① 此类课程由中国教育部及司法部直接批准、认可及授予。通过参加这些课程,意大利语学习者可以熟悉双语②中国法律在线数据库,如中国仲裁数据库、中国法律知识综合数据库、ChinaLawInfo、Lexis Nexis China Online、中国法律快报在线、Lawyee. net、中国期刊网和 PrimeLaw,等等。③

首先,对于那些愿意在中国从事法律工作的人来说,使用这些虚拟在线数据库开展经常性和生产性理论研究和实践活动是极其重要的。当然,根据我们的观察:④第一,许多免费数据库必须被仔细选择,因为其中一些不是不断更新的。事实上,中文法律网络资源的可信度取决于其数据库提供商。第二,学习者或研究人员从论文和期刊文章开始寻找原始资料。意大利的中国法学习者基本上能够在完成中国法课程后不久,即可自行更新他们的中国法律知识。此外,这些远程学习课程使用虚拟平台(如学习通、微信、腾讯会议和腾讯教室等),在通常情况下,中国的法学院会指派助教,创建微信群,并提前分发课程材料,老师和学生在微信群里讨论和回答问题。我们认为,作为未来的跨国法学法律交流的新趋势,这种在线互动肯定会随着人工智能技术的进一步使用而增多,特别是在元宇宙中。⑤ 第三,我们还需要进一步深思,中国法课程中出现了哪些新的主题或重点领域,它们将如何塑造中国及其他国家的法律格局?意大利开设的中国法课程是否需要更系统化和与时俱进,以反映中国持续、稳定、进步和前瞻性的立法成果。特别是如中国的生态文明、"一带一路"机制、人类命运共同体和新一代人工智能发展计划等政治和

① For example, look at the online courses offered by Beijing Foreign Studies University, Chinese University of Hong Kong, University of Bergen (Norway), SOAS University of London, China University of Political Science and Law.

② 适用中文或英文。

③ "Lib Guides: Chinese Law Online Databases" (The Chinese University of Hong Kong, December 1, 2022), Accessed January 29, 2023, https://libguides. lib. cuhk. edu. hk/law/infoguide/chilawdatabase/home.

④ Kossof, Paul, *Chinese Legal Research*, *International Legal Research Series*, Carolina Academic Press, 2014, p. 1 – 304.

⑤ CALIcon2022, *The Metaverse-The Future of Legal Education?* (*IP*), Accessed January 27, 2023, https://2022. calicon. org/calicon-2022/sessions/metaverse-future-legal-education. This trend is frequently discussed in Asia particularly in Singapore, [Hybrid] *Understanding the Metaverse, Law, Policies and Practice* (NUS-Centre for Technology, Robotics and Artificial Intelligence and the Law), Accessed January 29, 2023, https://law. nus. edu. sg/trail/events/understanding-the-metaverse-law-policy-and-practice/.

法律倡议。这些法学教育举措将塑造中国的未来及其作为一个有影响力的全球行动者和利益相关者在世界上的地位。反之,熟悉和掌握这些法学教育内容,对意大利学生的中国法学习至关重要,值得被严肃认真地对待。

具体从生态转型的角度来看,中国法课程的参加者必须理解,在国际上经常使用的“可持续发展”一词在中国大致等同于“生态文明”。[①] 该术语是中国环境法律和政策的一种指导原则。值得一提的是,中国2014年《环境保护法》第1条特别提到“推进生态文明建设,促进经济社会可持续发展”。[②] 同样地,中国国内环境法学者也公开指出,2012年,中国提出了“生态文明”的概念,将其视为可持续发展的中国表述,进一步推动了可持续发展原则的发展。[③] 中国的生态文明总体上符合联合国2015年第A/RES/70/1号决议,该决议提出了2030年可持续发展议程。通过学习中国法课程,意大利学生将认识到,“生态文明”也可以被视为塑造中国当前环境法律决策和政治选择的更深层次的概念。[④] 虽然,生态文明概念超越了人类发展活动的物质可持续性的概念,尚存有争议,但它要求我们对环境相关问题采取整体、综合性处理方法,并主要着眼于人类如何与自然相处以及我们如何使用地球资源的道德基础,这是二者的共通之处。

与生态文明概念直接相关的是“‘一带一路’机制”。学习者能够通过这一发展机制掌握其与实施2030年可持续发展议程之间的相互联系。这一举措是中国致力于发展生态文明的积极反映,生态文明将塑造世界不同领域的社会经济增长。因此,作为未来的趋势,通过学习“一带一路”的基本原理,尤其是和环境法律政策相关的内容,意大利学习者将更多地意识到这样一个事实,即中国积极参与许多环境谈判进程(如气候缔约方会议、全球公约),证明了其作为全球环境治理倡导者的作用和地位日益重要。[⑤] 这个方面的中国法教学内容不应被忽视,因为它与创建一个包括和平、普遍安全、繁荣、环境可持续性等核心价值的人类命运共同体息息相关。

其次,人类命运共同体的概念,可以引导意大利中国法学习者对全球和中国对全球

---

① Since China's Agenda 21 came out in 1994, it goes without saying that the term "sustainable development" has been part of China's environmental vocabulary.

② Standing Committee of the National People's Congress, Environmental Protection Law of the People's Republic of China (2014 Revision).

③ Ben Boer, Rowena Cantley-Smith and Tianbao Qin, *Introduction to the Special Issue on Ecological Civilization and Environmental Governance*, 4 Chinese Journal of Environmental Law 1, (2020).

④ *Transforming Our World: The 2030 Agenda for Sustainable Development* (United Nations Population Fund), Accessed January 29, 2023, https://www. unfpa. org/resources/transforming-our-world-2030-agenda-sustainable-development.

⑤ "The Global Pact for the Environment is a draft international treaty, which aims to recognize a new generation of fundamental rights and duties related to the protection of the environment, and in particular, the right to a healthy environment" according to the Global Pact official website, Accessed January 26, 2023, https://globalpactenvironment. org/en/.

法律秩序的愿景之间的动态关系,进行思考,对于突出差异和相似之处(例如,共同体利益、规范等级)以及国际法演变的新价值观和结构,将是至关重要的。① 我们认为,学习者应该通过这些课程认真阅读中国法律学术和政府的相关政策声明。通过这一主题,学习者将更好地理解中国如何接受和适应国际社会不断变化的规范(例如,不断扩张的强制法),这其中可能有共同的价值观。更具体地说,学习者将着眼于中国如何重新解释和重塑如法治、民主和人权等法治基石。

在后一个支柱上,包括意大利在内的西方学习者通常非常好奇并渴望了解中国保护人权的模式。一方面,通过联合国发布的材料(如普遍定期审议),他们可以准确研究中国在人权问题上的官方立场;另一方面,他们应该能够接触到中国公共机构的声明和决定,以了解国家一级采取的人权保障措施。② 在中国,人权以国家为中心,与公共秩序的稳定和经济发展息息相关。

当涉及日常和商业生活时,颠覆性人工智能工具的使用无疑具有重大影响。基于这些原因,中国在 2017 年制定了一项《新一代人工智能发展规划》。因此,作为一个明确的未来法治趋势,人工智能法治方面的内容将对意大利的中国法课程的经典内容框架产生有意义的影响。在可预见的未来,学习者将了解中国中央政府所致力投资的数字基础设施以及为数字企业的成功所提供的法律和政策帮助。意大利的中国法课程教师有必要向学生解释,政府的人工智能计划将如何产生进一步的人工智能友好的法规和政策。③ 然而,这一人工智能计划的基础是通过公共合同提供补贴,这将成为地方政府推动私营部门开发这些开创性技术的一个驱动因素。新的中国法律将规范除其他外医疗成像系统、智能车辆、服务机器人、无人驾驶飞行器和图像识别的商业化,导致上述所有领域将需要大量人工智能方面的法律专家。中国的社会信用体系也将与有效的智能法庭(如杭州互联网法院)和人工智能法官和律师相结合。④ 当然,也值得注意的是,一些中国学者

---

① Björn Ahl, *Chinese Positions on Global Constitutionalism*, *Community of Common Destiny for Mankind*, *and the Future of International Law*, The Chinese Journal of Comparative Law, Volume 9, Issue 3, December 2021, p. 304 – 327.

② Ahl, Björn, The Rise of China and International Human Rights Law (August 25, 2016), Human Rights Quarterly, Vol. 37, p. 637 – 661, 2015.

③ Prof. Ivan Cardillo, Applicazione della legge nei processi sull'uso della tecnologia di riconoscimento facciale per l'elaborazione di informazioni personali. Bilanciamento tra tutela privacy e sicurezza pubblica, January 16, 2023, < https://dirittocinese. com/2023/01/16/uso-della-tecnologia-di-riconoscimento-facciale-per-lelaborazione-di-informazioni-personali/ > Accessed 28 January, 2023.

④ Cao Yin, *Chinese Courts Must Implement AI System by 2025*, China Daily, Accessed January 27, 2023, www. chinadaily. com. cn/a/202212/09/WS6392fa3ba31057c47eba3a3f. html.

同时警告说,“我们必须警惕科技公司和资本对司法权的侵蚀”。①

从上述陈述中,我们又可以合乎逻辑地推导出一个关于当前法律生产的后续具体观察。事实上,中国法课程的实质性内容必须更好地融入当前、持续的全球现实,其特征是法律生产的重心从公共制度转移到私人制度。事实上,正如该原则的一部分所指出的,它是通过全球标准、商业协议以及全球公司和国际组织的内部法规的制定来实现的。著名学者贡塔·托依布纳(Gunther Teubner)认为,“全球私人政权只是抛弃了国内法的一些基本原则,正在造成一种自毁的法律体系”。② 因此,对学习者而言,了解中国法律将如何在所谓的“世界社会”(worldsociety)中发展和协调自身,将会是一个饶有兴趣的问题。在这个“世界社会”中,法律与迥然不同的公司自治和私人治理网络(每个网络都有其自身的合理性和事实上的立法)之间的关系是高度不稳定的。学习者或将意识到,对于像中国这样采用以国家为中心的法律方法的国家来说,在国际法的系统化以及国际和国内法律体系的协调方面,可能具有挑战性。

最后,在这种不断发展的科学技术背景下,意大利还有必要在提供中国法课程的同时,牢记共同的需求,即在共享重要的教育和文化遗产的意识下,使用深思熟虑的比较方法,规范研究法律现象的广泛演变。这有利于培养一批有自知之明、有技能、有能力的意大利和中国法学家,在此基础上建立中意乃至整个欧盟的法律科学交流协作网络。

四、意大利中国法课程未来发展建议

作为世界第二大经济体,中国已经积累大量的全球影响力,其法律体系已成为意大利执业律师和诸多领域法学者的兴趣焦点。在当今全球社会日益互联互通的背景下,中国法作为外国法律制度被更好地融入意大利法律教育体系,对于意大利大学开设中国法课程提出如下建议。

(一)加大课程开发力度

建议在意大利大学中设计和实施全面的中国法课程,涵盖中国法律制度的理论和实践方面,以便为学生提供全面的中国法教育。它应该包括中国法律的历史和发展,它的渊源和制度,以及重要的法律主体制度,如民法、刑法、行政法、宪法、知识产权法、环境法和国际贸易法。同时,学生也应该有机会通过将比较法律分析与意大利和欧洲法律结合起来,建立联系并了解不同法律体系特别是中、意法律体系之间的差异。

(二)扩充师资和教学资源

建议意大利大学在招聘和保留具有中国法律专业知识的教师,并在发展与中国法学

① South China Morning Post, *China's Court AI Reaches Every Corner of Justice System*, *Advising Judges and Streamlining Punishment*, Accessed January 27,2023, www. scmp. com/news/china/science/article/3185140/chinas-court-ai-reaches-every-corner-justice-system-advising.

② Teubner G., La cultura del diritto nell'epoca della globalizzazione: L'emergere delle costituzioni civili ed. by Riccardo Prandini, Armando, Roma 2005.

研究机构和高校的伙伴关系方面,进行足够的投资。知识共享、合作研究项目和高质量教学材料的制作,都将受益于这一发展。此外,大学应投入资源,建立以中国法律为中心的专业图书馆和研究中心。

(三)法律汉语普通话培训

如果意大利学生具有较强的中文能力,他们将能够接触主要的法律资源,并驾驭复杂的中国法律体系,这就是为什么语言能力对于理解其他国家的法律体系至关重要。意大利大学应该将法律中文培训作为其中国法课程的一部分,或者作为一个补充项目。由此,学生将能够发展他们的语言技能,达到在该领域取得学术和专业成功所需的水平。

(四)丰富法律实践经验

建议意大利大学在中国建立学生实习、交流项目、中国法律诊所等研究机会,以增加他们所教授的中国法课程与中国法治实际的相关性。通过这些项目,学生将能够获得中国法律体系及其机构运作的第一手经验,这将使他们能够发展自己的法治实践能力和文化领悟能力。

(五)建立教研协作网络

建议意大利大学相互合作,创建一个提供中国法课程的机构网络。通过共享学术资源、专业知识等最佳做法,以及促进学术合作和联合研究项目,使所有研究者都受益于这一发展。此外,为了确保大学提供的课程符合市场和社会的要求,大学应与法律专业人士、政府机构和参与中国及意大利关系的非政府组织合作。

(六)通过新协会提高认识和兴趣

建议意大利大学通过组织活动、公开讲座、研讨会和讲习班等形式,积极宣传中国法研究的重要性和相关性,以吸引更多学生学习中国法课程。如果大学教育学生了解中国法律制度的重要性,它们就有能力培养学生的兴趣,并鼓励更多的学生从事这一研究。建立具有官方授权的协会,类似意大利巴西部长和宪法协会,将有助于实现这一目的。

(七)借助持续评估—改进教学

建议意大利大学通过收集学生的反馈、评估中国法教师的表现,以及咨询外部评审员来定期评估其中国法律项目的质量。这将保证课程在实现最初为他们设计的学习成果方面的时效性、相关性和有效性。此外,为了保持高标准的教育水平,像大学这样的教育机构应该对提高他们的课程持开放态度,并根据他们收到的反馈进行其他修改。

鉴于中国在全球舞台上的重要性以及意大利和中国之间的相互依存关系日益加深,意大利大学投资开发和扩大中国法课程势在必行。如果大学实施本报告中概述的建议,并使学生具备驾驭复杂的中国法律体系所需的知识、技能和经验,那么可以为意大利学生在实际需要中、意法律事务专业知识的各种领域做好准备。

投资中国法律教育不仅将促进意大利和中国之间的相互了解和合作,还将有助于意大利法律教育的国际化和新一代法律专业人士的发展,让他们有能力应对日益相互联系的世界所带来的挑战和机遇。

五、结论

不仅全球化导致人们更重视法律教育的国际化,大学必须将比较法课程纳入其学术计划,而且,通过双边协议和经济伙伴关系,中国和意大利间的关系在过去几年中变得更牢固。典型案例是意大利参与中国政府主导的"一带一路"机制。因此,为了促进国际商业交易、投资和法律纠纷的解决,对深入了解意大利和中国法律体系的法律专业人士的专业需求越来越大。鉴于其中国特色社会主义的制度模式,中国法律值得特别考虑,因为它构成了世界上最强大的国家之一的司法框架,但它在某种程度上被忽视了。

目前,意大利只有少数几所大学提供与中国法律相关的课程,导致这类课程的可用性有限,主要是因为没有足够的资源和专门的教员来研究中国法律。此外,意大利和中国的高校和研究机构之间缺乏密切的合作,这实质上阻碍了中国法律知识的发展和传播。中国法律体系的基础、历史和演变通常是意大利大学目前开设的数量有限的中国法课程的主要主题。然而,这些课程大部分时间并不涵盖专门的和日益重要的领域,例如,生态文明、"一带一路"机制、人类命运共同体及新一代人工智能发展计划等,所有这些对于理解中国法律体系的复杂性及其在现实世界中的应用都是必不可少的。

总之,在"世界社会"的现实背景下,意大利开设中国法课程情况的实证研究,对于把握中国和包括意大利在内的其他国家法律专业人士间的互动与合作,继而对中国未来融入国际社会后,中国法在全球治理环境中的地位与角色,都将至关重要。为此,非常有必要采取措施让意大利的中国法学习者对学习中国法律和中国正在进行的具有挑战性的国际法系统化以及国际和国内法律体系的协调,保持高度兴趣。

法学教育提升面向南亚、东南亚辐射能力研究

佴 澎*

一、向辐射区域推广中国法学教育的意义

在中国式现代化的伟大进程中,向南亚、东南亚推广中国法学教育有重要的意义。

法治是世界各国公认的治国理政手段和全球治理方式,法学教育搭起了国内国际交往互动的桥梁。辐射南亚、东南亚法学教育不仅回应了"面向南亚、东南亚辐射中心"战略建设内涵,还对完善我国法治理论、统筹推进国内法治和涉外法治、提高中国法治理论的国际话语权等方面有重大积极作用。

云南要"主动服务和融入国家发展战略,闯出一条跨越式发展路子,努力成为我国民族团结进步示范区、生态文明建设排头兵、面向南亚、东南亚辐射中心,谱写中国梦的云南篇章"。① 基于"辐射中心"的战略建设,辐射南亚、东南亚法学教育回应了党中央的顶层设计要求,打造了与南亚、东南亚国家全方位合作的新格局,将习近平法治思想贯彻落实到教育领域,不断增强辐射带动能力,传播中国优秀传统法治文化,讲好中国法治故事,传播中国法治声音,进一步提升我国文化自信、法治理论自信以及法治道路自信。辐射南亚、东南亚的法学教育,蕴含于人类命运共同体理念的内涵中,以法学教育引领辐射区域法治道路,是我国在全球法治中的角色由"被动者"转变为"主动者",由"参与者"转变为"引领者"的有益探索,提升了我国在国际法治教育中的话语权和影响力。

二、法学教育辐射南亚、东南亚的现状

云南省是中国通向南亚、东南亚的桥梁,是推广中国法治教育、提供中国法治服务、传播中国法治文化的主阵地。近年来,云南省积极融入国家"一带一路"机制、国内国际双循环以及"面向南亚、东南亚辐射中心"等国家发展要求,主动作为,先试先行。

(一)高校依托地缘和学科优势,积极服务涉南亚、东南亚法治

云南大学作为我国最早设立的东南亚法律制度研究基地,对促进我国与南亚、东南亚国家间的法律交流与合作起到带头拓荒作用。自 21 世纪以来,云南大学法学院重点

---

* 云南省法学会兼职副会长,云南财经大学法政学院教授。

① 陈利君:《云南建设辐射中心的内涵与对策建议》,载《云南社会科学》2015 年第 6 期。

开展了南亚国家基本法律制度、南亚国家经济贸易法律制度、中国与南亚国家反恐执法与司法合作等方向的研究。2013年,中国法学会授牌在云南大学成立中国—南亚法律研究中心。为响应中国法学会和云南省委省政府号召,云南大学法学院还为南亚、东南亚法律研究成立国际法暨东南亚、南亚国家法系、设立期刊专栏、开展法律制度编译工作、建设法律人才培训基地和南亚、东南亚法律信息网站,深度推进中国与南亚、东南亚国家间的法律交流。云南财经大学法学院以“立足西南,面向东盟,走向国际”的办学理念,密切结合学校学科优势,突出财经化特色,重视法学与经济学、管理学交叉融合。其结合学校地处云南省,毗邻南亚、东南亚国家的区位优势,依托“云南省卓越涉外经贸法律人才培养基地”,率先开设“卓越涉外经贸法律人才培养班”“涉外经贸法律双语课程群”、云南省唯一的国际事务与国际关系专业,专门培养国际经贸领域的人才。2015年,云南财经大学法学院成为云南省“卓越涉外经贸法律人才培养基地”。院校设置科学合理的涉外经贸法律双语课程体系,其中“国际经济法”“国际贸易法与实务”是较好的两门法学专业省级双语教学示范课程,“东盟法律制度”是云南省省级精品课程。高校结合自身学科优势,积极开展面向南亚、东南亚法学教育辐射研究,为交流壮大涉外法治人才队伍,向外辐射中国法治提供了智力支撑和有力贡献。昆明理工大学法学院与昆明市官渡区人民政府签署共建面向南亚、东南亚法律服务高地战略合作框架协议,建立中国(云南)自由贸易试验区法律服务园区,构建集大数据、云计算、区块链等新一代信息技术于一体,融合发展多元业态,“政、商、学、研、企”法务资源高度集聚的新高地,以促进涉外法治交流,做强法律服务产业链,提升法律科技竞争力为核心内容,进而为云南省建设面向南亚、东南亚辐射中心和社会发展贡献力量。

云南高校协同政府实务部门开展校地战略合作,为高质量发展提供助力和法治保障。举办中国—南亚、东南亚商事法律合作研讨会,依托中国国际贸易促进委员会、南盟工商会和南亚商务论坛以及“澜湄合作”机制,发挥中国国际贸易促进委员会作为南亚、东南亚服务中心的作用,共同开展双边合作,加强法律资源共享,化解跨境商业纠纷,助推中国与周边国家之间的法律交流与合作。

(二)存在的问题

在新时代新征程中,辐射中心作为中国沿边开放发展的新高地,必须被融入“统筹推进国内法治和涉外法治”的战略部署中,辐射南亚、东南亚法学教育面临新挑战。

高校开设的南亚、东南亚法学课程少,法学专业外语课程局限在英语,忽视了小语种与法学专业的融合。面向南亚、东南亚的法学教材数量不足,不成体系,学生难以系统掌握南亚、东南亚国家法律制度、法律文化、法律理论。涉南亚、东南亚的实训实习基地数量少,面向南亚、东南亚的实践实训能力亟待提升,如云南省仅有个别高校在律师事务所的涉外部门建设有服务南亚、东南亚的实习基地,暂无高校与相关南亚、东南亚国际组织共建实习基地。

特别是与南亚、东南亚国家办学合作缺位。加快涉外法治人才队伍建设契合国家

"一带一路"机制和云南省建设"面向南亚、东南亚辐射中心"要求,既是构建国家新发展格局的重要保障,也是深化中国和南亚、东南亚国家法治交流的重要推动力量。南亚、东南亚方向法治人才紧缺的很大原因在于中外高校联合办学合作缺位,云南省高等院校的法学院系与国外高等学院、高等教育机构的合作交流情况不可观,仅有两所高校与海外院校开展中外合作联合办学,云南财经大学与奥地利格拉茨大学法学院合作开展的"中欧环境法比较与研究项目"和西南林业大学与美国佛蒙特法学院合作开展的"环境法律诊所项目"。目前实现对外合作办学的高校数量少,而且相关项目主要针对欧美等国,鲜有针对东南亚、南亚等国家的项目。对于云南省面向东南亚、南亚等国家的区位优势而言,这样的情况与云南省对外交流的发展战略定位并不相称。

三、以法治教育提升面向南亚、东南亚辐射能力

党的二十大报告要求:"全面提高人才自主培养质量,着力造就拔尖创新人才,聚天下英才而用之。"习近平总书记指出,"要加强涉外法治人才建设","运用法治手段开展国际斗争"。① 法治是提升面向南亚、东南亚辐射能力的不二法门,我们要统筹面向南亚、东南亚的法学教育,服务"一带一路"建设,开拓与南亚、东南亚国家全方位合作新格局。

一是打造面向南亚、东南亚辐射区域法治人才培养示范区。首先是"请进来"。积极融入国家"一带一路"机制建设,引进南亚、东南亚优质教育资源和高质量合作办学项目,吸收"国内—海外合作培养"机制的成熟经验,鼓励高校与南亚、东南亚国家高水平教育机构开展联合办学,设立"本科 + 硕士",或者"本科 + 硕士 + 博士"人才培养项目,大力推进学分互认、学生互换、教师互派、课程互通等实质性国际交流合作,充分发掘南亚、东南亚法学高等教育资源。其次是"走出去"。推动中国学生到南亚、东南亚留学交流,增设学生赴南亚、东南亚学习交流项目,支持法学专业学生南亚、东南亚留学、实习实践,开展南亚、东南亚国家法治夏令营、南亚、东南亚国家支教等活动,打造辐射南亚、东南亚、面向全球的国际化教学高地。最后是亲诚惠容,和合共进。参考我国云南省镇康县一中与缅甸果敢果东中小学校共建"友谊学校"的成功模式,通过与南亚、东南亚法学教育界协同,共同打造中国—南亚、东南亚法治人才培养园区。深挖昆明中央法务区潜力,推进中国—南亚、东南亚的法治人才培养,联合国内和南亚、东南亚高校,形成并巩固"引进—吸收—创新—输出"的法学教育发展模式,建设中国—南亚、东南亚法学教师人才库、教学资源库,试点引进有国际影响力的高素质法律人才参与面向南亚、东南亚法律培训工作,加大"中老缅泰湄公河联合巡逻执法行动""澜湄六国合作机制""孟中印缅经济走廊""中国—南亚合作论坛"等合作平台、项目的法律知识、技能培训力度,培养共商共建共享的全球治理观。

二是建构面向南亚、东南亚辐射区域法治人才培养共同体。首先,要打破高校间的

---

① 《习近平谈治国理政》(第 4 卷),外文出版社 2022 年版,第 303、304 页。

人才壁垒,完善跨区域党的教育工委统一领导下的高校面向南亚、东南亚辐射区域法治人才的流动机制,选拔、聘用、激励机制,建设高校政治过硬、业务专精、外语(特别是南亚、东南亚国家和地区语种)娴熟的面向南亚、东南亚法律服务人才队伍。其次,要为澜湄国际仲裁院等培育输送一批熟悉南亚、东南亚业务的仲裁员,为在南亚、东南亚国家开设分所的律师事务所培育输送一批熟悉业务的律师,为"走出去"的中国企业培育输送一批熟悉南亚、东南亚业务的法务人员。最后,要积极推动高校人才参与南亚、东南亚法律业务竞争与合作;要充分发挥高校智库作用,认真抓好开展南亚、东南亚业务企业的合规建设,健全廉洁合规制度,明确企业预防腐败的责任,完善会计、内控、审计等内部治理制度,提高企业合规能力和水平。

三是优化面向南亚、东南亚辐射区域法治的课程体系、教材建设、统筹协同。首先,构建面向南亚、东南亚辐射区域法学学科课程体系,优化法学及外语科目设置。要扩大涉外法律专业学科范围,重视国际私法课程在法学学科体系中的重要地位。将国际公私法课程和国际经济法课程纳入高校必修课教学范畴,扩容国际法二级学科,包括国际环境法、国际贸易法、国际知识产权法课程,聚焦南亚、东南亚国家和地区法律制度课程,有针对性地开设国际关系、国际政治、国际语言文化等选修课以提升学生的科学文化素养。要与外语专业学院以及国际学院合作,增设非英语语种,特别是南亚、东南亚小语种教学课程,可参考云南民族大学的模式,选择性施行"英语 + X"的课程模式,即将熟练掌握除英语之外的一门南亚、东南亚国家法律语言为培养目标。其次,增强教材的中华文明传播力、影响力。提升云南省镇康县在统筹推进国门文化建设和"文化睦邻示范区"创建方面的成功经验,提炼展示中华法治文明的标识和精髓,加快构建中国法治话语和叙事体系,在教材中讲好中国法治故事、传播好中国法治声音。依托因厚重历史渊源而在南亚、东南亚春风化雨生根发芽的中华文化,传承合作传统,挖掘胞波情谊,根植人类命运共同体理念,加强教材中我国法治文化的国际传播能力建设,以法治文化优势提升我国在南亚、东南亚辐射区域的影响力,通过教材,逐步确立我国在南亚、东南亚辐射区域的法治话语权。最后,要统筹协同面向南亚、东南亚辐射区域法治人才培养机制。法学院系要建立以面向南亚、东南亚辐射区域法治人才培养为导向的实习基地,如云南镇康戍边馆、德昂族文化传习所、刺树丫口文旅融合综合体等,投身到共建共享边境法治文化的实践中。法学院校要聘请国内外熟悉南亚、东南亚法治的专业人士参与学生教学指导,加强南亚、东南亚国家和地区法律谈判技巧、双边或者多边条约、国际法规则实践运用等有针对性的培训活动。

四、结语

辐射南亚、东南亚的法学教育,应厚植中华传统优秀法治文化,打造面向南亚、东南亚辐射区域法治人才培养示范区,建构面向南亚、东南亚辐射区域法治人才培养共同体,以法治教育提升面向南亚、东南亚辐射能力。

信息动态

教育部高等学校法学类专业教学指导委员会、中国法学会法学教育研究会2022年年会暨“中国式现代化与中国法学教育”论坛顺利召开

2022年12月17日,教育部高校法学类专业教学指导委员会、中国法学会法学教育研究会2022年年会暨“中国式现代化与中国法学教育”论坛召开。本次年会由教育部高等学校法学类专业教学指导委员会、中国法学会法学教育研究会主办,辽宁大学法学院承办,北京市曾宪义法学教育与法律文化基金会协办。受疫情影响,本次年会通过腾讯会议以线上的方式举行,来自全国法学院校、科研院所的近400位专家学者参会。

12月17日上午9时,年会暨论坛正式开幕。辽宁大学校长余淼杰教授,辽宁省人民检察院党组书记、检察长李成林,教育部高校法学类专业教学指导委员会副主任委员、中国社会科学院大学党委副书记、副校长王新清教授,中国法学会党组成员、学术委员会主任、中国法学会法学教育研究会会长张文显教授分别致辞,开幕式由辽宁大学法学院院长闫海教授主持。

余淼杰校长代表辽宁大学对参会嘉宾表示诚挚欢迎,并向与会人员介绍了辽宁大学在高等教育研究方面的发展状况和法学学科的建设成果,并表示本次会议必将奉献一批高质量、有影响力的成果,期待这些研究成果能为辽宁大学的改革和发展传经送宝,辽宁大学愿与各位同仁一道,进一步学习贯彻习近平法治思想,为开创全面建设社会主义现代化强国新征程中的中国法学教育新局面作出更大贡献。

李成林检察长指出,党的二十大擘画了以中国式现代化全面推进中华民族伟大复兴的宏伟蓝图,辽宁省坚持深入贯彻党中央决策部署,坚决落实习近平总书记关于东北、辽宁振兴发展的重要讲话和指示精神,辽宁全面振兴、全方位振兴不断取得新突破,全省检察系统要加强与辽宁大学等省内外政法院校的合作,稳步推进法治辽宁建设。

王新清教授表示,教育部高等学校法学类专业教学指导委员会将深入落实党的二十大精神,着重做好以下四方面的工作:一是加强法学课程体系建设,特别是法学专业核心课程的教学要点编制工作;二是深入推进习近平法治思想进教材、进课堂、进头脑;三是通过团队建设和数字化转化等方式,推进法学专业课程思政建设并形成课程思政教学指南;四是从课程体系建设等方面入手,提升涉外法治人才的培养水平。

张文显会长作为党的二十大代表,结合亲身经历和感受宣讲党的二十大精神,对习近平新时代中国特色社会主义思想的世界观和方法论、中国式现代化理论等原创性重

大理论进行了深入解读,强调动员和组织学习党的二十大精神是法学界的一项重要政治任务,特别是其中有关全面依法治国和法治中国建设的理论创新和战略部署,为法学教育现代化和创新指明了方向。要坚持深入学习宣传贯彻党的二十大精神,深入学习全面依法治国的重大理论创新和战略部署,以中国式现代化理论引领法学教育现代化。张文显会长还代表中国法学会法学教育研究会作年度工作报告,总结研究会一年来的工作成绩,并对未来一年的工作进行规划和部署。

开幕式后,大会进行学习贯彻党的二十大精神主题报告。第一阶段由中国法学会法学教育研究会常务副会长、中国人民大学法学院韩大元教授主持,第二阶段由中国法学会副会长、中国法学会法学教育研究会副会长、中央党校(国家行政学院)卓泽渊教授主持。

华东政法大学校长叶青教授、西南政法大学校长付子堂教授、中国社会科学院法学研究所所长莫纪宏教授、西北政法大学校长范九利教授、中国人民大学副校长王轶教授、中南财经政法大学副校长刘仁山教授分别作主题报告。

12 月 17 日下午,平行召开了中国法学会法学教育研究会 4 个分论坛以及诊所法律教育专业委员会 2022 年年会、模拟法庭教学专业委员会 2022 年年会。

与会专家分别就“学习党的二十大精神,推动法学教育各项工作落地见效”“加快构建中国自主的法学知识体系”“法学教育与法律职业的有机衔接”“统筹国内法治和涉外法治人才培养”“法律诊所教育中国化”“模拟法庭教学规范化建设”等议题展开热烈讨论,共计 114 位专家学者发言。

17 日下午 6 时,大会闭幕式由清华大学法学院申卫星教授主持。郑少华教授、李寿平教授、许身健教授、龙翼飞教授分别代表法学特色专业建设委员会(财经类)、理工类高校法学教育专业委员会、模拟法庭教学专业委员会、诊所法律教育专业委员会作各专委会年度工作报告。辽宁大学法学院院长闫海教授代表本届年会承办单位发言,对主办方以及参会专家学者的鼎力支持表示衷心感谢,2023 年年会承办单位代表,西安交通大学校长助理、法学院院长单文华教授表示积极配合教育部高等学校法学类专业教学指导委员会和中国法学会法学教育研究会安排,办好明年的年会,双方完成了中国法学会法学教育研究会会旗的交接仪式。

沈阳师范大学校长杨松教授对本次年会进行最后总结,认为本次年会是党的二十大召开后,开启法学教育新征程的重要会议,统一认识,凝心聚力,将以高质量的法学教育不断推动中国式法治现代化的进程,加快中国自主的法学知识体系构建,推动中国法学教育研究再上新台阶。本次年会圆满成功,在掌声中落下帷幕。

教育部高等学校法学类专业教学指导委员会、中国法学会法学教育研究会2023年年会在西安召开

2023年8月12日,教育部高等学校法学类专业教学指导委员会、中国法学会法学教育研究会2023年年会"加强新时代法学教育和法学理论研究"论坛暨西安交通大学法学院建院15周年纪念活动在陕西西安开幕。中国法学会党组成员、学术委员会主任、中国法学会法学教育研究会会长张文显致辞并作研究会工作报告。西安交通大学党委书记卢建军、陕西省高级人民法院院长韩德洋、教育部高等学校法学类专业教学指导委员会主任委员徐显明到会致辞。教育部高教司副司长武世兴、司法部法律职业资格管理局局长董超洁、最高人民法院立案庭庭长钱晓晨以及来自全国各地法学院校与政法部门500余名专家学者出席会议。中国法学会法学教育研究会常务副会长韩大元主持开幕式。

本次会议由教育部高等学校法学类专业教学指导委员会、中国法学会法学教育研究会、西安交通大学共同主办,西安交通大学法学院承办,陕西省法学会、北京市曾宪义法学教育与法律文化基金会、瓴德全球Leadvisor Global协办。

在开幕式上,西安交通大学党委书记卢建军在致辞中对大家的到来表示欢迎,并指出,西安交通大学是我国最早开展法学教育的大学之一,其法学院自成立以来,坚持传承弘扬西迁精神,努力培养德才兼备的法治人才队伍,在法学教育、法学理论研究、服务党和国家重大战略与地方经济社会发展等方面,不断作出积极贡献,已成为扎根西部的重要法学基地。他表示,展望未来,学校将以习近平法治思想为指引,做好习近平法治思想进教材、进课堂、进头脑工作,全方位培养、引进、用好法学专业人才,不断提高法学学科建设的质量水平和成效贡献,努力为法治中国建设贡献更多智慧和力量。

陕西省高级人民法院院长韩德洋指出,陕西是中华优秀传统法律文化的发源地之一,也是新时代中国特色社会主义法治建设实践的鲜活案例库之一。陕西省高级人民法院深入学习贯彻习近平法治思想,在生态环保、破产案件、重大刑案审判、诉源治理方面取得明显成效,受到最高人民法院和省委的肯定。健全完善法学教育和法学理论研究体系,需要加强法学院校、法学科研机构与实务部门的联系,坚持理论联系实际,推动法学教育和法学理论研究走实走深。

教育部高等学校法学类专业教学指导委员会徐显明主任委员从中外法学教育的异同比较出发,强调了中国特色法学教育的本质内涵和具体要求。他指出,中国特色的法学教育必须坚持培养德才兼备的法治人才的育人标准,并从共同的知识结构、共同的思

维方式、共同的价值观、共同的入门标准和共同的职业伦理五个方面深入阐释法律教育培养目标和体系建设要求。

中国法学会法学教育研究会会长张文显结合中共中央办公厅、国务院办公厅印发的《关于加强新时代法学教育和法学理论研究的意见》的文件制定过程,从新发展目标、新发展原则、新发展格局、新发展体制四个维度对文件的主要内容和核心要义进行深入解读,他指出,要从构建体系、提升理论、增强话语权三个方面深入思考法学教育和法学理论研究发展中的一系列问题,全面贯彻落实习近平法治思想。

中国法学会法学教育研究会会长张文显代表研究会作工作报告,他回顾了中国法学会法学教育研究会一年来的主要工作和取得的成绩,对中国法学会法学教育研究会在党组织建设、组织活动、开展研究等方面的经验进行总结,并从学习宣传习近平法治思想、全面落实习近平总书记关于法治人才培养系列重要讲话精神、深入推进中国自主法学知识体系建构、加强中国法学会法学教育研究会的自身建设四个方面对明年研究会工作重点进行展望。

开幕式还举行了第二届"全国优秀法学教务工作者"颁奖仪式。中国法学会法学教育研究会秘书长杜焕芳介绍评奖经过,宣读获奖名单。中国人民大学法学院法学硕士教务秘书耿硕、南京财经大学法学院教务科研办公室教务秘书龚月红、南京师范大学法学院本科教学秘书黄学琴、西北政法大学教务处科长李振林、沈阳师范大学法学院教学秘书刘莹、北京大学法学院教务办公室主任乔玉君、西安交通大学法学院研究生教学主管尚蕾、东南大学法学院本科教务秘书王薇薇、武汉大学法学院研究生办公室主任张琼、中国政法大学教务处科长周玥 10 名法学教务工作者获颁全国优秀法学教务工作者荣誉称号。

15 周年纪念活动

"西安交通大学法学院建院 15 周年纪念活动"由法学院党总支书记王保民主持。西安交通大学校长助理、法学院院长单文华作建院 15 年工作总结汇报。他从发展轨迹、学术队伍、人才培养、科学研究、智库服务、国际合作六个方面总结法学院工作所取得的成绩,分享西安交通大学法学院在建设"高起点、国际化、研究型"法学院方面的经验。

纪念活动还举行了西安交通大学法学学科校友会揭牌授旗仪式。西安交通大学校友关系发展部康永锋副主任宣读《关于同意成立法学学科校友会的批复》。西安交通大学副校长席光向法学学科校友会首任会长路志强、秘书长陶克俭颁发聘书,并为法学学科校友会授旗。

优秀校友代表、原海南省人民检察院检察长、海南省法学会第一副会长路志强代表法学校友会发言,他深情回忆自己在西安交通大学的求学经历及与众多师友结下的深厚友谊,他表示广大校友一定要发扬西迁精神,深切感念母校,以法律人的理想情操和职业道德素养认真做好本职工作,为母校争光。

国家级涉外法治研究培育基地——西安交通大学"'一带一路'与国际法治研究院"

与“人民法院智慧司法与多元化纠纷解决研究基地”揭牌仪式随后举行。

中国法学会法学教育研究会会长张文显、教育部高等学校法学类专业教学指导委员会主任委员徐显明、西安交通大学党委书记卢建军、司法部法律职业资格管理局局长董超洁、教育部高教司副司长武世兴、西安交通大学副校长席光共同为“‘一带一路’与国际法治研究院”揭牌。

最高人民法院立案庭庭长钱晓晨、西安交通大学常务副校长别朝红代表双方签署共建“人民法院智慧司法与多元化纠纷解决研究基地”协议。

陕西省高级人民法院院长韩德洋、西安交通大学法学学科校友会会长路志强、最高人民法院立案庭庭长钱晓晨、中国科学院院士管晓宏、西安交通大学常务副校长别朝红、西安交通大学校长助理及法学院院长单文华为“人民法院智慧司法与多元化纠纷解决研究基地”揭牌。

主题报告

开幕式“主题报告”环节分两阶段进行。第一阶段由西南政法大学校长付子堂主持，教育部高等教育司副司长武世兴、司法部法律职业资格管理局局长董超洁、最高人民法院立案庭庭长钱晓晨分别从各自所在部门角度出发，聚焦法学教育和法学理论研究工作展开主题报告。

武世兴副司长指出，深入推进法学教育改革创新，全面提高法学人才自主培养质量，要重点抓好四个方面工作：一是要构建法学自主知识体系；二是要加快培养法学拔尖创新人才；三是要创新法学人才培养机制；四是要以数字化构建法学教育新形态。

董超洁局长认为，国家统一法律职业资格制度与法学教育密切相关。实现法学教育与法律资格管理工作更好融合发展，一是必须坚持同向发力，坚持以习近平法治思想为根本遵循，坚持和加强党的全面领导，围绕中心，服务大局，努力培养德法兼修的高素质法治人才；二是必须坚持密切配合，加强法学教育与法律职业资格考试的衔接，司法行政部门要发挥好法考“指挥棒”的作用，促进学考同频共振，法学院校要积极探索适合实践教学的方式方法，加强教材体系、学科体系建设。

钱晓晨庭长表示，最高人民法院认真落实习近平总书记关于要坚持把非诉讼纠纷解决机制挺在前面的重大部署要求，在矛盾纠纷源头治理、多元化解、在线调整、“一站式”解纷方面形成丰硕的实践成果。司法实践的发展为法学前沿研究提供了基础、提出了要求，要坚持问题导向，围绕当前法院工作开展前沿性、针对性研究，善于从司法实践中总结提炼具有主体性、原创性、标志性的中国特色社会主义法治理论，形成法学理论研究与司法实践相互融合、资源共享的良好局面。

中国人民大学副校长王轶主持“主题报告”环节第二阶段。北京大学法学院原院长潘剑锋、西北政法大学校长范九利、沈阳师范大学校长杨松、南开大学法学院院长宋华琳先后作题为“以求真务实的态度踏实地办好法学教育”“服务国家发展大局和区域需求，培养高素质卓越法治人才”“习近平法治思想中金融法治重要论述观的理论贡献和实践意义”“领域法学的兴起与法学教育的因应之道”的主旨报告。

分论坛及闭幕式

8月12日下午及13日上午,平行召开了中国法学会法学教育研究会7个分论坛以及诊所法律教育专业委员会2023年年会、模拟法庭教学专业委员会2023年年会、提升习近平法治思想教学质量和效果专题座谈会、中国法学会法学教育研究会2023年年会、新丝路法学与联盟2023年院长年会。

与会专家分别就“推进法学教育和法学院校改革体制机制”“习近平法治思想对部门法学的指导作用”“法学教育教学体系研究”“法律职业和法学教育有机衔接机制”“加强涉外法治人才培养与学科建设”“法学教育中的课程思政建设”“法学教学改革与人才培养”等议题展开热烈讨论,共计135位专家学者发言。

8月13日上午11时,大会闭幕式由中国法学会法学教育研究会秘书长、中国人民大学法学院党委书记杜焕芳教授主持。刘仁山、李寿平、许身健、龙翼飞4位教授分别代表法学特色专业建设委员会(财经类)、理工类高校法学教育专业委员会、模拟法庭教学专业委员会、诊所法律教育专业委员会作各专委会年度工作报告。西安交通大学校长助理、法学院院长单文华教授代表本届年会承办单位发言,对各位领导以及参会专家学者的鼎力支持表示衷心感谢。2024年年会承办单位代表,浙江工商大学法学院院长宋杰教授表示,将积极贯彻落实教育部高等学校法学类专业教学指导委员会和中国法学会法学教育研究会的工作安排,高质量办好明年的会议。随后,现任和候任承办方顺利完成研究会会旗的交接。

西北政法大学副校长王健教授作年会总结报告,中国法学会法学教育研究会会长张文显教授发表闭幕词。他们对主办单位西安交通大学和承办单位西安交通大学法学院卓有成效的会务组织工作给予高度肯定。本次年会圆满成功,在掌声中落下帷幕。

本次会议为期三天半,来自全国197所法学院校的教指委委员、研究会理事及其他专家学者共500余名出席本次活动。

中国诊所法律教育 2023 年年会暨“加强新时代法学教育和法学理论研究下的诊所法律教育”论坛在西安召开

2023 年 8 月 12 日，中国诊所法律教育 2023 年年会暨“加强新时代法学教育和法学理论研究下的诊所法律教育”论坛。本次年会与教育部高校法学类专业教学指导委员会、中国法学会法学教育研究会 2023 年年会暨“中国式现代化与中国法学教育”论坛同期举行，西安交通大学法学院承办，在陕西省西安市举行。

论坛开幕式由中国法学会法学教育研究会诊所法律教育专业委员会(the Committee of Chinese Clinic Legal Educators under China Association for Legal Education, CCCLE)副主任、北京大学杨晓雷老师主持，他代表主办方向各位嘉宾的到来表示热烈欢迎。中国法学会法学教育研究会杜焕芳秘书长首先代表法学教育研究会向诊所法律教育专业委员会年会的召开表示热烈祝贺，并建议委员会的同仁们在年会之外也要多举办形式多样的活动，加强交流。CCCLE 主任、中国人民大学龙翼飞老师向与会同仁作诊所法律教育专业委员会 2022～2023 年度的工作报告。

论坛第一阶段主题发言

CCCLE 副主任、西北政法大学汪世荣老师主持论坛的第一阶段。

在主题发言环节，CCCLE 常委、吉林大学王军明老师的发言题为“诊所法律教育的作用及其实现”，其通过总结新一代诊所法律与传统的教学特色，来梳理诊所法律教育的发展困境，并提出相应的对策。与谈人 CCCLE 常委胡东老师也结合本校工作实际及个人的诊所教学实践对如何解决诊所法律教育的困境进行了进一步探讨。

CCCLE 副主任、中国政法大学许身健老师的发言题为“中国法律职业伦理教育现状、挑战与前瞻”，其通过描述当前法律伦理现状，来提出诊所法律教育需要回应的极大难题。与谈人 CCCLE 常委、烟台大学黄伟明老师对许身健老师的观点进行了回应，然后指出从事法律伦理研究需要分析伦理与道德、法律和规则之间的关系。

福建师范大学林少东老师的发言题为“诊所式法律人模辩实践教育研究”，其首先论述了诊所法律的教育目的，在此基础上指明了如何使诊所法律发挥其应有的功能。与谈人 CCCLE 常委、大连海事大学李国强老师从创新性方法、模拟评审以及课程思政三个方面对林少东老师的发言进行了回应。

湖北文理学院袁岳霞老师的发言题为“诊所法律教育在法学实践教学体系中的地位

和作用”,其结合自身的教学实践,从法学职业教学体系课程内容、专业实习基地、公益普法、法庭观摩教学等方面阐述了诊所教育在实践教学体系里面的作用。与谈人 CCCLE 常委、武汉大学项焱老师从诊所教育的地位、诊所法学教育的环节、诊所教学的创新对袁岳霞老师进行了回应。

论坛第二阶段主题发言

CCCLE 副主任、海南大学叶英萍老师主持论坛的第二阶段。

在主题发言环节,CCCLE 常委、扬州大学老师李秀华的发言题为“诊所法律教育质量评估机制研究”,其指出评估是推进教育质量的工具,并阐述如何评估诊所法律教育的质量。与谈人 CCCLE 秘书长、中国人民大学姚欢庆老师指出,可以深入研究人工智能,使评估指标进一步可视化。

河南科技学院任海波老师的发言题为“基于社区法律诊所的法学专业实践能力培养探析”,其总结了社区法律诊所的优势,指出诊所法律教育发展存在的局限性,并提出相应的对策。与谈人 CCCLE 常委、中南政法大学韩桂君老师对任老师的观点进行了回应,并指出需要聚焦诊所法律教育的理念和目标方法。

西南医科大学王毓倩老师的发言题为“诊所法律教育对学生实践能力提升的影响与策略研究”,其首先汇报了西南医科大学法律诊所的建设情况,并提出诊所教育对于学生实践能力提升的重要性。与谈人 CCCLE 常委、四川大学刘海蓉老师对诊所教育所面临的问题进行了回应。

西南科技大学余麟老师的发言题为“诊所课程中的实案办理与人才培养”,其分析了诊所的实案办理对于学生培养的作用,然后总结了诊所法律教育中学生方面存在的问题,并作出回应。与谈人 CCCLE 常委、甘肃政法大学王月老师结合甘肃政法大学诊所法律教育的做法对余麟老师进行了回应。

2023 年度诊所教师培训

8 月 12 日的论坛主题发言结束后,诊所教师的年度培训活动于 8 月 13 日举行,CCCLE 副秘书长、中国人民大学刘志华老师担任主持人。

本次培训分为两个相互结合的专题。

第一个专题为“法律诊所课程质量标准要点重申”,主讲人为 CCCLE 常委、北京大学杨晓雷老师。作为《法律诊所课程质量标准》的主要执笔人之一,杨老师从法律诊所课程开设的标准、诊所课程具有的教育价值及社会价值、法律诊所的运行标准等方面为与会同仁,特别是新任诊所教师们进行了深入细致的讲解。点评人江苏师范大学唐其宝老师从质量标准的本质及其意义价值对杨晓雷老师的观点进行了回应。

第二个分享的专题为“诊所课程设计与大纲撰写”,主讲人为 CCCLE 常委、中国社会科学院大学苗鸣宇老师。苗老师从龙翼飞主任提出的诊所式法律教育“入主流、高标准、有特色、国际化”的特色和目标出发,以《法律诊所课程质量标准》为指导,结合本土诊所法律教育实践经验,借鉴其他国家和地区的相关经验,与诊所同仁们一道重温诊所法律教育课程教学设计的初心和根本目标。点评人 CCCLE 顾问潘文军老师首先阐述了诊所课程的重要性,然后从培养目标出发,分析了诊所课程设计的要素。

闭幕式

主持闭幕式的 CCCLE 秘书长、中国人民大学姚欢庆老师首先表达了对长期致力于诊所法律教育和法律援助的全体同仁的赤诚与团结之情的感佩。

随后由龙翼飞主任致闭幕词。龙主任对参与本次论坛及教师培训的主讲人、点评人、分享人和嘉宾表示了诚挚的感谢,并期待下一步进行更多的合作与融合,在高校之间、平台之间产生更多的思想激荡,产生更多的成果。

“数字时代诊所法律教育新发展”研讨会在北京举行

2023年12月2日,“数字时代诊所法律教育新发展”研讨会在中国社会科学院大学良乡校区举行。本次研讨会由中国法学会法学教育研究会诊所法律教育专业委员会(the Committee of Chinese Clinical Legal Educators under China Association for Legal Education, CCCLE)与中国社会科学院大学法学院、中国社会科学院大学新时代法治创新高等研究院联合主办,为学界与实务界深入交流数字时代大背景下诊所法律教育的机遇与挑战提供了良好平台。

中国社会科学院大学党委副书记、副校长,中国法学会法学教育研究会副会长王新清教授,中国社会科学院大学法学院院长,中国社会科学院法学研究所、国际法研究所联合党委书记,中国社会科学院法学研究所所长,中国法学会法学教育研究会副会长莫纪宏教授,中国法学会法学教育研究会秘书长杜焕芳教授,以及CCCLE龙翼飞主任,CCCLE常委李秀华、王月、苗鸣宇(中国社会科学院大学法学院副院长),CCCLE秘书长姚欢庆,中国社会科学院大学法学院副院长柳建龙教授等出席开幕式。

作为中国首批法律诊所教师中的一员,王新清教授在致辞中祝贺论坛成功召开,并对参加论坛的各位老师和同学表示热烈的欢迎和真挚的感谢。王新清教授认为,科技法学和数字法学作为新兴交叉法学学科,主要研究的是科技进步特别是人工智能、大数据技术对法律法治的影响,以及法律如何规制人工智能、大数据技术等科技问题,这些都是当今法学需要认真研究的重要问题。本次论坛的召开充分体现了与会老师和同学对这两个新兴法学学科的浓厚学术兴趣。王新清教授强调,法学研究要紧跟科学技术的新发展,不断思考以自动化和互联网为核心特征的新科技革命对法律、法治的影响,在研究中取得更多的科研成果。王新清教授希望中国社会科学院大学法学院在科技法学、数字法学研究方面搭建长期交流的学术平台,促进法学学科和法治事业的共同发展。

杜焕芳教授在致辞中代表法学教育研究会对研讨会的召开表示祝贺,并肯定了CCCLE不仅举办了年会,还举办专题研讨的做法,他还提议诊所法律教育注意涉外法治理论与实践进一步结合的需要,向涉外法治领域拓展。

龙翼飞主任在致辞中回顾了以实践为导向开展法学教育工作的理论基础,强调了实践教育在法学教育中的重要性。他指出,诊所法律教育不仅有法学院校的师生参与,还得到了与会人士所代表的法官、检察官、律师、法务、技术专家等各种社会力量的强大支撑。他希望全体诊所教师肩负起理论与实践融合的历史责任,在未来的工作中,持续关注、反思数字时代诊所法律教育如何发展创新的重大时代课题。

本次研讨会议题丰富,分"社会治理领域数字技术应用对诊所法律教育的启示","法律实务及相似领域中的 AI 应用","AI、大数据情景下的诊所式法律教育"和"诊所教学新模式探讨"四个阶段。

第一阶段研讨由甘肃政法大学法律诊所指导教师黄荣昌主持。最高人民法院知识产权法庭法官孔立明,CCCLE 秘书长、中国人民大学教师姚欢庆,北京市人民检察院数字检察部检察官郑烁和海南大学法学院法律诊所指导教师王子晏进行了主题分享。南京审计大学法律诊所负责人秦康美和北京市房山区人民检察院第七检察部检察官黄艺铭进行点评。

第二阶段研讨由海南大学法学院法律诊所指导教师邓和军主持。CCCLE 常委、甘肃政法大学民商经济法学院教师王月,湖南师范大学法学院教师黄文旭,卡尔动力(北京)科技有限公司法务总监沈萌和同方知网(北京)技术有限公司韩桂莹进行了主题分享。湖北文理学院政法学院苑立志、安杰世泽律师事务所律师曹克宇和北京市怡天律师事务所律师武扬进行点评。

第三阶段由 CCCLE 常委、扬州大学法学院教师李秀华主持。北京北大英华科技有限公司(北大法宝)副总经理何远琼、天津大学教师吕斯轩、蔚来法律创新研究院执行院长熊涛和科大讯飞股份有限公司李雪松进行了主题分享。甘肃政法大学民商经济法学院法律诊所指导教师苏婷婷和国际关系学院法学院孔祥承进行点评。

第四阶段由江苏师范大学法学院法律诊所指导教师唐其宝主持。北京市植德律师事务所律师李斌、北京大学法学院诊所式法律实验教学中心教师赵婧、中国社会科学院大学计算机教研部教师翟剑锋和北京市京都律师事务所合伙人律师梁雅丽进行了主题分享。CCCLE 顾问、中国人民大学法学院教师潘文军,甘肃政法大学法学院教师梁晨和上海政法学院教师赵梦茜进行点评。

研讨会的闭幕式由姚欢庆主持,苗鸣宇作总结。苗鸣宇向与会专家、学者和实务人士表达了衷心的感谢,表示本次研讨会信息量很大,很多与会者意犹未尽,今后还将继续关注和推动相关领域的思考、探讨与交流。

数字时代诊所法律教育新发展研讨会在掌声中,携带对如今诊所教育现状的赞赏或建议,以及对未来的期许与信念落下帷幕。

"建构中国自主法学知识体系院校联盟"暨"中国式现代化与建构中国自主法学知识体系"高峰论坛在中国人民大学召开

2022年4月25日,习近平总书记在中国人民大学考察调研时提出:"加快构建中国特色哲学社会科学,归根结底是建构中国自主的知识体系。"①在习近平总书记考察调研中国人民大学一周年之际,中国人民大学法学院与国内著名法学院校共同发起成立"建构中国自主法学知识体系院校联盟"。2023年4月22日,"建构中国自主法学知识体系院校联盟"成立大会暨"中国式现代化与建构中国自主法学知识体系"高峰论坛在中国人民大学明法601会议室召开。

"建构中国自主法学知识体系院校联盟"成立大会

在"建构中国自主法学知识体系院校联盟"成立大会上,中国人民大学校长林尚立,中国法学会党组成员、学术委员会主任张文显,最高人民法院党组成员、副院长、二级大法官高憬宏,最高人民检察院党组成员、副检察长、二级大检察官陈国庆,中国法学会学术委员会副主任、中国社会科学院学部委员李林,教育部社科司司长徐青森先后致辞。中国人民大学党委常委、副校长王轶主持成立大会,介绍了成立"建构中国自主法学知识体系院校联盟"的背景及意义。

中国人民大学校长林尚立在致辞中表示,党的二十大擘画了全面建设社会主义现代化国家、以中国式现代化推动中华民族伟大复兴的宏伟蓝图。在新时代新征程,要充分发挥法学院校在咨政建言、服务社会、舆论引导方面的重要作用,深刻阐释中国式法治现代化的丰富内涵。要站在为世界确立起一个独具特色的社会主义法治体系,创造一种世界法治文明新形态的高度上建构中国自主法学知识体系。构建中国自主法学知识体系,要坚持从源远流长、博大精深的中华文明中深刻把握历史根基,从马克思主义中国化时代化的伟大理论成果中深刻把握理论基础,从中国式现代化道路的伟大探索和成就中深刻把握实践依据,从"四个服务"中深刻把握根本导向。中国人民大学愿与兄弟高校一道,共同为建构具有鲜明本土特色、实践特色、时代特色的中国自主法学知识体系作出扎实努力,在新时代新征程上推动中国自主法学知识体系真正屹立于世界学术之林。

---

① 《习近平在中国人民大学考察时强调:坚持党的领导传承红色基因扎根中国大地走出一条建设中国特色世界一流大学新路》,载《人民日报》2022年4月26日,第1版。

中国法学会党组成员、学术委员会主任张文显教授在致辞中提出，建构中国自主法学知识体系，是新时代推进马克思主义法学中国化时代化的伟大工程，是构建中国特色法学体系的学术基础，是培养德才兼备高素质法治人才的迫切需要，是推进中国式法治现代化的必然要求。他将建构中国自主法学知识体系分四个阶段：第一阶段，开展自主法学知识体系建构的基础理论和方法论研究；第二阶段，开展部门法学自主知识体系建构研究，在构建现代法学过程中发展我国宪法学、民法学、刑法学等传统部门法学科；第三阶段，开展领域法学、新兴交叉学科研究；第四阶段，开展中国自主法学知识体系集成性、系统化建构研究，推动形成一系列原创性、引领性、高水平的研究成果，真正建构起中国自主法学知识体系，全面建成中国特色、世界一流的现代化法学体系。

最高人民法院党组成员、副院长、二级大法官高憬宏在致辞中指出，中国人民大学法学院与国内著名法学院校共同发起成立“中国自主法学知识体系院校联盟”，这是深入贯彻落实习近平总书记重要讲话精神的重要举措，是充分发挥各方优势，整合资源力量，加快建构中国自主的法学知识体系、学科体系、学术体系、话语体系的生动实践，对于推动自主法学知识体系最新研究成果向教材、课堂和育人转化，深入探索中国特色、实践特色、时代特色、世界一流法学学科建设新路具有重要意义。构建中国自主法学知识体系，一是要始终坚持党对法治工作的绝对领导，坚守中国法治建设的初心和使命；二是要始终坚持以人民为中心，积极回应新时代新征程的人民之问；三是要始终坚持从我国实际出发，努力为世界法治文明互鉴奉献中国法治方案、中国法治智慧。

最高人民检察院党组成员、副检察长、二级大检察官陈国庆在致辞中对“中国自主”和“法学体系”两个关键词作了深刻解读。他指出，“法学体系”来源于自主理论学习和实践，“中国自主”则来源于历史传承，中华传统法律文明中认罪认罚制度、少捕慎诉慎押制度、和解制度等都是中国特色维护稳定、化解矛盾的智慧。检察工作的发展带来中国法治制度的新课题，检察制度与理论研究深入融合，也是建构中国自主法学体系的重要内容。

中国法学会学术委员会副主任李林提出，建构中国自主的法学知识体系要有政治和大局观，不宜“就法治讲法治”。建构中国自主法学知识体系，不仅仅是简单的法学问题、知识问题和专业问题，更是重大的政治问题，是涉及党和国家事业兴衰成败的根本问题。建构中国自主法学知识体系要有大视野、大格局、大思维、大战略，充分体现我们党治国理政规律、社会主义现代化国家建设规律、人类政治文明发展规律；要以马克思主义理论为指导推进中国自主法学知识体系建构，为中国自主法学知识体系提供价值引领、理论基础、政治格局、法律范式、法学范畴和理论框架。

教育部社科司司长徐青森在致辞中对“建构中国自主法学知识体系院校联盟”提出三点期许：一是要坚定政治立场，以习近平法治思想为根本遵循，做习近平法治思想的坚定信仰者、积极传播者、模范实践者；二是要以加快推进中国特色法学学科体系、学术体系、话语体系创新为宗旨，不断形成扎根本土，立足国情，兼容并蓄的具有主体性、原创性、标识性的概念、观点、理论;三是要将中国自主法学知识体系放置在中国特色哲学社会科学发展全局中谋划,自觉坚持哲学社会科学研究的人民立场。

中国人民大学法学院、北京大学法学院、清华大学法学院、武汉大学法学院、吉林大学法学院、中国政法大学、华东政法大学、中南财经政法大学、西南政法大学、西北政法大学等联盟发起单位代表进行发言,中国人民大学法学院党委书记、副院长杜焕芳主持联盟发起单位代表发言环节。

中国人民大学法学院院长黄文艺指出,组建联盟的基本宗旨,就是深入贯彻落实习近平总书记"4·25"重要讲话精神,加强法学院校在中国自主法学知识体系的科学研究、人才培养、社会服务、国际传播等方面的紧密合作,更好发挥法学院校在中国自主法学知识体系建构上的主力军作用。他提出了打造合作研究平台、教育交流平台、公益直播平台、公共智库平台、国际传播平台和资源共享平台等六大平台的初步设想。

西北政法大学校长范九利提出,传承红色基因,扎根中国大地,解决真问题,研究真学问,回答好中国之问、世界之问、时代之问,是中国高等教育发展壮大的基础。针对如何充分体现我国法学体系的中国特色、中国气派,他建议一要坚持科学理论指导,二要发挥人才聚集优势,三要创新法学教育和法治人才培养体系。

西南政法大学副校长唐力提出,建构中国自主的知识法学体系是法学学科发展的必然要求,是构建中国特色社会主义法治道路的必然要求,也是适应新时代发展变化的必然要求;建构中国自主法学知识体系,要具备创新意识,平衡好移植、传承、创新之间的关系,把论文写在祖国大地上。

中南财经政法大学法学院院长陈柏峰指出,不断丰富自主的知识库是建构自主知识体系的基础,要以著书立说为核心,及时将经验向教材体系、课程体系转化,以丰富自主的知识库为自主知识体系提供丰富的原材料;要发挥重点特色学科对构建中国自主法学知识体系的重要贡献作用,以特色学科为抓手,推动自主知识体系发展;要以加快新兴交叉学科发展为构建我国自主知识体系的重要依托,注重学科创新、学科交叉、产学研结合。

清华大学法学院院长周光权指出,中国自主法学知识体系要重基础,要以联盟引领研究,以时间积淀理论厚度,以联盟机制促进法学院校形成各自特色,防止法学教育趋同化;要以联盟促进合作,全国法学院校共同探索、形成合力;要立足中国问题,关注实践,把生动的法治实践贯穿到法学教学和研究中;要发挥联盟功能,推动中国自主法学知识体系建构取得真正实效。

北京大学法学院院长郭雳指出,建构中国自主法学知识体系,是构建新时代中国特色法学体系的先导和基础。要完成好这项历史任务,应当协调统筹好本土化和国际化,推动高品质自主性法学知识得到有效传播;要高度重视法学实践性、先导性知识的纳入和积累,积极助力法学教育与法治事业的有效衔接。

武汉大学法学院院长冯果提出,建构中国自主法学知识体系需要在中华民族复兴伟业和中国式现代化大局中统筹谋划和推进;建构中国自主法学知识体系是一个系统工程,需要具体的路径和实施机制,特别是我们在法学基本理论创新的同时,更要推动部门法学和交叉法学的知识、研究方法和理论的创新。

吉林大学法学院院长何志鹏认为,自主法学知识体系建构的一个重要任务,就是法学知识体系何以自主的根本性认知,也就是对其必要性和重要性的思考。一个国家的实力上升一定会遇到一系列理论和实践问题,以联盟的方式推动理论创新、知识创新,更有助于国家实力的提升。

中国政法大学科研处处长栗峥论述了中国自主法学知识体系建构的任务与路径:一是要形成对中国法治现象具有超强解释力的标识性概念体系,二是要形成经学术界集体理性选择的共识性话语体系,三是要在概念体系与话语体系之上集成凝聚性的学术体系,并通过不断更新迭代形成稳定持续的学术生态。

华东政法大学科研处处长陆宇峰指出,纪检监察学、社会治理法学等新兴交叉学科面向法治中国现实问题,数字法学、教育法学等新兴交叉学科打破法学学科专业藩篱,国家安全法学、卫生健康法学等新兴交叉学科服务全面依法治国的战略需要,应当重视从新兴交叉学科出发建构中国自主法学知识体系。

“中国式现代化与建构中国自主法学知识体系”高峰论坛

“中国式现代化与建构中国自主法学知识体系”高峰论坛分 4 个主题,全国 30 多家法学院校专家学者进行研讨交流。论坛深入学习贯彻习近平总书记在中国人民大学考察调研时的重要讲话精神,围绕中国式现代化背景下中国自主法学知识体系建构的重大理论和现实问题进行了热烈研讨。

主题一“中国式法治现代化与中国自主法学知识体系建构”由中国人民大学法学院韩大元教授主持。西北政法大学副校长孙昊亮、四川大学法学院院长左卫民、北京师范大学法学院院长梁迎修、复旦大学法学院院长王志强 4 位教授围绕构建中国自主的科技创新法学知识体系、以实证研究助力于中国自主法学知识体系的构建、建构中国自主法学知识体系的几个关键问题、建构中国自主法学知识体系的基本原则与核心问题作主题发言。中山大学法学院副院长、涉外法治研究院副院长谢进杰,山东大学法学院副院长郑智航,厦门大学南海研究院副院长施余兵参加与谈交流。

主题二“中国自主法学知识体系建构与加快构建中国特色法学学科体系、学术体系、话语体系”由中国人民大学法学院余劲松教授主持。中央财经大学法学院院长尹飞、上海交通大学凯原法学院院长彭诚信、北京理工大学法学院院长李寿平、南开大学法学院院长宋华琳、辽宁大学法学院院长闫海 5 位教授围绕加强财经法学领域中国自主法学知识体系建构、建构中国自主法学知识体系的“特色”与“自主”问题、国际法学科发展与中国自主法学知识体系建构、领域法学发展与自主法学知识体系建构、以法典编纂推动中国自主法学知识体系建构作主题发言。北京航空航天大学法学院副院长泮伟江、海南大学法学院副院长刘政、郑州大学法学院副院长张嘉军参加与谈交流。

主题三"中国自主法学知识体系建构与加快完善法学教育体系"由中国人民大学法学院郭禾教授主持。南京大学法学院院长彭岳、苏州大学王健法学院院长方新军、北京外国语大学法学院院长米良、中央民族大学法学院院长韩轶、重庆大学法学院院长黄锡生5位教授围绕完善涉外法学教育体系的思考、建构中国自主法学知识体系的几点看法、建构中国自主法学知识体系的哲学价值、中国自主法学知识体系的自主性与世界性、中国自主法学知识体系的"去风险化"建构进路作主题发言。西藏民族大学法学院院长侯明、对外经贸大学法学院副院长冯辉、浙江大学光华法学院副院长郑磊等参加与谈交流。

主题四"中国自主法学知识体系建构与创新发展法学理论研究体系"由中国人民大学副院长王旭主持。中国人民大学发展规划处处长、学科规划与建设办公室主任杨东，湘潭大学法学院院长欧爱民，中南大学法学院院长许中缘等围绕建构中国自主知识体系的数字法学范式、紧扣"最本质特征"构建中国宪法自主法学知识体系、建构中国民法自主性知识体系的方法论等作主题发言。贵州大学法学院副院长孙志煜、同济大学法学院学术委员会主任陈颐、新疆财经大学法学院副院长丁洁、暨南大学法学院院长助理陈贤凯参加与谈交流。

"建构中国自主法学知识体系院校联盟"坚持以习近平法治思想为引领，以加快推进中国自主法学知识体系建构和中国特色法学学科体系、学术体系、话语体系创新为宗旨，积极推进全国法学院校"思想联建、人才联育、项目联研、成果联促、资源联享"，以"知识体系构建、知识体系教学、知识体系传播"为牵引，努力推出具有学术价值、现实意义的自主法学知识体系创新研究成果，深入探索中国特色、世界一流法学学科建设新路，为中国式法治现代化建设提供理论支撑。

四川省法学会法学教育研究会2023年年会暨“新时代法学教育和法学理论研究”研讨会在绵阳举办

2023年11月18日，由四川省法学会法学教育研究会主办，西南科技大学法学院、四川省犯罪防控研究中心承办的四川省法学会法学教育研究会2023年年会暨“新时代法学教育和法学理论研究”研讨会在西南科技大学行政楼301会议室顺利召开，来自四川省内各大高校、法律实务部门的专家学者40余人参加会议。

西南科技大学法学院副院长、四川省犯罪防控研究中心主任廖天虎教授主持开幕式，在开幕式上，四川省法学会秘书长王自清致辞，王秘书长就继续加强法学教育研究会建设工作提出三点建议：一是始终坚定正确政治方向；二是始终围绕大局贡献法治智慧；三是始终着力加强组织建设。她期待与会嘉宾能借此机会充分发表见解，深入交流，相互启迪，增进了解，建立友谊，碰撞出思想和智慧的火花，结出丰硕的成果，为中国式现代化法治教育贡献智慧和力量。

西南科技大学法学院院长何显兵教授代表会议承办单位致辞；四川省法学会法学教育研究会常务副会长、西南民族大学中华民族共同体学院副院长、博士生导师田钒平教授代表法学教育研究会进行2023年工作总结及2024年工作布置；大会通过既定程序增补西南科技大学法学院院长何显兵教授为四川省法学会法学教育研究会副会长。

随后的大会主旨报告环节，由西南民族大学中华民族共同体学院田钒平教授主持，2位专家学者分别作主旨发言。四川省法学会法学教育研究会会长、西南民族大学法学院教授、博士生导师周洪波作题为“面向中国法律实践的法学研究与法学教育”的主旨演讲，深入探讨立足中国法律实践当前法学研究和法学教育存在的问题以及应有的改革方向。西南科技大学法学院院长何显兵教授以“习近平法治思想引领下的刑事法治核心问题”为题，分析了习近平法治思想引领下的刑事政策、立法论、司法论、执行论四个方面的内涵。

本次年会学术研讨分习近平法治思想引领高校法治教育，习近平法治思想引领法学教育研究，新文科、新法学视野下的法治人才培养，法学教育改革研究四大专题。

在“习近平法治思想引领高校法治教育”专题中，西南科技大学法学院廖天虎教授作题为“论生态课堂建设中的思政元素——以刑法学总论课程为例”的报告，西南石油大学法学院讲师邓超越作“迈向总体国家安全的国家安全法治人才培养路径选择”的报告。

西南民族大学教务处副处长李文军教授进行了与谈交流。

在“习近平法治思想引领法学教育研究”专题中，四川文理学院政法学院讲师梁宇栋作题为“出入场视域下习近平法治思想融入法理学课程教学的系统性路径初探”的报告；西南科技大学马克思主义学院副教授顾倩作题为“西南科技大学基于‘五创联动’课程思政模式的人才培养研究与实践”的报告；成都大学法学院副院长、法学教育研究会副秘书长唐文娟教授进行了与谈交流。

在“新文科、新法学视野下的法治人才培养”专题中，西南科技大学法学院教授徐文作题为“新文科、新法学视野下的法治人才培养”的报告；西南石油大学法学院副教授吴晓敏作题为“工科院校背景下数字法学教学改革与实践”的报告。宜宾学院法学院院长刘廷华教授进行了与谈交流。

在“法学教育改革研究”专题中，乐山师范学院法学与公共管理学院副院长陈泽鹏作题为“翻转课堂理论下的‘STLCA’双向奔赴型法学研究生教育模式探究”的报告；西南石油大学法学院硕士研究生赵元杰作题为“推动新时代法学教育改革——以习近平法治思想为指导”的报告。宜宾学院法学院实践教学办主任李凤军进行了与谈交流。

在自由发言环节，与会嘉宾围绕会议研讨主题展开讨论，现场氛围热烈。

大会最后，四川省法学会法学教育研究会当选副会长、西南科技大学法学院院长何显兵教授作总结发言，认为此次会议研讨质量高，对与会代表的支持和会务组的辛苦付出表示衷心感谢，并祝愿四川省法学会法学教育研究会在未来能在法学教育研究领域产出更多的成果。

江苏省法学会法学教育研究会 2022 年年会暨学术研讨会在南京召开

12 月 3 日,江苏省法学会法学教育研究会 2022 年年会暨学术研讨会在南京召开。江苏省政协副主席、法学会会长周继业出席并讲话。

周继业指出,党的二十大为我们擘画了一幅全面建设社会主义现代化国家、全面推进中华民族伟大复兴的宏伟蓝图,“实施科教兴国战略,强化现代化建设人才支撑”和“全面依法治国,推进法治中国建设”都是这幅宏伟蓝图中的锦绣华章。本次年会以“学习贯彻党的二十大精神,推动江苏法学教育高质量发展”为主题,既是学习宣传贯彻党的二十大精神的具体行动,也是服务高水平展现中国式现代化法治发展蓝图的生动实践,体现了江苏省法学会法学教育研究会鲜明的政治意识和高度的责任担当。

周继业强调,要思想同心,坚持正确的政治方向。全面学习、全面把握、全面落实党的二十大精神,深刻理解中国式现代化的科学内涵和重大意义,牢牢把握在法治轨道上全面建设社会主义现代化国家的使命任务。深刻领会“两个确立”的决定性意义,坚持从政治上谋划和推动新时代研究会工作,坚持不懈用党的创新理论指导法学教育研究工作。学懂弄通悟透习近平法治思想,将习近平法治思想的核心要义和丰富内涵贯穿于法治人才培养全过程各方面,确保法治人才培养和法学学术研究沿正确的政治方向前进。坚决守好意识形态阵地,警惕和防范西方所谓“宪政”“三权鼎立”“司法独立”等错误思潮的侵蚀影响,团结引领全省法学教育领域广大法学法律工作者听党话、跟党走,坚定不移走中国特色社会主义法治道路,自觉做习近平新时代中国特色社会主义思想的坚定信仰者、积极传播者、模范践行者。

周继业强调,要目标同向,提高法治人才培养质量。坚持立德树人、德法兼修、明法笃行的要求,创新法治人才培养机制,扎实做好法治人才培养工作。深入开展社会主义核心价值观和社会主义法治理念教育,通过立足当代中国法治现代化的生动实践,传承中华优秀传统文化,加强法律职业伦理教育,将思想政治教育贯彻法治人才培养全过程,培养法治人才队伍对法律的内心拥护和真诚信仰。加强对古今中外的优秀法学成果比较研究,提高对生动丰富的法治变革与发展予以分析判断和理论提炼的能力,研究把握教育和学习的基本规律,教会学生学习和研究的方法,培养大批高素质法治人才,为在法治轨道上全面建设社会主义现代化国家提供更多人才支持和智力保障。

周继业强调,要教研同步,推动法学教育创新发展。研究教学体系新动向,统筹国内法治和涉外法治,助推法学学科体系、学术体系、话语体系创新,积极参与法学教育改革,勇于探索新型教学模式,学好用好《习近平法治思想概论》,全面推进习近平法治思想进课堂、进教材、进师生头脑。研究法治实践新发展,打破高校和社会之间的体制壁垒,加强校企、校地、校所合作,发挥政府、政法部门、律师事务所以及相关企业在法治人才培养中的积极作用,整合各方资源,促进法学教育研究与司法实践的融合,推动法学教育教学和法学理论研究的繁荣发展。研究法治建设新任务,深刻认识制度优势和中国国情,围绕党的二十大确立的法治中国建设未来五年的主要目标任务和到二〇三五年的总体目标,找准全面推进国家各方面工作法治化的着力点,把教学、科研、育人各项工作做得更好。

江苏省法学会法学教育研究会2023年年会暨学术研讨会在南京召开

2023年12月2日至3日，由江苏省法学会法学教育研究会主办，南京审计大学法学院（纪检监察学院）承办，北京观韬中茂（南京）律师事务所协办的"2023年江苏省法学会法学教育研究会年会暨学术研讨会"在南京顺利召开。来自江苏省法学会、江苏省社会科学院、南京大学、东南大学、南京航空航天大学、河海大学、南京师范大学、苏州大学、南京农业大学、中国矿业大学、江苏大学、南京财经大学、扬州大学、南通大学、南京审计大学、南京林业大学、江苏师范大学、常州大学、江苏警官学院、金陵科技学院、淮阴师范学院、盐城师范学院、南京师范大学泰州学院、南京信息职业技术学院、新华日报社、泰州市中级人民法院、盐城市人民检察院、徐州市中级人民法院、高邮市人民检察院、南京市律师协会、江苏百闻律师事务所、北京金杜（苏州）律师事务所、北京观韬中茂（南京）律师事务所等高校、科研机构和实务部门的专家、学者、学生齐聚一堂。

开幕式

大会开幕式由南京审计大学法学院院长王艳丽教授主持。

南京审计大学党委副书记、校长、纪检监察学院院长（兼）董必荣教授，北京观韬中茂（南京）律师事务所合伙人张方强律师，南通大学党委常委、副校长陆俊杰教授，江苏省法学会党组书记、专职副会长吉巍分别致辞。

专题辅导报告

开幕式结束后，江苏省法学会法学教育研究会副会长、东南大学法学院杨春福教授主持，江苏省法学会副会长、法学教育研究会会长、江苏省社会科学院党委书记、院长夏锦文教授作题为"奋进推进新时代法学教育和法治人才培养高质量发展"的专题辅导报告，从四个方面对《关于加强新时代法学教育和法学理论研究的意见》进行了解读。

主题发言

主题发言分为两个阶段，围绕如何推进新时代法学教育展开。

第一阶段

第一阶段由南通大学副校长陆俊杰教授主持。

南京师范大学法学院蔡道通教授，南京财经大学法学院焦富民教授，泰州市中级人民法院党组书记、院长孙辙，东南大学法学院院长欧阳本祺教授，扬州大学中国法律文化与法治发展研究中心主任蔡宝刚教授分别以"法学教学，如何运用案例教学法""全面依法治国视域下高素质法治人才培养机制的优化”“法院需要什么样的法学教育”“新时代法学教育的基本遵循与优化路径”“推动习近平法治思想进教材、进课堂、进头脑”为题作主题发言。

扬州大学党委常委、副校长王承堂教授、南京审计大学法学院谢冬慧教授分别进行评议。

第二阶段

第二阶段由南京师范大学法学院刘俊教授主持。

南京大学法学院副院长刘勇副教授、南京航空航天大学人文社会科学院院长高志宏教授、江苏大学法学院院长李炳烁教授、南京审计大学法学院院长王艳丽教授分别以“法学教育的‘语言变量’”“法学教育‘热’的冷思考”“信息化背景下法学专业‘三中心’教学模式改革”“非法本法律硕士培养困境与出路”为题作主题发言。

江苏省高校在线开放课程中心副主任、南京审计大学法学院程乃胜教授、淮阴师范学院法学院院长郭兴利教授分别进行评议。

主题交流

第一阶段

主题交流第一阶段由南京财经大学法学院院长胡宜奎教授主持。

高邮市人民检察院检察长张勇、新华日报社高级编辑孙劲松、南京市律师协会副会长徐小兵、河海大学法学院副院长李祎恒副教授、扬州大学法学院陈吉利副教授、南京审计大学法学院毕少斌副教授依次作主题发言。

盐城市人民检察院副检察长吴海龙、常州大学史良法学院莫良元教授进行评议。

第二阶段

主题交流第二阶段由南京师范大学泰州学院法学院院长吴文俊主持。

江苏大学法学院江雪松教授、南京审计大学法学院吕建高教授、河海大学法学院范艳萍副教授、常州大学史良法学院沈旭红讲师、南京审计大学法学院诉讼法教研室主任陈苏豪作主题发言。

中国矿业大学人文学院汤道路教授、南京审计大学法学院副院长李相森副教授进行评议。

青年论坛

第一阶段

青年论坛第一阶段由江苏大学法学院副院长方晓霞副教授主持。

常州大学法学院研究生杨颜竹、江苏大学法学院研究生王玥、南京审计大学法学院研究生盛雪萌、南京审计大学法学院研究生张弛、西南政法大学本科生孙艺菲进行主题汇报。

南京师范大学法学院陈辉副教授、南京审计大学法学院梁鸿飞副教授进行评议。

第二阶段

青年论坛第二阶段由扬州大学法学院副院长高永明副教授主持。

江苏大学法学院研究生陈绘佳、南京财经大学法学院研究生朱亚欧、扬州大学法学院研究生徐慧雯、南京审计大学法学院研究生盛彪、南京审计大学法学院研究生魏龙凡进行主题汇报。

金陵科技学院立法研究院副院长沈凌副教授、南京审计大学法学院副书记、副院长徐彰副教授进行评议。

闭幕式

闭幕式环节由南京审计大学法学院党委书记刘宏宇主持,江苏省法学会法学教育研究会副会长、秘书长、南京师范大学法学院院长方乐教授从“新背景、新领域、新视角、新教法、新力量、新体验”六个方面对本次会议作全面、系统、深入的学术总结。

颁奖环节

在颁奖环节,江苏省法学会法学教育研究会副会长、东南大学法学院杨春福教授宣布教师和实务部门获奖名单,南京审计大学法学院副院长殷楠副教授宣布学生获奖名单,并为获奖的老师与同学进行颁奖。

本次江苏省法学会法学教育研究会年会暨学术研讨会的胜利召开,深刻体现了党的二十大和《关于加强新时代法学教育和法学理论研究的意见》的精神,紧紧围绕新时代法学教育研究这一重要命题开展讨论,系统总结了推进江苏法学教育现代化的先进经验,提出理论创新、制度创新、实践创新的一系列建议,为新时代法学教育研究工作的开展贡献了江苏智慧。

福建省法学会法学教育研究会成立大会暨首届福建法学教育论坛在福州举办

2022年7月31日,由福建省法学会主办、闽江学院法学院承办的福建省法学会法学教育研究会成立大会暨首届福建法学教育论坛在闽江学院成功举行。出席成立大会和论坛的有中国法学会党组成员、学术委员会主任、中国法学会法学教育研究会会长张文显,福建省委政法委分管日常工作的副书记、福建省法学会党组书记、常务副会长李杰鹏,华东政法大学党委书记郭为禄,闽江学院校长王宗华,高等教育出版社党委委员、副社长王卫权,福建省高级人民法院、福建省人民检察院、福建省法学会相关处室的负责人,省内高校法学院院长(系主任)、教师以及来自法院、检察院和律师事务所的法律工作者等专家学者代表百余人。其中包括支持单位福建瀛榕律师事务所的叶道明主任、陈至育高级合伙人和黄志灵合伙人。

成立大会由闽江学院副校长李新贤主持。福建省法学会研究部主任吴长乐宣读福建省法学会《关于依托闽江学院法学院成立福建省法学会法学教育研究会的批复》。研究会由闽江学院法学院名誉院长柳经纬担任会长,中国政法大学校长马怀德和教育部政策法规司原一级巡视员王家勤担任顾问。

王宗华代表闽江学院致辞。他表示,习近平同志兼任闽江职业大学校长期间,提出了"不求最大、但求最优、但求适应社会需要"的办学理念。2021年3月25日,习近平总书记来到闽江学院考察调研,他嘱托全校师生,要把立德树人作为根本任务,坚持应用技术型办学方向,适应社会发展需要设置专业、打好基础,培养德智体美劳全面发展的社会主义建设者和接班人。[①] 此次以"习近平法治思想与新时代法治人才培养"为主题,在闽江学院召开的首届福建法学教育论坛,为在闽高校搭建一个交流法学教育经验、共商法学教育大计的平台,让每一所院校都能充分发挥自己的所长,共同推进福建法学教育事业的发展。

王卫权在致辞中表示,福建省法学会法学教育研究会是以习近平法治思想为指导,以新时代法治人才的培养为目标,对于增进高校间法学教育经验交流,汇聚法学教育资源,促进福建法学教育事业的新发展具有重要意义。2021年9月《习近平法治思想概

① 参见《习近平在福建考察时强调　在服务和融入新发展格局上展现更大作为　奋力谱写全面建设社会主义现代化国家福建篇章》,载《人民日报》2021年3月26日,第1版。

论》的顺利出版,对于推动落实习近平法治思想“三进”工作和推动习近平法治思想从教材建设向教学工作转化都具有重大意义。

郭为禄在致辞中表示,我们齐聚闽江学院,共话新时代法学教育,共议高素质法治人才培养,具有重要意义。新时代法学教育要以习近平法治思想为指导,立足新的历史方位,心怀“国之大者”,以更宏大的格局、更开阔的眼光、更开放的心态,推进法学教育改革创新,回答“为谁教、教什么、教给谁、怎样教”这一时代之问。在实践中,要特别重视把握好四个关系:一是把握立场和价值的关系,坚持为党育人、为国育才,落实立德树人根本任务;二是把握素养和专长的关系,把思想政治教育摆在首位,把思想道德教育提升到与法律知识教育同等重要位置;三是把握理论和实践的关系,促进理论引领和实践教学有机融合、相得益彰;四是把握本土和世界的关系,要扎根中国大地办大学,培养具有国家责任全球视野的高素质法治人才。

李杰鹏在致辞中表示,坚持建设德才兼备的高素质法治人才队伍,是习近平法治思想的重要内容。福建省法学会依托闽江学院法学院成立福建省法学会法学教育研究会,对于福建省适应法治建设新形势、加强法治人才培养新任务、实现打造法治强省新目标,都具有十分重要的意义。对此他提出 3 点建议:一是强化政治引领,确保法学教育研究的正确方向。以习近平法治思想统揽法学教育和法治人才培养工作,坚持立德树人、德法兼修,将社会主义核心价值观和社会主义法治理念融入法学教育各方面,严格落实意识形态工作责任制,把牢法学教育和法学研究正确的政治方向。二是聚焦重点领域,培养适应新发展阶段新福建建设需要的法治人才。着眼全方位推动高质量发展超越、构建更高水平开放型经济新体制和法治强省建设,培养更多应用型复合型创新型法治人才,打造高素质涉外法治人才队伍,加快推进法治专门人才队伍建设。三是打造法律智库,充分发挥法学教育研究的主力军、主阵地作用。以建设智库型学术组织为目标,充分发挥研究会学科齐全、人才密集、覆盖面广等优势,遵循法治人才成长规律,深入开展法学教育理论研究,创新法治人才培养机制,促进福建省法学教育事业新发展新提升。

张文显在讲话中表示,新中国成立 70 多年来,特别是进入中国特色社会主义新时代以来,经过长期的探索实践,党和人民创造和积累的法学教育成功经验,可归纳为:坚持法治教育在法治建设和全面依法治国中基础性、先导性的地位和作用;坚持党对法学教育的全面领导;坚持党的教育方针和德法兼修、知行合一的教育理念;坚持面向社会主义现代化、人类法治文明、法治强国等十大坚持。同时,他强调,法学教育要始终紧跟党中央的部署,以习近平法治思想为指导,推动法学教育更好更高质量发展。

随后,由李杰鹏副书记和王宗华校长共同为“福建省法学会法学教育研究会”揭牌。

本届论坛围绕“习近平法治思想与新时代法治人才培养”这一主题,分为 3 个单元就贯彻习近平法治思想、新时代法治人才培养、教学方法创新等方面展开深入研讨,并达成诸多共识。

闽江学院法学院副院长(主持工作)阮晓莺教授作论坛总结发言,她总结了此次论坛达成的以下共识:一是法学教育要坚持以习近平新时代中国特色社会主义思想为指导,深入学习贯彻习近平法治思想,积极投身福建省法学教育的实践。二是迫切需要加强法学学科教育,通过强化法学学科建设、强化实践教学和强化法学教师队伍建设等推动福建法学教育发展。三是建立一个定期学习沟通的平台,充分发挥各方优势,整合资源力量,坚持开放合作,努力将研究会建设成为具有广泛影响力的法学人才培养集聚和高水平成果孵化的重要平台。

最后,闽江学院法学院名誉院长柳经纬教授作致谢发言,他表示此次论坛的顺利举办,对深入贯彻践行习近平法治思想,增进各高校间的法学教育经验交流,合力推进福建法学教育的发展具有重要意义。

福建省法学会法学教育研究会成立大会暨首届福建法学教育论坛的举办是深入贯彻落实习近平法治思想和2021年3月25日来校考察调研重要讲话精神的重要举措,也为在闽高校搭建一个交流法学教育经验的共享平台,有力推动了德法兼修高素质法治人才队伍的建设。

福建省法学会法学教育研究会2023年学术年会暨第二届福建法学教育论坛在福州召开

2023年10月28日,为了贯彻党的二十大精神与中共中央办公厅、国务院办公厅印发《关于加强新时代法学教育和法学理论研究的意见》(以下简称《法学教育意见》),落实学深悟透中国式现代化的中国特色和本质要求,全面推进法学教育,培养社会主义法治人才,进一步探讨迈向中国式现代化的法学教育,推动法学教育高质量发展。由福建省法学会法学教育研究会、福建江夏学院法学院、福建省台湾法律研究院、福建江夏学院教育法律实务研究中心联合主办,高等教育出版社协办的"福建省法学会法学教育研究会2023年学术年会暨第二届福建法学教育论坛"在福建江夏学院召开。本次论坛主题为"迈向中国式现代化的法学教育"。来自省内高校法学院系专家学者以及省外高校的专家学者、司法部门、法律服务部门等110人参加此次年会。

开幕式

开幕式由福建江夏学院法学院院长林贵文教授主持,福建江夏学院党委副书记王长勇教授,中共福建省委政法委副书记徐华,福建省政法委委务会议成员、福建省法学会专职副会长兼秘书长林良灌,福建师范大学法学院院长、福建省法学会法学教育研究会副会长杨垠红分别致辞。

福建江夏学院党委副书记王长勇对各位领导、专家、学者的到来表示热烈的欢迎和感谢,并向参会人员介绍学院办学情况和成果,提出将进一步发挥法学院优良传统及办学优势,加强法学教育与研究,通过开展战略合作共建涉台法治人才协同、培养创新基地等方式积极探索法治人才培养新途径,不断提高学科专业建设质量与整体水平。

中共福建省委政法委副书记徐华首先代表福建省委政法委对此次学术年会的召开表示热烈祝贺,对长期关心支持积极参与福建法治建设和法学教育的专家学者老师表示诚挚的谢意,随后阐述了近年福建为推动建设德法兼备高素质法治人才内容所做的努力,并提出3点想法:一是强化政治引领,胸怀"国之大者",确保法学教育始终沿着正确的政治方向前进;二是注重知行合一,突出实践运用,加强理论教学和实践教学相结合,提升法治人才培养的针对性和实效性;三是立足省情特点,打造创新品牌,推出一批高质量、有影响力的法学教育和研究成果。

福建省政法委委务会议成员、福建省法学会专职副会长兼秘书长林良灌从工作方面和发展路径提出希望和要求,他表示,一要聚焦人才培养,坚持立德树人、德法兼修,遵循规律,创新教育模式、提供坚实人才保障;二要聚焦理论研究,立足迈向中国式现代化的法学教育,深入研究阐释习近平法治思想,助力构建我国自主法学科体系;三要交流协作,树立协同育人理念,充分发挥研究会连接各法学院校、法律实务部门的桥梁纽带作用;四要进一步聚焦自身建设,提升研究会凝聚力影响力,从而促进更高水平法治福建建设,做出更大贡献。

福建师范大学法学院院长、福建省法学会法学教育研究会副会长杨垠红代表福建省法学会法学教育研究会致辞。她表示,福建省法学会法学教育研究会是增进各高校之间相互联系、法学学科院所建立相互联系的纽带,并指出今后研究会将围绕《法学教育意见》的文件精神,对标文件要求,将法学研究和法学教育落实、落细、落到位,推动法学学科改革创新,探索培养新时代高素质法治人才的新路径,并希望与会人员能主动参与法学教育改革,加强专业实践、课程思政交流探讨,进一步推动法学教育现代化,在明确使命和目标的基础上,强化法学教育实践和法律职业的衔接,推动法学教育创新发展。

接着,闽江学院法学院副院长、福建省法学会法学教育研究会秘书长林安民教授对研究会上一年度工作进行总结,分别从研究会的成立、开展的工作及未来安排三个方面进行汇报发言。

主旨报告

本届论坛的主旨报告环节由闽南师范大学法学院院长何东平教授主持,吉林大学法学院刘红臻教授,厦门大学法学院党委书记何丽新教授,中国政法大学博士生导师、福建省法学会法学教育研究会会长柳经纬教授,福建省高级人民法院研究室副主任胡立峰,福建省人民检察院研究室副主任杨小强作主旨报告,报告分别围绕"中国式现代化与中国自主法学知识体系构建""《案例研析》教学模式之思考""落实两办《法学教育意见》我们能做什么?""新时代法治建设进程中司法实践与法学教育的深度良性互动""深化检校合作,促进共赢发展"等主题进行全面分析和探讨。

吉林大学法学院刘红臻教授指出,中国式现代化是中国共产党领导的社会主义现代化,既有各国现代化的共同特征,更有基于自己国情的中国特色,应在此基础上更好地发挥法治固根本、稳预期、利长远的保障作用,以习近平法治思想作为根本指导和根本遵循去构建中国自主法学知识体系,将法治基本原理和马克思主义法治理论与实际相结合,推动中国传统法律文化的创造性转化、创新性发展,进一步走好中国式法治现代化道路。

厦门大学法学院党委书记、博士研究生导师何丽新教授从"案例研析"课程介绍、课程建设创新点和成果出发,指出该教学模式是立足中国法治实践,通过案例分析和深入探讨,让学生在发现问题、分析问题和解决问题中强化法律适用和法律解释能力,加深学生对法律条款立法成因或法律渊源的理解,深化学生对法律制度的领会和法律素养的提升,提高学生的研究能力,进一步培养高质量复合型法治人才。

中国政法大学博士生导师、福建省法学会法学教育研究会会长柳经纬教授分享学习《法学教育意见》的体会,他表示,《法学教育意见》是新时代法学教育的行动指南,其实施将带给法学教育新的机遇、新的挑战,并从以下方面谈《法学教育意见》体会:一是全面推进习近平法治思想进教材、进课堂、进头脑,建设好相关专业课程模块;二是将思政教育融入课程,寻找正确方式培养学生法治信仰;三是立足中国实际,更新学科内涵,加强学科交叉融合建设;四是推进法学专业理论教学课程和实践教学课程建设,深化协同育人,适应"互联网+教育"新形态新要求;五是应当完善法学教材体系,开发新形态教材;六是加强法学教师队伍建设;七是加强科研、学科、教学、人才培养建设,创新构建法学理论研究新体系;八是法学院校要履行好主体责任,将法学教育和法学理论研究的各项工作落到实处。

福建省高级人民法院研究室副主任胡立峰对司法实践与法学教育的质性差异进行分析,指出深化司法实践与法学教育良性互动应当从打通行业壁垒;消除思想认知的成见偏见,主动地创新体制机制;发挥制度引领的现实效能,积极地拓展交流渠道;营造协同育人的良好氛围,努力地提升互动质效;实现长期可持续的互利共赢等方面入手,进一步推动法学教育现代化。

福建省人民检察院研究室副主任杨小强指出,推进法学教育和法治人才培养是高校和检察机关的一个共同责任,高校是第一阵地,检察机关是实践基地,是检校合作的纽带。深化检校合作是提升检察研究成绩的重要支点,是开展法学教学实践的重要桥梁,是培养高层次检察人才的重要抓手。他表示,检校双方要进一步完善合作格局,将法学理论与检察实践紧密结合,拓展空间和渠道等,更好地实现检校资源共享、优势互补和共同升级,从而形成高素质检察人员培养的检校合力。

第一分会场

论坛第一分会场于政法楼三楼智慧教室举办,本会场主题为"习近平法治思想概论课程建设""法学专业课堂思政教学""本科毕业论文质量建设",分为两个单元进行。

第一单元由福建省人民检察院研究室主任陈亮主持会议,集美大学海洋文化与法律学院法律系副主任沈协副教授、福建警察学院李莉副教授、华侨大学法学院何家华博士、西南政法大学陈小彪副教授、福州大学法学院吕晓刚副教授、闽江学院法学院许偲副教授作为发言人依次进行发言。

集美大学海洋文化与法律学院法律系副主任沈协副教授从红色文化融入法学教育命题的提出出发,指出红色文化融入法学教育的理据以及依据,推动红色文化与法学教育的进一步融汇发展。

福建警察学院李莉副教授以"习近平法治思想引领'行政法与行政诉讼法'课程教学研究"为题,通过对相关教学内容的梳理归纳,在习近平法治思想指导下,分别对课程中"行政法历史发展""国家安全职能""社会职能""行政应急""行政司法"等方面提出教学完善建议,并结合实践中的相关热点问题进行简单分析。

西南政法大学陈小彪副教授以"论毕业论文选题之校际特色育成机制"为题,阐述根据国家和地方犯罪治理的客观需求以及本校的刑法学科发展状况,科学定位刑法专业硕博士毕业论文选题的校际特色,配套相应的师资育成机制、学生培养机制、师生互动机制和保障鼓励机制,以科学育成刑法专业硕博士毕业论文选题校际特色。

福州大学法学院吕晓刚副教授以"'课程思政'视域下法律职业伦理教育融入模拟法庭课程研究"为题,他提出课程融合配套保障机制有待强化等一系列现实挑战,需要通过法律职业伦理与模拟法庭双向课程优化推进伦理角色化与素养综合化。

闽江学院法学院许偲副教授以"法学教育助力法律职业发展:构建法律人才新引擎"为题,指出随着社会的不断发展和法律环境的日益复杂化,法学教育的重要性愈发凸显,法学教育与法律职业需求密切相关,需要不断调整以满足法律职业市场的要求。

最后由福建师范大学郑丽珍副教授、福建江夏学院法学院行政法教研室主任王书娟教授对本环节进行评议,她们一致认为发言人的精彩详尽的阐述,分析精准到位,观点也都令人耳目一新,涉及内容极具深度与广度,为法学教育提供颇具价值的新理念与新思路。

第二单元由北京京师(福州)律师事务所管委会主任黄重取律师担任主持人,福建江夏学院法学院杨阿丽副教授、福建师范大学法学院林艺芳副教授、仰恩大学法学院黄文伟副教授、福建农林大学公共管理与法学院汤凌燕博士、厦门大学法学院吴旭阳副教授、福州大学法学院硕士研究生彭建依次进行发言。

福建江夏学院法学院杨阿丽副教授以"课程思政融入中国法律史教学的方法和路径"为题,详细地分析课程思政融入中国法律史教学的原因、路径及特色,为中国法律史教学提供全新思路。

福建师范大学法学院林艺芳副教授围绕刑事诉讼法条解构式案例研习法,为我们介绍刑事诉讼法条解构式案例研习法的逻辑步骤与操作要点,并以"余某平交通肇事案"为例展开详细阐述。

仰恩大学法学院黄文伟副教授以"法学专业课程思政路径探究——以企业合规教学为例"为题,他指出法科生在学校考核中虽能表现出很高的道德素养,但在工作岗位上仍有个别人会作出违法违规的行为。企业合规具有丰富的思政元素,对法科生的成长和提升法学专业课程思政教学实效具有重要意义,他认为可将其渗入主要部门法的专业教学之中。

福建农林大学公共管理与法学院汤凌燕博士围绕"农林院校法学专业知识产权法课程教学创新的实践探索"展开讲解,为课程教学提出全新的模式,有助于推动教育教学改革创新,提升教师教学水平和育人能力。

厦门大学法学院吴旭阳副教授以"元宇宙技术在法学教育中的探索与思考"为题,详细介绍元宇宙课堂模式教学,不仅突破了"老师讲、学生听"的二维模式,更有身临其境的空间感、体验感和团队交融感;相比线下教学,它又完全突破了时空的限制,创新传统课堂教学模式。

闽江学院法学院陈博博士以"涉外法治人才培养中的国际企业社会责任法"为主题,

通过对“国际企业社会责任法”课程总体内容与结构进行说明，他主张该课程能够贯通现有课程设置中的民商法与社会法、国内法与国际法、公法与私法、软法与硬法的传统法学学科分野，并助益学生法学、经济管理、国际经济、国际政治、伦理学等相关学科的跨学科视野。

福州大学法学院硕士研究生彭建以“法学教育向何处去？——数字时代法治人才培养的危机与变革”为题，指出数字技术正推动我国社会进入数字时代，急需数字法治人才，我国法学教育需要理念与实践变革，迈向数字法治人才培养模式。他指出，培养能够立足本土、放眼世界的数字法治人才，是法学教育变革的未来，也是构建中国法学自主知识体系的需要。

最后由福建理工大学法学院·知识产权学院侯莎副教授、厦门大学嘉庚学院法学院教指委委员罗芳副教授对本环节进行评议。他们对发言人的发言进行高度赞赏，认为他们的观点鲜明、想法独特、阐述到位，极具学理性与可操作性，深度契合法学教育的现状，为法学教育提供了新的实践教学方法，推动法学专业课堂思政教学进一步完善发展，为法学学科建设注入新的内涵。

第二分会场

第二分会场于政法楼二楼会议室举行，本会场主题为“法学专业实践教学”“涉外法治人才培养”，分为两个单元进行。

第一单元由福建农林大学公共管理与法学院胡玉浪教授主持，华侨大学法学院吴情树副教授、闽南师范大学法学院副院长赵凌副教授、上海交通大学凯原法学院助理研究员陈荣新、福建技术师范学院陈圣利副教授、福建技术师范学院江悦庭副教授、福建江夏学院法学院李巧玲副教授、福建江夏学院法学院李兴国副教授作为发言人依次进行发言。

华侨大学法学院吴情树副教授以“新时代面向司法实践的法学教育——以本科生毕业论文的指导为例”为题，指出案例分析报告既可以作为法科学生毕业实习的总结，也可以作为学生毕业设计的考核依据，以案例分析报告替代传统的毕业论文写作形式，是法学实践教学的努力方向之一。

闽南师范大学法学院副院长赵凌副教授从法学教育校地多元协同育人的重要意义、构建与实施成效出发，表示应当通过该育人模式，培养价值观塑造、专业理论传授、实践能力培养一体协同的法治人才。

上海交通大学凯原法学院助理研究员陈荣新围绕“‘新法学’语境下金融法教学与金融实践的悖反与融合”，指出进入“新法学”时代，金融法教学迎来了新的实践性课题，有必要从金融法与金融学的跨学科交融、教学机构与金融部门的场景转换、理论学习与金融实操的能力提升、知识浇灌与实证推理的思维升华四个层面展开调适，从而为金融法教学指明方向。

福建技术师范学院陈圣利副教授对法治教育师范生培养路径进行探究，他强调法治教育师范生的培养目标不同于传统法学专业,其旨在培养能够胜任中小学法治教育工作、有志于传播习近平法治思想和社会主义法治理念、符合《卓越教师培养计划2.0》要求的"四有"法治教育师资。

福建技术师范学院江悦庭副教授围绕新文科建设背景下涉外法治人才培养的创新路径研究展开论述,他认为新文科建设对涉外法治人才培养提出的新要求需要我们在专业教学中从多学科交叉融合、改革课程设置、培养学生法治信仰培养等方面进行深层次的创新探索,培养学生的爱国情怀和国际视野,为全面推进新时代法治中国建设提供有力的人才保障。

福建江夏学院法学院李巧玲副教授对地方高校涉外法治人才培养问题进行探讨研究,她提到我国涉外法治人才培养经过10来年的发展取得巨大成绩,但依然存在总量不足且地区分布不均;与此同时,各地对于涉外法治人才的需求也有差异,加上地方高校法学专业追求特色发展的内在动力,都为地方高校涉外法治人才培养提供了必要性支持。涉外法治人才内涵的多样化和地方高校良好的生源与师资条件使其具备了从事涉外法治人才培养的可行性。

福建江夏学院法学院李兴国副教授围绕"骗取出口退税罪法务会计鉴定业务的实案解析及对相关实践型法治人才的执业启示"这一话题展开详细阐述,他以实务中一起涉嫌骗取出口退税罪的法务会计鉴定业务为例,探析其案情及鉴定思路,总结法务会计专业人员承办该类法务会计鉴定业务的有益经验,指出作为新时代实践型法治人才方阵之一的法务会计专业人员,在执行骗取出口退税罪法务会计鉴定业务时,应深入掌握外贸及出口退税的业务流程及相关法律规定,牢记执业操守,保持法务会计鉴定的独立性、公正性、审慎性,锚定自身角色功能定位,配合司法机关做好法务会计鉴定意见书出具之后的延伸服务工作。

第一单元发言结束后,福建师范大学法学院林艺芳副教授从"法学教育如何凸显实践""培养学生实践能力、运用法律,衔接具体的法律职业"两个方面入手对前4篇论文一一进行评议,她表示4位学者都是从不同的角度对法学实践教学提供具有意义的建议,能够更好地为法学教育探索提供新思路新路径。仰恩大学法学院鲍莹玉副教授对后3篇论文进行评议,她表示各位学者的交流碰撞中不仅能看到人才培养的一些思考和探索,同样也能看到各个院校的特色优势,提出应当在涉外法治人才培养中增强师资力量,对学生进行学科交叉培养,考虑招生端和志愿端的匹配问题,进一步加强法学教育发展。

第二单元由福建瀛榕律师事务所主任叶道明律师主持,福州大学法学院硕士研究生赵彩月、福州大学法学院唐士亚副教授、福建师范大学协和学院翁怡副教授、福建理工大学法学院·知识产权学院李广宇博士、福建农林大学公共管理与法学院张颖博士、福建理工大学法学院·知识产权学院邱可嘉博士作为发言人依次进行发言。

福州大学法学院硕士研究生赵彩月指出,与环保非政府组织密切合作的环境法律诊所课程的课程设计对于解决目前中国环境法律诊所课程所面临的问题具有十分重要的意义，能够切实增强学生的环境纠纷实践处理能力、提升学生的环境社会责任感，进而促进美丽中国建设目标的实现进程。

福州大学法学院唐士亚副教授以“论数据法教学的三重思维体系构建”为题，指出与传统部门法教学相比，数据法教学具有以法学规范分析为教学核心、以课堂讲授和案例研讨为主等共性内容，又突出了与数据科学、计算机科学高度融合以及产学研一体化等个性特征。并强调数据法教学需要建立法律思维、科技思维和伦理思维“三位一体”的教学思维体系。

福建师范大学协和学院翁怡副教授以福建师范大学协和学院为例，围绕法律诊所特色实践教育模式展开研究，她提道，社区式法律诊所即将诊所式法律教育与社区法律咨询、所实践课堂，既可以提升公共法律服务质量，还可以培养具备实践经验，坚持中国特色社会法治体系的法律人才队伍。

福建理工大学法学院·知识产权学院李广宇博士对法学教育中交叉学科所出现的问题进行分析，指出学科内部壁垒、社科知识融入不足、理工科知识的空缺三部分问题，表示应当重视学科交叉，重塑人才培养路径。

福建农林大学公共管理与法学院张颖博士对于福建省高校涉外法治人才培养作出阐述，并从福建省高校涉外法治人才培养的战略和功能定位出发，结合福建省高校现阶段涉外法治人才培养的困境，提出加快福建省涉外法治人才培养的几点思考。

福建理工大学法学院·知识产权学院邱可嘉博士以盗窃罪为例，表示刑法教学在多元文化发展中应当寻求共识性，注重普适性和包容性，避免法学制度本土化，尊重不同背景下的法律制度，实现共存共生兼容发展。

第二单元发言结束后，西南政法大学陈小彪副教授，集美大学海洋文化与法律学院法律系副主任沈协副教授先后对6位学者的发言内容进行点评，他们认为发言人通过深刻详细的阐述，对法学教育中的实践教学与涉外人才培养都提供了相应思路，不同院校具有不同特色与优势，但都强调在培养学生中应当注重分析问题、解决问题的能力，并提出要对法学学科体系、教学思路、涉外法学不足之处进行探索和改革，从基础学科入手进行学科交叉知识体系搭建，创新课程模式，融入实践教学，规避理论性较强带来的枯燥性，为法学教育拓宽新领域，进一步推进高素质法治人才培养。

闭幕式

本届论坛的闭幕式于政法楼202召开，大会由福建江夏学院法学院院长林贵文教授主持，中国政法大学博士研究生导师、福建省法学会法学教育研究会会长柳经纬教授进行总结评述。

福建省法学会法学教育研究会是福建省研究法学教育学术交流的重要平台。本届论坛的召开，能够给各高校、政法实务界的专家学者搭建一个交流法学教育经验、共商法学教育大计的桥梁，通过交流与探讨，为繁荣福建省法学教育事业发展，推进迈向中国式现代化作出积极贡献。

山东省法学会法学教育研究会 2023 年学术年会在烟台举办

为全面推进新时代法学教育改革发展,着力培养高素质法治人才,2023 年 11 月 4～5 日,由山东省法学会法学教育研究会主办、鲁东大学盈科法学院承办、盈科律师事务所协办的山东省法学会法学教育研究会 2023 年学术年会在鲁东大学成功举办。“长江学者”特聘教授、山东省法学会法学教育研究会会长房绍坤,烟台大学党委常委、副校长张献勇,鲁东大学党委常委、副校长钱国旗,烟台市法学会党组书记、会长徐爱华,盈科律师事务所创始合伙人、副主任、盈科全国业务指导委员会主任、鲁东大学盈科法学院理事会理事、特聘教授李华出席会议,山东省高校法学院系负责人、法学教育研究会理事等 40 余人参加会议。

钱国旗向各位领导、来宾表示热烈欢迎,对大家一直以来对鲁东大学的关心支持表示感谢。他介绍了鲁东大学水利环境海洋、芯片与集成电路、食品药品与现代农业、教师教育、文化传承创新传播五大优势特色学科群;重点介绍了鲁东大学与盈科律师事务所共建鲁东大学盈科法学院,创新法治人才培养机制,大力发展法律职业教育的情况。他希望各位领导和专家一如既往地关心支持鲁东大学,为学校的改革发展献计献策。

房绍坤对中共中央办公厅、国务院办公厅印发的《关于加强新时代法学教育和法学理论研究的意见》的重大意义、主要内容等进行了解读,总结了山东省法学会法学教育研究会的工作,强调要办好“一会、一赛、一课”,推动法学教育改革发展,为培养法治人才作出应有的贡献。

徐爱华对山东省法学会法学教育研究会学术年会的召开表示祝贺,介绍了烟台市法学会取得的成绩,表示要加强交流合作,共同为新时代法治国家建设贡献力量。

李华介绍了盈科律师事务所参与培养法治人才的情况,重点介绍了与鲁东大学共建盈科法学院的情况,表示要坚持校所共荣,深度合作,产教融合,从资金、人员、教学资源等方面加大对鲁东大学盈科法学院建设的支持力度,促进学院实现高质量发展。

本次学术年会包括法学教育交流与课程示范两个环节。

在法学教育交流环节,大家围绕新文科背景下法学教育与法学课程建设和涉外法治人才培养与法律职业发展,并结合落实《关于加强新时代法学教育和法学理论研究的意见》,进行了深入的交流研讨,对深化法学教育改革、加强法治人才培养达成了共识。

在课程示范环节,邀请北京大学法学院吴洪淇教授为大家讲授“法律职业伦理”示范课程。吴洪淇教授从什么是法律职业伦理、为什么要讲授法律职业伦理、法律职业伦理讲什么3个层次进行了深入阐述。课程内容坚持理论联系实际，案例分析精准到位。大家认真听取了报告，对上好“法律职业伦理”必修课有了更深入的认识。

本次学术年会是山东省法学会法学教育研究会为推动新时代法学教育教学改革与研究的一次大讨论、大学习，对加快推进我省法学教育教学改革与研究步伐、更好培养法治人才具有重要意义。

广东省法学会法学教育研究会 2023 年学术年会暨换届会议在广州召开

2023 年 5 月 28 日上午,广东省法学会法学教育研究会、广东省本科高校法学类专业教学指导委员会、广东省高校法学院院长联席会议学术年会暨法学教育研究会换届会议在华南师范大学广州校区石牌校园国际会议厅顺利召开。广东省法学会副会长于敏,广东外语外贸大学党委书记、校长、省法学会法学教育研究会会长石佑启,华南师范大学党委常委、副书记王岩等出席会议并致辞。省内各高校法学院院长及专家学者、各高校师生等 150 余人参加了会议。

王岩对到会人员表示热烈欢迎,并感谢广东省法学会法学教育研究会对华南师范大学法学院的信任与支持,希望利用这次学习交流机会,共同探讨"习近平法治思想概论"课程建设、法治人才培养机制创新和粤港澳大湾区法学教育与人才培养等问题,办好人民满意的法学教育。于敏指出,近年来省法学会法学教育研究会在省法学会的指导下,在研究会会长石佑启等的带领下,团结全体理事,为开展培养卓越法律人才及涉外法治人才培养方面作出了突出贡献,同时他就新时代进一步加强法学教育研究会工作提出了要求。

会议强调,本次会议的召开是坚持以习近平新时代中国特色社会主义思想为指导,坚持和加强党的全面领导,落实立德树人根本任务,培养德才兼备、德法兼修的高素质法治人才的重要举措。在新时代新征程中,广东法学教育要勇担新使命,展现新作为,与时俱进创新法学教育模式与法治人才培养机制,切实提高法学人才自主培养质量,培养出更多高素质的法治人才,包括更多高素质的涉外法治人才,取得更多高质量的研究成果,为中国式现代化提供有力的人才和理论支撑,为广东在推进中国式现代化建设中走在前列作出法学教育的新贡献。

开幕式后举行研究会理事会换届会议。会议选举产生了以石佑启同志为会长的第四届理事会,宣布聘请陈小君等教授为研究会顾问。随后进行的学术年会,会议分别以"习近平法治思想课程建设""法学课程思政教学改革""涉外法治人才培养"3 个专题开展研讨交流。

湖北省法学会法学教育研究会第二届理事会暨2023年(第九届)年会在武汉召开

2023年12月15日上午,湖北省法学会法学教育研究会第二届理事会暨2023年(第九届)年会在中南财经政法大学文澴楼同声传译会议室顺利召开,年会主题为"法学教育和法律职业的有机衔接"。本次会议由湖北省法学会法学教育研究会主办,中南财经政法大学法学院承办,来自湖北省各高等院校、政法部门及知名律所的100余位代表参加会议。本次会议分为研究会理事会和法学教育论坛两个阶段。

第一阶段的理事会,由湖北省法学会法学教育研究会秘书长、中南财经政法大学法学院副院长李俊主持。李俊秘书长宣读了《湖北省法学会法学教育研究会选举办法(草案)》和《湖北省法学会同意张德淼教授担任湖北省法学会法学教育研究会第二届理事会会长候选人的批复》后,与会代表举手表决全票赞同中南财经政法大学法学院张德淼教授担任湖北省法学会法学教育研究会第二届理事会会长。

第二阶段的会议开幕式,由湖北省法学会法学教育研究会副会长、华中师范大学法学院副院长文杰教授主持。湖北省法学会党组成员、秘书长赵俊代表湖北省法学会致辞,他对年会的召开和新会长当选表示热烈祝贺,并充分肯定了研究会为法学教育工作作出的突出贡献,还对研究会未来的发展提出了几点希望。中南财经政法大学法学院院长、国家治理学院院长陈柏峰教授代表年会承办单位致辞,他认为此次年会议题充分体现了法学教育研究会敏锐的政治意识、责任担当和实践精神,希望研究会继续发挥湖北法学教育的骨干示范作用,担当起中国法学教育和法学理论研究主力军的重任。

随后,由湖北省法学会法学教育研究会会长、中南财经政法大学法学院张德淼教授作研究会2023年年度报告。张德淼会长围绕研究会工作,从法学人才培养模式、法学教育教学改革、国际化法律人才培养、推进法学实践教学等六大方面进行报告。他表示湖北省法学会法学教育研究会将持续推进法学教育改革,整合资源,优化平台,为培养新时代法治人才提供湖北智慧。他希望,本次论坛能以法学教直相关问题为导向,在研讨交流中探索法学教育发展的新路径。

论坛第一部分的主题是"法治人才培养与模式创新",由湖北省法学会法学教育研究会副会长、中南民族大学法学院陈光斌教授主持。湖北省检察官学院院长周伟针对湖北检察机关实务部门开展教育培训的基本内容和主要特点作了阐述。华中师范大学法学院副院长文杰教授介绍了华中师范大学的"百所观察"项目的最新进展和成果。武汉理工大学法学与人文社会学院法学系主任胡神松教授围绕武汉理工大学基于“45551 四融”范式的“知识产权法学”教学创新的实践进行了讲述,强调法学教育需要与行业特色相结合,以培养具有完整思维和知识结构体系的人才。中南民族大学法学院周遵友教授提出,考察德国法学鉴定式的案例分析方法,将知识传授和价值引领相结合,帮助学生树立正确的价值观。中南财经政法大学法律援助与保护中心主任、中南财经政法大学法学院韩桂君教授从自身法学教育的经历出发,阐释了案例教学和法律文书撰写的重要性,探讨了实践教学与公共法律服务的关系。

论坛第二部分的主题是“课程建设创新与发展”,由湖北省法学会法学教育研究会副秘书长、武汉大学法学院杨巍教授主持。中南民族大学法学院党委委员杨帆副教授基于中南民族大学劳动与社会保障法课程的教学实践,着重阐述了新文科背景下的法学课程应坚持内容和体系的创新。湖北省检察官学院教研部刘婉雨阐述了检察职业教育课程建设的创新路径,包括精准捕捉检察事业发展与检察官能力素质的矛盾、加强检察业务专家的教学技能培训、建立优质课程库并树立行之有效的考核机制等。中南财经政法大学法学院旷涵潇老师重点探讨了“商法学”课程教材和教学模式的革新。武汉大学法学院党馨梓简要介绍了法学虚拟仿真实验教学的特点、现状和难点,及相应的解决思路。

论坛第三部分的主题是“法学教育理念与方法”,由湖北省法学会法学教育研究会副会长、湖北省检察官学院院长周伟主持。湖北武珞律师事务所主任姚飞从律师视角出发,讲述了律师如何践行法治理论和法治精神,认为法学理论学习需要通过实务案例进行实证,实务案例也需要回归法学理论寻找土壤。华中师范大学曹奕阳老师以国外法律职业伦理教育的实践为引,强调了培养学生的法律职业伦理意识和社会公益心的重要性。新疆政法学院国际法系副主任罗伟老师探讨了新时代党的治疆方略下,湖北法学教育援疆的影响,以及新疆高校法学教育在宣传党的思想理论方面的重要作用。华中农业大学潘馨然分析了农业院校涉农法律人才培养面临的问题,并提出了强化乡村振兴人才支撑、增加涉农课程设置、加强实践教学和建立乡村与高校的对接平台等建议。

在会议闭幕式环节,湖北省法学会法学教育研究会副秘书长、中南财经政法大学法学院李栋教授宣读了湖北省法学会法学教育研究会 2023 年年会优秀论文评选获奖名单,并对本次年会进行了总结。他认为本次会议内容丰富多元、发言生动有序,契合新时代法学教育研究的主题,并对新时代研究会的发展提出新的展望。

浙江省法学会法学教育研究会 2022年年会顺利召开

2022年12月24日,浙江省法学会法学教育研究会2022年年会暨"在法学教育中贯彻党的二十大精神"研讨会通过腾讯会议召开。本次会议由浙江省法学会指导,省法学会法学教育研究会主办,由浙江工商大学法学院承办,来自省各高校法学院系的学院领导、系室主任以及骨干教师100余人参加会议。

会议第一单元举行了浙江省法学会法学教育研究会换届选举大会。会议宣读了浙江省法学会关于同意省法学会法学教育研究会换届选举的批复,并由理事会表决通过了浙江省法学会法学教育研究会拟推荐第五届理事会理事名单,99人当选第五届理事会理事。理事会选举浙江工商大学法学院特聘教授徐祥民继续担任浙江省法学会法学教育研究会会长,浙江工商大学法学院党委书记苏新建当选常务副会长,院长助理董文辉当选秘书长,浙江工商大学法学院教师罗文燕、刘建明、王蕾、刘文琦当选理事。

会议第二单元为主旨演讲。由浙江理工大学法政学院院长王健主持。浙江省法学会法学教育研究会会长徐祥民教授发表了题为"大学生'习近平法治思想'课的浙江特色"的专题演讲。徐祥民教授认为,当前探讨习近平法治思想课程的教学问题、研究如何在法学教育中贯彻党的二十大精神,是广大法学教师的重要任务和神圣使命。他回顾了法治浙江建设的发展脉络及其对法治中国建设的重要意义,分析了法治浙江建设的理论与实践在习近平法治思想形成和发展中的重要地位,介绍了浙江省开设习近平法治思想系列课程的发展历程以及总体情况,梳理了省内若干有代表性的高校关于习近平法治思想课程的教学特色以及积极影响,号召广大教师结合浙江实际,积极探索科学契合点和有效融入点,打造富有浙江特色的习近平法治思想课程体系。

会议第三单元为专题研讨。第一专题为"国家级一流法学本科专业建设路径与举措",由杭州电子科技大学法学院副院长方建中主持。浙江财经大学法学院院长童志锋、浙江师范大学法学院院长吴卡、宁波大学法学院副院长何跃军、温州大学法学院副院长周一颜、浙江理工大学法政学院副院长李子瑾,分别围绕各自所在学校法学专业的发展历程,重点针对各自学校国家级一流法学本科专业的建设方案、改革措施、保障制度、取得成效、存在问题以及接下来的推进设想等方面进行了工作分享和经验交流,对浙江省各类一流法学本科专业建设大有助益。

第三单元第二专题为"法学本科课堂教学质量监测与评价",由中国计量大学法学院院长朱一飞主持。浙江万里学院法学院党委书记余妙宏、中国计量大学法学院副院长徐楠轩、嘉兴学院文法学院副院长童建华、浙江农林大学文法学院教授马永双、浙大城市学院法学院教授邵亚萍相继发言,对当前法学本科课堂教学质量监测和评价工作中存在的痛点、难点、堵点等共性问题、个性问题进行了较全面的梳理,就各自所在单位在该问题上的应对策略和解决方案进行了细致介绍,并提出了各自在该问题上的深入思考,对与会者产生了较深刻的启发意义。

会议最后,受徐祥民教授委托,常务副会长苏新建作了总结发言。苏新建教授对出席会议的专家学者以及长期关心支持浙江省法学会法学教育研究会的各界同仁表示感谢,对新当选的研究会理事表示祝贺。他认为本次年会研讨的内容都是法学教育中的重大问题,发言的专家带来了很多真知灼见,接下来还要继续深化研究,以便更好地服务于浙江法学教育,全力推动浙江省法学教育事业迈上新高峰。

过去5年,浙江省法学教育事业得到快速发展,多所高校获准增列法学博士、法学硕士、法律硕士学位授予权,获批法学国家一流本科专业建设点,浙江高校学子在国家统一法律职业资格考试中通过率名列全国前茅,各法学院系交流互动频繁,法律职业能力竞赛蒸蒸日上,培养了一大批优秀法治人才投入到国家法治建设事业中去,为国家法治建设贡献力量。5年来,浙江省法学院系在全国的各项排名持续前移,竞争力、凝聚力和影响力不断上升,成绩喜人,获得了上级主管部门和省外兄弟院校的高度赞誉。

过去5年,在浙江省法学会的正确领导下,省法学会法学教育研究会不断开拓创新,扎实工作,在法学教育研究、法学人才培养、法学学科竞赛、法学交流合作等方面取得了丰硕成果。接下来,浙江省法学会法学教育研究会将把学习宣传贯彻党的二十大精神作为当前和今后一个时期的首要政治任务,把党的二十大精神贯彻落实到法学教育改革发展各方面、全过程,坚定不移走中国特色社会主义法学教育道路,始终将人才培养创新作为工作重点,坚持用高质量的法学教育研究成果服务法学教育实践,不断推动浙江法学教育变革和创新,努力在法学教育领域答好“重要窗口”的时代答卷,助力谱写法治浙江建设的宏伟篇章。

浙江省法学会法学教育研究会 2023年年会在湖州召开

2023年12月23日,浙江省法学会法学教育研究会2023年年会在湖州市沈家本历史文化园召开。本届年会的主题是“加强新时代浙江法学教育”。本次会议由浙江省法学会指导,浙江省法学会法学教育研究会主办,浙江工商大学法学院和湖州市沈家本研究院等单位共同承办。浙江省法学会法学教育研究会会长、浙江工商大学特聘教授徐祥民出席年会并作主旨演讲。来自省内16所高校法学院系的负责人、基层教学组织负责人、湖州市吴兴区政协、政法委、法学会以及部分法律企业、出版社等单位代表60余人齐聚一堂,围绕浙江省大学生法律职业能力竞赛10周年、数字时代背景下的浙江法学教育、法学数字教学资源介绍与运用等议题展开深入研讨,为推动新时代浙江法学教育改革、探索数字化时代背景下提升浙江省法学人才培养质量新路径提供理论支持和改革方案。

开幕式由浙江省法学会法学教育研究会常务副会长、浙江工商大学法学院党委书记苏新建主持。湖州市吴兴区政协副主席孙远在欢迎致辞中介绍了湖州市吴兴区和沈家本历史文化园的基本情况,特别介绍了吴兴区近年来在“家本故里、法治湖州”建设进程中取得的成效。会议对年度优秀研究论文进行了表彰,徐祥民会长为获奖作者颁发了获奖证书。开幕式上还举行了中国人民大学出版社向湖州市沈家本历史文化园和浙江省法学会法学教育研究会图书捐赠仪式。

开幕式后举行了本届年会的主旨演讲,由浙江省法学会法学教育研究会副会长、杭州师范大学沈钧儒法学院院长汪红飞教授主持,徐祥民会长作了精彩报告。报告中,徐祥民会长首先介绍了实现习近平法治思想、习近平生态文明思想“进教材”的主要表现,系统阐述了作为“我国环境法的指导思想”的习近平法治思想的基本内涵,指出环境法学教材应当对变化了的环境法的指导思想做“与时俱进”的阐释,而且这一指导思想也有文献依据和环境法立法实践依据,体现了绿色发展思想对可持续发展主张的超越。徐祥民会长还结合《环境法学概论》(第3版)论证了习近平法治思想的全面指导。报告最后,徐祥民会长提出,应当明确习近平法治思想系我国环境法的指导思想的理论价值和实践价值。

本届年会研讨单元由3个部分组成。第一研讨单元的主题是“浙江省大学生法律职业能力竞赛十周年”,由研究会常务理事、浙江万里学院法学院党委书记、执行院长余妙宏主持,浙江农林大学文法学院教授马永双、浙江师范大学人文社科处副处长李海良、湖州师范学院沈家本法学院副教授李军、浙江万里学院法学院院长助理刘明奎、浙江师范大学行知学院副教授黄彤围绕法学学科竞赛优化思维、聚焦学生在竞赛中的主体地位、法科生参与学科竞赛现状考察、法科竞赛规则完善、法科竞赛的发展提升等议题作主题发言,对浙江省法科竞赛进行了全面的研讨。

第二研讨单元的主题是“数字时代背景下的浙江法学教育”,由浙江省法学会法学教育研究会副会长、宁波大学法学院副院长何跃军主持。浙江理工大学法政学院副院长李子瑾、浙江警察学院法律系主任叶涛、浙大宁波理工学院传媒与法学院副院长韩缨、浙大城市学院法学院教授袁继红、浙江万里学院法学院副教授崔艳峰、浙大城市学院法学院副教授闻银玲分别围绕数字法学方向教学、“数据法学”微专业建设、新文科背景下创新型法治人才培养路径、商法课程中法教义学与实践教学逻辑关系与互动路径、法学数字教学资源共享等议题作主题发言,对数字时代背景下法学教育的方向、路径、专业建设等问题进行了深入的研讨。

第三研讨单元的主题是“法学数字教学资源介绍与运用”,由浙江省法学会法学教育研究会秘书长、浙江工商大学法学院副院长董文辉主持。杭州法源软件开发有限公司市场总监陈浩、中国人民大学出版社经理黄强、北京北大英华科技有限公司经理安宝同、广东博维创远科技有限公司经理张庆标等介绍了相关法律软件、数据、平台、教材的基本情况和使用情况,认为法学教育教学和法学教辅教材、数字教学产品应当加强互动、同步发展、共同提高。

闭幕式由苏新建常务副会长主持,方建中副会长做会议总结。他指出,本年年会深入学习贯彻习近平法治思想,落实中共中央办公厅、国务院办公厅印发《关于加强新时代法学教育和法学理论研究的意见》,主题突出、议题丰富,各位理事各抒己见、集思广益,为新时代浙江法学教育改革发展贡献了智慧,会议圆满完成了各项议程,取得了丰硕的研讨成果,接下来要做好深入挖掘、调查研究、成果转化等工作。2023 年,浙江省法学会法学教育研究会不断开拓创新,扎实工作,在法学教育研究、法学人才培养、法学学科竞赛、法学交流合作、服务法治建设等方面取得了很大进步。在 2023 年 7 月浙江省法学会对各研究会(院、中心)所作的工作绩效评估中,浙江省法学会法学教育研究会获评“优秀”,2024 年全体理事将再接再厉,争取将优秀传统保持,坚持创新法学教育研究成果服务法学教育实践,打造富有浙江特色的法学教育模式,扎实推进浙江省法学人才培养高质量发展。

广西法学教育研究会2022~2023年学术会议暨广西法学类专业教学指导委员会工作会议在桂林召开

2023年5月20~21日,广西法学教育研究会2022~2023年学术会议暨广西法学类专业教学指导委员会工作会议在桂林学院召开。本次会议主题是"贯彻党的二十大精神,开创广西法学教育新局面",由广西法学教育研究会、广西法学类专业教学指导委员会主办,桂林学院承办。广西警察学院党委副书记、院长,广西法学类专业教学指导委员会主任委员张军,广西壮族自治区法学会党组成员、副会长洪彪,桂林学院董事、校长、党委副书记杨树喆,广西法学教育研究会会长、广西师范大学法学院院长陈宗波出席开幕式。

会议由桂林学院副校长杨庆庆主持。

洪彪在讲话中,代表广西壮族自治区法学会对会议的召开表示热烈祝贺,对广西法学教育研究会近一年来的工作予以充分肯定。他希望全体广西法学教育工作者在今后的工作中,全面坚持党的领导,确保法学教育沿着正确的政治方向,用习近平法治思想全方位占领法学教育、理论研究、法治宣传阵地;坚持创新发展,推动法学教育工作高质量发展,全面贯彻中共中央办公厅、国务院办公厅印发的《关于加强新时代法学教育和法学理论研究的意见》;坚持德法兼修,培养高素质法治人才,进一步加大法学前沿领军人才、民族自治地方专门人才、涉外法律人才培养力度,为服务大局提供智力支持。

张军在讲话中指出,法学教育承担为法治中国建设培养高素质法治人才的光荣使命,在推进全面依法治国中具有重要地位和作用,法学院系要牢记使命,围绕着中共中央办公厅、国务院办公厅印发的《关于加强新时代法学教育和法学理论研究的意见》,坚持以习近平法治思想为指引,系统深入地做好新时代法治人才培养和法学理论研究工作。广西普通高校法学本科专业综合评估工作计划年内启动,希望各法学院系高度重视,以评促改、以评促建;落实习近平总书记"扎根中国大地办教育"的指导思想,结合地方发展,加强人才培养,凝心聚力为全面建设社会主义现代化国家而不懈奋斗!

杨树喆在开幕式致辞中代表学校对广西法学教育研究会、广西法学类专业教学指导委员会给予桂林学院的信任表示感谢,对全区法学专家、学者、参赛师生代表齐聚桂林学院表示欢迎。杨树喆总结了近年来学校在教育教学方面取得的成绩,同时表示本次学术会议是学校深入了解学术动态、学习先进经验的好机会,希望全校上下进一步加强法学教育理论研究,借鉴兄弟单位有益的经验,持续推动法学应用型人才培养实践教学基地建设。

陈宗波在讲话中总结了过去一年区内各个高校法学专业取得的成绩,并对 2023 年工作作出基本规划:一是要加强习近平新时代中国特色社会主义思想的学习和在法学教育中的贯彻落实;二是要认真贯彻落实《关于加强新时代法学教育和法学理论研究的意见》;三是要探讨构建民族地方特色的法学教育教学体系;四是进一步夯实办学基础,加大教育教学改革与创新,迎接法学专业综合评估工作;五是要认真研究新形势对法学人才培养的影响与对策,开创广西法学教育新局面。

在主题发言环节,广西财经大学法学院李刚讲师、桂林电子科技大学法学院/知识产权学院方梦源副教授、广西民族大学法学院覃晚萍教授、南宁师范大学法学院陈西茜讲师、广西警察学院法学院廖原院长、广西师范大学法学院张融副教授、广西大学法学院魏艳茹教授、广西民族大学相思湖学院法学院梁旋副教授、玉林师范学院政法学院覃腾英副教授、梧州学院法学院骆庆国院长、桂林学院金融与法律学院林驰院长逐一进行主旨发言,分享了所属高校在培养法学人才、打造办学特色等方面的教学经验,提出了对法学教育教学、人才培养模式的思考,让听众受益匪浅。

开幕式后,广西高校第六届"八桂法声"法学专业辩论赛、广西高校第三届"八桂法声"法学专业演讲比赛同时举行。来自全区 11 所高校的近百名优秀法学学子英姿勃发、闪亮登场。在承办方桂林学院的精心准备下,各项赛事紧张有序地开展。辩论赛共有 12 支队伍参赛,演讲赛有 22 名选手参赛,本届法律文书写作比赛此前共有 21 支队伍参赛。经过半天激烈的角逐,广西民族大学辩论队、广西民族大学相思湖学院辩论队在 12 支队伍中脱颖而出,荣获辩论赛一等奖;梧州学院李佳同学和广西民族大学蒋彤同学力克群雄,勇夺演讲比赛一等奖桂冠;广西师范大学陈静同学和广西大学张艺耀同学表现突出,喜获法律文书写作技能比赛一等奖。出席会议的领导分别为获奖单位及选手颁奖。

闭幕式上,广西法学教育研究会会长陈宗波教授对会议和赛事进行了总结,他对桂林学院及其工作人员、志愿服务团队表示由衷感谢,对会议交流分享的法学教育成果表示高度认可,对参赛选手的努力付出表示赞赏,对获奖者表示热烈祝贺。桂林学院副校长杨庆庆教授发表承办感想,她表示希望通过此次大会及赛事的举办,各高校法学学子能继续传承中华优秀传统法律文化,在坚持中国特色社会主义法治道路上树立自信、保持定力,捍卫法律尊严,维护公平正义。下一届会议承办方广西民族大学相思湖学院法学院刘秋芷院长代表学校对会议承办工作表示热烈期待,充满信心。

广西各法学院院长、学科专业负责人、广西法学教育研究会成员、广西法学类专业教学指导委员会成员、广西法学院系师生代表近 200 人参加本次会议。此次竞赛中,桂林学院获得包括法律文书写作大赛一、二等奖在内的多个奖项,展现了桂林学院学子的良好风貌和专业素养。

安徽省法学会法学教育研究会2022年年会暨新时代法科生实践能力提升研讨会在合肥举行

为进一步贯彻落实习近平法治思想，提升新时代法科生实践能力，落实立德树人根本任务，培养德才兼备的高素质法治人才。2022年4月9日，安徽省法学会法学教育研究会2022年年会暨新时代法科生实践能力提升研讨会在安徽大学举行。来自西北政法大学、辽宁大学、河北大学和安徽省内高校的专家学者通过“线上+线下”的方式，围绕新时代法科生实践能力提升这一主题进行了广泛而深入的交流研讨。安徽省法学会法学教育研究会副会长、皖西学院法学院院长刘鑫教授及近10位教师应邀参加了会议。

开幕式上，安徽省法学会副会长、安徽大学副校长程雁雷代表安徽大学致欢迎辞。安徽省法学会党组成员、专职副会长王文金代表安徽省法学会发表了热情洋溢的讲话，安徽省法学会法学教育研究会会长、安徽大学党委常委、法学院院长郭志远主持了开幕式。

中国法学会法学教育研究会副会长、西北政法大学副校长王健教授，辽宁大学副校长杨松教授，河北大学副校长孟庆瑜教授，安徽师范大学副校长彭凤莲教授，安徽大学副校长程雁雷教授分别围绕《新时代法科学生实践能力培养问题》《全国两会精神与新时代中国法学教育》《新时代我国立法人才培养模式的实践反思与机制优化》《宽口径、厚基础：法学本科课程设置随想》《数字时代地方高校法学新文科建设的探索与实践》作主旨报告。合肥工业大学文法学院院长吴椒军教授、安徽财经大学法学院院长张为彬教授与谈。

刘鑫主持了卓越法治人才实践能力提升共同体建设经验交流会。安徽大学法学院副院长毕金平教授、巢湖学院经济与法学学院刘德涛副教授、安徽科技学院人文学院杨俊副教授、铜陵学院法学院陈达标副教授、安徽大学法学院吕清正副教授、安徽师范大学刘立明老师分别围绕安徽大学法学院构建法治人才培养共同体，提升学生实践能力的若干举措及经验、“侵权法律实务”教学模式改革与实践、社会热点案例教学法在法学课程思政中的运用研究——以疫情防控期间为例、法辨视角下的法科生实践能力培养思考、竞争法课程思政有关问题和法律硕士专业学位研究生法律写作教学设计与刍议主题进行了交流发言。阜阳师范大学法学院院长余为青教授、安徽医科大学法学院副院长马青莲教授与谈。

法学院副院长唐自政向与会人员分享了皖西学院法学院在提升法科生实践能力方

面的举措和思考。

此次研讨会的成功举办,对进一步加强省内外高校交流,借鉴各高校在新时代法科生实践能力提升方面的经验和做法,培养德法兼修的高素质法治人才起到重要的推动作用。

会上,刘鑫还通报了 2022 年安徽省大学生未来律师辩论赛的筹备情况和第 26 届全国法学院院长(系主任)联席会议议题征集等工作。

安徽省法学会法学教育研究会2023年年会暨“新时代法学教育教学改革与法治人才培养”研讨会在六安举办

为深入学习贯彻党的二十大精神和习近平法治思想，认真贯彻中共中央办公厅、国务院办公厅印发的《关于加强新时代法学教育和法学理论研究的意见》（以下简称《法学教育意见》）精神，全面推进新时代法学教育改革发展，培养高素质法治人才。2023年12月16日，由安徽省法学会法学教育研究会主办，皖西学院法学院、安徽大学法学院、六安市法学会承办，安徽英锐律师事务所协办的安徽省法学会法学教育研究会2023年年会暨“新时代法学教育教学改革与法治人才培养”研讨会在皖西学院举办。中国法学会法学教育研究会副会长、西北政法大学原副校长王健应邀参加会议并作主旨报告。全省高校法学院系负责人，专业负责人40余人参加会议。皖西学院法学院院长刘鑫主持会议。

王健以《推进法学院校和法学教育改革》为题作主旨报告。王健在报告中对《法学教育意见》的重大意义、主要内容等进行了解读，他指出《法学教育意见》高屋建瓴、法治特色鲜明、聚焦矛盾焦点、内容丰富立体、决策明确，部署有力，彰显了新时代法治中国建设的规划性、系统性和战略性，为形成内容科学、结构合理、系统完备、协同高效的法学教育体系和法学理论研究体系目标的实现提供了根本保障。他强调《法学教育意见》的出台，在新中国法学教育发展史上，是党和国家专题研究部署法学教育和法学理论研究工作的第一份中央文件，法学教育和法学理论研究工作由此被纳入党和国家工作大局；《法学教育意见》首次明确了中国法学教育的管理指导体制，为实现新时代法学教育和法学理论研究的发展目标提供了根本制度保障；《法学教育意见》指明了新时代法学教育和法学理论研究发展的目标方向和主要任务。

在研讨发言环节，参会代表围绕会议主题进行了热烈讨论。安徽大学法学院副院长李胜利教授以“安徽大学法学院法学教育改革的最新进展”为题，安徽财经大学法学院党委书记张卫彬教授以“一流法学本科专业建设的标准及探索”为题，安徽师范大学法学院副院长高永周以“教赛研融通：高素质法科人才培养的探索与实践”为题，合肥工业大学文法学院副院长霍敬裕以“数智融合驱动下法学类专业课程思政创新发展探析”为题，阜阳师范大学法学院院长余为青以“互联网＋教育新形态新要求下法律人才培养的实然困境与应然转向”为题，安庆师范大学法学院副院长崔汪卫以“互联网＋时代下法学教育面临的挑战与应对策略”为题，铜陵学院法学院副院长孙结才以“铜陵学院卓越法治人才培养模式创新构建与实践”为题,安徽建筑大学法学系副主任胡安琪以“安徽建筑大学法学专业建设经验交流”为题,巢湖学院经法学院副教授刘德涛以“案例分析与答辩教学法在法律实务类课程中的运用”为题,安徽大学法学系主任张娟以“数字社会与法学教育变革”为题,合肥经济学院法援中心主任王炎以“新时代法治人才培养的思考”为题,池州学院法学院教师钱景以“行政法学课程思政教学研究”为题分别作了交流发言。发言环节由安徽医科大学法学院院长马青连、池州学院法学院党委书记刘为国主持,安徽建筑大学公共管理学院院长黄佳豪、安徽工业大学法学系主任徐刚与谈。研讨发言结束后,李胜利对本次年会进行总结发言。

本次年会是安徽省法学会法学教育研究会为推动新时代法学教育教学改革与研究的一次大讨论、大学习,对加快推进安徽省法学教育教学改革与研究步伐、培养卓越法治人才具有重要意义。

研究资料

法学教育研究著作目录

1. 王丽媛:《法学教育与实践教学研究》,延边大学出版社 2023 年版。

2. 李小鲁:《法学教育改革与法律人才培养模式研究》,群言出版社 2023 年版。

3. 范九利主编:《法学教育研究》(第 41 卷),法律出版社 2023 年版。

4. 田士永主编:《中国法学教育研究》(第 3 辑),中国政法大学出版社 2023 年版。

5. 陈洁:《高校法学教育与教学实践研究》,中国民主法制出版社 2023 年版。

6. 汪后继、彭诚信主编:《中国式现代化与法学教育发展》,上海人民出版社 2023 年版。

7. 刘昕杰:《法学教育现代化的地方实践:四川大学法学教育史略》,四川大学出版社 2023 年版。

8. 冀祥德:《法学教育学》,当代中国出版社 2023 年版。

9. 谢曼娜:《法学教育与教学:实践探究》,西南财经大学出版社 2023 年版。

10. 夏锦文主编:《法学教育评论》(第 6 辑),法律出版社 2023 年版。

11. 孙明:《当代法学教育:创新与实践研究》,新华出版社 2022 年版。

12. 张雅洁:《法学教育教学改革与法治人才培养研究》,中国原子能出版社 2022 年版。

13. 宋和远:《法学教育改革与人才培养研究》,群言出版社 2022 年版。

14. 赵甜甜:《法学教育与应用型法律人才培养创新研究》,湘潭大学出版社 2022 年版。

法学教育研究论文目录

1. 王辉:《着力办好法学教育,加快培养涉外法治人才》,载《人民日报·理论版》2023年第122期。

2. 杨灿明:《完善法学教育体系　推动法学教育高质量发展》,载《中国高等教育》2023年Z3期。

3. 马洁:《刑法学教育的基本维度及创新实践——评〈刑法学专题理论研究〉》,载《中国高校科技》2023年Z1期。

4. 张胜前、何婧姝:《法学教育中对法律逻辑的认识、推理与实践——评〈法学理论:多维与整合〉》,载《教育理论与实践》2023年第30期。

5. 郑维炜:《强化法治建设人才保障,加快完善法学教育体系》,载《人民日报·理论版》2023年第81期。

6. 李然:《法文化在高等教育中的传承与发展——评〈法学教育教学改革与人才培养研究〉》,载《科技管理研究》2023年第24期。

7. 赖桂林:《高校法学教育对大学生法治观念的培育——评〈高校法学教育与德育管理〉》,载《科技管理研究》2023年第16期。

8. 杨灿明:《完善法学教育体系　推动法学教育高质量发展》,载《中国高等教育》2023年Z3期。

9. 刘会凤:《基于创新思维的法学教育改革研究——评〈教育法学研究〉》,载《应用化工》2023年第11期。

10. 闻渊:《高校法学教育模式创新策略研析——评〈法学教育改革的探索与实践〉》,载《科技管理研究》2023年第10期。

11. 黄文艺:《论新时代中国法学教育理论》,载《中国大学教学》2023年第9期。

12. 王健:《中国式现代化与法学教育发展之路》,载《中国大学教学》2023年第9期。

13. 张文显:《加强新时代法学教育和法学理论研究的纲领性文献——对〈关于加强新时代法学教育和法学理论研究的意见〉的解读》,载《中国大学教学》2023年第9期。

14. 翁铁慧:《坚持正确政治方向　推动法学教育和法学理论研究繁荣发展》,载《中国大学教学》2023年第9期。

15. 赵展:《大学生法律信仰培育视角下的新时代法学教育——评〈当代中国社会主义法律信仰发展状况研究〉》,载《中国教育学刊》2023年第8期。

16. 罗晓萌:《生态学思想与高校法学教育的创新融合研究》,载《环境工程》2023 年第 6 期。

17. 刘蓓、戚瀚文:《论“AI + 法律”背景下法学教育供给侧改革》,载《河北法学》2023 年第 6 期。

18. 瞿见:《农科大学的法学发生:中国农业大学法学教育的缘起(1904—1949)》,载《中国农业大学学报(社会科学版)》2023 年第 6 期。

19. 王健:《百年川大法学教育掠影》,载《中国法律评论》2023 年第 4 期。

20. 徐航:《我国高校法学教育中的法律伦理教育探索——评〈中国法律职业伦理教育考察〉》,载《中国高校科技》2023 年第 4 期。

21. 黄文艺:《论习近平法治思想中的法学教育理论》,载《法制与社会发展》2023 年第 3 期。

22. 龙卫球、初殿清、吉冠浩:《数字化协同法学教育的理念及其展开》,载《中国大学教学》2023 年第 3 期。

23. 王健:《法学院校之家　中国法学教育研究会纪略》,载《中国法律评论》2023 年第 3 期。

24. 杨惟钦:《民法“课程思政”的内在机理与实践路径研究》,载《法学教育研究》2023 年第 1 期。

25. 王岩云:《民法典时代民法学教学改革的挑战与应对》,载《法学教育研究》2023 年第 1 期。

26. 刘凝:《作为教学方法的请求权基础分析法:澄清误解与展望未来》,载《法学教育研究》2023 年第 1 期。

27. 王保民、姚志奋:《智能化时代的法学教育革新:需求、困境及路径》,载《法学教育研究》2023 年第 1 期。

28. 韩永红、李明:《我国高校涉外法治人才培养的现状分析及前瞻建议——基于十五所高校的考察》,载《法学教育研究》2023 年第 1 期。

29. 刘彬:《涉外法治人才培养目标下国际经济法课程的“加与减”》,载《法学教育研究》2023 年第 1 期。

30. 刘坤轮、王姝雯:《我国知识产权人才培养:现状、问题及对策》,载《法学教育研究》2023 年第 1 期。

31. 吴腾、姬亚平:《监察法治人才培养体系初探》,载《法学教育研究》2023 年第 1 期。

32. 雷艳妮:《文化安全视阈下高校法治人才培养策略研究》,载《法学教育研究》2023 年第 40 卷。

33. 段陆平:《新文科建设背景下法学专业创新创业教育变革的思考》,载《法学教育研究》2023 年第 40 卷。

34. 朱振:《怎样有意义地研讨案例——“生活中的法理”课程与理论思维的养成》,载《法学教育研究》2023 年第 40 卷。

35. 高永明、万娇娇:《法学课程思政的文化解码》,载《法学教育研究》2023 年第 40 卷。

36. 李驰:《新文科视野下的法治文化专业课程建设》,载《法学教育研究》2023 年第 40 卷。

37. 徐菊香:《高校信息素养教育专业化之法律检索课》,载《法学教育研究》2023 年第 40 卷。

38. 王群、赵传方、田英玲:《数智时代法律硕士研究生特色课程体系建设研究》,载《法学教育研究》2023 年第 40 卷。

39. 王楠、李冰强:《绿色发展理念下环境法课程内容的完善》,载《法学教育研究》2023 年第 40 卷。

40. [美]玛莎·努斯鲍姆、韦洪发:《法律教育中哲学的使用与滥用》,载《法学教育研究》2023 年第 40 卷。

41. 唐勍:《美国娱乐法专业法律诊所教学体系及启示——以美国娱乐法专业前六所名校为例》,载《法学教育研究》2023 年第 40 卷。

42. 高鸿钧:《在 2021 年中国法学会比较法学研究会年会闭幕式上的致辞(节选)》,载《法学教育研究》2023 年第 40 卷。

43. 郑琳:《二级学院能否增设论文发表作为学位授予标准?——以“柴某杰案”为分析样本的展开》,载《法学教育研究》2023 年第 40 卷。

44. 刘作翔:《规范体系及其社会规范的研究价值和意义》,载《法学教育研究》2023 年第 41 卷。

45. 徐亚文、邱安邦:《论李达的法学教育思想》,载《法学教育研究》2023 年第 41 卷。

46. 杜辉:《迈向新文科的法学教育范式三重定向》,载《法学教育研究》2023 年第 41 卷。

47. 王祥修、薛清嘉:《新时代涉外法治人才培养的守正与出新》,载《法学教育研究》2023 年第 41 卷。

48. 罗迎、朱超然:《“一带一路”建设下涉非洲的法治人才培养模式探索》,载《法学教育研究》2023 年第 41 卷。

49. 羊海燕、刘毅:《数字时代人才培养供需适配的法学教育因应》,载《法学教育研究》2023 年第 41 卷。

50. 米传振:《社科法学的现状、特征与趋势——基于 2001 ~ 2019 年的 376 篇博士学位论文的实证研究》,载《法学教育研究》2023 年第 41 卷。

51. 陈景辉:《如何阅读法学经典著作?》,载《法学教育研究》2023 年第 41 卷。

52. 杜健荣:《法学教育中成果导向理念的运用》,载《法学教育研究》2023 年第

41卷。

53. 张玉洁:《大数据在线案例库教学模式的构建与实施路径研究——以法理学课程为例》,载《法学教育研究》2023年第41卷。

54. 黄汇、曾益佳:《"知识产权强国"建设背景下高端知识产权人才培养的目标与实践》,载《法学教育研究》2023年第41卷。

55. 茹克娅·霍加、金子璐:《法律硕士教育与法律职业资格考试有效衔接机制研究》,载《法学教育研究》2023年第41卷。

56. 步洋洋:《新文科背景下证据法学课程的范式革新》,载《法学教育研究》2023年第41卷。

57. 陈海嵩、郑玉芝:《新文科建设背景下法学实验室建设的若干思考》,载《法学教育研究》2023年第41卷。

58. 邵宏润、裴兆斌:《美国法律博士跨学科培养的基本路径及特征研究——以哈佛大学法学院为例》,载《法学教育研究》2023年第41卷。

59. 孙天:《我国教育法典总则的编纂逻辑及内容构造的理论研判》,载《法学教育研究》2023年第41卷。

60. 钱大军、岳陆:《回应社会需求的法官知识配置》,载《法学教育研究》2023年第41卷。

61. 姜明坤、党玉勤:《法理中心引领多元规范叙事融通的社科法学表达——陈柏峰主编〈法理学〉读后感》,载《法学教育研究》2023年第41卷。

62. 章晓丹:《人工智能背景下法学教育转型措施——评〈当代中国转型期的法学教育发展之路〉》,载《科技管理研究》2022年第21期。

63. 刘艳红:《从学科交叉到交叉学科:法学教育的新文科发展之路》,载《中国高教研究》2022年第10期。

64. 刘海芳:《法学教育中人文精神的培养——评〈法学教育的人文精神〉》,载《中国教育学刊》2022年第9期。

65. 刘超:《基于应用型人才培养的高校法学教育改革探索——评〈高校法学教育改革与法律人才培养模式研究〉》,载《教育发展研究》2022年第9期。

66. 赵建:《人工智能时代的法学教育——新机遇·新要求·新路径》,载《中国电化教育》2022年第7期。

67. 马长山:《数字法学教育的迭代变革》,载《中国人民大学学报》2022年第6期。

68. 胡铭:《数字法学:定位、范畴与方法——兼论面向数智未来的法学教育》,载《政法论坛》2022年第3期。

69. 危红波:《数字社会的法学教育因应——基于新文科建设视角的理论考察》,载《华东政法大学学报》2022年第3期。

70. 刘长秋:《论习近平法治思想中的法学教育》,载《广西社会科学》2022年第2期。

71. 姜永伟、于宝林、冯雷:《"互联网+"时代高校教育中的价值观塑造——以法学教育为例》,载《中国电化教育》2022年第2期。

72. 胡玉荣:《卓越人才培养目标导向下的民族高校法学教育教学改进——评〈民族高校卓越法律人才培养模式研究〉》,载《中国教育学刊》2022年第1期。

73. 刘毅、朱小平:《新文科视域下医事法学本科教育标准体系建构》,载《法学教育研究》2022年第39卷。

74. 邱昭继、徐涵叶:《英国卫生法治人才培养体系管窥》,载《法学教育研究》2022年第39卷。

75. 赵西巨、李玮、安琪:《法学专业医药法类课程的设计与展开》,载《法学教育研究》2022年第39卷。

76. 殷峻:《美国高校卫生法治人才的培养路径及中国因应》,载《法学教育研究》2022年第39卷。

77. 汪世荣、李乐凡:《"个案公正"视角下法学教育改革路径研究》,载《法学教育研究》2022年第39卷。

78. 崔晓静、陈镜先:《论国际税法人才培养的创新路径》,载《法学教育研究》2022年第39卷。

79. 冷传莉、陈茂华:《交融与守正:新文科视野下法律思维的价值坚持及其养成》,载《法学教育研究》2022年第39卷。

80. 刘红春:《论卓越法治人才培养主体的协同育人路径》,载《法学教育研究》2022年第39卷。

81. 魏文松:《人工智能如何促进教育现代化》,载《法学教育研究》2022年第39卷。

82. 杨学科:《液态教育:未来法学教育和法学教育未来》,载《法学教育研究》2022年第39卷。

83. 赖绍聪:《高等学校课程建设的理念与路径分析》,载《法学教育研究》2022年第39卷。

84. 刘艳红、苗泽一:《"贯通式"法理学通识课教育教学模式的探索》,载《法学教育研究》2022年第39卷。

85. 孙晋:《作为通识教育的法律课程教学经验与反思——以武汉大学通识课程〈创业与法律〉为例》,载《法学教育研究》2022年第39卷。

86. 范一:《以现代庭审理论为基础的民事诉讼实践教学》,载《法学教育研究》2022年第39卷。

87. 陈荣新:《"新法学"语境下金融法教学与金融实践的悖反与融合》,载《法学教育研究》2022年第39卷。

88. 罗阳:《全球化时代法学教育的不确定性及其应对》,载《法学教育研究》2022年第39卷。

89. 刘启川、戴维:《研究生国家奖学金评定规则的法治化建构——基于41所高校规范文本的考察》,载《法学教育研究》2022年第39卷。

90. 周倩、王威丹、鞠法胜:《新中国成立以来我国高校学生权力研究省思与现实透视》,载《法学教育研究》2022年第39卷。

91. 王若梅:《大学治理视野下高校教学督导评价观之多元重塑》,载《法学教育研究》2022年第39卷。

92. 彭芩萱、李光辉:《积淀、贡献与展望:习近平法治思想指导下的涉外法治人才培养》,载《法学教育研究》2022年第39卷。

93. 杨泽伟:《中国国际法教育:现状、问题与前景》,载《法学教育研究》2022年第39卷。

94. 邓云成、张海文:《论未来国际法学院之建构——以发展中国家国际法需求为切入点》,载《法学教育研究》2022年第38卷。

95. 张晓君、陈正己:《新发展格局背景下涉外法治人才培养模式的创新》,载《法学教育研究》2022年第38卷。

96. 乔博娟:《科技全球化背景下涉外法律人才培养路径探究》,载《法学教育研究》2022年第38卷。

97. 李培锋:《论新时代涉外法治人才的分方向联合培养》,载《法学教育研究》2022年第38卷。

98. 张春良、魏瑛婕:《涉外法治人才培养的当前困境与未来举措——西南政法大学经验谈》,载《法学教育研究》2022年第38卷。

99. 夏羽辰:《涉外法治人才培养战略理念的革新》,载《法学教育研究》2022年第38卷。

100. 郭永辉、李明:《"一带一路"倡议下涉外国家安全法治人才的培养》,载《法学教育研究》2022年第38卷。

101. 张惠彬、侯仰瑶:《新文科背景下涉外知识产权人才培养机制研究》,载《法学教育研究》2022年第38卷。

102. 吴一楷、李伟弟:《中国涉外金融法律队伍的现状与培养路径》,载《法学教育研究》2022年第38卷。

103. 王浩、鲜翰林、白一南:《能源行业类高校培养涉外能源法治人才的路径选择》,载《法学教育研究》2022年第38卷。

104. 刘亚军、邱慧:《涉外律师研究生项目人才培养模式创新的思考》,载《法学教育研究》2022年第38卷。

105. 李亚:《法律硕士涉外律师方向多元化人才培养机制研究》,载《法学教育研究》2022年第38卷。

106. 王鹏:《留学生如何课程思政?留学生国际法教学的中国叙事分析》,载《法学教育研究》2022 年第 38 卷。

107. 刘学文、袁帅:《我国涉外法治人才培养课程建设体系革新方法论》,载《法学教育研究》2022 年第 38 卷。

108. 刘久:《全球化时代 CLIL 模式下国际法全英文教学探索》,载《法学教育研究》2022 年第 38 卷。

109. 史煜:《新文科背景下涉外法治人才英语能力培养研究》,载《法学教育研究》2022 年第 38 卷。

110. 马建东:《内涵式转型发展:甘肃政法大学全面推进高水平政法大学建设的实践与探索》,载《法学教育研究》2022 年第 37 卷。

111. 刘晓红:《新时代应用型政法院校高质量发展的路径选择——以上海政法学院为例》,载《法学教育研究》2022 年第 37 卷。

112. 廖永安、刘浅哲:《论新时代法律职业伦理教育的内在价值、关键目标及内容构造》,载《法学教育研究》2022 年第 37 卷。

113. 田力男、李逯炜:《论"德法兼修"理念下公安院校法律职业伦理课程建设》,载《法学教育研究》2022 年第 37 卷。

114. 朱俊:《新法学背景下法律硕士"法律职业伦理"课程建设》,载《法学教育研究》2022 年第 37 卷。

115. 齐凯悦:《论英国高校法律职业伦理教育的发展》,载《法学教育研究》2022 年第 37 卷。

116. 伍巧芳:《涉外法治人才培养问题探究》,载《法学教育研究》2022 年第 37 卷。

117. 简基松、陈良奎:《论涉外法律人才之供求错位与对策》,载《法学教育研究》2022 年第 37 卷。

118. 张建文:《从"课程育人"、"课程思政"到"全面推进课程思政建设"——"课程思政"建设理念的整体含义与实践路径》,载《法学教育研究》2022 年第 37 卷。

119. 项焱:《新文科背景下法学实验教学的改革与创新——以信息化法学实验室建设为例》,载《法学教育研究》2022 年第 37 卷。

120. 郑毅:《论"文化遗产保护法"本科教学实例的遴选与适用——以中央民族大学法学院教学实践为例》,载《法学教育研究》2022 年第 37 卷。

121. 彭立峰:《涉外法治人才培养的英国实践及其借鉴》,载《法学教育研究》2022 年第 37 卷。

122. 冯果:《从法学教育大国迈向法学教育强国的历史自觉》,载《法学教育研究》2022 年第 36 卷。

123. 黄锡生、王中政:《新文科与法学教育的现代化转型》,载《法学教育研究》2022 年第 36 卷。

124. 侯明明:《新兴目录外法学二级学科设置的依据、原因与未来建设》,载《法学教育研究》2022 年第 36 卷。

125. 舒洪水、马瑜:《多学科交融的国家安全法学专业建设探究》,载《法学教育研究》2022 年第 36 卷。

126. 褚宸舸、齐飞:《论“新法学”视阈下纪检监察专业的建设》,载《法学教育研究》2022 年第 36 卷。

127. 孙思琪、郑睿:《新时代中国航运法律本科专业教育培养模式之反思》,载《法学教育研究》2022 年第 36 卷。

128. 沈明敏:《社会科学融入法学教育的应当性与可行性分析——从社科法学的兴起说开去》,载《法学教育研究》2022 年第 36 卷。

129. 姜增:《人际网络视野下清末法律学子的留日生涯——围绕沈锡庆的考察》,载《法学教育研究》2022 年第 36 卷。

130. 杨攀:《“学生慕课”教学模式在法学本科教学中的应用》,载《法学教育研究》2022 年第 36 卷。

131. 黄磊:《论法律大数据实证研究课程的构建》,载《法学教育研究》2022 年第 36 卷。

132. 陈新宇、翟家骏、杨同宇:《一期一书一会:法史学经典著作研读的教与研》,载《法学教育研究》2022 年第 36 卷。

133. 刘畅、张昕宇:《联合国体系下国际法教育方案之实践考察》,载《法学教育研究》2022 年第 36 卷。

134. 何静秋:《高等院校跨学科协同教学模式研究——以〈法律语言学〉课程为例》,载《法学教育研究》2022 年第 36 卷。

135. 易军:《法学教育的“田野”——法学田野教学的意义、实践及课程预设》,载《法学教育研究》2022 年第 36 卷。

136. [英]休·麦克福尔、宋海彬、杨昊:《法律诊所教育需要理论吗?》,载《法学教育研究》2022 年第 36 卷。

137. 戚业国、李丰:《抑制还是激发:“预聘—长聘制”对科研产出的影响》,载《法学教育研究》2022 年第 36 卷。

138. 罗向阳、姚聪莉:《我国大学管理人员专业化发展:机理、约束及路径》,载《法学教育研究》2022 年第 36 卷。

139. 温红超:《学位授予品行标准的实证考察与功能分析》,载《法学教育研究》2022 年第 36 卷。

140. 杨城新:《论“司考”改“法考”与法学教育发展——〈司考十年反思录〉再思考》,载《法学教育研究》2022 年第 36 卷。